国家社科基金
后期资助项目
GUOJIA SHEKE JIJIN HOUQI ZIZHU XIANGMU

逊清奉天
残留特权研究

刘 灿 著

社会科学文献出版社
SOCIAL SCIENCES ACADEMIC PRESS (CHINA)

图书在版编目（CIP）数据

逊清奉天残留特权研究 / 刘灿著 . -- 北京：社会
科学文献出版社，2025.5. -- ISBN 978-7-5228-5309-3

Ⅰ. K293.11

中国国家版本馆 CIP 数据核字第 2025EE3042 号

国家社科基金后期资助项目

逊清奉天残留特权研究

著　　者 / 刘　灿

出 版 人 / 冀祥德
责任编辑 / 陈肖寒
责任印制 / 岳　阳

出　　版 / 社会科学文献出版社·历史学分社（010）59367256
　　　　　　地址：北京市北三环中路甲 29 号院华龙大厦　邮编：100029
　　　　　　网址：www.ssap.com.cn
发　　行 / 社会科学文献出版社（010）59367028
印　　装 / 三河市龙林印务有限公司

规　　格 / 开　本：787mm×1092mm　1/16
　　　　　　印　张：28.75　字　数：455 千字
版　　次 / 2025 年 5 月第 1 版　2025 年 5 月第 1 次印刷
书　　号 / ISBN 978-7-5228-5309-3
定　　价 / 128.00 元

读者服务电话：4008918866

国家社科基金后期资助项目
出版说明

　　后期资助项目是国家社科基金设立的一类重要项目，旨在鼓励广大社科研究者潜心治学，支持基础研究多出优秀成果。它是经过严格评审，从接近完成的科研成果中遴选立项的。为扩大后期资助项目的影响，更好地推动学术发展，促进成果转化，全国哲学社会科学工作办公室按照"统一设计、统一标识、统一版式、形成系列"的总体要求，组织出版国家社科基金后期资助项目成果。

全国哲学社会科学工作办公室

序

　　《逊清奉天残留特权研究》将要出版，可喜可贺！刘灿2014年保送入北京大学历史学系读研究生后，我们共同研习，教学相长，知之较深。前日索序，"谊"不容辞。

　　该书是劳心费力之作，从前期准备到博士学位论文完成，再到国家社科基金后期资助重点项目获批后的磨勘、完善，十年光景，勤勉劬劳，作者多用功于此。可以无愧地说，这是一部创新性极强的好作品，不是简单拾遗补阙，而是通篇皆具新意。

　　选题新。1634年，皇太极将沈阳命名为"天眷盛京"；1657年，"奉天"得名，象征天命降任的王权正统，祈福奉天承运的皇绪永隆。从两地的"名"与"义"，可概见清朝统治者对这块"龙兴之地"的异常重视。令人遗憾的是，对清朝入关后"陪都"的研究，与其历史地位颇不相称。中国传统社会统治秩序的建构，最基本的出发点是帝王的"家天下"。有关清朝皇室的研究虽层出叠见，但对清朝入关后"陪都"（在此设除吏部以外的五部机构）的研究略少，对清朝灭亡后清室特权在奉天地区存留状况的系统性研究更少——套用今人的流行语，该地适成"寂都"，研究略显"寂寞"。本书的出版，不敢说一举改变研究旧貌，但具填补学术空白的意义。清季，沿承二百多年的"陪都"在官僚体制层面上已经逐渐解体。清朝的覆亡，乍看是骤然"土崩"，其实是逐渐"瓦解"，是多方从摩擦到厮杀再到妥协的结果。由此，民国肇建，清帝逊位，依据《清室优待条件》的规定，奉天地区清室保有的大量庄园、牧场、山场、鱼泡、房屋等产业，以及代表"龙兴"旧土文化的宫殿、陵寝等，均作为"小朝廷"的私产留存，清室得以继续在奉天享有特殊权益。这些特权是如何体现、调处的，存废过程是怎样的，是如何为逊清"皇室"的各种活动服务的，是如何诱发国内外各种势力垂涎、争夺的，在逊清"小朝廷"流于边缘的情形下，"遗都"是如何乘机扮演着清室策划复辟、重回政治中心的寄望之地和庇荫之所的，凡此，以往研究多语焉不详。作者谋新篇，辟蹊径，拓荒地，就此进行了精深钻研。

史料新。作者大量参阅各种形式的资料，如日记、书信、志书、谱牒、报刊、回忆录、文史资料等；充分发掘并利用很多前所未见的史料，诸如中国第一历史档案馆、中国第二历史档案馆、北京市档案馆以及日本亚洲历史资料中心（アジア歴史資料センター）外务省外交史料馆等藏的未刊档案。特别是对辽宁省档案馆收藏的极为丰富、极少利用的档册（盛京内务府档、奉天行省公署档、奉天巡按使公署档、奉天省长公署档等）予以充分利用。为此，作者多次赴沈阳查档，极尽罗掘，爬梳整理。丰富的史料为本书成为信史，打下了坚实厚重的基础。

观点新。本书频发前此不为人所道之新见，洵为卓识。举其要者，一个是"地"。大量庄田产业是两京（北京、盛京）"朝廷"日常运行及王公宗室活动的重要经济来源；盛京旧宫与关外三陵的存在，在那个时间段，正是亟图复辟的旧皇废帝彰显影响的政治文化表征；而庄地清丈则反映出"地主"与当局之间的博弈协调以及上层王公与下层宗室待遇的差异纠缠。"盛京皇宫"与"沈阳故宫"位于同一空间，但"皇宫"与"故宫"一字之差，却从时间上道尽400年（1625年始建）的史迹变迁——从皇家宫苑的禁地到向广大人民开放的游览胜地；同样，"盛京三陵"（永陵、福陵、昭陵）也从爱新觉罗先祖的墓园成为后人了解历史文化的参观之所（沈阳故宫与三陵均于2004年被列入《世界遗产名录》）。江山易色，物是人非，沧桑巨变，怎不令人感慨系之，庆幸万千！再一个是"人"。前朝遗族的境遇变迁，揭示了此辈从"寄生者"到"谋生者"经济地位的巨变，也反映出他们从"皇族"到"公民""国民"社会身份转换之时所历之阵痛。扩而言之，本书还研究了此群体与当政者、各党派、各系军阀等形形色色人物的交往，注意到他们同列强尤其是日本或勾结或矛盾的关系：一方面，宗室王公欲借助日本军国主义者实现复业；另一方面，日本侵华也对此辈的利益构成损害，日人对奉天王产的觊觎、对陵区的惊扰，不仅使溥仪祭祖"梦碎"，还反映其吞并东北、侵略全中国的步步为营。从"龙兴之地"到"最后的荫庇地"，恰恰反映了清朝盛极而亡的全过程；遗老遗少们依托奉天陈宫旧殿图谋前世荣光的失败，再一次证明了专权帝制已被中国人民坚决永远地抛弃。还有一个是"事"。这方面厘清的问题很多，如陪都体制与奉天机构的演变，奉天的庄园、土地、宫苑、房产等各类残存物业的流向，"皇室机关"的"自治"与奉天内务府的变迁，"解款内廷"下的自主经济活动，清室内部阶层结构的"变"与"不变"，奉天宫藏的流失，从王朝旧宫到公共博物馆的经历，等等。当然，"人""地""事"不可分割，总以"人"为中心，其他都是围绕相关人等表演的舞台和剧目，"人"是活生生的，如此，文论才有主体，历史才有活泼动态。总之，本书既有微观考察，也有宏观分析，揭示了帝制余绪与共和政权的互动缠斗，探析了前朝残留特权在近代多元一体民族国家建构历程中的淡然逝去。

借用项目结项外审专家评价作为结语：该作"是一部较优秀的学术著作"，"是近年来较为厚重的中国近代史领域研究成果"。这是高屋建瓴的学术评判。一如刘灿的为人淳朴，本书文如其人，语言平实，娓娓道来，故事性强，易读易解，也适合大众阅读。

郭卫东

2025 年 3 月 31 日

目 录

表目录

绪　论

清朝入关后，为经营东北地区的"龙兴之地"，在盛京建立起陪都体制，以盛京将军为统辖东北全境的最高长官，设立盛京礼、户、工、刑、兵五部，并置与北京顺天府级别相当之奉天府。盛京地区大量皇室庄园、果园、鱼泡、牧场、山场等产业，由盛京总管内务府专事管理，盛京将军兼任总管大臣。至清末东北改行省制之际，盛京五部、奉天府府尹相继裁撤，盛京将军改称东三省总督，陪都体制开始瓦解，象征该制尊崇地位的盛京内务府亦被纳入行省公署体系，受旗务司辖制，计划待预备立宪完成即行裁撤。

1912年清帝逊位后，依据《清室优待条件》的规定，奉天地区皇室庄园、房屋等产业，以及代表陪都龙兴旧土文化的宫殿、陵寝，均作为"小朝廷"私产留存，清室由此得以继续在奉天享有特殊权益。于行政层面，盛京内务府仍作为专办清室奉天事务的皇室机关留存；于经济层面，清室及宗室可以通过征收差租的方式获取奉天产业带来的利益；于文化层面，作为清室陪都精神象征的宫殿及陵寝皆受到民国政府保护。但在优待政策实施的过程中，盛京内务府事权不断受到中央政府增订优待条件补充条款的限制，更在奉省主导的改组中几乎全行裁并原设机构，仅余办事处建置。民国亦不能允许数目可观的奉天房地产业长久留存于清室手中，故以保护"小朝廷"私产利益为名，开展各项产业的清丈工作，渐次将产权收归国有。曾经作为王朝"禁地"的盛京皇宫屡被军队及社会团体占用，福、昭两陵区域亦面向公众开放为公园。其间，既有共和政权与帝制残余的较量斗争，也有当朝主政者对前朝遗族的利益剥夺。

由于民国政府自1913年起已不能足额拨发优待岁费，用款支绌的"小朝廷"对奉天房屋地产提供的经济支持更为依赖。为维护在奉权益，清室于民国初年凭借与袁世凯北洋集团的深厚关系，向奉天地方当局施压；自1916年张作霖主政奉省后，则更有意识地加强与奉系军阀的联系；与此同时，还积极寻求列强的支持。尽管逊清社会上至"皇帝"下到普通旗兵同样经历着家国巨变，但本应带领旗人群体共谋新生的逊帝家族仍然固守陈腐的等级秩序，时刻将核心家族利益置于首要地位，对于远支王公、无爵闲散宗室乃至一般八旗兵丁在奉权利的延续则不甚在意，以致逊清社会内部矛盾重重。王公宗室以主动响应、被动顺势、拖延拒丈等不同方式应对奉省清查产业政策，不仅反映出这一群体从"寄生者"到"谋生者"的经济地位变迁，更体现了在"王朝"向"民国"鼎革的年代中，从"皇族"到"公民""国民"社会身份转换之时当事人所历之阵痛与新生。

尽管中华民国出于报偿清室以和平方式让渡政权、利用清室在东北和蒙古地区影响力应对边疆危机的考虑，予清室以维持奉天特权的优待，但此种"变态"始终无法成为历史的主流。新生共和政权在构建近代民族国家的进程中，对内既要确保行使统治权的独立性与完整性，又要努力破解自王朝末期延续而来的财政困局，由此获得稳定赋税来源，是以不断压缩清室处理奉天事务的自主空间；对外在以日本为代表的列强利用清室奉天特权策动复辟起事、侵夺东北领土分裂中国的大背景下，唯有通过庄地清丈完成对清室私产产权的回收，瓦解其维持特权地位的经济基础，使清室成员逐渐转变为在民国法律框架内平等享有公民权利的普通民众，方能实现维护国家主权的目的。与此同时，正是在改造以盛京皇宫为中心的奉天老城区、将陵寝区域纳入新城区规划的进程中，奉天当局进一步压缩了满铁奉天附属地的扩张空间，由此不断扩大在自主城市建设中的对日竞争优势，使奉天城能够更好地适应近代化发展需要。

总体而言，清室奉天特权存续及消亡的历程，显现出新生共和对千年帝制的更新换代和时代变局中权势转移的大势所趋、国民"正统"观念的历史转折和从"臣民"到"公民"的心态剧变、新政权对旧政权的削夺和抱残守缺者步步为营的无效顽抗，以及国内外各政治势力的角逐。

一　问题的提出

东北地区是清王朝的"龙兴之地"，是最关统治要害的地区，其面积辽阔，位于京师肩背处的战略位置，更与满洲统治的特殊性紧密相关。① 后金天命十年（1625），努尔哈赤做出将都城由辽阳迁往"形胜之地"沈阳的决定。天聪八年（1634），皇太极将沈阳定名为"天眷盛京"，此后盛京成为清朝的开国都城。随着清军入关定鼎中原，顺治元年（1644）清朝将都城迁往北京，而"以盛京为留都"，②"命何洛会等统兵镇守盛京等处，以正黄旗内大臣何洛会为盛京总管"，③ 此时盛京最重要的任务是为关内作战提供充足的兵源。到顺治二年清军攻陷南京后，盛京作为清朝陪都的地位进一步明确，被尽可能地仿照明代陪京规制加以经营，④ 初置长官为"镇守盛京京城总管官"，历经昂邦章京、辽东将军、奉天将军等更改，最终确定为盛京将军。另置与北京顺天府级别相当的奉天府，并在顺康年间先后设立礼、户、工、刑、兵部，统称盛京五部，陪都体制趋于完备。

为便于皇室东北事务的专管，盛京自顺治年间起设置镶黄旗、正黄旗两个包衣佐领，康熙朝又增设一个正白旗包衣佐领。至乾隆十七年（1752）盛京总管内务府正式成立，其总管由盛京将军兼任。⑤ 作为清王朝的"龙兴之地"，康熙、乾隆、嘉庆、道光四帝先后十次巡幸盛京，陪都"旧宫"即作为皇帝祭祀新宾永陵和沈阳福陵、昭陵三座祖陵期间的瞻仰和驻跸之处，经过历年修缮、扩建，其成为占地六万多平方米，东、中、西三路并列的庞大建筑群，陪都城阙亦形成内方外圆、四寺四塔、八门八关的新格局。⑥ 盛京地区还拥有大量皇室庄园、果园、鱼泡、牧场、山场等，用来满足皇室对东北故乡特产的需求。⑦ 在尊崇故都之外，清朝置盛京为陪都的更主要目的是通过其来加强对大后方东北的控制，⑧ 相较于其他八旗驻防地区，盛京驻防兵力更多，足见其特殊地位。

① 定宜庄：《清代八旗驻防研究》，辽宁民族出版社，2003，第59页。
② 阿桂等纂修《盛京通志（百三十卷本）》上册，辽海出版社，1997，第381页。
③ 《清实录》第3册，顺治元年八月丁巳条，中华书局，1985，第75页。
④ 丁海斌、时义：《清代陪都盛京研究》，中国社会科学出版社，2007，第15页。
⑤ 赵焕林主编，辽宁省档案馆编《黑图档·嘉庆朝》（上）第1册，线装书局，2016，前言第1页。
⑥ 丁海斌、时义：《清代陪都盛京研究》，第16—17页。
⑦ 《黑图档·嘉庆朝》（上）第1册，第1页。
⑧ 孟繁勇：《清代盛京将军与陪都机构权力关系的演变》，《社会科学辑刊》2009年第3期。

　　光绪以前，盛京地区实行的是旗民二元管理体制，即以盛京将军为首的将军衙门—驻防衙门—八旗界官—屯领催旗署管理体制，和以奉天府府尹为首的奉天府府尹衙门—各州县衙门民署管理体制二者并行。① 虽则旗人事务归旗署管，民人事务归民署管，但遇有旗民交涉事宜两署会同办理时，旗署往往因陪都之特别体制而占据优势地位。随着移民大量涌入东北地区，管理盛京民人的奉天府府尹事权不断扩大，盛京将军虽有地区最高长官之名，亦仅限管理旗人事务，旗民冲突日益凸显。清廷在乾隆三十年对二元管理体制做出调整，将奉天府府尹改为满缺，"照京城侍郎兼管顺天府尹之例，于盛京五部侍郎内，派出一员管理，永着为令"。② 光绪元年（1875）崇实任盛京将军后，即以兼盛京户部侍郎身份兼管奉天府府尹，着手整顿奉天吏治。崇实的改革使奉天旗民二元管理体制向内地行省制度靠拢，盛京五部、奉天府府尹之权向将军集中，理顺了隶属关系，避免了政出多门的弊端；州县民署事权得到加强，旗署事权受到限制，驻防体制对地方行政事务的影响力被削弱；盛京将军的权力虽然得到加强，但此时其作为驻防八旗体制最高军政长官的属性已趋淡化，取而代之的是与内地同质的行省总督属性得到强化，③ 陪都之中已"寓行省之制"。④ 光绪三十一年，盛京将军赵尔巽奏请将盛京五部官员除与三陵事务有关者外，一律裁撤，五部事务向民署转移；同年奉天府府尹亦仿照内地督抚同城体例被裁撤，事权完全归于将军。⑤ 光绪三十三年东北正式改行省制后，奉天地方设旗务司，后改旗务处，统辖旗官、筹划变通旗人生计事宜，凡涉司法事务无论旗、民，则由新成立之提法司划一办理。

　　有观点认为，东北建省后，其不再是有别于内地各行省的特殊地方，满汉界限在制度层面上被废止。⑥ 对于盛京而言，标志陪都规制的五部、

---

① 张士尊：《清代盛京移民与二元行政管理体制的变迁》，《东北师大学报》（哲学社会科学版）2004 年第 4 期。

② 《清实录》第 18 册，乾隆三十年十一月戊寅条，第 233 页。

③ 高月：《清末东北新政研究》，黑龙江教育出版社，2012，第 44 页。

④ 赵尔巽折，光绪三十一年九月二十四日，中国第一历史档案馆编《光绪朝朱批奏折》第 1 辑，中华书局，1995，第 478 页。

⑤ 高月：《清末东北新政研究》，第 53 页。

⑥ 高月：《清末东北新政研究》，第 80 页。

与京师顺天府府尹地位相当的奉天府府尹被裁撤，盛京将军改为东三省总督，确实使原本完备的陪都体制趋于瓦解，盛京总管内务府亦在清末新政浪潮中改称盛京内务府办事处，坐办由旗务司派科员兼任，但盛京作为"龙兴之地"，与清朝统治者的精神联结仍未割断，盛京宫殿、关外三陵等陪都文化象征的实体仍然存在，盛京地区大量庄园、山林、牧场仍可为清廷日常运行及王公宗室生活提供重要经济支持。这也是赵尔巽裁撤五部时保留三陵事务相关官员，及盛京内务府办事处等陪都余存机构得以延续的原因。

辛亥革命爆发后，经南北议和，宣统三年（1911）十二月二十五日隆裕太后颁布懿旨宣告宣统帝逊位，同时接受《清室优待条件》，以期保全皇室宗亲的地位和权益，使满、蒙、回、藏各民族生计有着。《优待条件》规定，宣统帝尊号仍存不废，并可得岁用白银四百万两，清室宗庙陵寝永远奉祀，原有私产由中华民国特别保护，由此构成了本书核心议题"逊清奉天残留特权"继续存在的基础。此时盛京沿用旧称奉天，既然皇帝尊号尚在，宫内各项执事人员照常留用，则负责管理皇室在东北地区产业并供应各种差役的宫廷服务机构盛京内务府，[①] 其三旗、五司、三库、一处等机构和职官设置同样得以保留，在继续为皇室征收奉天区域大量庄园、房屋等产业租项的同时，亦办理宫殿、陵寝维护与奉祀事宜，由此不仅使清室于该地享有政治、经济特权，同时其龙兴祖源文化的影响力也在延续。与此同时，尽管《优待条件》规定清皇族与民国国民同权，但王公世爵既仍其旧，其坐落于奉天的园田房产依然作为私产由各府自行经理，由此构成上至清帝下到普通宗室旗人的特权存续体系。

清室在奉天的政治特权主要体现为"皇室机关"盛京内务府的留存，然而与曾经的陪都体制尊崇地位象征不同，民国时期该机构无论职官设置、人员任免、制度调整均须禀请奉天巡按使公署批准。清室北京总管内务府虽对办理奉天事务下达指令，但仍须与北洋政府内务部、财政部等部门密切沟通，以期得到中央认可，从而维护在奉权益；同时疏通与奉天当局关系，确保皇室产业收入能够切实获得，故而"小朝廷"实际已不具备对驻奉办事机构的完全掌控力。为节省事务性机构运行开支，盛京内务府精简

---

①　丁海斌、时义：《清代陪都盛京研究》，第86页。

为仅有文牍、会计、守卫三科的办事处。到 1924 年，三多受赏内务府大臣衔并着办理盛京内务府皇产事宜，便赴奉向省长呈请将内务府办事处裁撤归并皇产事宜处。"北京政变"爆发后，随着"小朝廷"的瓦解，"内务府皇产事宜处"被奉天省政府接管，清室对奉天事务的管理正式宣告终结。

经济特权的延续对清室及宗室生活的影响最大。由于民国初年战争不断，且连续发生水旱天灾，生产受到很大破坏，财源枯竭，除 1912 年外，民国政府每年都不能按数拨交较之前清皇室经费已大为缩减的 400 万两优待岁费。① 故而清室在努力催讨岁费，以尝试向金融机构借贷、变卖皇宫珍贵器物等方式增加收入维持日常开销之外，还将目光投向了奉天大量的皇室私产地亩、房屋，奉天地租、房租的收取为"小朝廷"正常运转提供了重要支持。

清朝末年，清廷为管理土地纳税、增加财政收入，开始丈放东北各地的官荒、围场、内务府牧地，征收地价银两。其中锦州官庄在宣统元年基本丈放完毕，土地所有权由原先的皇室私有转归庄头、壮丁、佃户所有。盛京官庄的清丈，也基本按照勘丈锦属官庄地亩章程进行，但庄佃间围绕承领权展开激烈争夺，到清政府垮台，清丈工作仍未完成。② 进入民国后，清室仍计划按锦州官庄旧制丈放地亩，不过 1915 年奉天官地清丈局成立后即制定《丈放内务府庄地章程》，其核心思想为丈放庄地后正额地价交归皇室，浮多土地及地价收归国有，奉天省政府由此通过清室私产的清厘获得了额外财政收入。

清帝逊位后，王公宗室的行动自由不再被限制，而奢靡之风一时难改，靠坐食祖产延续浮华生活已属勉强。为长久维持往昔风光，逊清宗室较以往更为依赖奉天产业的收入。清季王公庄地被庄佃盗典、买卖时有发生，进入民国，各王庄地亩虽因《清室优待条件》保护皇族私产条款得以保全，佃户却以国体变更为由发起聚众抗租行动。此时北京宗室已无力对远在奉天的庄地进行严密管理，为防止财产流失，部分王公开始售卖庄地贴补生计。而在丈放内务府庄地的同时，奉天官地清丈局亦制定了《丈放王公庄地章程》，其核心理念与《丈放内务府庄地章程》

---

① 秦国经：《逊清皇室秘闻》，故宫出版社，2014，第 105 页。
② 刘小萌：《爱新觉罗家族史》，中国社会科学出版社，2015，第 361 页。

一致，土地丈放后浮多地价收归国有，且各王府还须在所收正额地价内酌提二成作为清丈局办公经费。有清一代盛京地区王公庄地经历年圈占及庄头隐匿，浮多地亩数量甚巨，章程中虽谓收归国有，实际为奉天当局增加了财政收入。而王庄丈放后承领地价普遍较低，军阀官绅借此机会购得大量土地，宗室虽一时获得地价缓解燃眉之急，却永久丧失了赖以生活的经济基础，奉天当局成为最大赢家。

对于丧失国家统治权的前朝皇室而言，无论残存旧制、祖遗产业，抑或新政府认可的优待条件、与新兴权贵的密切联系，都不可能成为维持往日特权生活的真正荫庇。在民国北洋政府、奉天当局、外国势力共同的限制下，清室自主管理奉天事务的空间日益压缩。至1924年溥仪出宫后，民国政府修正的《清室优待条件》已无法保全皇族利益，部分未经丈放的王公庄地皆由奉省"收归国有"。曾经的清室私产盛京皇宫转变为向公众开放的博物馆，福陵、昭陵先后被辟为公园，融入了城市近代化的进程。而那些失去奉天产业支持的宗室旗人，也真正开始走上一条曲折的自立之路。

二　先行研究回顾

清朝末年东北改行省制，盛京陪都体制已趋于瓦解。中华民国成立后，逊清"皇室""龟缩"于紫禁城一隅，留给世人的普遍印象是其享受利权的空间局限在内庭，相对而言忽视了奉天地区原体制遗存演变的情况。尽管目前学界尚没有以民国时期清室奉天残留特权为主题的研究专著，但清代陪都体制的发展历程、严密的皇族事务管理制度，及清帝逊位以后溥仪"小朝廷"运行状况、奉天王庄清厘政策、王公贵族与遗民群体的活动等问题已经受到学者关注，相关研究成果较为丰硕。

既有研究中以清朝皇族制度与宗室生活为主题的著述，为本书把握从帝制到共和时代巨变背景下，奉天特权留存给清室及宗室带来的影响，奠定了重要基础。刘小萌以满洲贵族的代表、清王朝的统治者爱新觉罗家族为研究对象，将这一家族几度兴衰的历史"放在特定的社会环境下加以考察"，既有对清代严密皇族制度的详尽梳理，亦勾勒出旧王朝覆灭后宗室亲贵谋求生计坎坷道路的图景。此外，刘小萌对清中叶以降整个旗人社会面临的严峻生计问题及民国时期伴随八旗制度终结而来的旗人社会瓦解均有较为深入的探索。赖惠敏立足皇族阶层社会特点，从公产、官庄租佃与典当、财产分配等多方面细致分析清代皇族的经济生活。常书红关于《清室优待条件》签订及其至1924年的延续过程有较为详尽的论述，同时观照到民国政府筹办八旗生计举措及溥仪"小朝廷"、八旗勋贵、一般官员等前清各阶层旗人的生活。周增光指出王公特权存续与否，对其顺应或反对共和的抉择有明显影响。此外，雷炳炎、杜家骥等从宗室封爵、教育、入仕制度等方面展开论述，探讨有清一代王公亲贵对王朝统治的政治影响。①

在清末民国时期清室奉天产业管理方面，1906年日本设立"南满洲铁道株式会社"后，即展开对清廷在东北地区各项产业的调查，并于民国初年陆续形成《满洲志草稿》《满洲旧惯调查报告》《满洲的土地情况》等一批资料。20世纪40年代，日本学者周藤吉之论述了清代奉天地区的旗地政策。② 同一时期中国学者朱惠方、董一忱开始关注民国政府对清室在东北地区遗留产业的处理政策，梳理了民国废除清室官庄、开放陵寝封禁地及公卖各类官地等处理清室遗留产业的举措。③

从20世纪60年代起，赵中孚指出民初东三省当局打着划分清室私产与国家公产的旗号进行土地清丈，却将旗地、官荒等混列为放荒地段，清室庄田除内务府官庄外皆按公产处理，其实质是军阀及新兴官僚对土地的垄断。杨学琛、周远廉全面论述了有清一代宗室贵族的形成、发展及民国时期的衰落，对民初奉天地区宗室王公庄园的丈放、特权地位丧失背景下王府的生活等问题多有探讨。刁书仁以东北旗地管理制度流变为脉络，详述后金政权建立以后各历史阶段旗地发展的特点，并专门讨

---

① 以上参见刘小萌《爱新觉罗家族全书》第1册《家族全史》，吉林人民出版社，1997（是书后经作者修订，改版为《爱新觉罗家族史》）；刘小萌《清代北京旗人社会》，中国社会科学出版社，2008；赖惠敏《天潢贵胄：清皇族的阶层结构与经济生活》，台北"中研院"近代史研究所，1997；常书红《辛亥革命前后的满族研究——以满汉关系为中心》，社会科学文献出版社，2011；周增光《宗室王公与清末新政》，华夏出版社，2017；雷炳炎《清代八旗世爵世职研究》，中南大学出版社，2006；杜家骥《八旗与清朝政治论稿》，人民出版社，2008；杜家骥《清代八旗官制与行政》，中国社会科学出版社，2015。

② 周藤吉之『清代满洲土地政策の研究——特に旗地政策を中心として』河出书房、1944。

③ 朱惠方、董一忱：《东北垦殖史》，丛文社，1947。

论清末东北改制后皇庄、官庄及王庄的丈放，明确指出广大丁佃备价领地的血汗银流入清室亲贵和奉系军阀私囊，后两者皆在王庄丈放中得到实惠。赵令志对东北地区八旗王公庄园、内务府皇庄经营状况有深入分析，指出庄头从管理庄园的奴仆逐渐变成具有较强经济实力的地主，正反映出庄园经营方式"从领主制向封建地租剥削方式演变的发展过程"，由此也为理解清末民初庄头及地丁抗租、抗丈，与各王府纷争不断之原因提供了理论基础。江夏由树提出，清末以袁金铠为代表的汉军旗精英，正是通过大量购买庄地成为新型地主，获得进入谘议局参与政治事务的资本，从而在民国时期逐渐步入奉省的"主流政治圈"。王凤杰指出王永江任奉省官地清丈局局长时期大力推行王庄丈放政策，为省财政增加了永久稳定的税源。另外，王立群虽主要探讨民国时期畿辅地区旗地的管理问题，但对庄头、佃户等依附旗地生活诸群体关系的考察具有普遍性意义。田宝翠、张睿等重点论述清末奉天旗人社会筹办生计的举措，勾勒出特权地位丧失后旗人生活的困境及民国以后他们融入近代社会的平民化历程。邵丹探析了民初奉天八旗生计总会为保留旗人随缺伍田，与奉省议会产生的冲突。柯娇燕亦有对先后于清奉天旗务处、民国奉天官地清丈局等机构任要职的金梁的充分论述，从个体经历中可以窥见奉天旗人社会变迁及皇室产业清厘状况的一个侧面。另有武斌、邓庆聚焦沈阳故宫的史事研究，在把握皇宫产业管理机构变迁脉络的基础上，呈现王朝旧宫由清室私产开放为公立博物馆的曲折历史进程。①

---

① 　以上见赵中孚《移民与东三省北部的农业开发（1920—30）》，台北《"中央研究院"近代史研究所集刊》第3期（下），1972年；赵中孚《近代东三省移民问题之研究》，台北《"中央研究院"近代史研究所集刊》第4期（下），1974年；杨学琛、周远廉《清代八旗王公贵族兴衰史》，辽宁人民出版社，1986；刁书仁《东北旗地研究》，吉林文史出版社，1993；赵令志《清前期八旗土地制度研究》，民族出版社，2001；Yoshiki Enatsu, *Banner Legacy: The Rise of the Fengtian Local Elite at the End of the Qing*, Ann Arbor, Michigan, Center for Chinese Studies, The University of Michigan, 2004；王凤杰《王永江与奉天省早期现代化研究》，吉林大学出版社，2010；王立群《北洋政府时期京直地区八旗土地研究》，人民出版社，2021；田宝翠《清末奉天旗民生计问题研究》，辽宁大学硕士学位论文，2013；张睿《金梁与奉天旗务改革研究》，辽宁大学硕士学位论文，2015；Dan Shao, *Remote Homeland, Recovered Borderland: Manchus, Manchoukuo, and Manchuria, 1907-1985*, Honululu, University of Hawai'i Press, 2011；柯娇燕《孤军：满人一家三代与清帝国的终结》，陈兆肆译，董建中校，人民出版社，2016；武斌主编《清沈阳故宫研究》，辽宁大学出版社，2007；邓庆《清末民国沈阳故宫史事钩沉》，现代出版社，2012。

在盛京陪都政治体制及机构运行方面，学界的既有成果对研究者从整体角度把握盛京社会发展脉络，以及认识清末民国时期奉天残留清室特权的特点有所助益。张德泽对清代在陪都置盛京五部、盛京内务府、奉天府等机构之沿革有较为详尽的论述；李鹏年等则将盛京内务府、五部与陵寝礼部衙门、工部衙门等统作为清代国家机关特设机构加以考量。祁美琴考察了盛京内务府设立及盛京皇庄的管理制度，认为皇庄的存在一方面有利于满族统治者特权利益的维护，另一方面延缓了庄地封建化进程导致的旗地自身发展不平衡，不利于满族社会的向前发展。张士尊对盛京旗民二元行政体制从形成、调整到光绪初年变革的各阶段特点有较为细致的分析；刁书仁则梳理了光绪元年崇实改革以后东三省旗制向民制转变的过程，而清末民初奉天地区官庄旗地的丈放，也正是在"旗民分治"政策废除及旗人特权取消的背景下展开。定宜庄从关外屯兵最重、受各驻防点环绕拱卫等特点出发，探析盛京在满洲统治者心目中"根本之地"的政治和军事地位。任玉雪、丁海斌等对盛京将军、盛京内务府、奉天府、盛京五部等陪都建置及职能进行了深入考察。高月从政治体制、地方自治、财政改革、国民教育等方面阐释了东北新政与清朝统合东北边疆的一般趋势，对于理解东北改行省制前后陪都盛京社会的特点有所助益。丁海斌、时义全面解读盛京在政治、经济、军事、文化等领域体现的特殊地位，对清末外国势力进入盛京及逊清时期"陪都"事务的处理情况有所关注，既梳理出辽宁省档案馆藏盛京内务府档、奉天省公署档中与逊清政务相关的内容，亦考察了盛京内务府、盛京皇宫及陵寝在民国年间的历史变迁。张杰的研究着意运用朝鲜燕行使游历盛京的记述材料，丰富了对陪都盛京历史的叙事。①

---

① 以上见张德泽编著《清代国家机关考略》，中国人民大学出版社，1981；李鹏年等编著《清代中央国家机关概述》，黑龙江人民出版社，1988；祁美琴《清代内务府》，辽宁民族出版社，2009；张士尊《清代盛京移民与二元行政管理体制的变迁》，《东北师大学报》（哲学社会科学版）2004年第4期；刁书仁《试论清末东北八旗体制的变化》，《吉林师范学院学报》1995年第2期；定宜庄《清代八旗驻防研究》；任玉雪《清代东北地方行政制度研究》，复旦大学博士学位论文，2003；丁海斌《论清朝陪都盛京的政治制度》，《辽宁大学学报》（哲学社会科学版）2006年第4期；高月《清末东北新政研究》；丁海斌、时义《清代陪都盛京研究》；张杰《韩国史料三种与盛京满族研究》，辽宁民族出版社，2009。

关于盛京总管内务府的设立时间及沿革流变，佟永功、关嘉禄依据《黑图档》认为在乾隆十七年。佟永功简要梳理了该机构自清末到1924 年解体前经历的重要阶段。祁美琴指出，不能将"盛京内务府"这一名称的确立时间等同于该机构出现的时间，在乾隆十七年盛京总管内务府大臣设立以前，盛京包衣三佐领已作为内务府组织存在了几十年。在前人讨论的基础上，任玉雪梳理了乾隆元年以前记载"盛京内务府"相关内容的文献，分析认为盛京内务府直到乾隆初年才得到中央政府承认，但机构主管并不确定；至乾隆十七年正式成立，明确由盛京将军兼管。另有李凤民详细考证了清中期八旗生计日艰背景下，嘉庆帝为安置闲散宗室、减轻朝廷负担在盛京设立宗室营的经过。戴克良从盛京地区八旗亲贵来源、政治和经济地位、与盛京文化的关系等多角度全面论述了清前期盛京宗室社会的发展状况，同时指明清中叶以后八旗人丁增长、旗制对人身束缚、土地制度转变等因素，使长期不事生产而仅凭薪俸养赡家口的下层宗室生计日趋困顿，盛京宗室社会亦逐渐走向衰落。①

溥仪退位后，《清室优待条件》成为"陪都"残制存续及"小朝廷"管理奉天事务的法律保障。从"逊清史"整体视角来看，较早有秦国经聚焦《清室优待条件》颁布后溥仪"小朝廷"各机构的运行情况，逊清亲贵宗室与袁世凯、徐世昌、张作霖等民国政要的往来关系，该研究为了解宗室亲贵与遗老旧臣在变动时代下的生活提供了丰富资料。周明之虽以逊清遗老为主要研究对象，却通过考察民国时期这一群体筹谋复辟、整顿宫廷财产、于天津"伴驾"溥仪、建立伪满洲国等活动，展现了逊帝溥仪与亲贵宗室在失去特权地位后真实的生活状态。潘静如则以遗民群体的文学书写为切入点，考察其在近代政治变迁中的自我因应。路康乐专门讨论了自辛亥革命一直到 1928 年之后的

---

① 　以上见佟永功、关嘉录（禄）《乾隆朝盛京总管内务府的设立》，《故宫博物院院刊》1994 年第 2 期；佟永功《清代盛京总管内务府设置沿革考》，《满族研究》2002 年第 1 期；祁美琴《关于盛京内务府的设立时间问题》，《清史研究》1995 年第 3 期；任玉雪《盛京内务府建立时间再探》，《历史档案》2003 年第 1 期；李凤民《嘉庆皇帝设宗室营》，《紫禁城》1988 年第 4 期；戴克良《清前期盛京八旗王公贵族研究》，东北师范大学硕士学位论文，2004。

皇室和满人，认为革命后清皇室和八旗制度仍存续十多年的原因在于"民国初年的历任政府进行了认真但逐渐递减的努力来遵守和执行让革命获得相对容易成功的退位协议"。王茂生、胡玉海等亦有涉及变革逊清"陪都"内务府管理体制、推行土地清丈与旗地制度终结的相关研究。①

刘平、孙昉较为全面地论述了"小朝廷"实施内部管理、结交外部力量与争取合法性地位的各项政治功能，表明1924年以前"小朝廷"政治、社会生活的断裂和重组虽带有无奈色彩，但客观上维护了一个社会群体的稳定。从《清室优待条件》意义的角度出发，喻大华深入分析了其出台的积极意义，认为是民国政府的作为鼓励了复辟行动，而《优待条件》对复辟有一定限制作用；他还陈明民国政府对逊清皇室的态度以袁世凯去世为界，前期稍加限制，后期放任甚至纵容，而驱逐溥仪出宫正是将其从不危害民国的道义责任中解放出来，以致酿成严重的后果。王树才、刘敬忠对喻大华的观点进行了回应，提出《优待条件》无积极意义可言，溥仪投靠日本帝国主义的行为乃由其一心想恢复"大清江山"的阶级本性决定。阿部由美子从民国与清室的法律关系、清室岁费供给、王公世爵承袭等方面详尽考察了《优待条件》的实际执行程度，认为溥仪出宫后清朝到民国北京政府的连续性被切断，东陵事件使清室对民国政府的失望更甚，成为溥仪选择去东北的重要原因。赵雅丽梳理了《优待条件》颁布后经历的入宪讨论、存废之争、修正《优待条件》等曲折过程，亦指出《优待条件》随中国政治进程发生的演变，对溥仪的命运产生了深刻影响。杨天宏从法律角度揭示《优待条件》的民国、清室双边法政协议性质，条件本身含混不清，而在执行过程中双方均有违约之处。冯玉祥看似师出有名的"逼宫"，实际与其军队面临经济困难有关，溥仪被裹挟其间，也就

---

① 以上见秦国经《逊清皇室秘闻》；周明之《近代中国的文化危机：清遗老的精神世界》，山东大学出版社，2009；潘静如《末代士人的身份、角色与命运：清遗民文学研究》，社会科学文献出版社，2024；路康乐《满与汉：清末民初的族群关系与政治权力（1861—1928）》，王琴、刘润堂译，李恭忠审校，中国人民大学出版社，2010；王茂生《从盛京到沈阳——城市发展与空间形态研究》，中国建筑工业出版社，2010；胡玉海、董守义、李丽分卷主编《沈阳文化史·近代卷》，沈阳出版社，2014。

"悲剧性地成了希望在政治上改弦易辙者寻找的'民主共和'制度被弄得面目全非的替罪羊"。①

从清室保障自身权益的努力角度来看，陈肖寒考证了民国政府逊清优待费支出情况，说明除民国元年外政府均不能按期如数交拨优待岁费，清室陷入财政困境后采取裁减冗员、向银行借债、抵卖宫中器物等措施应对危机。季剑青则围绕清室处置作为"私产"的古物情况进行讨论，透视"小朝廷"财政状况的同时展现出民国时期恢复古物文化属性、确立其作为国家文化遗产地位的复杂历程。滕德永将清室筹解经费的措施更细化地分为开源、节流两部分，开源的具体举措有向民国政府催讨、向金融机构借贷、靠债券等盈利、物品变价、土地与房屋租赁等；节流方式主要有精简机构、裁减人役、缩减开支。他认为民国经济困难为逊清皇室筹款带来极大阻力，清室用款无度却是其出现财政问题的最直接因素，多种力量共同作用，使时人对逊清皇室存在的合理性产生质疑进而否定《清室优待条件》，终致清室的经济状况陷入绝境。滕氏还考察了清室借民国制宪之机运作《清室优待条件》入宪的经过，指出入宪失败根本原因在于清室的复辟危险，但即便入宪成功，在民国混乱的政局中清室权益亦无法得到永久保障。此外，乔志军对奉天地区宫殿、陵寝等前朝遗迹的保护与管理问题有所探讨。民初首都北京地区皇家禁苑、陵庙等开放为公共空间的情况，则更为受到学者关注，代表性著述

---

① 请参见刘平、孙昉《紫禁城小朝廷的社会史研究》，《故宫学刊》2014年第1期；刘平、孙昉《溥仪小朝廷的政治史研究》，《吉林大学社会科学学报》2015年第2期；喻大华《〈清室优待条件〉新论——兼探溥仪潜往东北的一个原因》，《近代史研究》1994年第1期；喻大华《论民国政府处理逊清皇室的失误》，《史学月刊》2000年第3期；王树才、刘敬忠《也谈〈清室优待条件〉问题——兼评溥仪充当日本帝国主义傀儡的原因》，《中国社会科学院研究生院学报》2000年第2期；阿部由美子《中华民国北京政府时期清室、宗室、八旗与民国政府的关系——以〈清室优待条件〉为中心》，中国社会科学院近代史研究所政治研究室编《清代满汉关系研究》，社会科学文献出版社，2011，第535—556页；赵雅丽《略谈清室优待条件的法理和信义精神》，《溥仪研究》2013年第1期；杨天宏《"清室优待条件"的法律性质与违约责任——基于北京政变后摄政内阁逼宫改约的分析》，《近代史研究》2015年第1期。

有史明正、戴海斌、王谦、林峥等人的研究。①

从清室亲贵进入民国后的心态及其与民国政要的交往来看，胡平生考证了张作霖为清室拨发丈放庄地款项的情况。孙燕京、周增光将辛亥革命风暴中旗籍权贵的应对策略概括为"鲜有'殉节死君'之士""多数'隐忍不发'""处之泰然，极少数人伺机东山再起"，并从危局所迫、体制内因素两方面分析该群体政治心态的成因，肯定了清帝逊位、和平让渡政权对迅速稳定全国局势的意义。朱文哲注意到民初满族亲贵或意图复辟，或攀缘民国，或不问政事，出现难以调适政治认同的状态。然部分王公的复辟举动打破了具有法理基础的清室—民国共生关系，为清室优待特权的彻底丧失埋下伏笔。李坤睿认为张作霖碍于复辟嫌疑及受战事牵制，无法重迎溥仪回宫。林辉锋通过对徐世昌日记的研读梳理其与清室关系的发展脉络，认为清室希望由这样一位"忠心耿耿"的臣子出任民国总统，目的在于维持皇室的优待，进而揭示出逊清时期徐世昌徘徊在清室遗臣与民国政要之间的双重人格与矛盾心理。桑兵指明孙中山之所以与曾经的对手逊清皇室交游，意在实现五族共和，而清室表达出致力于巩固民国政治框架内的五族共和意愿，是双方彼此接近的重要基点，亦成为民族融合和疆域统一的重要机缘。李在全从逊清要员绍彝、绍英的未刊函札入手，考察民初清室与多元力量的共存和互动，还指明张学良曾参与争取溥仪的工作，但在认识和执行力度上均显不足，揭示1924年冯玉祥驱逐溥仪出宫背后，以孙中山为首的国民党人是重要

---

① 参见陈肖寒《民国初年逊清岁费问题初探（1912—1916）》，《西南农业大学学报》（社会科学版）2009年第4期；季剑青《"私产"抑或"国宝"：民国初年清室古物的处置与保存》，《近代史研究》2013年第6期；滕德永《逊清皇室筹解经费的努力》，《溥仪研究》2016年第1期；滕德永《逊清皇室与〈优待条件〉的入宪》，《北京社会科学》2018年第4期；乔志军《清末民初奉天地区文物保护与管理研究》，辽宁大学硕士学位论文，2020；史明正《走向近代化的北京城——城市建设与社会变革》，王业龙、周卫红译，杨立文校，北京大学出版社，1995；戴海斌《中央公园与民初北京社会》，《北京社会科学》2005年第2期；王谦《帝都，国都，故都：近代北京的空间变迁与文化表征（1898—1937）》，中国社会科学出版社，2022；林峥《公园北京：文化生产与文学想象（1860—1937）》，北京大学出版社，2022。

助推力量。①

回顾先行研究，可以发现以下特点。

首先，有清一代盛京陪都体制的发展已得到学界较多关注，但对于东北改制后陪都残余体制存续以及其在民国时期的运行情况论及较少，清室特权在共和制下演变的历史脉络尚不清晰。受《清室优待条件》保护，清室奉天权益得以保全，具体事务管理包括庄地与房屋收租、宫殿日常维护、陵寝祭祀等多个方面。而作为陪都残余体制留存的盛京内务府在逊清时期继续其部分职能，该机构内部组织的调整情况、为北京"小朝廷"筹解经费做出的努力、管理皇宫及陵祭事务中出现的问题等诸多史事尚待厘清，仍有较为广阔的研究空间。

其次，考量清室与民国政府的关系，多围绕《清室优待条件》存废之争，北京"小朝廷"内外交往及宗社党、遗老群体的活动等角度展开，对清室维持北京以外地区残留特权牵涉的中央政府要员、盛京内务府办事处留任旗员、以奉系为代表的军阀及日俄等列强势力的研究还不够充分。既有研究指出，"小朝廷"与民国政府特别是在政府中担任要职的前清官员、各国驻华公使、各派系军阀实力人物都保持交往，争取一切可以依靠的力量，反映出逊清史研究中的重要问题。② 由于东北地方受奉系军阀控制，并非始终听命于北京政府，清室想要在《优待条件》框架下寻求在奉权益的最大化，不仅需要协调与中央政府的关系，还要与奉省的主政者密切联系，此外逊清特权亦时刻面临日本侵华势力的威胁。处置奉天事务不仅展示出清室与民国盘根错节的关系，还体现

---

① 参见胡平生《民国初期的复辟派》，台湾学生书局，1985；孙燕京、周增光《辛壬之际旗籍权贵集团的政治心态》，《历史研究》2012年第5期；朱文哲《清室与民国：清民之际满族贵族的政治认同》，《西北民族大学学报》（哲学社会科学版）2015年第5期；李坤睿《王孙归不归？——溥仪出宫与北洋朝野局势的变化》，《南京大学学报》（哲学·人文科学·社会科学版）2012年第5期；林辉锋《从〈韬养斋日记〉看徐世昌与逊清皇室》，《中山大学学报》（社会科学版）2015年第1期；桑兵《民元孙中山北上与逊清皇室的交往——兼论清皇族的归属选择》，《史学月刊》2017年第1期；李在全《民元孙中山北京之行与逊清皇室的应对——以绍彝、绍英未刊函札为中心的考察》，《清华大学学报》（哲学社会科学版）2020年第1期；李在全《九一八事变后国民政府争取溥仪考实》，《社会科学辑刊》2021年第2期；李在全《1924—1925年孙中山北上京津与逊清皇室的反应》，《史林》2022年第1期。
② 王庆祥：《关于逊清史的几个问题》，《溥仪研究》2012年第3期。

了北京总管内务府与盛京内务府办事处的互动、宗人府对宗室的管理及宗室亲族内部的关系。故而本书拟对宗室亲贵、逊清官员、民国总统、奉系军阀、外国势力等各派在清室奉天事务管理中扮演的角色详加考察，尝试理顺多方之间的联系。

再次，部分史实细节不清，有待进一步考证。如皇庄与王庄的清厘问题虽已有学者探讨，但论述重点多集中于皇族私产受民国保护致庄佃利益受损引发的抗丈风潮，以及清室和奉天当局通过收取地价获取巨额收入。实则正是大量庄田产业联结了北京宗室群体与奉天地方社会，皇庄、王庄的清厘是进入民国后北京旗人生活境况在奉天地区的投影。如果脱离了逊清宗室虽得保留爵位却被长期拖欠俸饷的实际生活情况，就无法理解宗室对奉天产业收入依赖程度加深、部分王公同意甚至催促庄地清丈的真正原因。而在王庄清丈的过程中，奉天官地清丈局亦给予上层王公一定优待，故对上层王公与下层宗室的庄地清丈情况应区别分析。

最后，对一手史料的挖掘与利用略显不足。近年来清遗民群体的日记、书信、文集等材料日益受到研究者关注，而辽宁省档案馆藏盛京内务府、奉天行省公署、奉天巡按使公署、奉天省长公署档案则能够提供更为完整的资料。尽管目前利用《黑图档》研究清代前、中期盛京内务府运行及陪都史事的成果日渐增多，但清末民国时期清室管理奉天事务的相关档案，仍存在较大的挖掘空间。此外，中国第一历史档案馆藏内务府、宗人府、醇亲王府等全宗皆涉及逊清皇室的活动，而中国第二历史档案馆藏内务部全宗、北京市档案馆藏民国时期档案，则为从北京中央政府及逊清宗室群体角度考察清室奉天残留特权的存续提供了丰富材料。

三　本书旨趣

本书在充分利用各类史料的基础上，综合运用文献研究、田野调查等方法，希望做到以下几点。

其一，系统研究辛亥鼎革到九一八事变前逊清特权在奉天地区残存的历史。宣统帝逊位后，清室在《优待条件》的保障下，得以继续享有奉天地区的行政、经济、文化等方面特权。但是根据民国政府规定，北京政府内务部是清室事务主管机关，"小朝廷"凡有维系奉天权益的意见和办法，皆须由北京总管内务府先咨行内务部，经该部行文奉省了解情况，再呈报总统批复。1924年"北京政变"爆发后，清室积极响应奉系军阀"接管"在奉事务的方案，以此换取权益的延续。在中央政府与奉天当局划定的有限空间下，清室特权经历了留存、式微至瓦解的过程：行政机关盛京内务府在连番降级改组、裁撤归并后，仅剩余临时性联络机构清室驻奉办事处；作为经济基础的皇室庄园、房屋等产业皆被清丈，由民国政府接收；王公宗室再难维持往昔"排场"，开始走入市井社会自食其力；奉天旧宫与昭陵、福陵屡生盗案、日渐破败，陆续被开放为博物馆、公园。

其二，厘清清室与民国政府、地方军阀、列强势力的关系，揭示帝制余绪对共和政权的影响。为长久延续奉天残留特权，清室尽力疏通民国与清朝新旧联结中的各方关系，既对曾为清廷旧臣的军阀新贵寄予希望，亦多番运用通过中央施压地方的策略；宗社党等复辟势力向长期觊觎东北资源的日本等列强寻求庇护，致使争夺奉天清室产业业权的中外交涉案件频发。本书尝试突破既有研究以《清室优待条件》履行程度阐释民国与清室关系的框架，将民国历届政府、军阀派系以及列强势力纳入研究视野，尝试挖掘东北亚国际格局下中外多方政治力量博弈与清室特权存废的内在联系，此有助于理解终结特权之于维护共和、应对侵略危机的意义，深化学界对近代中国变局的认识。

其三，透过民国中央及地方政府处理清室事务政策的演变，把握政局变迁的历史脉络。清室特权经历了民初留存、"北京政变"爆发法理上终结，到九一八事变后事实终结的阶段。北京政府与地方当局不断增补限制政策，既反映了北洋集团分裂后中央政权的频繁更迭，亦展现了奉系崛起、东三省"自治"的央地权力格局变动，更体现出东北易帜后国家统一的大势，由此可以全面认识民国政局中新旧、南北、央地多重关系的转化。

其四，探析残留特权对清室内部阶层结构变动的作用，深化理解近代旗人社会变迁的历史脉络。先行研究对清代旗人社会已有较多关注，本书以清史与近代史融合的视角，从长时段把握家国剧变背景下旗人社会内部王公贵胄与下层宗室、北京"小朝廷"大臣与奉天留存旗署员司等各色旗人的生活情态与矛盾冲突，体察"王朝"向"民国"鼎革年代，从"世爵世职"到"普通国民"社会身份转换之时当事人所历之阵痛与新生。历经国体变更，清室内部本应破除等级秩序桎梏，共同迎接新生活，然而逊帝家族抱守残余权势不放，与军阀新贵合作谋利的同时却鲜少为普通旗人生计考虑。王公贵胄与下层宗室、北京"小朝廷"与奉天留用旗员间矛盾重重，最终导致逊清社会的分化加速。

在章节设置上，本书除绪论和结语外共分为五章。第一章梳理辛亥革命前后奉天地方遗留的陪都社会特性及出现的新变化。清王朝为彰显盛京作为"龙兴之地"的重要性，在此建立起完备的陪都体制。近代以降，东北地区逐渐成为列强在华利益纷争的一个"焦点"。至清末新政时期，为因应外侮而破除旗民畛域，盛京五部、奉天府府尹相继被裁撤，盛京内务府亦不再具有独立皇室机关地位，只待立宪完成即予裁撤。辛亥革命爆发与《清室优待条件》的出台，阻断了彻底清除陪都体制残存机构的态势，使清室一定时期内得以继续维持在奉天地区行政、经济、文化等方面的特殊权益。

第二章论述清室驻奉办事机构"盛京内务府"的留存情况，及其与民国北京政府、奉天当局、北京"小朝廷"三者间的互动关系。民国成立后，盛京内务府作为专办清室事务的"皇室机关"留存，却不断被中央政府和奉天当局限制事权，迭经改组仅余办事处建置。为扭转遥控不力的局面，清室于1915年派人赴奉整顿官员贪渎、旗兵困顿等积弊，至1924年更重设内务府大臣，以便提拨奉天"皇产经费"供"小朝廷"使用，然而此举却使奉天旗员与清室间的离心力进一步增大，投射出王朝崩解前吏治腐败的乱象。

第三章考察清室北京"小朝廷"维护奉天庄园、房屋等产业利益的主要举措，以及民国各级政府严格管控清室经济活动的系列政策。经济特权的延续对于清室最为关键，由于自1913年起民国政府常年欠发优待岁费，奉天产业租金成为"小朝廷"维持运转的重要收入来源。民国政府则以保护清室私产为名，开展清查整顿，渐次将产权收归国有。清室由此丧失了赖以运行的经济基础，对东北社会的影响被削弱，民国法统得到维护。但军阀官绅借机占地渔利，扩张军备，也折射出民初的政局动荡与国力空虚。

第四章呈现逊清宗室在王产国有背景下逐渐分化的态势，由此探析这一群体社会生活的变迁。民元以后逊清宗室难以有效管理远在奉天的庄园产业，奉天当局于 1915 年起推行王庄丈放，获得稳定赋税来源，同时在日人猖獗侵夺东北土地资源的背景下维护了国土主权完整。而逊清宗室以主动响应、被动顺势、拖延拒丈等不同方式因应清丈，背后反映出该群体内部等级秩序仍未打破，凡关涉权益维护问题，皆由上层王公议定办法传达各宗支遵照执行，大量闲散宗室的利益得不到保障，最终走上自谋生计的坎坷之途。

　　第五章叙述盛京宫殿、皇陵等帝制文化象征的留存与管理情况，把握龙兴祖源精神对清室的影响；进而探讨在日本等列强利用清室奉天特权侵略东北的背景下，特权最终瓦解以及王朝陪都转型为近代城市的历程。自日俄战争起，奉天地区的宫殿、陵寝即无一幸免于外国势力的入侵与劫掠。民初宫苑屡经奉系军队及社会团体占用，陵区风脉山林禁地亦遭盗伐、典押。而清室仍将奉天视为“根本之地”，竭力维持宫陵仪制以延续王朝余威，甚至在 1924 年“小朝廷”覆灭后溥仪即有移居“陪都”的打算。与之相对，为遏制“满铁”奉天附属地扩张态势，奉天当局于 1925 年接收清室在奉全部田房产业并启动城区改造，次年起将盛京旧宫、帝陵分别开放为博物馆、公园等公共空间，逐步消解帝制遗存的政治属性，使之回归为中华民族的文化瑰宝，并由此不断扩大自主城市建设中的对日竞争优势，适应奉天城近代化发展的需要。

第一章　辛亥革命前后的奉天地方

清王朝为彰显盛京作为"龙兴之地"的重要性，在此建立起完备的陪都体制，以盛京将军为统辖东北全境的最高长官，设立盛京礼、户、工、刑、兵五部，并置与北京顺天府级别相当之奉天府。盛京地区大量皇室庄园、果园、鱼泡、牧场、山场等产业，由盛京总管内务府专事管理，盛京将军兼任总管大臣。近代以降，东北地区逐渐成为列强在华利益纷争的一个"焦点"。至清末东北改行省制之际，为因应外侮而破除旗民畛域，盛京五部、奉天府府尹相继被裁撤，盛京将军改称东三省总督，陪都体制趋于瓦解。然而辛亥革命爆发与《清室优待条件》的出台，阻断了彻底清除陪都残制的态势，使清室一定时期内得以继续维持在奉天地区行政、经济、文化等层面的特殊权益。

第一节　陪都社会的再度兴盛

顺治元年（1644）清朝入主中原，亲贵宗室除极少数留守盛京外，大多"从龙入关"。以后为便奉祀福、昭两陵，陆续有宗室迁回盛京居住。康熙年间起，部分罪宗亦被发遣至盛京，盛京遂成为仅次于北京的宗室觉罗的聚居地。[①] 乾隆四十一年（1776）底，因八旗生计负担日渐加重，大学士舒赫德奉旨办理闲散宗室移驻盛京事，查得大凌河牧场西北松山、杏山等地可作移居之用，遂改议将宗室移往该处。经宗人府统计有移居意愿者达 115户，酌拟此项移驻"照派往拉林种地满洲之例加倍给与起身安家之费"，核计分为四屯建盖房屋，每屯派一奉恩将军管束。宗室每户给房 8 间，每人得银 280 两、地 3 顷，所有地亩由盛京将军派兵先行开垦。[②] 然而未待

---

① 刘小萌：《爱新觉罗家族史》，第 199 页。

② 因宗室已得房屋银地，故移居后每月应支额定钱粮减半支给，至十年后全行免支；应支额定米石"即于派往之日起毋庸支给，每人各给牛具、籽种一分，仍与一年口粮"。详见军机处片，嘉庆八年五月，中国第一历史档案馆藏军机处满文录副奏折，03-0197-3657-028。

计划实施，乾隆四十三年便有旨暂停办理。到嘉庆十三年（1808）八月，宗室大员禄康、宜兴复议挑送宗室前往盛京安置时，嘉庆帝认为宗室在京得宗人府王公及各族长严格管理尚不能"恪遵化导"，若到盛京后仅凭该将军一人更难行约束，由是定拟"于京师内或添差使，使人人各有职守，皆知自爱，方可冀其渐即闲检"，①"务令宗潢永沾渥泽"成为办理宗室教养的"第一要义"。几日后仪亲王永璇再奏依照乾隆年间松山、杏山之计划，仍将宗室移驻盛京，未获允准。当年十月，宜兴为请宗室移居盛京开列各项条款，得嘉庆帝批示"断不可行"，一方面移居所需各项经费必使国家财政产生额外负担，另一方面最令嘉庆帝担心的还是宗室移居能否得到"安分守法"之实效。然而此后仅不到四年时间，一次大规模的宗室移居便被正式提上日程。

一　筹备移居与宗室起程

嘉庆十七年五月十九日，上谕"盛京为本朝发祥之地，风俗醇厚，若将不安本分之闲散宗室酌量挑出送往，妥为安插，令其照旧支领养赡钱粮，伊等在彼观摩善俗，或能奋勉自新，仍可择其才堪造就者，随时咨送回京挑选差使"。②宗人府负责确定移居盛京宗室名单；时任盛京将军和宁、盛京工部侍郎富俊受命为移居各户选定居所，并拨出闲旷地亩以备充裕生计之用。同年六月二十八日，嘉庆帝规定了移居宗室房屋款式：

> 着仿照京中八旗、健锐等营房规制比户聚处，外仍缭以垣墙，安设总门，俾出入有所稽考。其围墙内并于适中处建造官厅，以便派员在彼约束，方为妥善。③

一日后，吏部尚书松筠奉旨赴盛京查验并会同和、富二人筹办移居宗室房地事宜。据松筠奏报，宗室房屋选址于盛京小东门外东北方向里许：

---

①　《清实录》第30册，嘉庆十三年八月戊午条，第662页。
②　中国第一历史档案馆编《嘉庆道光两朝上谕档》第17册，广西师范大学出版社，2000，第173页。
③　《嘉庆道光两朝上谕档》第17册，第243页。

按照健锐营规式共建仰瓦官房七十所，并钦派宗室大员住房公所及宗室学房，拟于北首居中建盖关帝庙一座，又轮值佐领、防御等员住房暨堆拨、望楼同备用空房，核计总在八十所房间。数内除五十五户宗室居住外，尚余住房十五所。①

各房屋及周围高九尺砖墙筑造所需用料及人工，合计需银 4 万余两。移居宗室每户拨给征租地 360 亩，计每年可得租银 21 两 6 钱，因考虑到来年移居时置办器具耗费繁多，谕准于当年先行收取地租银备作宗室安家所用。

经过一年多的挑选，宗人府宗令绵课于嘉庆十八年六月初九日进呈移居宗室户口清单，内载 70 户共 275 名口，随带男女仆从 160 人，拟分为三起于九月初六日、十一日、十六日陆续起程，由顺天府统一雇备席棚四套大车 188 辆。宗室移居沿途歇宿各处，由直隶总督、盛京将军、奉天府府尹派员考察后确定站点，并严格制定每日行程，各该管地方官先行预备相应数量房间，避免与往来商民杂处一处滋生事端。宗室沿途买用饮食等项，皆须按价偿还，不得任意争持及倚势克扣，若不遵约束则由钦派大臣惩办。② 左宗人都统公晋隆、护军统领副都统公裕瑞、右宗人都统贝子奕绍分别担任送往各起宗室之弹压大臣，直隶省派员一路护送至盛京后进行交接。除所需盘费外，移居宗室每人另赏行装银 15 两，随行仆从每人 4 两。嘉庆帝认为必须派驻"更事之人"方能管教移居宗室，由是在"曾任大员缘事黜退"的宗室中拣选出文弼、杰信以四品顶戴郎中驻扎宗室营，三年期满，若办事妥善，则回京"另行施恩"。因二人无具折奏事之权，上谕"着派盛京将军和宁、户部侍郎润祥、礼部侍郎诚安专管移居宗室事务，统辖弹压。遇有应奏事件，文弼等二人具报该将军、侍郎等奏闻，以专责成"。③

晋隆管带第一批移居宗室于当年九月初六日起程，二十四日顺利抵

---

① 吏部尚书松筠、盛京将军和宁折，嘉庆十七年八月二十八日，中国第一历史档案馆藏宫中档朱批奏折，04-01-37-0064-043。

② 宗人府宗令绵课折所附章程清单，嘉庆十八年六月初九日，赵增越编选《嘉庆朝宗室移住盛京档案》（上），《历史档案》2019 年第 2 期。

③ 《嘉庆道光两朝上谕档》第 18 册，第 181 页。

达盛京，即由文弼、杰信按户拨给房间妥善安置。然而就在两日前，嘉庆帝却命移居盛京宗室"除前两起业经起程外，其第三起着停止起程，已领赏项无庸追缴"。① 事缘本属第一批移居宗室的果敏在起程前数日自缢，遗呈恳请上准其弟学敏留居京城。经刑部问讯，学敏供称其兄"实因曾经获咎派往盛京居住，京中所有房产难舍，追悔自勒身毙"。为免"因获咎而移居"的传言致人心浮动，嘉庆帝强调"前因宗室生齿日繁，恐例得养赡银两不能自给，派令前往盛京居住，授室分租，俾得衣食丰足，乃加惠无业之宗室，非以其获咎而移之也"，而宗人府王公未能仰体其意，办理不善，"转将家道充裕之果敏派往，以致变卖房产，迫于移居情急自尽"。② 宗人府本拟派宗室奕寅一户补移盛京，待得知果敏自缢缘由，嘉庆帝即准学敏留京，奕寅亦无须派往；同时明令日后仅挑派"无业宗室"，"家有恒产者"不在选择范围内，第三批宗室也暂停移居。一年前提出将闲散宗室送往盛京时，缓解生计压力或许是嘉庆帝考虑的主要因素，但上谕中"不安本分""观摩善俗""奋勉自新"等表述更易使人理解为移居是为了让部分不思进取的宗室返回"龙兴旧都"修身养性、多加历练。直至果敏事发，获咎宗室移居之说四起，嘉庆帝再不提选派"不安本分"宗室旧言，一意宣扬移居乃"加惠无业"之举，管理宗人府事务各王公皆因挑派有产之果敏致其身死而请罪。

二　移居盛京宗室身份

嘉庆帝所以有挑派闲散宗室回盛京的考虑，起因于宗室绵墉逞凶滋事已属累犯，嘉庆十七年五月十九日上谕明确述及"因思国家宗支繁衍，天潢中秀良醇朴者固多，而人数既众，如绵墉之不知自爱者亦复不少"，③ 由是提出送"不安本分"宗室返回祖地"观摩善俗"。绵墉前因开场聚赌革职圈禁三年，送媳出殡时又欲在水利建筑上烧纸，遭拦阻后殴打门甲，上斥其"狂妄"，即令携带家口移往盛京。一日内先是绵墉恶行肇启宗室移居，后有绵墉发遣其子却仍可支领钱粮，上谕接连发布不免让人探究移居盛京与获罪发遣之间的联系，即挑派"不安本分"宗

---

① 《嘉庆道光两朝上谕档》第18册，第322页。
② 《嘉庆道光两朝上谕档》第18册，第313页。
③ 《嘉庆道光两朝上谕档》第17册，第173页。

室移居就是将获咎宗室送往盛京约束养赡，此举与自康熙年间起部分罪宗发遣盛京的旧例亦有相合之处。或许基于此想法，盛京将军和宁接旨筹备宗室营事宜一个多月后，于六月二十八日奏请赏给因罪发往盛京的宗室恩福等 8 人钱粮、住房，"其余有无钱粮亦无住房者，亦有仅食半饷而无住房者，又有仅予住房而无钱粮者，现在养赡不敷，度日维艰"，"可否一视同仁赏给全分钱粮，并量为拨给房屋、地租以资养赡，而俾各有栖止之处"。① 看到和宁将给予移居宗室的恩赏与罪宗待遇混为一谈，嘉庆帝即刻申明二者区别：

> 和宁等单开宗室恩福等八人，皆系缘事获罪发往盛京充当苦差及严加管束圈禁之人，其原犯案情俱重。俟伊等各届年满之时，该将军查明案由具奏，核其情罪或留或释，再行分别办理。至现拟移往盛京之宗室各户，事同移徙驻防，并非有罪发遣。若如和宁所奏，先将犯事发往之恩福等赏给房屋、地租，则此后资遣之各闲散宗室所有赏给房屋、地亩，均不以为恩，竟与获罪发遣之人毫无区别，殊乖政体。②

和宁为罪宗请恩被上斥"太不晓事"，也使移居并非发遣的性质得到确认，事同移徙驻防，实为筹办宗室生计之策。

然而对移居宗室身份的误解仍未停止，宗室麟鉴欲移住盛京，担心不被挑派，遂扳倒官厅枪架，期以获罪之身"发遣"。至此嘉庆帝不得不申谕选送移居以"食指众多、家计艰窘者"为先，"并非专派素不安分、滋事获咎者押往安插，以致加惠宗支之举，邻于发遣也"。③ 麟鉴因"糊涂"行事被罚京中圈禁，其家子弟永不许挑往盛京。实则自挑送"不安本分之闲散宗室"的上谕发布以后，始终未有选派移居的细化标准出台，这才导致移居与发遣屡被混淆。嘉庆帝虽有言加惠宗室，但当吏部尚书松筠奏报未便在盛京建盖宗室营房，请在大凌河等处办理旗屯，每旗各筑一堡分住数户宗室时，上谕又确指此次挑送盛京的宗室"固多

---

① 盛京将军和宁折，嘉庆十七年六月二十八日，军机处录副奏折，03-1634-016。
② 《嘉庆道光两朝上谕档》第 17 册，第 244—245 页。
③ 《嘉庆道光两朝上谕档》第 17 册，第 324 页。

不安本分之徒",而为宗室建营居住的真正用意在于集中约束教养,"其中亦有天性醇谨者,聚族而居,相观而善,且有宗室官员就近驻扎随时弹压,则潜移默化之功必可收效于岁月"。① 也正是因为移居宗室多不安分的身份,在选派驻扎宗室营官员时,嘉庆帝首先考虑的便是年轻未经历练者不足以资弹压,故特别选派曾经缘事革退的宗室大员任官,既管理宗室营事务,亦是戴罪立功的机会。宗人府确定移居人选时或许将家境纳入了考量范围,但无爵无差的闲散若无祖遗产业支持,一家数口仅凭额定养赡银米度日,负担本就不轻。在生计普遍不裕的情况下,宗室是否安于本分就成为是否挑送的决定性因素。"不安本分"的确不能等同于获罪,"不安本分"宗室在挑派移居的当时并非戴罪之身,或曾因罪受罚已经释回,或未铸大错却常招惹是非,或文化程度低且沾染不良习气。嘉庆帝自然清楚首要送往盛京的对象便是"不安定分子",才会在正式移居前多番周密布置。宗人府以王公亲贵分起管带移居宗室,严格限定每日行程,恰反映出该衙门深悉圣意,惟确保宗室顺利抵达盛京勿在途中滋事。

嘉庆十八年六月初九日移居宗室户口清单进呈御览时,嘉庆帝未做任何改动,到九月初一日上谕调查果敏自缢身死缘由前的时间里,移居各项事宜均已筹备妥当,果敏若安然无事亦将随第一批宗室起程。嘉庆帝不解送返祖地又非获咎迁徙,何至于轻生,甚至怀疑果敏遗呈乃其弟学敏为留京而捏写。实则果敏兄弟原本确曾因事获咎,嘉庆十五年正月到二月间在自家闲房内开场聚赌月余,后被步军统领衙门差役当场拿获。宗人府如果因果敏兄弟"案底"在身而将他们挑派盛京,倒也符合"不安本分"的标准。且移居宗室户口清单中并非只其二人有"案底",累犯多案者、曾遭圈禁者皆在其列。当移居名单公布时,这些"榜上有名"的宗室或许对自己缘何被挑派早已了然。

表 1-1 嘉庆十八年移居前宗室犯案情况统计

姓名	旗分	事发/议处时间	事由/惩罚
景茂[a]	正白旗	嘉庆六年三月十一日	与民人合开茶馆,在铺后开场聚赌
禄成[b]	正白旗	嘉庆九年三月二十九日	减等交宗人府圈禁二年

① 《嘉庆道光两朝上谕档》第 17 册,第 293 页。

续表

姓名	旗分	事发/议处时间	事由/惩罚
延贵[c]	正蓝旗	嘉庆九年，具体时间不详	戏园内饮酒骂人与人争殴，罚养赡银一年
		嘉庆十年，具体时间不详	与民人口角致争殴，罚养赡银三个月
		嘉庆十七年七月初七日	被匿名揭告典放旗人钱粮，自称遭到陷害
嵩皋[d]	正蓝旗	嘉庆十三年七月十二日	酒醉与护军福楞额斗殴
禄崇阿[e]	镶蓝旗	嘉庆十三年八月二十三日	用瓷盘打护军海禄未中，反被殴伤头部
		嘉庆十三年十二月初五日	革去四品顶戴，圈禁满罚养赡银一年
绵砒[f]	镶蓝旗	嘉庆十三年十一月二十八日	私藏骰子、骰盆等赌具，邀人聚赌
		嘉庆十四年二月初五日	原议发往盛京，准其减等
宽崇[g]	正蓝旗	嘉庆十五年二月十九日	拖欠工钱被雇工用刀扎伤
果敏[h]	正黄旗	嘉庆十五年二月二十七日被官差拿获	同弟弟学敏在家中与人开场聚赌
		嘉庆十六年四月二十四日	容留旗人在家聚赌，情节尚轻，准予减等
学敏	正黄旗	嘉庆十五年二月二十七日被官差拿获	同哥哥果敏在家中与人开场聚赌
秀全[i]	镶红旗	嘉庆十六年四月二十四日	扎伤雇工，圈禁期满，免予责罚
绵崇[j]	正蓝旗	嘉庆十六年六月十五日	未系黄带，与人先在街上后至官厅争吵
淳济[k]	正蓝旗	事发时间不详，嘉庆十六年十二月十七日起议处各失察官员	与民人张七、宗室奇英等开局聚赌
奇英	正蓝旗	事发时间不详，嘉庆十六年十二月十七日起议处各失察官员	与民人张七、宗室淳济等开局聚赌
奇善[l]	正蓝旗	嘉庆十七年七月初七日以前，具体时间不详	有斗殴一案
		嘉庆十七年七月初七日	被匿名揭告典放旗人钱粮，自称遭到陷害
斌彦[m]	镶蓝旗	事发时间不详，嘉庆十七年八月十六日宗人府奏请会同刑部审讯	身为奉恩将军，殴打民人马建义致其重伤

注：笔者以嘉庆十八年六月初九日《移居宗室户口清单》为底，据中国第一历史档案馆藏各户宗室移居前相关档案进行初步统计。其中有会计司呈稿一件（嘉庆十二年五月二十一日，中国第一历史档案馆藏内务府呈稿，05-08-005-000045-0040），涉及宗室伊藏阿呈控托云太家人霸占地亩事，然户部并未查明案内佃民承种系何人地亩，故而该案伊藏阿是否受霸地牵连还

不能定论。除表中涉及 15 位宗室外，其他未留下或尚未发现档案记录的宗室移居前脾气秉性、文化水平、家庭背景等情况如何虽未可知，但从移居盛京后相继有喀勒明阿、喜福身犯重案并多人因罪发遣、圈禁可推测，即便移居前无案在身，这批宗室中亦有相当多人不习正务、性好生非，当得"不安本分"之名。

资料来源：a. 具奏人不详，嘉庆六年，军机处录副奏折，03-2431-058；《嘉庆道光两朝上谕档》第 6 册，第 104 页。

b. 具奏人不详，嘉庆九年三月二十九日，中国第一历史档案馆藏军机处满文档簿，03-18-009-000061-0001。

c. 呈清单，嘉庆十七年，军机处录副奏折，03-2468-035；《嘉庆道光两朝上谕档》第 17 册，第 258—259 页。

d. 步军统领宜兴折，嘉庆十三年七月十五日，军机处录副奏折，03-1601-036。

e. 步军统领宜兴折，嘉庆十三年八月二十六日，军机处录副奏折，03-2452-025；兵部咨，嘉庆十三年十二月初五日，中国第一历史档案馆藏内务府来文，05-13-002-000542-0069。

f. 步军统领宜兴折，嘉庆十三年十二月初二日，军机处录副奏折，03-2455-005；《嘉庆道光两朝上谕档》第 14 册，第 64 页。

g. 步军统领禄康折，嘉庆十五年二月二十一日，军机处录副奏折，03-2460-014。

h. 管理正黄旗总族长昭梿折，嘉庆十五年二月二十七日，军机处录副奏折，03-2460-017；步军统领禄康折，嘉庆十五年二月二十八日，军机处录副奏折，03-2460-018；《嘉庆道光两朝上谕档》第 16 册，第 225 页。

i. 《嘉庆道光两朝上谕档》第 16 册，第 225 页。

j. 工部尚书吉纶、户部左侍郎英和等折，嘉庆十六年六月十七日，宫中档朱批奏折，04-01-08-0169-003。

k. 大学士管理兵部事务勒保、兵部尚书恭阿拉等题，嘉庆十七年二月十二日，中国第一历史档案馆藏内阁兵科题本，02-01-006-003897-0025。

l. 《嘉庆道光两朝上谕档》第 17 册，第 258—259 页。

m. 宗人府宗令绵课折，嘉庆十七年八月十六日，军机处录副奏折，03-1545-021；《嘉庆道光两朝上谕档》第 17 册，第 313 页。

只是学敏直言其兄因获咎移居追悔不已，在前两批宗室均已起程的重要时刻，为安抚众人情绪保证移居稳步推行，嘉庆帝只得以宗人府不能仰体圣意、误选家道充裕之果敏为由，掩饰自己移送"不安本分"宗室的意图，更借机申明是否家有恒产并非挑派的标准。待到十月《御制训移居盛京诸宗室》颁布，其不但着意强调移居故土乃承先皇之志的展亲教养良策，各户宗室由诸王遴选"安分朴实、深可造就之人"，更痛陈自己的一番苦心实不应遭受曲解，同时训勉诸宗室利用返乡良机勤练"国语骑射"：

　　　今以衣锦还乡之乐事，转谓斥放迁徙之虐政，稍有人心者何忍
　　出此言哉，试问犯罪发遣之人，岂有受此重赏者乎，不辨自明矣。
　　愿我宗人还我故国安常处顺，念昔先人，武备宜勤，家语须熟，行
　　有余力，学于古训。此日为家之贤子弟，他年作国之好大臣，拭目

以俟，可不勉乎。①

最后计划依此成制，每隔十余年复行移居，以期宗支繁衍兴盛。嘉庆帝一番苦心令诸亲贵深为感佩，副都统东林即表示虽有不肖之人"狃于习俗，不乐移居，谬为流放之说，然稍具天良者，即万万不能被其煽惑"；② 贝勒文和、贝勒衔贝子弘谦更希望移居宗室到盛京后"守分安居，勤习技艺，将来为国家有用之材，仰报我皇上深仁厚泽"。③

实际筹备此次宗室移居的同时，为缓解京旗生计之困的移垦计划也在推进。嘉庆十七年吏部尚书松筠赴盛京，不仅为建盖宗室营选址，亦为办理旗屯事宜勘查土地，其提出各旗堡分住宗室正是在这样的背景下。嘉庆帝驳斥松筠所议主要出于集中管理宗室的考虑，而京旗移垦"断无将平素安分、有志上进者先行挑往之理"，④ 所择取旗人亦是"不肖者多，安静者少"。为免教养不成反沾染恶习，移居宗室自不能与旗人杂处。然而不论移居还是移垦，尽管都以筹备生计为主要目的，但从相似的选人标准中，却可以看出为维护京师稳定、排除"不安定"因素的意图。

三　宗室回京与宗室营人口补充

宗室移居盛京并非全然割断与京师社会的联系，嘉庆十八年《移居盛京宗室章程》中对宗室告假回京做出规定。一为婚娶事，"该宗室等或其子已聘定京中旗人之女，或其女已许配京中旗人之子，但因年在幼龄尚未嫁娶者，今拟令到沈时俟其子女及岁，准其告假进京办理婚嫁之事"；⑤ 一为归葬事，"移居宗室之祖、父坟茔多有在京顺天府所辖地方，该宗室等到沈时，如遇亲丧事故，或愿在沈另立坟茔，或愿扶柩回京安葬"皆可听之。⑥ 凡宗室回京，由驻扎章京详开名册具保，盛京将军办

① 《清实录》第31册，嘉庆十八年十月丙辰条，第778—779页。
② 成都副都统东林折，嘉庆十八年十二月十七日，赵增越编选《嘉庆朝宗室移住盛京档案》（上），《历史档案》2019年第2期。
③ 宗室弘谦等折，嘉庆十八年十月二十九日，赵增越编选《嘉庆朝宗室移住盛京档案》（上），《历史档案》2019年第2期。
④ 《嘉庆道光两朝上谕档》第17册，第301页。
⑤ 宗人府宗令绵课呈章程清单，嘉庆十八年六月初九日，军机处录副奏折，03-1635-018。
⑥ 宗人府宗令绵课呈章程清单，嘉庆十八年六月初九日，军机处录副奏折，03-1635-018。

给路引、口票，告假后移咨宗人府方能成行，但须按限返沈缴销引票。嘉庆十九年（1814），盛京礼部侍郎诚安又奏请"凡移驻盛京宗室内，如有祖父母、父母在京病故，情愿自备资斧进京奔丧者，准其一体告假"，[①] 虽得谕准，但对宗室可否回京探望病笃亲人却没有特别规定，以至于转年正月福清泰接到母亲病重的家信后，"恐告假难邀允准，随于是月二十四日捏称购买食物，私自走出营房，由山僻小路潜行"，[②] 到京后担心获罪，便至学长处禀明私自回京的情况。宗人府原拟罚福清泰养赡银一年，与即将复行起程的第三批移居宗室一同返往盛京，后有旨改以罚银及责处二十板，但可留京奉母，至养亲事毕再行押回盛京居住。此后嘉庆二十五年，盛京将军松筠援引奔丧例为移居宗室奏请回京祭扫、修理父祖坟茔，亦获恩准。[③]

告假返京毕竟仍有严格归期，于是嘉庆二十一年便有移居宗室赴京参加宗室乡试。应试者先由盛京宗学会同将军、府丞等验看马步箭并考核诗文，方能呈送宗人府与在京宗室一体入试。乡试仍考马步箭及诗文，由钦派兵部大臣、稽察两翼宗学大臣分别主持，考中者可咨送礼部参加顺天府会试，由此为移居宗室提供了进身之阶。惟曾获咎定拟"军、流、徒、笞、杖"等罪及降革官员，皆不准送往京城应考。[④] 到嘉庆二十三年皇帝东巡盛京谒陵时，特命移居宗室接驾并校阅其所习文武技能：

> 着富俊（盛京将军——引者注）接奉此旨，即会同管理移驻宗室之侍郎等，询问该宗室人等，其平日所习于文武两途各述所长，习文者或能文能诗，及通晓翻译，习武者或能骑射、步射，预先报名，届期当加以校阅，分别奖励。[⑤]

---

① 盛京礼部侍郎诚安折，嘉庆十九年七月十七日，军机处录副奏折，03-1559-057。
② 宗人府宗令绵课折，嘉庆二十年三月初三日，军机处录副奏折，03-2237-029。
③ 盛京将军松筠等折，嘉庆二十五年十二月初五日，赵增越编选《嘉庆朝宗室移住盛京档案》（下），《历史档案》2019年第3期。
④ 《钦定宗人府则例二种》第1册，故宫博物院编《故宫珍本丛刊》第278册，海南出版社，2000，第320页。
⑤ 盛京将军富俊、盛京户部侍郎多福折，嘉庆二十三年六月初九日，宫中档朱批奏折，04-01-14-0051-095。

这相当于嘉庆帝给予了移居宗室一次额外的挑差机会，其中宗室康保因马、步箭俱中，所作诗文列为一等，受赏四等侍卫，从此摆脱宗室营限制，携家眷回京当差。

因移居宗室子弟渐增，嘉庆二十五年二月时任盛京将军松筠奏请在宗室营内设立一学额20名的宗室营官学，以解幼丁常年往返于八里余外盛京宗室官学课读的奔波之苦：

> 第查移居宗室营房，相距盛京宗室官学远至八里有余，该学生皆系幼童，不独冬雪夏雨徒步维艰，且往返路远经过城市，未免耽误功课。合无仰恳天恩，将原设学生五名撤回本营，仍请增设学生十五名，即在本营闲房训课，庶可多育人材而资教养。如蒙恩允，应请添设满、汉教习各一员，弓箭教习一名在营就近课读，似有裨益。教读数年，遇有考试之期，归于旧居宗室一体入考选用。①

嘉庆帝尤其重视对移居宗室"国语骑射"的培养，认为"所办甚好"，自此营内子弟便可就近接受文武教习的指导。日后凡经盛京将军等会同考试满汉文艺被列为一、二等者，皆可报宗人府存案以待宗学正、副管长缺出补放；如有愿赴京考选侍卫、笔帖式者，"准与京学肄业宗室一例录用"。② 这对移居宗室而言无疑是入仕的便捷途径，但真正能够抓住机会者不过寥寥。道光四年（1824）五月，盛京宗室觉罗学届五年考试之期时，因应考人数未达额定标准，考试展限五年。之后道光二十九年正月再度出现应试学生不敷的情况，为免展期只得于少数人中择优选取。

既不能如康保般受赏，又无力通过考试挑补回京，有宗室告假返京后便以各种理由在京迁延，逾期不归。盛云于嘉庆二十年（1815）五月因嫁女事告假四个月，到京后待女儿出嫁又因左脚生疮在族长处告假调养，至十一月虽病愈却无起程路费，遂向人借当，不期发生纠葛。盛云穷困之下在住处与杨帼辅等人开场聚赌，终于十二月十八日被巡夜兵役

---

① 盛京将军松筠、盛京户部侍郎明兴阿等折，嘉庆二十五年二月初一日，宫中档朱批奏折，04-01-38-0185-016。

② 《钦定宗人府则例二种》第1册，《故宫珍本丛刊》第278册，第309页。

查拿。宗人府会同刑部审理此案：

> 盛云系移居盛京宗室，告假来京聘女，自应于事竣后即行依假回归。乃始则托病逗留，继复与人涉讼，已属不守本分。迨杨恒辅商与窝赌，辄敢贪利允从，并于杨恒辅拒伤官兵时，复手持铁器出视，又于被获时抓伤捕役尹世杰。虽讯无主使拒捕情事，惟任听其妻与人同赌，已不知自重，又复抓伤捕役，实属藐法。①

盛云被处重责四十板，并在宗人府圈禁三年，期满后仍令返回盛京交盛京将军严行管束。至道光五年大学士託津、曹振镛等奉旨详议宗室惩劝事宜，因"在京宗室移往盛京居住以后，或指称省亲，或捏为修墓，纷纷呈请络绎来京，到京后或诈报患病，或推委无资，百计耽延不肯回去，甚至呼朋引类更生事端"，②对移居宗室告假来京做出更为严格的规定，"除亲丧婚嫁即行准给路引外，若因他事告假，该将军据呈先咨宗人府，俟准其来京再给路引，假满即饬令回盛京，并由该将军注册，再过十年方准告假"。③之后移居宗室文恪因母故来京，坠马跌伤又染痰症欲留京调养，道光帝以"将来纷纷效尤，成何事体"为由，令其返回盛京。此间唯仪平、绵奖回京医治眼疾无效双目失明，方获恩准长留京中。

自嘉庆十九年十二月起，移居宗室身故后所遗孀妇及亲丁，若确无依靠而愿扶柩回京者，该宗室户口仍可归入在京本族，照例办给养赡。数年间因宗室亡故，其亲眷回京者达 30 余户，到道光十年（1830），盛京宗室营内仅有宗室 36 户及觉罗 1 户。时任理藩院尚书富俊认为移居宗室身故后，若无论其有无子嗣及其子是否成年，皆准予回京，则数十年后原移居宗室全行回京，"殊属有负圣主筑室畀产、教养生成之至意"。由是奏陈除孀妇幼子毫无依靠准许回京度日外，"如孀妇有子年已十八岁以上成丁者，情愿扶柩回京安葬，事毕仍令回沈在营居住，其应得钱粮米石、地租银两

---

① 宗人府宗令绵课折，嘉庆二十年十二月二十九日，军机处录副奏折，03-2479-073。
② 《嘉庆道光两朝上谕档》第 30 册，第 220 页。
③ 《嘉庆道光两朝上谕档》第 30 册，第 221 页。

足敷养赡，又可课读清汉书文、学习弓马，以图上进"，① 并请再行挑派宗室移居以免营房空置。此外，由于嘉庆年间移居宗室初多为不安本分之人，在盛京居住未及两年便有喀勒明阿恣意招摇游荡，强行奸污民妇，嘉庆帝认为此等劣徒"不立即惩办，无以儆众"，谕令盛京将军带同管理宗室营官员将喀勒明阿押赴宗室营内示众，并监视其自缢；随同硬闯民妇院内却未制止恶行的德克金泰，移交吉林将军严加管束，如再行滋事即从重治罪。管理宗室营官员文弼、杰信等亦受牵连，因平日对宗室"漫无约束致有此不法之案，均属无能"，皆被降职为员外郎。② 至道光年间，又有宗室明庄因开场聚赌、窝贼分赃，被革去四品顶戴，携带年幼子女发往黑龙江配所；③ 宗室载连游手好闲，当街以秽语调戏良家民妇，持刀戳破对方衣衫并抢夺首饰等物，同样被革去顶戴从重发往黑龙江。④ 数年来移居宗室中多有犯酗酒滋事、聚赌分赃、私娶民妇等案者，相继被发往吉林、黑龙江等地，亦造成宗室营人员减少。

实则早在嘉庆十九年七月初二日，上谕令减等宗室普庭回盛京宗室营居住时即做出规定："嗣后缘事发遣宗室，其由盛京释回者，即令回京；由吉林、黑龙江释回者，即令在盛京居住。"⑤ 第二年的四月初一日，因果敏自缢而暂停移居的第三批宗室 28 户计 98 名口，正式起程前往盛京。⑥ 到嘉庆二十四年（1819）四月二十八日，又移居宗室 5 户共 24 名口。⑦ 此后十余年间未有大规模移居，直至道光十年接富俊奏报盛京宗室营内多空闲房屋，道光帝方又令宗人府查明可以移居人选。宗令奕绍复奏"惟有素不安分之宗室"可为移驻者，然此举本为教养宗室，若骤然因空房而派往，一时难以拣选。由是请将所犯尚不至实行发遣，

---

① 理藩院尚书富俊、盛京户部侍郎多山等折，道光十年五月十二日，宫中档朱批奏折，04-01-01-0714-028。

② 《嘉庆道光两朝上谕档》第 20 册，第 170 页。

③ 盛京将军耆英折，道光十九年十一月二十日，军机处录副奏折，03-2810-043。

④ 盛京将军奕兴、盛京户部侍郎恒毓折，道光三十年九月二十日，宫中档朱批奏折，04-01-01-0846-016。

⑤ 《嘉庆道光两朝上谕档》第 19 册，第 523 页。

⑥ 盛京将军晋昌等折，嘉庆二十年四月二十一日，赵增越编选《嘉庆朝宗室移住盛京档案》（下），《历史档案》2019 年第 3 期。

⑦ 盛京将军赛冲阿等折，嘉庆二十四年闰四月十七日，赵增越编选《嘉庆朝宗室移住盛京档案》（下），《历史档案》2019 年第 3 期。

但"曾经圈禁有案，后复滋生事端"之宗室，"无论案情并其罪名轻重，均于结案后随案声明，即连其眷属由兵部照例押往盛京，交该将军等严加管束，令其在营居住，作为移驻宗室。如此陆续移往，则该处房间既不致空闲，而不安本分之宗室亦必畏法收敛，湔洗积习，改过自新，似属两有裨益"。① 自此移居盛京虽仍保有教养宗室名义，实际却成为对获咎宗室的一种加责。即便获咎改移居宗室不至如发遣罪宗般只得半分钱粮，亦仍未便照嘉庆年间"寻常移居者"之例领取地租银米，除准照旧支领养赡银外，"每年地租银给予 7 两 2 钱，粟米给予 7 石 3 斗 3 升 3 合 3 抄，其随往之子嗣仍照寻常移居宗室之例办理，如此给予，以示区别"。②

当道光十一年九月二十日，宗室文山听闻其照触犯父母例发遣盛京的儿子国英即将减等释放回京时，向宗人府呈请将国英仍留盛京，作为移居宗室：

> 伏思国英素性愚鲁，年幼无知，每有不驯之处，屡训不悛以致发遣，迄今将及一载，即奉恩旨减等释回，诚恐未能改过自新，若一经回京仍蹈故辙，其罪愈增。③

文山所请得道光帝谕准。之后宗室英寿获罪发遣盛京圈禁，其母左托氏及长兄英福也愿携带家眷移居。宗室忠喜并三个儿子及侄孙文太被解往盛京时，其并未涉案的次子同林奏请携眷随父前往；文太母庆郎氏孀居无依，亦与子一并移居。④ 宗室升寅、丰寅兄弟皆缘事发往盛京，其母白佳氏因"年老多病，思子情殷，兼无养赡"，同样获准携庶子二人并眷属 12 名口阖家移居。⑤ 数年间获咎改移居、因亲人罪遣而自请随同移

---

① 宗人府宗令奕绍折，道光十年六月二十日，军机处录副奏折，03-2850-047。道光二十年起，凡移居宗室无论原移抑或获咎改移者，皆应在盛京世居，不准其回京复归在京本族。详见《钦定宗人府则例二种》第 2 册，《故宫珍本丛刊》第 279 册，第 311 页。

② 宗人府宗令奕绍折，道光十一年十月二十七日，军机处录副奏折，03-2851-042。

③ 宗人府宗令奕绍折，道光十一年九月二十二日，军机处录副奏折，03-2851-032。

④ 具奏人不详，道光二十年，军机处录副奏折，03-2695-026。

⑤ 宗人府宗令载铨折，道光二十三年十月十六日，军机处录副奏折，03-2854-013。

居、由吉林等处释回盛京作为移居宗室者日多，宗室营人口再度充盈起来。

四　宗室移居盛京的实效

嘉庆帝第二次东巡盛京时赋诗一首："天潢一派接，水木有根源。奉祀循前宪，移居守故园。沈燕互襟带，户口倍孳蕃。乐业日生聚，永思列圣恩。"① 可见其对移居宗室回守故土、兴旺宗支的肯定，所期不过是宗室生计有着后能够感念皇恩。乾隆中后期起，军饷开支的增加已使朝廷财政负担日益沉重，嘉庆帝甫一登基又遭遇历时九年的白莲教起义，造成近两亿两白银消耗。嘉庆十八年九月，头两起移居宗室出京未几日，便有天理教徒攻入紫禁城，更引得皇帝下诏罪己。而与此相对的却是天潢宗支奢靡无度、不思进取，依恃贵胄身份扰乱纲纪。因此嘉庆帝最初的计划，是宗室移居后除照例年至二十岁者每名按月发给养赡银 3 两、年至十岁者每名按月发给养赡银 2 两外，不再支领额定米石，以每户酌拨征租地亩按年给地租银 21 两 6 钱作抵。一方面宗室可自行支配所得地租银，不致困窘难挨；另一方面征租余地多为旗民私自开垦之浮多地亩，其自行上报隐种情形后盛京户部即可照章收取租项，不需为筹办移居生计再添额外支出。故此当吏部尚书松筠奏请按年支给移居宗室每户粟米 12 石时，嘉庆帝谕"因奉省内仓粟米现有盈余，遽议按户支给，不思数年之后何以为继。且此例一开，将来再有移居宗室之事岂能中止？"地租银本已抵米石之数，松筠等可谓"见之不远"。②

然而因粮价上涨，仅五年后的嘉庆二十三年（1818）六月初九日，盛京将军富俊便奏报移居宗室"仅赖饷银、地租度日，多不从容，亲丁七八口之家，更形拮据"，③ 请从盛京户部内仓每年额征粟米盈余内，年赏食三两宗室每户粟米 22 仓石，按春、秋两季发给。一个月后正逢嘉庆帝启銮东巡，待考察盛京物价后得知富俊所言非虚，便允其所奏。对于

---

① 爱新觉罗·颙琰：《盛京奉祀诸宗室及移居诸宗室来接诗以示之》，《清仁宗御制诗》第 7 册，《故宫珍本丛刊》第 577 册，第 85 页。
② 上谕，嘉庆十七年九月初五日，赵增越编选《嘉庆朝宗室移住盛京档案》（上），《历史档案》2019 年第 2 期。
③ 盛京将军富俊、盛京户部侍郎多福等折，嘉庆二十三年六月初九日，宫中档朱批奏折，04-01-14-0051-095。

大多数在京闲散宗室而言，养赡银米是其主要生活来源，但旗制积弊往往使他们遭受盘剥。因额定米石多由各旗领催代领发放，宗室为得足数并上乘之米，不得不预为"打点"。咸同年间，国家财政状况恶化日甚，一旦银米不能照发，遇有临时急用，宗室往往只能卖房典地甚至借高利贷，祖遗之产流失，生活亦逐渐陷于困顿。加之八旗官员内部对下层闲散宗室银米常有克扣、勒索，生计之艰难使部分宗室为补贴家用，抛开皇族身份，做起民人营生。[①]

移居盛京后，各户即得一所八间房屋安置家口，在领取更多米石外又有地租银收入，实际待遇要好于京师。道光以降，国家内外交困，养赡银米折发渐成常态，宗室经济压力增大的同时犯罪率也随之上升。而部分获咎宗室子嗣所以情愿随同移居，很大程度上是为了得到与原移宗室同等的待遇。即便如此，若宗室到盛京后确能逐渐自立，也可减轻清廷筹办八旗生计的压力。

然而依赖养赡、游手好闲的积习难改，移居宗室屡生事端，无法真正在盛京立业。且虽得地租银，但考虑到宗室不事生产经营，所有地亩均由盛京户部统一经理征租，并未给每户宗室指定明确的地亩段落四至，亦无地册为凭。这种"给租不给地"的方式不同于为各户置办固定地产从而减轻其对国家养赡的依赖，实际上仅是在额定养赡银米外，增加以"地租银"为名的盛京户部拨款，作为对移居宗室的特别照顾。虽一时看似不需出力即可实得银两，但极渥待遇亦是极大束缚，家无恒产之宗室来到盛京依旧"无产"，日后更成为奉省财政的沉重包袱。及至1912年东三省都督赵尔巽命详查宗室营征租地坐落地址、每亩收租银钱数目及承领地户姓名时，得营主事春山等呈复该地向由公家经理发给地租银，实系"有租无地"，并请按营内食三两移居宗室名册确实拨给地亩，"俾得自食其力，以资生活，而免别筹生计"。[②]赵尔巽批示此项地租"并非实行收入"，该营所请按名拨地"尤属误会"。惟在《清室优待条件》的保全下，营属宗室得以续领民国折发俸饷、米豆银及地租银度日。

---

① 刘小萌：《爱新觉罗家族史》，第317、319页。

② 宗室营弹压宗室主事春山、署主事正族长庆椿、尽先升补主事署正族长副族长德深等批，1912年5月18日，辽宁省档案馆藏，JC010-01-013034-000042。按，本书所引档案以J开头编号者，均为辽宁省档案馆藏，以下不另注。

东巡经过宗室营时，嘉庆帝有感而发："宗室繁滋户口盈，移居旧国建新营。水深土厚人增寿，俗朴风淳业有成。笃念枌榆修本务，扫除花柳漾闲情。二陵北峙云仍众，福荫潢源万叶荣。"① 虽然很清楚移居宗室多资质平庸，但嘉庆帝仍希望他们成为可造之才。嘉庆二十年五月当弹压宗室营官员文弼、杰信将届三年期满时，上谕盛京将军晋昌遴选接办人选：

> 着晋昌等即于移居宗室内，公同拣选正族长一员、副族长一员、正学长一员、副学长一员先行奏明，令其学习办事。俟文弼等期满回京，所有一切事宜，即责成该族长等接办。②

日后遇有宗室营主事出缺，皆在该营族长、学长内挑选。然正如嘉庆帝所料，宗室营官员较易受滋事宗室所累，嘉庆二十年五月弹压宗室营官员文弼、杰信刚因处理喀勒明阿事不力被降职，十一月又发生移居宗室奕让恃醉在族婶郭罗特氏家中逞凶，将郭罗特氏及雇工陈大等殴伤一案。对于盛京将军所奏将奕让移往吉林的处置办法，嘉庆帝认为过于轻率，"实属有心推诿，大非实心任事之道"：

> 奕让以宗室移居盛京，原责成该将军等约束教导，平时不加训诲，及至酗酒滋事，即请移往吉林，以为屏之他方，伊等遂可卸责，管事者只知推卸，总不用实心办理，非人类矣。若奕让到吉林后再有过犯，又将移往何处耶？③

为此自盛京将军以下皆遭议处，文弼、杰信二人本届三年期满即将回京，此番因未能预为防备宗室恶行，被嘉庆帝斥为将行离任便不认真履职，命二人再留盛京三年，与原定接办之员一同管理宗室营。道光五年大学士託津等议奏指出盛京移居宗室"多未谙习事体"，由族长、学长升补

---

① 爱新觉罗·颙琰：《策马过宗室营房诗以志意》，《清仁宗御制诗》第 7 册，《故宫珍本丛刊》第 577 册，第 100 页。
② 《嘉庆道光两朝上谕档》第 20 册，第 244 页。
③ 《嘉庆道光两朝上谕档》第 20 册，第 578 页。

营主事三年期满即调京缺"未免过优，难资历练，转碍京员升途"。① 自此宗室营主事年满后，均须先在盛京五部主事上行走，若确能胜任再届年满时，方由宗人府给咨引见。之后随着营中获咎释回、获咎改移居者数量渐增，素质参差，移居宗室通过挑补营内各缺获得晋升的通道日益变窄。至道光二十年八月初六日，上谕明令"自嘉庆二十年以后各项作为移居宗室之人，均不准挑补族长、学长，升补主事"，若人员不敷用则以盛京久住宗室补放。

　　令移居宗室集中居住，本为其修身养性不致沾染恶习，然而其中不乏既未受陪都善俗感化亦未习得多少文武技艺者，反而给盛京社会稳定带来了不小的隐患，甚至京师也未获安宁。移居宗室不耐营内管理严格，不乏私自出营偷潜回京者；即便告假归京，亦因留恋京中繁华借口迁延，反致多生事端。而在盛京户部负担移居宗室地租银、粟米发放多年后，光绪四年（1878）又有给事中李宏谟奏请仿照嘉庆年间成案再行宗室移居，于奉省荒税内筹备给地、建屋并养赡之款，盛京将军崇厚复奏"奉省俸饷向系仰给他省接济，近因欠解累累，左支右绌"，② 并陈明盛京宗室生齿日繁之情形，终得上谕"毋庸办理"。曾几何时，不谙生计之宗室还有风俗淳朴、物产丰饶的龙兴旧土可以回归，但当奉省财政日趋艰难，盛京不仅无力支持更多宗室移居而来，连原移宗室的待遇亦只勉强维持。甚至在盛京五部内增设郎中 1 缺，员外郎、主事各 2 缺等宗室额缺，都成了筹办盛京宗室生计的途径，让他们得以继续"寄生"在这个风雨飘摇的王朝中。

第二节　陪都体制变革

一　调整二元体制

　　东北地区旗民二元管理体制经过乾、嘉、道、咸几朝的调适和运行，至光绪初年已不能适应东北地区社会经济发展的需要，吏治腐败，弊端

---

① 《嘉庆道光两朝上谕档》第 30 册，第 233 页。
② 盛京将军崇厚折，光绪四年五月二十二日，军机处录副奏折，03-5664-043。

百出，王朝统治者不得不考虑对东北管理体制进行变通。① 光绪元年（1875）二月，盛京将军都兴阿因病出缺，上谕崇实署理将军一职，"着崇实星速前赴署任，将地方应办一切事宜妥为整顿，认真经理，以副委任"。② 三月十二日，为早日肃清奉省积弊，又谕崇实妥筹变通办法：

> 奉省目前要务，自以练兵筹饷为先，而尤以整饬吏治为紧要关键。该处积习相沿，泄沓已久，崇实现在署理将军，责无旁贷，应如何变通补救之处，着即悉心妥议具奏。该省吏治贿赂公行，且有不肖之徒盘踞官署、任意招摇，实属不成事体。崇实等既有所闻，即当查访明确，指名从严参办，以儆官邪。③

清廷明确指出奉省官员素质低下、贪渎成风，要求崇实将改革的重点放在吏治整顿上。至六月底，上谕再申东三省为"根本重地"，而旗务、吏治"均极废弛，以致贼氛肆扰"，亟待统筹全局实行变革。对于奉省现行军府体制，更直接提出"事权不一，从前将军、府尹往往各存意见，以致政令歧出、遇事抵牾，该处公事究竟因何不能彼此联络，势成掣肘"，④ 由是明令崇实酌定变通章程解决行政效率低下的问题。接奉上谕后，崇实于七月二十八日上折，称考虑到陪都重地乃清廷根基，若建置规模与各省无异，"殊不足以重维系而示尊崇"，故而此番定拟变通吏治章程的宗旨便是"仍存五部之名以隆体制，兼仿督抚之例以一事权"，即在陪都体制与内地督抚体制之间寻求一平衡。该章程主要有以下几项要点。

其一为扩大将军事权。崇实认为盛京将军不能兼辖地方各官，遇有旗民两署应行会办事务，政令往往无法畅达。又因盛京五部与将军事权多有交叉，五部权力过重导致将军威望削弱，故呈请扩大将军事权，将兵、刑两部及奉天府府尹事务皆行改归将军兼管，仿内地各省总督体制

---

① 高月：《清末东北新政研究》，第42页。
② 中国第一历史档案馆编《光绪宣统两朝上谕档》第1册，广西师范大学出版社，1996，第48页。
③ 《光绪宣统两朝上谕档》第1册，第70页。
④ 《光绪宣统两朝上谕档》第1册，第174页。

加兵部尚书衔，给予"总督奉天旗民地方军务关防"一颗，并加增兼理粮饷字样，由是稽核户部之财政权亦收归将军之手，则无论省内旗民文武还是原盛京内府及陵寝事宜尽为将军总理，可期事权划一。

其二为变通府尹事权。以奉省当时司法制度而言，民人诉讼虽由奉天府府尹设谳局专办，但每遇旗民交涉案件，既受制于属户部之兼尹，又与掌司法权之刑部多有牵扯，诸方会审常致讼案迁延既久、纷繁难断，"多一兼管衙门，即多一需索地步"。为此呈请"将奉天府府尹一缺加二品衔，以右副都御史行巡抚事"，上承将军政令，下则专行统管旗民事务，自此可免将军、府尹令出两歧，于理顺奉省旗民关系大有裨益。

其三为调整五部事权。盛京五部侍郎仍照旧保留，但户部掌奉天、吉林、黑龙江三省饷需，事繁任重，该侍郎不宜再兼任府尹。而旗民交涉案件既由府尹统办，则刑部事务既减，日后或可仿照京中刑部体制，唯犯流徙以上重罪者须经该部按律定拟，其余各案件审判一概不得干预。同时为免公牍积压、遗失以致机要贻误、泄露，准由地方州县所设驿丁会同兵部派出各驿站监督人员随时查核驿务。

其四为添设首道。崇实指出奉省大吏太多而中下层管事官员较少，兼尹、府尹以下尚缺一能够联通上下、确保政令畅达的官员，当前虽有治中一缺，但属京员外官，难行专理"清查亏空、督办案情"等事。由此请添设首道一缺，为免靡费，即以治中加一道衔兼行首道事务，给予"奉天驿巡道关防"，统管全省驿站及新设捕盗营。

其五为厘定地方旗署、民署事权。因奉省各地方州县会同城守尉等旗署办理旗民交涉案时，凡向将军呈报公牍皆需尉、县两衔并署，向府尹呈报则仅署县衔，以至于守尉"目中无几"而府尹"营私挟诈"。崇实为化解旗署、民署之抵牾，同时缓解因旗人在司法领域享有特权而激化的旗民矛盾，提出日后奉省无论旗民案件悉归州县官员办理，明确旗界官员仅有"经理旗租、缉捕盗贼"之权，且缉捕处分的标准需与州县统一，此外各事一概不得干预。此外还特别强调旗人任职务须遵守不得担任本界武职的回避制度，以免"包庇牵掣之虞"。

其六为增发大吏养廉银。崇实认为奉省虽贿赂公行，但根源并非贪渎不止，实因养廉久以官票折发，官员所获实银数额较低，以致穷困难挨，故而呈请将奉省所有督抚、学政养廉均给实银，副都统及五部等养廉原额本已不高的各职，以现定八成实放不再折发。与此同时，奉省各大吏向有陋规概行禁革。

其七为划一仓差规费。奉省各旗为豢养祭祀牛羊草豆地所征折色向无统一额定数目，常任意增减，其正供之外有所盈余，即作为仓差规费。崇实计划变通草豆章程，无论宗室、平民一律酌中定拟数额按亩交纳旗租，即以盈余之数改充五部侍郎及军署公费，则"所取有定，较觉光明"，以杜此前租额无定而规费滥收之弊。①

崇实的改革方案，最为核心的目的便是通过限制奉天府府尹、盛京五部事权，将二者统合于盛京将军的领导下，务使政出一门，这也是东北地区旗民二元管理体制逐渐划一的重要一步。同时针对内地移入大量流民、奉省旗民交涉案件频发的现实状况，扩大地方州县民署的司法权力，着意调和旗民之间的矛盾。此外，尝试推行增发养廉、划一规费等"高薪养廉"的举措，力图改变奉省贪腐成风的局面。

二　裁撤五部、府尹

尽管崇实推动了二元管理体制的变革，但实质仍属军府体制内的微调，东北地区在名义上仍是皇家特区，与内地行省仍存在质的差别。尤其在庚子国变及日俄战争中，特殊的管理体制并没有起到维护"根本重地"的作用，反而使清廷在东北的统治权威受到前所未有的挑战，清廷由此决定进一步变革管理体制。② 光绪三十一年（1905）四月盛京将军增祺丁忧，清廷以署户部尚书赵尔巽接任。六月十六日，上谕盛京礼部侍郎景厚、刑部侍郎儒林、兼署兵部侍郎工部侍郎钟灵三人赴京当差，"所有五部事务，着归盛京将军兼管"，③ 由此为赵尔巽改革陪都官制提供了契机。七月二十四日，赵尔巽上折表示去年入觐之时已奉有裁撤五部之谕，或也表明清廷对改革陪都体制早有动议，此番令盛京五部侍郎裁缺回京，便是决意实行的信号。赵尔巽在奏折中指出，自崇实变革奉省二元体制以后，五部事权早已流于虚名：

---

① 详见崇实《奏拟请变通吏治折》（光绪元年七月二十八日），崇厚等纂《盛京典制备考》卷8《奏议折片》，光绪二十五年刻本。

② 高月：《清末东北新政研究》，第50—51页。

③ 《光绪宣统两朝上谕档》第31册，第91页。

……徒以名目尚在，界限显分。历任将军、部臣，虽亦力图维挽，无如积重难返，事权不专，百弊丛生，胥根于此。若仍循旧办理，则奴才今日之兼管，与往年崇实之兼管无殊，不予革除，难言整顿。[①]

不过由于五部事务头绪纷繁，若非预为详定接办章程，难免延宕公事。为稳妥过渡起见，赵尔巽提出在五部正式裁撤以前，先行归并由文案处人员按照部务分股办事，待该将军逐项清厘各部职能后，"当裁者裁，当改者改，当并者并"，彼时即可将五部员缺分别留撤改用。所请获清廷允准后，至九月，赵尔巽再行详为奏陈原盛京五部员司裁改计划：

请以盛京守护大臣，定为承办事务首领衙门。又礼部之读祝官八员、赞礼郎十六员，户部六品官二员，礼部六、七品官各一员，工部四、五、六品官各一员，应改隶三陵总理事务衙门，并归首领衙门兼管。又户、礼、工外郎二十缺，请裁十一，留九缺，以现任外郎九人，改隶三陵总理事务衙门之五、六、七品官，作为领催升阶。又户部六品官二缺，作为本属外郎升补专缺。又裁撤户部管理喇嘛丁银委六品官一员，及户、礼、工三部郎中以下各员缺，咨部改用。又户、礼、工四、五、六、七品官属有领催三十五员，应改隶三陵衙门，并守护大臣兼管。又兵部所设驿丞二十九员，改归州县管辖，原设之正、副监督，及兵部郎中以下各缺，一律裁撤。驿巡道请兼按察使衔，承转通省刑名案件，刑部司员概行裁撤，分别咨部改用。[②]

总体而言，此次五部职官改革中，户、礼、工三部的变动不是很大。因三陵总理事务衙门备办祭祀所用读祝官、赞礼郎及各品阶官员，原本皆由盛京户、礼、工三部派员兼充，此番尽管郎中以下员缺皆行改用，但

---

① 盛京将军赵尔巽折，光绪三十一年七月二十四日，《光绪朝朱批奏折》第 1 辑，第 463 页。

② 《清实录》第 59 册，光绪三十一年九月庚寅条，第 293 页。

与奉祀事务相关的这部分官员基本得以留任,只是由从前分隶各部正式改为统隶于三陵之下。且因盛京将军兼管陵寝守护事务,各该员实际上仍属将军直管。兵部驿丞虽得保留,但隶属亦有更动,不再由军署管理,而是改归地方州县,余者概行裁撤。刑部则因职能早经削减而有较大调整,刑名事务由驿巡道兼衔办理,该部所属官员全行裁撤。

政务处会议赵尔巽所奏时,认为可将盛京守护大臣定名为三陵承办事务衙门大臣,毋庸改称首领衙门大臣。当下户、礼、工部既行裁撤,改隶三陵衙门各官不必再冠以各部旧称。从前所以有奉锦山海关道兼按察使衔,乃为专办外交事务专折奏事而设,本与办理刑部事务毫不相干,以该道兼衔而裁撤刑部司员似有不妥,应毋庸议。其余各项主张虽皆得允准,但赵尔巽对刑部的调整未能实行,该部事务尚需将军兼管。即便五部中已有四部改并他处,此时在建置上仍不能视作裁撤殆尽,但其作为陪都体制尊崇地位象征的事实权力,却是全然瓦解。

赵尔巽在整顿五部的同时,亦指出军府事权不一是奉省吏治"丛弊之源,致弱之本",并援引湖北、云南等省因督抚同城、事权不一而裁撤巡抚例,奏请裁撤奉天府府尹缺。对于此后新定官制,赵氏更表示"不宜拘内地行省之陈迹",而有意以西方各国政治制度作为参考,改变"治民官少、治官官多"的状况。在新制定拟以前,府尹原管田赋盐法、旗民户口册籍诸项事务,先行选员试办或归并各局经理。[①] 由此可见,次年三月赵氏于奉省行政体系内分设专局督办各该管领域事务的举措,此际或已有所酝酿。八月初六日,上谕裁撤奉天府府尹,原管事务"均着责成赵尔巽悉心经理"。实则奉天府最初的设立,是为与京师顺天府建置相对应,以此彰显陪都盛京作为王朝龙兴故土的特殊地位。五部建置既散,奉天府府尹裁撤,陪都体制的政治特权根基业已动摇。惟余盛京内务府尚行运转,管理皇室留存于此的宫殿、陵寝及各项房地产业,或可窥见往昔辉煌。

经参酌中外规制,光绪三十二年三月赵尔巽再奏设立盛京行部,凡盛京将军、其意欲设置的奉天总督及旧五部、府尹之政,皆并于该署:

---

①　盛京将军赵尔巽折,光绪三十一年七月二十四日,《光绪朝朱批奏折》第1辑,第460页。

附设综核处，并将新旧各局署归并，分设内务、外务、吏治、督练、财政、司法、学务、巡警、商矿、农工凡十局，设行部大臣一员总理庶务，综核处随同办事。此外内务为将军专责，外务为交涉关键，用人、用兵关系治乱，应以内务、外务、吏治、督练四局由行部大臣自判。此外设参赞一员、副参赞一员，左右参议二员、左右副参议二员，酌令按材地所宜分判各局，以资佐理。①

赵尔巽所拟分设专局的职官设置，为奉省日后改行省制厘定官制确立了基本思路。因内务局由盛京内务府及旧五部改并而来，而该局又以将军专责，则陪都皇室事务仍隶于将军直管之下，且盛京内务府仍保有随时联通京师、奏达天听之权。

三　改行省制与陪都体制行将瓦解

光绪三十二年（1906）十二月，时任民政部尚书徐世昌赴东北考察后，上折奏请设立东三省总督一员，并仿照内地省制于奉、吉、黑三地各置巡抚：

> 拟请特设东三省总督一员，予以全权，举三省全部应办之事，悉以委之。除外交事件关系重要者，仍令与外务部咨商办理外，其财政、兵政及一切内治之事，均令通筹总揽，无所牵制。就三省要地分建行署，俾不专驻一省，得以随时往来巡视。其总督之下，应设奉天、吉林、黑龙江巡抚各一员，专理三省民事，吏事仍受督臣节制，其权限略视内地各省巡抚为轻，不得与督臣并行。②

第二年三月初八日，上谕改盛京将军为东三省总督，徐世昌补授总督兼管三省将军事务。徐氏在东三省原有各局署设置的基础上进行了调整，于四月十一日上折奏陈新定职司官制，拟在奉天、吉林、黑龙江三

---

① 盛京将军赵尔巽折，光绪三十二年三月二十四日，《光绪朝朱批奏折》第1辑，第504页。
② 徐世昌：《密陈通筹东三省全局折》，《退耕堂政书》，台北：文海出版社，1973，第371—372页。

省各设一行省公署：

> 于行省公署内分设二厅，一曰承宣厅，禀承督抚，掌一省机要总汇考核用人各事；一曰谘议厅，掌议定法令章制各事。就原有局署酌量归并，分设七司：一曰交涉，二曰旗务，三曰民政，四曰提学，五曰度支，六曰劝业，七曰蒙务。①

承宣、谘议厅由左、右参赞各 1 员分领，七司各设司使 1 员，下分诸科办事，每科设佥事及一等、二等、三等科员数人。此外，另置督练处专办军政，司法事务则由提法使管理。与此前赵尔巽奏设盛京行部不同的是，行部内务局既隶将军直管，则盛京内务府作为由将军兼任衙署该管大臣的部门，仍享有高于奉省行政体系内一般官署的地位；而此番所设专行办理旗署事务的旗务司，乃由原军署除刑司以外的户、礼、兵、工四司改并而来，共置五科，

> 以兵司马政处改并军衡科，以户司恩赏库改并稽赋科，以礼司牧群司、围场处改并仪制科，以工司改并营造科，以司务厅摺本房、印务处、号簿司改并庶务科。②

该司职掌庞杂，不仅统筹奉省旗制变通事宜，还兼管三陵衙门、盛京内务府及盛京旧居宗室觉罗与宗室营等一应皇室在奉事务。旗务司的设立，使盛京内务府从直属封疆大吏的陪都特设机构，变为受正三品司使辖制的行省普通办事机构。随着奉天行省体制的建立，盛京陪都体制至此渐行瓦解。到宣统元年六月，受预备立宪进程中化除旗民畛域政策的影响，旗务司降级为旗务处，辖下连同盛京内务府在内的一应旗署，皆将面临裁改的命运。

---

① 徐世昌：《奏设职司官制及督抚办事要纲折》，《东三省政略·六》，台北：文海出版社，1965，第 3382 页。

② 金梁：《奉天旗务汇编叙》，《瓜圃丛刊叙录》，台北：文海出版社，1968，第 67—68 页。

第三节　清季陪都社会变迁

一　陪都皇产清厘

（一）皇庄地亩丈放

赵尔巽任盛京将军期间，进一步调整奉省二元管理体制，另外，还着力于化除经济领域的旗民畛域。光绪三十一年十月，赵氏奏请废止东北地区旗民不得交产的禁令：

> 奉省旗民不准交产，名为遵守定章，实滋流弊。请嗣后不分旗民，得以互相买卖，惟更名税契，旗册仍归旗署，民册仍归民署，均以原册为凭。至前此售买房地，饬令补税更名，以昭一律。①

允许旗民交产是清朝末年实施官庄丈放的前提，清廷为了开垦升科，增加财政收入，开始丈放东北各地的官荒、围场，就是内务府的牧地也被大量放垦，征收地价银两。② 光绪三十一年七月二十五日，清廷派候补侍郎廷杰前往奉天办理垦荒事务，

> 奉省地亩亟应清理，着将各项地亩内查明围牧官地若干，宗室王公勋旧之地若干，八旗官兵及民人产业之地若干，均逐一澈底清查，分别荒熟、是否升科，详细具报。……务将侵占、隐匿诸弊一律剔除，悉数和盘托出，期于经界分明，上下交益。③

十一月，廷杰上奏办理锦属官庄旗民各地章程八条，拟在锦州府城内设立一垦务总局，下辖分局两处，每局设总、留办各 1 人，监绳委员 8 人，将锦州、宁远、广宁、义州、绥中及广宁分出之镇安县属各官庄旗

---

① 《清实录》第 59 册，光绪三十一年十月癸卯条，第 301 页。
② 刘小萌：《爱新觉罗家族史》，第 361 页。
③ 《光绪宣统两朝上谕档》第 31 册，第 106 页。

民地亩，尽行清丈，造具亩数四至清册呈报总局。原额庄地拟先尽各该庄头缴价承领，仍交原佃租种，不得无故增租夺佃。若实无力承领，则由原佃报领，若原佃已将地转租，地归转租户承领。对于浮多地亩，可由旗民自行首报，但所报数目如少于丈出数目，则只准按报数承领，余地另招他人价领升科；凡未经首报浮多地亩，由地户加倍交价承领以示惩罚，不领亦另放他人。同时规定庄头无力承领原额庄地，但在地段内修有房宅者，准予居住，有坟冢者免予迁移，并可于周围酌留三弓；凡无力承领浮多地亩各户，地段内有房屋、坟冢者，皆由原领地边扣抵。丈放庄地参照大凌河牧荒放地标准定价，以地膏腴者为上则，平衍者为中则，洼下而兼有沙碛者为下则，沙卤碱片、草甸河套之类，概为最下则。① 上则每亩征库平银 2 两 1 钱，中则 1 两 4 钱，下则 7 钱，随地价缴一五经费。熟地当年升科，荒地拟请三年升科，其标准亦按地亩等则分别划定，上则每亩征银 8 分，中则 7 分，下则 6 分。各户领地后发给地单，限期一月内缴价，换给执照永远为业，此后皆赴各该管州县衙门完粮。②

　　接到廷杰奏报后，清廷令其与盛京将军赵尔巽会同妥筹办理。为调和庄佃矛盾，防止出现庄佃争相领地的局面，这份清丈章程明确规定了庄头对于地亩的优先承领权，并给予佃户土地承种权以为相应保障。同时为维护国家征收赋税的权力，特别提出清丈官署应将未经首报浮多地亩另放他人，使原本长期隐占、转佃、盗典各地亩统一升科，稳定赋税来源的同时亦可实现清廷所期增收之效。清丈锦州官庄章程由此成为日后奉省办理各类地亩清丈的基础性参照文件与重要模板。由于当月廷杰即奉旨补授热河都统，上谕赵尔巽接续妥筹办理奉天垦务事宜。③ 至十二月，赵尔巽奏报奉省垦务统筹办法三项，其一为先办锦属官庄，其二为丈放锦属海退河淤及各处滋生地亩，其三为振兴农政。赵氏于折中详陈奉省垦务弊端：

---

① 徐世昌：《东三省政略·九》，第 5033 页。
② 《奉天垦务大臣廷杰奏办锦属官庄旗民各地章程》（光绪三十一年），中国科学院民族研究所、辽宁少数民族社会历史调查组编《满族历史档案资料选辑》，1963，第 249 页。
③ 《清实录》第 59 册，光绪三十一年十一月甲午条，第 319 页。

奉省现垦各项地亩，有隶围牧者，有系王公勋旧庄厂者，有系八旗官地及民人产业者，国初拨放多崇宽大，后来占辟蓼葑日多。现期一律清厘，断非急切所能竣事。且官中文册经廷杰前调查，京外各署地尚未齐全，民间契据文凭更多散失迷幻。①

由于廷杰前已奏报清厘庄地以裕财政之策，赵尔巽此番仍拟先从锦属官庄入手试办，实际上就是对廷杰办丈思路的延续，惟待该处庄地清厘明晰，便可将相应办法推广他处。

然而正因积弊尤甚，办理清丈的过程困难重重。此项庄地零散分布于各厅州县，既与旗民地产错杂相交，其段落四至又因盛京内务府地亩底册毁于庚子兵祸而无稽核确据，各庄平日皆按账收租，亦不甚清楚地段确址。且正如廷杰前期调查结果所示，由于锦州官庄地亩积年未行清厘，各庄头早已将地据为己产，其强借、勒押、私典、盗卖情弊甚深，几至"一地有一地之蓼葑，一户有一户之纠缠"的境地：

> 迨一闻丈放，该庄头等恐失所据，百计阻挠。又以章程有先尽庄头价领之条，往往勾串富商巨贾借钱包领，以为转卖分肥地步。彼原垦佃户惟恐失业，不得不出全力以与之抗，甚至桀骜不逊、聚众拦绳，操纵稍一失宜，即至酿成事变。②

各勘丈人员一边多方印证地邻、详为推求界线，一边又必须于庄佃之间谨慎行事、妥为调和，以平息二者争端。光绪三十三年奉省垦务总局归并度支司后，统一厘定了地亩绳丈之法，以5尺为1弓，38弓为1绳，240弓为1亩，240亩为1方。为避免庄佃多生抗阻之心，要求各地行绳开丈前，先期勘明应丈地亩段落，分派监绳委员赴规定地段传集地户，详为指明应丈四至，并挖立封堆标杆为示。度支司还对绳员每日应完成土地勘丈面积做出具体规定，熟地每员每日丈量大段1200亩为率、领段

---

① 《奏为筹办奉省垦务办理大概并勘放蒙荒、振兴农政情形折》（光绪三十一年十二月十九日），《谕折汇存》。

② 东三省总督锡良、奉天巡抚程德全折，宣统元年九月二十八日，《政治官报》宣统元年十月初五日第740号，第18页。

30号为率；生荒每员每日丈量 8 方，事竣由监绳委员编列字号，分别上、中、下三等绘图送各该管清丈专局，并发给地户小照或丈单以为交价凭证。在承领地亩的规则方面，为免"豪强者垄断居奇，贫弱者辗转亏折"，进一步明确禁止地户包领大段，同时兼顾土质优劣、领户多寡随时变通。①

锦州官庄自光绪三十一年末开丈以后，经过近四年努力，到宣统元年（1909）共丈放得官荒上、中、下三则并沙碱、镇基各项地 1356700 余亩，其中除庄头、壮丁先人带地投充庄地原额 30460 余亩已获准免于交价外，计应收入地价库平银 1821000 余两，截至当年四月，共收到 1488470 余两，地亩陆续升科后，每年增粮额 92400 余两。由于尾欠地价不及十分之二，时任锦属官庄垦务总局总办荣厚以该局办公经费不继为由，向总督锡良呈请撤销专局，将催收尾欠事务交予各该管地方官接办。② 锦州官庄丈放工作至此基本完成，新增课赋仍旧供皇室经费开支，如数拨解总管内务府上驷院，收效亦达到清廷预期。锦州庄粮衙门既经裁撤，其原设主事 1 缺亦呈请开缺；笔帖式、催长各 3 缺照汉军九品笔帖式以州同、州判、县丞补用之例分省补用；食饷拜唐阿 6 人归入锦州八旗作为甲兵。③ 前管理各该庄庄头皆行裁撤。

在锦州官庄丈放顺利推进的同时，光绪三十四年盛京内务府所管粮庄也开始进行清丈。但庄佃间同样围绕承领权展开激烈争夺，加之清丈机构屡屡变动，清丈工作迟迟未能结束。④ 进入民国后，作为办理清室奉天事务特别机构留存的盛京内务府，请援照前案续办清丈，期以划分庄地正额、浮多，分别制定纳差、征租办法，为用款支绌的"小朝廷"拨解更多经费。

（二）皇室经费清查

光绪三十二年七月十三日，清廷发布上谕宣示预备立宪，要求内外

---

① 徐世昌：《东三省政略·九》，第 5032—5033 页。
② 东三省总督锡良、奉天巡抚程德全折，宣统元年九月二十八日，《政治官报》宣统元年十月初五日第 740 号，第 18 页。
③ 《奏锦州笔帖式等缺拟改外用折》，《奉天旗务处为送奉天旗制变通案及八旗女工传习所等报告书事给奉天调查局函》，中国边疆史地研究中心、辽宁省档案馆合编《东北边疆档案选辑（清代 民国）》第 79 册，广西师范大学出版社，2007，第 76 页。
④ 刘小萌：《爱新觉罗家族史》，第 361 页。

臣工"参用各国成法，妥议立宪实行期限"。① 至光绪三十四年初，度支部奏请设立统计处，"以统计全国财政为主务"，并详定办事章程，其中第十条"统计处办事纲领"将应行清厘各项经费划为十八类，在第九项"皇室经费类"下，明确规定了"陵、庙祭祀，陵工，吉地，玉牒馆，上用，颐和园，宗室王公俸禄，宗人府，内务府（包衣护军营，前锋营，园寝，颐和园、圆明园园庭），銮仪卫，太医院，织造等项"皆属待查皇室经费范围。② 同年八月初一日，宪政编查馆、资政院会奏宪法大纲及议院未开时逐年筹备事宜，在宪法大纲中将制定皇室经费常额确定为君上之权，所需款项"自国库提支，议院不得置议"。③ 同时计划于光绪四十一年（1915）由内务府、宪政编查馆共同办理厘定皇室经费事宜。④

　　按照清廷最初的安排，皇室经费本应在立宪将届完成之期确定即可，但由于宣统二年（1910）十月初三日，上谕将开设议院的时间缩改为宣统五年（1913年），要求"有关于宪法范围以内必须提前赶办事项，均着同时并举，于召集议院之前，一律完备，奏请钦定颁行，不得少有延误"。⑤ 总管内务府随即开始从速清查皇室各项产业，以期早日核定皇室经费常年预算数目。实则当年二月该府已设立宪政筹备处，调查京外各衙门与皇室经费相关历年应进贡物、应解款项，请各署迅速妥为呈复收支数目。至十月接奉赶办立宪事宜上谕后，总管内务府奏陈前期调查皇室经费情形，表示京外各衙门相关款项数目不易厘清：

---

① 《宣示预备立宪先行厘定官制谕》（光绪三十二年七月十三日），故宫博物院明清档案部编《清末筹备立宪档案史料》上册，中华书局，1979，第44页。
② 度支部奏定设立统计处章程，光绪三十四年二月十七日，《北洋官报》第1680册，第13页。
③ 《宪政编查馆、资政院会奏宪法大纲暨议院法、选举法要领及逐年筹备事宜折》附件《宪法大纲暨议院法、选举法要领清单》（光绪三十四年八月初一日），《清末筹备立宪档案史料》上册，第59页。
④ 《宪政编查馆、资政院会奏宪法大纲暨议院法、选举法要领及逐年筹备事宜折》附件《逐年筹备事宜清单》（光绪三十四年八月初一日），《清末筹备立宪档案史料》上册，第66页。
⑤ 《缩改于宣统五年开设议院谕》（宣统二年十月初三日），《清末筹备立宪档案史料》上册，第79页。

惟京外各衙门，其未复者固属不少，而已复者又未尽明晰。推原其故，或因道路窎远，或因档案纷繁，至今未能一律复到，现已奉旨改定期限，自不可少有稽延。相应请旨饬下京外各衙门，将有关皇室事务经费之件，迅速逐款详细咨复，以重宪政而利进行。如蒙俞允，即由臣衙门分别咨催其筹备应办各事宜，再由臣等次第奏明办理。①

奉旨"依议"后，总管内务府刷印原奏，于十一月初四日咨行东三省总督锡良。至十二月十七日，宪政编查馆大臣奕劻等奏拟修正《逐年筹备事宜清单》，将"厘定皇室经费"确定为宣统三年应办事项，并特别提出在内务府、宪政编查馆之外，加入度支部共同办理。② 因彼时仍未接到奉省咨复，两日后总管内务府以宪政编查馆催促会办皇室经费事宜甚急为由，再咨东三省总督，表示因"无案可据，碍难悬揣"，实不利于公务推进，着重向奉省强调"事关宪政，万勿再延"。③ 屡次接到催文后，奉省终于在年底前咨复总管内务府，解释了未能从速具报经费数目的原因：

惟以奉省关于皇室经费一项，款目甚繁，久未清理。如盛京内务府、三陵各处，及宗室觉罗等所管，均非详细调查，不能得其确数，往复查催动需时日。旋据各处陆续报到，汇案编列尤属繁琐，以致稽迟。④

不过奉省此番已将盛京内务府、三陵及宗室觉罗各处经费款目全行清查，并造具清册二本，一并咨送总管内务府。

① 内务府咨文附奏折，宣统二年十月三十日，JC010-01-013034-000029。
② 《宪政编查馆大臣奕劻等拟呈修正宪政逐年筹备事宜折》（宣统二年十二月十七日），《清末筹备立宪档案史料》上册，第90页。
③ 内务府咨，宣统二年十二月十九日，JC010-01-013034-000030。
④ 奉天行省公署咨，宣统二年十二月二十二日，JC010-01-013034-000032。

表 1-2　盛京内务府、盛京三陵并宗室觉罗皇室经费册

盛京内务府	经管皇产	会计司庄地 738728 亩 8 分 6 厘
		三旗伍田地 48972 亩
		掌礼司果园辽阳 64 处，海城 67 处，铁岭、开原 24 处
		掌礼司废林地 7319 亩 9 分
		都虞司鱼泡地 3852 亩 2 分 3 厘
		都虞司鱼泡 102 处
	常年收入	掌礼司废林地租洋 3068 元 5 角 4 分
		房租库平银 929 两 5 钱，日元 1200 元
		马厂课赋库平银 1381 两 3 分 6 毫 5 丝
		镶黄旗星尼丁库平银 2531 两 1 分 2 厘
		正黄旗五户丁库平银 495 两 5 钱
		正白旗京玺吾尔占丁库平银 637 两
		三旗织造库沈平银 996 两 8 钱 6 分，钱 17960700 文
		三旗织造库棉折库平银 776 两 3 钱 6 分
		三旗织造库靛折库平银 200 两 9 钱 2 分 4 厘
		三旗织造库盐折库平银 37 两 7 钱 2 分 2 厘
		三旗葡萄奶子折交库平银 18 两 3 钱 8 分
		镶黄旗沈平银 2038 两 3 分，钱 4944000 文
		正黄旗沈平银 1529 两 7 钱 7 分，钱 1923900 文
		正白旗沈平银 1310 两 7 钱，钱 2172000 文
		掌礼司沈平银 326 两 5 钱 9 分，钱 4625820 文
		都虞司牲丁、鱼丁、蜜丁折交库平银 1644 两 4 钱
		都虞司沈平银 630 两 4 钱 1 分 4 厘 9 毫 8 丝，钱 15000 文
		广储司房租钱 10700 文
		广储司叫鹿皮 100 张
		汤皂皮 15 张
		掌礼司园丁折差库平银 994 两 2 钱 8 分 4 厘 2 毫 4 丝
		营造司钱 1260000 文
		内管领处钱 9946000 文
		各旗司库处及警卫烧燃洋 306 元
		模樗废林小数钱 4000000 文

续表

盛京三陵	经管皇产	祭品官津贴地 9717 亩 1 分 7 厘
		苏子官地 1200 亩
		备祭办公地 3362 亩 1 分
		垦熟橄榔果林闲荒地 790 亩
		山果官山 2 处、松子官山 91 处、橄榔果林 3 处、花红果园 4 处、鲜果园 4 处、栗子园 1 处、瓜菜园 2 处、莲花河泡 1 处、鲜鱼河泡 1 处、野鸡官山 1 处
		黄瓦厂地 2975 日[a]，壮丁 350 名
		铅厂地 1264 日，壮丁 158 名
		席厂地 976 日
		灰厂地 1385 日 3 亩，壮丁 163 名
		缸厂地 420 日，壮丁 35 名
		砟厂地 554 日，壮丁 83 名
		木厂地 1284 日，壮丁 107 名
	常年收入	席片、柳器等物沈平银 1993 两 9 钱 4 分
		礼股园地租东钱 1242000 文
		礼股生息东钱 2000000 文
		上驷院豆价、包鲟鳇鱼白布价、送内务府诸色粮差并菜麻冰鹅价、小菜价、山鸡价、狐皮折价、草束折价共八项
		细鳞鱼、鮒鱼鲜鱼、鲫鱼鲜鱼三项
		黑牛、羊、带犊乳牛三项
		奶油、奶饼二项
宗室觉罗	常年收入	宗室营地租沈平银 1400 两，制钱 1400000 文

　　a. 一日即一天的耕种量。据《盛京通志》载："田皆计亩，奉天计日，故自州县稽亩征赋外，他皆以日论，因地宜也。一日可五六亩，视天时之顺逆、人事之勤惰为进退云。"参见康熙《盛京通志》卷 18《田赋志》。

　　资料来源：盛京内务府、盛京三陵并宗室觉罗皇室经费册，宣统二年十二月，奉天行省公署文件，JC010-01-013034。

　　或许正如奉省咨复中所言，由于盛京内务府、三陵等处经管事务繁杂，各项产业厘清确数需时较多，只能待调查员陆续呈报后方可汇总明晰。然而从这份清册最后呈现的内容来看，各处虽开列经管各项皇产名目，但产业坐落确址、各地段详细亩数、在地壮丁人数、各户具体纳差数额等均未有细化统计，即如盛京内务府常年收入"各旗司库处及警卫烧燃洋306元"一项，实为该府冬日取暖经费，此款由各旗司所管房地产业收入内专项拨付备作开支，是否有其他收入来源，亦未行说明而含混不清。再如盛京三陵经管各处祭品官山、官厂，是全行征收本色，还是本色、折色并行，其纳差规章同样未有解释。而在此前资政院第一次常年会讨论试办宣统三年岁入岁出总预算案时，虽因皇室经费尚未厘定而预算册内无此项名称，但议员刘泽熙已提出国家经费与皇室经费混杂未能分别明确的问题：

> 现在东西各国，皇室经费在预算册内，只有一个总数。中国皇室经费，度支部具奏改为宣统三年确定，故此次预算册内尚无此项名称，然与皇室经费性质相近者，大概包括于行政费中，其分类似为不伦。在编制预算者固属无可如何之计，且解内务府款、解宗人府款及所谓缎匹、颜料、例贡等名目，散见于各省预算册内，不一而足，纷纭错杂，不可究诘，虽欲分之而无可分，此亦预算册内之一缺点也。①

若想解决刘议员指出的问题，非彻底逐项清查各处皇产数目、明定纳差办法、详计每笔收支而难以实现，总管内务府本意也是想将内廷、陵寝、皇族及皇室产业各项用款详为厘清。但作为皇室陪都事务常行专办机构的盛京内务府、三陵，拖延日久却仅能开列一份收支杂乱不明的经费清册，建立于如此粗略统计数字的基础上，总管内务府核计做出的宣统三年皇室经费预算，也只能是500余万两的一个概数。②

皇室经费四端并办法

（甲）皇室经费

一、内廷用款。凡度支部之交进内务府之经费以及关于内廷及盛京大内各署典礼、舆卫、供献、工程、采办、官兵俸饷，各省应

---

① 《资政院第一次常年会第三十号议场速记录》（宣统二年十一月二十五日），李启成校注《资政院议场会议速记录——晚清预备国会论辩实录》，上海三联书店，2011，第458页。

② 《专电·电二》，《申报》1911年1月14日，第1张第3版。

解绸缎、绫绢纸、木植、瓷蜡器皿之类皆是。

一、陵寝用款。凡东西陵、盛京三陵及园寝典礼、工程，核办差务，官兵俸饷等各项皆是。

一、皇族用款。凡宗人府支项及王公俸银、俸米、甲分，宗室俸禄，庄田，马厂等类皆是。

一、皇室产业。凡奉宸苑之田地，内务府之皇庄，上驷院之马厂等，以及盛京果园、网户之类皆是。

（乙）办法

一、差务经费。凡供奉差务者均入此项岁出，统按十二个月。

（子）经常类。凡年例、节例、月例之差务，列入此类。

（丑）临时类。凡现传差务并非例事者，及遇闰加增之款，皆入此类。

二、办公经费。凡本署官役饭食、薪〔心〕红及一切杂费，均入此项岁出，统按十二个月。

（子）经常类。办法与差务经常类同。

（丑）临时类。办法与差务临时类同。

三、另案。凡多年一次之特别事项，均入此项。

四、官制。凡额设官员兵役等俸饷、米石零总数目，均入此项。①

宣统三年正月十四日，度支部奏报试办全国预算暂行章程，请暂按统管皇室事务各衙门岁出预算经费执行，包括内务府、宗人府、中正殿念经处、颐和园、东陵承办事务衙门、西陵承办事务衙门、奉宸苑、太医院、武备院、上驷院、銮舆卫、御鸟枪处、上虞备用处、领侍卫内大臣处、稽察守卫处、实录馆、崇陵工程处、奉天三陵衙门、苏杭织造衙门经费及各省看守行宫经费、例贡费。② 三月二十七日总管内务府再咨东三省总督，请将前送清册中未及开列各项动支银两数目详细咨复。③

---

① 《皇室经费之厘订》，《盛京时报》1911 年 1 月 22 日，第 2 版。
② 《度支部尚书载泽等奏试办全国预算拟暂行章程并主管预算各衙门事项折》附清单三《主管预算衙门所管京外预算经费事项清单》（宣统三年正月十四日），《清末筹备立宪档案史料》下册，第 1050 页。
③ 内务府咨，宣统三年三月二十七日，JC010-01-013034-000033。

而奉天旗务处经过前番通查盛京内务府地亩、围场、鱼泡、盐滩,以及三陵园地、山林、贡祭品物大略情形后,也意识到皇室经费财产有关各项亟待全面整理,非通盘筹划、明定办法,难维久远。旗务处总办金梁向总督赵尔巽呈报变通旗制应办事项时,即陈明舆论认为清厘奉省皇产难行开办的原因主要有二,其一为"京部已议及此,虑办或有不合",其二为"财产甚多,虑清理无从入手"。继而逐条进行驳斥,并进一步说明应由省办皇产清查的理由:

> 部议办法,无论咨到无期即或不日可到,恐与当地情形未必能合,冲突仍所难免。与其咨到而准驳两难,何如早办而规模先定,此应办者一。本省关于皇室财产,为数确自不少,惟现在调查大略已有端绪,所难者碍于定制不能率改耳。今如奏明清查、分别改革,宗旨既定,办理何难,谁谓无从入手,此应办者又一。[①]

在金梁看来,只有奉省办事人员最熟悉当地皇产情况,能够制定出有针对性的清查办法。故而应在度支部及总管内务府确定整理奉省皇室经费办法以前,预为厘定变革章程,先行函送京部备考,则不致在京部有成议后,因不适合本地情形而难以遵办,"徒费周折,坐失事机"。

当年五月,赵尔巽奏称奉省皇产为数甚巨、历年既久,侵蚀隐耗积弊丛生,请设立一皇室财产调查局,由其选派妥员出任专职,统办东三省皇产经费清厘事宜,并开列清查皇产办法四项:

> 一、地亩山园宜清查丈放也。三陵及内务府地亩山园,向系由丁承种,以地当差,所入甚微乃至不足供应,隐占、私典其弊尤深。拟即一律清查,丈放收价仍归皇室经费,拨办官有林矿等事,以兴实业。

> 一、盐滩河口宜归官经理也。盐滩应交丁盐,河口应交贡鱼,照额征收,有名无实。拟即改归盐运使司及渔业总局接管经理,仍按年折交实银,备办差贡,以符定制。

---

① 旗务处总办金梁呈,宣统三年,JC010-01-001611。

一、贡祭品物宜改收折色也。贡祭各品向收本色，任意挑剔，借公济私，其实徒有具文，并不合用。拟即明定额数改征折色，应用品物仍照章购备供给，以重典礼。

一、丁差、杂差宜照额减免也。丁差、杂差或以地当差，或以丁当差，勒派需索扰累最甚。拟即分别免差放地，量额减收，仍将摊派等弊永远禁革，以广皇仁。①

这一计划意在清除奉省皇庄长期为庄头把持、肆行私种盗典的积弊，通过清查丈放庄地保障皇室地价收入，并为振兴实业提供资金支持，同时纾解长期受庄差抑勒的丁佃的生计之困，维护其承种之权。此外，以全行征收折色的方式简化备办贡、祭各品程序，既无损于皇室备办典仪所需经费，而盐滩、河口等产的管业之权又顺利移交于地方专办官署，则旗署事权削减或可归并裁改，于化除旗民畛域亦有裨益。

不过，八月度支部奏报编定宣统四年（1912）皇室预算时，仍未开列收支各款细目，仅定岁入为 8383057 两，岁出为 10246974 两，并援引日本开列皇室经费成例，指该国及西方各君主立宪国对此项经费大多只列总数，不列细数，且"国会不得置议"，唯行此法方能"保王室之尊严，表人民之翊戴，意至深也"。② 当下所拟预算虽有近 200 万两赤字，但度支部表示事关皇室事务，为崇体制不敢"擅议削减"。如此一来，清查奉省皇产细数、推行开源节流之策的紧迫性较前降低不少，或许无论度支部抑或总管内务府，都认为还有足够的时间可以将皇室财产整理明晰，不想国体变更即在眼前。清末预备立宪进程中未能解决的问题，又遗留到了逊清"小朝廷"时期，彼时清室虽因优待岁费不敷应用且常被民国政府拖欠，而亟盼通过整顿奉省皇产增加收入，以济经费支绌之困，但当时掌管阖府事务的盛京内务府办事处早已无往昔尊崇地位，事权亦大为受限，资金、人力皆不充裕，更难承为清室全面清查奉天皇产之任。也恰恰是在那个需款甚急的时刻，总管内务府才对早前宣统二年奉省所呈皇室经费清册中各项产业坐落地址及壮丁人数不明、收款数目

---

① 东三省总督赵尔巽折，宣统三年五月二十一日，JC010-01-001611。
② 《度部编订皇室预算之政见》，《申报》1911 年 10 月 18 日，第 1 张后幅第 2 版。

含混等问题提出疑问，请赵尔巽续行代为详查皇产隐匿情形，务期保全清室在奉利益不受侵损。然而清室威权不再，屡致公函与奉省商洽皇产事宜又颇为周折，尽管此间总管内务府亦由京派出妥员接掌盛京内务府事，但直到 1924 年"小朝廷"覆灭时，仍有多处皇产连界址都未明晰，更遑论为清室增收提供支持，只得留待日后移居天津的溥仪"谕令"清室驻奉办事处人员，与其时主政奉省的张作霖续行接洽办理清查。

二　筹办陪都旗人生计

（一）变通旗制

光绪三十三年七月初二日，慈禧太后发布了一道关于化除满汉畛域的懿旨，表明清朝建立以后对满汉臣民一视同仁，且近时任用臣工尤不重满汉而以才能为先：

> 际兹时事多艰，凡我臣民，方宜各切忧危，同心挽救，岂可犹存成见，自相分扰，不思联为一气，共保安全。现在满汉畛域，应如何全行化除，着内外各衙门各抒所见，将切实办法妥议具奏，即予施行。①

彼时东北地区已正式取消二元管理体制，实现了与内地各省的同质化变革，可以说于省级行政体制层面，已迈出破除旗署、民署界限的关键一步。实则早在光绪元年盛京将军崇实着手调整二元体制时，即已提出变通奉省州县官制，取消满汉分缺：

> 前因奉省州县各官，满汉均有专缺，每有人地未宜，碍难更调。又因满汉分管旗民，诸多掣肘，是以援照热河成案，奏请满汉兼用，并请加理事同知、通判衔，庶可相地择人，旗民并理，诚为目前整饬吏治必不可缓之急务也。②

---

① 《光绪宣统两朝上谕档》第 33 册，第 133 页。
② 朱寿朋编《光绪朝东华录》第 1 册，中华书局，1958，第 146 页。

吏部以定制未便率行更改，如遇不能胜任之员可立即撤回、另行补放等由，议驳崇实所请。崇实继而再奏，强调满汉分缺、旗民分管贻害吏治甚重：

> 总之人才贤否，政令得失，不在满汉，而在择人。奴才等若非目击其情，身历其境，亦不知废弛情形至于此极。刻下人才无多，缺分亦少，若复拘执满汉，则此长彼短，欲求人地相当也实难。旗署兼理词讼，民无适从，若夫拘执旗民分管，则我疆尔界，欲望该地方官专心图治也更难。[①]

如前所述，奉省旗署事权在崇实主政时期已受到极大限制，专办旗人涉讼案件的司法特权被取消，仅保留"经理旗租、缉捕盗贼"权限。光绪三十二年徐世昌赴东北考察时，亦申明化除满汉畛域之紧迫性：

> 国家抚有中夏垂三百年，同为臣民，有何畛域，乃人方合力以谋，我犹自区为两界，以万里地实委诸他人，譬诸大盗入室，而子弟犹复分门别户各顾其私，事之可痛，孰甚于此。[②]

补授东三省总督后，徐世昌于奉天行省公署内专置旗务司，统管全省旗署并筹划变通旗制事宜，也因此使部分旗署在失去旗民交涉案件审理权后，应办事务较前更为减少。光绪三十四年五月，因日本人在距奉天省城九十里的抚顺铺设铁路，该地多有日商租屋聚居，难免与民纠葛，却未设民官办理交涉事宜，徐世昌奏请将与承德县同在奉天城建置的兴仁县移驻抚顺，该管地方官改为抚顺县知县，"必与该处地方有所裨益"。[③] 至于抚顺原设路记防御、防御各员皆行裁撤，凡征赋、缉盗各事统归地方官办理。当年八月，徐世昌以职务太简、积弊相仍为由，奏请

---

① 《光绪朝东华录》第 1 册，第 147 页。

② 徐世昌：《密陈通筹东三省全局折》，《退耕堂政书》，第 366 页。

③ 《奏裁抚顺防御折》，《奉天旗务处向奉天调查局函送的关于变通旗制奏案议案等文件》，辽宁省档案馆编《奉系军阀档案史料汇编》第 1 册，江苏古籍出版社，1990，第 521 页。

裁撤锦州副都统。该副都统衙门原辖有锦州、义州、宁远州等四路八边门，旗民一应事宜皆归协领、城守尉及府州县等禀承将军办理。尤其在锦州官庄衙门、大凌河牧群衙门裁撤后，该副都统日常主要公务不过为辖下各衙门转咨军署公文，并无实际应办事项。而廉俸既低，则难免滋生索取规费、苛扰旗丁弊端，亟待于奉省改行省制之机，切实清理：

今奉天改设行省，厘定官制，意在明定权限，各专责成。既设旗务司以为旗官之统属，而一切公事又皆萃于公署，由督抚主持，是该副都统既无主管职务，员缺几同虚设。若复长此积弊，则于旗务终难整顿，而旗民生计亦恐多所阻挠。自应将锦州副都统员缺裁撤，以祛积弊。①

清廷于一个月后准徐世昌所请，正式裁撤锦州副都统。该衙门原设有印务笔帖式2缺，照满蒙笔帖式无论七品、八品、九品俱准保送知县例，以知县分省补用。②借此机会，徐世昌再对未及裁撤的前盛京将军署堂主事1员、笔帖式11员、员外郎6员，及兴京、金州、锦州各城城守尉等署笔帖式30余员进行了一次全面清理，将军署主事改以直隶州知州分省补用，笔帖式以知县分省补用。③

至十二月，徐氏再以海龙总管员缺职务太简为由，奏请裁归地方。海龙总管衙门原为防止流民进入围场地区私行垦种、打猎而设，专管四季巡围、缉捕盗贼并督催海龙征收等事。总管下置佐领2员、防御4员、骁骑校4员、笔帖式1员，又由开原等八城六边门各处抽调额设领催兵500名以为戍守。后因围场地区相继改设府县，总管衙门应办事务锐减，故有裁撤之请，然数百名领催兵安置办法仍待妥定。锡良调补东三省总

① 《奏裁锦州副都统折》，《奉天旗务处向奉天调查局函送的关于变通旗制奏案议案等文件》，《奉系军阀档案史料汇编》第1册，第519页。
② 《奏锦州笔帖式等缺拟改外用折》，《奉天旗务处为送奉天旗制变通案及八旗女工传习所等报告书事给奉天调查局函》，《东北边疆档案选辑（清代 民国）》第79册，第76页。
③ 《奏旗署笔帖式裁缺改外办法片》，《奉天旗务处为送奉天旗制变通案及八旗女工传习所等报告书事给奉天调查局函》，《东北边疆档案选辑（清代 民国）》第79册，第77页。

督后，提出该总管、骁骑校等员皆系实缺，可以对品安插。领催兵本为八城六边门额设制兵，应准留驻当地，"以实边荒，不裁底饷，俾得与各城边路制兵一体沾沐"。① 自此以后，该衙门前办征收地粮田房税契各事，统由海龙府接办，以一事权。宣统二年九月清廷允裁海龙总管缺，佐领以下各官因有管理兵丁之责，暂不议裁，但应将兵丁随时选充地方巡警，以达逐渐裁改之效。② 凡有待办旗务各件，则由佐领直接呈请旗务处以凭核办。

在续办徐世昌未尽裁撤旗署事宜的同时，锡良对专办奉省旗制变通要务的旗务司亦做出进一步调整。因当下正值筹备立宪、化除满汉畛域之际，待宪政成立后，"八旗旧迹皆应变通"，锡良在宣统元年六月便提出"将奉省旗务司一缺即行裁撤，仿照吉省设立旗务处，而以该司原办之事属之"。③ 实际上是对旗署、旗人特权做出更为严格的限制。旗务总署规模日渐减小，地方旗官陆续裁撤，若待日后旗民界限融通，尽隶地方州县管理，则将不再有此建置。

在改革旗务司的基础上，锡良亦指出奉省本为八旗根本重地，"生息教养事务殷繁"，为筹办宪政变通旗制，尤应预为详定计划。由于旗官为数甚众，且多赖俸饷为生计来源，一旦饷裁恐难觅出路：

> 夫国家以旗籍世代效力，丰沛旧都，尤应优异，俸饷、地租皆随缺为定额，德泽自较隆厚。降至今日世受豢养，习为骄惰，无不坐昧生机，而后进子弟犹相率视此为利禄之途，不知变计，又岂初料所及。④

为旗官生计长远计，唯有先去其倚赖国家恩养之心，方能"坚其自立之志"。是以锡良奏请将八旗官缺暂仍旧制，但日后再有缺出则"概行停

① 《奏裁海龙总管折》，《奉天旗务处向奉天调查局函送的关于变通旗制奏案议案等文件》，《奉系军阀档案史料汇编》第 1 册，第 520 页。
② 《清实录》第 60 册，宣统二年九月甲寅条，第 757 页。
③ 《遵旨考察东三省情形裁并差缺折》（宣统元年六月十七日），中国科学院历史研究所第三所主编《锡良遗稿·奏稿》第 2 册，中华书局，1959，第 911 页。
④ 《奏为停补旗缺折》，《奉天旗务处向奉天调查局函送的关于变通旗制奏案议案等文件》，《奉系军阀档案史料汇编》第 1 册，第 523 页。

补"，可另为酌改外官对品调用，或送习法政，"既已广其出身之道，亦不阻其上进之阶"，总期化除满汉畛域，以为实行立宪之预备。如果说徐世昌前奏裁撤旗缺办法，还仅限于部分职能弱化的旗署以及中下层旗员范围，锡良则是要将旗官升补体制彻底在奉省废止。然变通旗制处核议锡良所奏后，并未支持其停补旗缺的计划，而是针对奉省旗员素质参差的状况，提出"先尽曾入文武各学堂毕业者挑补"，锡良亦只得复奏待变通旗制处通盘筹划制定新章后，再逐渐变通办理。[①]

　　锡良初任东督时，清廷因有人奏陈"东三省冗员太多、用款太巨，亟宜仿照内省改定官制"，[②]要求其妥筹办理。而能有此较为彻底的裁改旗缺之议，或亦受到时任奉天旗务处总办金梁的影响。光绪三十四年金梁任奉天旗务司总办后，便着手对奉省旗务进行改革。锡良到任改置旗务处后，因看重其规划旗制变通、筹办旗人生计的能力，仍以其留任总办。金梁颇为感念此知遇之恩：

　　　　余与文诚（锡良谥号文诚——引者注）向无一面，乃辱知遇，引参机要。原定五年计划，实边固本，以为缓急之图。而不意时不我待，终无补于大局也。[③]

　　正如金梁所述，其在锡良任东三省总督期间，前后送呈多项整顿旗务办法。虽然清廷变通旗制处尚未出台挑补旗缺新章，但金梁已根据奉省旗官实缺七百余员而候补者约为三倍的情况拟定了三条裁改办法，以期清除当时八旗官员"徒有其名，久失其实"的积弊。其一为改旗官为地方府厅州县候补等文职；其二为分派各厅司道行走等各类差使；其三为改补农官等新设官缺。[④]实质上虽仍旧沿用徐世昌主政时期"调-裁"的主要方式，将旗官调入地方行政体系，则空出之缺即可裁撤，但若将该法推及全省，更需以"量才而用"为宗旨，既注重对少壮有为者的培

---

①　《奉省旗官出缺暂照新章挑补片》（宣统二年六月二十八日），《锡良遗稿·奏稿》第 2 册，第 1180 页。

②　《光绪宣统两朝上谕档》第 35 册，第 142 页。

③　金梁：《奉天旗务司》，《光宣小记》，台湾学生书局，1973，第 202 页。

④　《筹议旗官裁改办法》，《奉天旗务处为送奉天旗制变通案及八旗女工传习所等报告书事给奉天调查局函》，《东北边疆档案选辑（清代 民国）》第 79 册，第 19 页。

养，令其分别等第进入学堂学习，同时对年迈体弱者格外加以优恤，终身给予恩俸，使老有所养。在锡良和金梁看来，唯有给众旗官妥寻出路，当其各安生计、不再依赖国家养赡之时，方可一并裁撤旗俸，减轻国家财政负担。

为此金梁亦拟定了相应的旗饷清厘办法，奉省内外城八旗及三陵、内务府、宗室觉罗官员兵丁等额定俸饷年支 40 余万两，因库币支绌，兵饷、官俸相继折减，每年仅实发九个月计 318000 余两。而旗官往往又以办公经费名义强制摊派、克扣经费，兵丁实际领饷不及额数"十分之一二"。金梁提出清厘旗饷之法首在严禁摊派，或可按成酌提专款以为办公经费，"实用实销，明扣明放"。① 进而为变通旗制计长远，应在预备立宪筹办期限内，每年减少放饷 4 万两，则至宪政成立时，奉省旗饷即可减尽。最后便是将全部减出之数另行存储为专款，或作为改练旗兵经费，或投入推广八旗生计，总期将款项用在实处。

通过旗署、旗缺、旗饷的裁撤，旗人将不再享有国家提供的世职保障。而在此之前，光绪二十七年十二月，慈禧太后已有懿旨废除满汉不通婚的禁令，奉省在光绪三十一年亦放开对旗民交产的限制，旗人在政治、经济地位上已与民人渐趋平等，与民人之间的往来互动亦有增加。为在旗民畛域化除之际帮助旗人更好地融入普通民众生活中，奉省旗务司-处拟通过广学、练兵、劝业、兴农等方式，诸策并举，力筹旗人生计，务使其出路有着。

（二）挑练旗兵

光绪三十三年八月二十日，上谕裁撤各省八旗驻防：

> 我朝以武功定天下，从前各省分设驻防，原为绥靖疆域起见，迨承平既久，习为游惰，坐耗口粮而生齿滋繁，衣食艰窘，徒恃累代豢养之恩，不习四民谋生之业，亟应另筹生计，俾各自食其力。②

---

① 《筹议旗饷清厘办法》，《奉天旗务处为送奉天旗制变通案及八旗女工传习所等报告书事给奉天调查局函》，《东北边疆档案选辑（清代 民国）》第 79 册，第 27 页。
② 《光绪宣统两朝上谕档》第 33 册，第 196 页。

清廷要求各省查明驻防旗丁数目，将各该驻防原有马厂、庄田等产业划分区域，计口授田，同时开办各项实业、教育事宜，以广旗丁裁撤后谋生之路。日后该员等丁粮、词讼皆与民人无异，"化除畛域，共作国民"。奉省八旗驻防计有城 15 处、路 9 处、边门 16 处、围场 1 处，共 41处，"旗营既与府县同城，旗官并无专事可办，而旗户又皆散处于城乡内外，驻防久成虚设"，①是以东北改行省制后，已有锦州副都统、抚顺防御及海龙总管等相继裁撤。按照宣统二年奉天旗务处的计划，其余各地驻防亦应分别议定变通之策，对于彰武台、法库等驻防人数少而辖地较小各边门，拟即行裁撤；对于巨流河、小凌河等驻防人数较多、辖地亦广而未便裁撤各路，拟分别归并广宁、锦州等城；对于盛京、辽阳等人数至众、辖地较宽且一时不能裁并的专城，可行整顿之法，化散为整，统一而治，"事合则易理，势顺则无阻"，②此前锦州、抚顺等城各该管衙门皆行顺利裁撤，便是很好的先例。

至于大量八旗兵丁的生计出路，奉天旗务司于光绪三十四年筹定旗人教养办法时，即认为旗兵本隶军籍，世有武德，其教养之术仍以担任军士最为相宜，由此提出可择体质强健者编入陆军及教练巡警，"或照征兵之制年满退伍，或仿选兵之法终身为兵"，同时增设陆军小学，对旗兵进行专业化军事教育。③彼时因旗饷折发、强摊公费，按制年应领 24 两额饷的甲兵，往往到手实银不足三四两，是以即便旗缺未裁，已多有兵丁因饷难自足而外出谋生，"饷糈照支，差操久废"。有鉴于兵不能实任而空耗旗饷的情况，奉省再遇有旗兵出缺，皆未行挑补，累计旷缺达一千余名。至宣统二年六月，东三省总督锡良奏请以此项旷缺兵饷改练旗兵，以期化无用为有用。因盛京福陵、昭陵及兴京永陵等处为清皇室先祖陵寝重地，为昭诚敬以正庄严，应行派兵保护，锡良拟饬奉天旗务处妥为挑选旗丁，编练步兵，以为陵寝守卫：

---

① 《筹议旗制变通办法》，《奉天旗务处为送奉天旗制变通案及八旗女工传习所等报告书事给奉天调查局函》，《东北边疆档案选辑（清代 民国）》第 79 册，第 17—18 页。

② 《筹议旗制变通办法》，《奉天旗务处为送奉天旗制变通案及八旗女工传习所等报告书事给奉天调查局函》，《东北边疆档案选辑（清代 民国）》第 79 册，第 18 页。

③ 《筹议旗人教养办法》，《奉天旗务处为送奉天旗制变通案及八旗女工传习所等报告书事给奉天调查局函》，《东北边疆档案选辑（清代 民国）》第 79 册，第 23 页。

按照陆军新制，先练步兵一营，陆续练成，分派驻扎三陵，借资守卫；即以递积旷饷，改拨动用，以足敷一营经费为额。如此办理，练兵既收实效，额饷不致虚糜，陵寝地方派兵驻守，亦足以肃观瞻而示郑重；而变通旗制定限八年，尤可借此稍为安置。①

锡良所奏于七月初七日获清廷允准，而此前同年春间，京师八旗禁卫军亦由奉天各旗佐挑选旗丁入京教练，使部分兵员于新式军队中重新有了生计保障。但并非每一个被挑补的旗丁皆愿复行入伍，奉省进京各员中，不乏难以承受操练之劳而私自逃回者，"以致亏额甚夥"。②禁卫军只得再札奉天旗务处请续办招募事，并派员亲赴奉省验看。

此外，由于盛京旧宫亦属皇家禁地，殿阁、档库收贮珍稀器具、册籍数量较多，原虽派有盛京内务府三旗官兵于宫门内外、禁墙周围轮班守护，然年月既久，不免有废弛之处，有待整肃以崇体制。为此锡良于宣统元年十二月初即奏请由奉天旗务处挑选旗丁，"考送巡警教练所练习警务，并加课守卫宫禁章程以备任用"。③该兵等毕业后，仍分派守卫宫殿，由内务府办事处统辖。

光绪三十一年正月二十四日，练兵处进呈《陆军小学堂章程》，表示各直省及驻防各旗营开办陆军小学堂刻不容缓，当以此作为培养高级军事人才的地方，"亦即为讲求陆军之本"。④奉省针对八旗兵丁普遍军事素质较差的情况，为使其能够适应新式军队的发展需要，达到挑练新军的要求，在奉天地区陆续设立了一批近代化军事学堂，八旗兵丁向新型陆军转化的重要基础由此奠定。光绪三十二年十月，奉天陆军小学堂正式开办，学制为三年，凡宗室、满汉官员子弟皆可入学，首期收学生75名，光绪三十四年九月扩招第二期学生110名，宣统元年闰二月亦顺

---

① 《拨用旗兵旷缺额饷陆军分驻陵寝折》（宣统二年六月二十八日），《锡良遗稿·奏稿》第 2 册，第 1179—1180 页。
② 《八旗禁卫军在奉挑补缺额近闻》，《盛京时报》1910 年 12 月 27 日，第 5 版。
③ 《大内改练巡警守卫并拨定经费请立案片》（宣统元年十二月初四日），《锡良遗稿·奏稿》第 2 册，第 1048 页。
④ 《练兵处奏陆军小学堂章程折》（光绪三十一年正月二十四日），《时报》1905 年 4 月 21 日，第 2 张第 7 版。

利招收第三期学生。学堂不仅教授绘图、步兵操法、军事初阶、军队内务条例、步兵侦探、步兵前哨、三十年式枪学、部队行军、操练、体操等军事知识及技能，同时开设国文、修身、历史、日文、德文、算学、地理、格致等文化课程，[①] 学习期满顺利毕业者可升入东三省讲武堂及保定军官速成学堂继续深造。东三省讲武堂由徐世昌照陆军部定拟陆军学堂办法"各省应于省垣设立讲武堂一处"的要求，于光绪三十三年八月在奉天创设，初设普通科，后分设二科，第一科为新军官弁，定额100名，学制半年，每年招生两次；第二科为防军官弁，定额200名，学制一年，每半年考取100名，学额由各防营平均摊派、轮番调选，"总期教育普及，以符广储将才之旨"。[②] 按武备学堂学制，普通八旗兵丁本没有资格入学，但经过陆军小学堂的学习后，则获得了继续深造甚至在军中晋升的机会。小学堂首批特设速成班83名学生毕业时，除部分选送入保定陆军速成学堂外，其余皆派往东三省各军队试充军职。学堂正式开办后的第一班60名学生，亦通过毕业考试顺利升入陆军第一中学堂。[③]

　　历代舆图中的东三省地理信息均较为简略，而近世新图多译自外国刊行版本，亦未能实测详尽。凡军队调遣、界务纠纷、设治划疆、移民屯垦各事宜，若无明晰舆图以了解辖境山川险阻之要、人民风土之宜，则难于办理。[④] 光绪三十三年徐世昌出任东三省总督后，即在奉天奏设陆军测绘学堂，由东北新军镇、协中挑选学兵入堂，规定在堂内学习十个月，野外演习八个月，按月、季定期考核分别等第优劣。一年后陆军部奏饬各省均行设立测绘学堂，从本省二十岁以下士民及驻防旗营子弟中选拔学生，学制以三年为期。至宣统元年，归并吉林原设测绘学堂的东三省测绘学堂正式在奉天成立，收奉天学生80名，吉林48名，黑龙江32名，所学课程分定为普通、专门、术科三科。普通学科为历史、理化、国文、外国文、名将事略、国朝掌故、算学、几何、平三角、平面几何、几何画法；专门学科为理化、测绘学、经纬仪、

---

① 徐世昌：《记三省陆军小学堂》，《东三省政略·五》，第3001—3002页。
② 徐世昌：《记东三省讲武堂》，《东三省政略·五》，第2979页。
③ 《奉省陆军小学堂管理教授出力各员奖折》（宣统二年九月十四日），《锡良遗稿·奏稿》第2册，第1236—1237页。
④ 徐世昌：《附奏办理测绘学堂情形片》，《东三省政略·五》，第3011页。

绘图测板、野外测量、齐普雷盖耳地形学、行军学、军用地理；术科为场操、体操。① 第一学年在堂学习六个月，野外演习六个月，第二、第三学年皆为堂内学习四个月，野外演习八个月，毕业考试合格者可编入测量队。

东三省宪兵学堂同样由徐世昌创立于光绪三十三年十月，因东三省新编陆军多自关内北洋六镇新军调入，"非严其纠察不足以肃军容而泯嫌隙"，故亟应设置宪兵以为军事警察，同时起到辅助地方警察的作用。正课学额为各营下级官长或有毕业文凭的陆军学生 20 名，副课为各营优等正、副目兵 200 名，学满一年毕业后，编为宪兵第一营分拨三省任用。光绪三十四年十二月再选优等目兵 200 名入学，至此宪兵人数基本满足需要。学堂教授陆海军刑法、治罪法、野外勤务等科目，使用教材为北洋宪兵学堂日本翻译官金政德所编，经教员酌为修改后，"以文字简明，义理通达，教者易于讲解，学者易于领会为主"。② 此外针对东三省多外军纠纷、宪兵或不免与外国人交涉的实际需要，增开外事警察、刑事侦探科目，使宪兵熟练掌握维持东三省地面和平秩序的必备技能。

除进入各级专门军事学堂外，八旗兵丁挑补新军后，还可以在各镇、协、标、营设立的随营学堂中学习，除每日早晚各习操一次外，分三班早晚轮番入堂听讲。此外，为培养下级官佐、开辟士兵晋升的通道，各级军队还从本营中遴选识字、敏健的目兵，按协 120 名、标 60 名、营 20 名的学额编为学兵，入堂三月后即进行考试，分列甲、乙班次，学满两年毕业，以排长、司务长记名升补。③

此外，由于作为王朝陪都的盛京亦有数处宗室觉罗聚居，其中尤以无爵无职下层闲散为众，仅赖折发饷糈养赡一家数口，生计亦多不敷，是以宣统二年九月盛京宗室总族长与八旗协领等呈请在奉天地区设立一宗室八旗陆军特别速成学堂，专挑年龄在 16 岁到 25 岁的宗室八旗子弟培养，以为东三省新式陆军及日后改练旗兵储备军事人才。与前述奉省所立各级军事学堂不同的是，该特别速成学堂经费主要来源于宗室八旗捐饷，由旗务处会同宗室总族长及八旗协领等管理，学生教材、文具、

---

① 徐世昌：《记东三省陆军测绘学堂》，《东三省政略·五》，第 3008 页。
② 徐世昌：《记东三省宪兵学堂》，《东三省政略·五》，第 3015—3016 页。
③ 徐世昌：《记各营教练暨随营学堂》，《东三省政略·五》，第 2947 页。

餐食、军需服装等皆由学堂出资；教育事宜则由教练处与旗务处按东三省总督锡良指令施行。学堂以训练宗室八旗子弟掌握军官必备技能为宗旨，设普通学、军事学两科，普通学科目为修身、国文、俄日文、地理、历史、数学、代数、几何、三角、物理、化学、卫生学、图画、投影画、典范令、柔软器械体操、兵式体操、野外演习；军事学科目为军制、筑垒、地形、兵器、马学、卫生学、图上战术、军队内务条规、俄日文、野营演习、测图演习、战术实施、筑垒实施、体操、马术、剑术、教练、野外演习及工作。① 每科学期一年半，普通学毕业者方能升入军事学。学额计300名，先招150名为第一班，待其升学后，续招150名为第二班。考试合格毕业者，照陆军小学堂学生给予出身，派往三陵守卫军及驻奉各镇、协实习，表现优异者随时录用，待来日改练旗兵，亦先由该毕业生中拣员委任。

因学堂运行经费主要出自捐款，或担心没有稳定的款项来源，当年十二月二十五日教练处还提出一简化方案，即在东三省讲武堂和陆军小学堂各附设一宗室八旗特别班次，仍受捐饷资助。两班学额各50名，讲武堂班专收宗室八旗官员世职，通过教学使其达到初级军官水平；小学堂班专收资质较好的宗室八旗幼年子弟，助其打牢学习基础以备继续深造而成将才。② 依托讲武堂及陆军小学堂开办特别班，既不需另行聘定教员及管理人员，还可省去建盖或租用房屋以为教学场所的大笔经费。实际上盛京宗室觉罗对于捐资开办陆军速成学堂的态度确有分歧，众人最初筹议捐款兴学之际，便有署左翼宗室觉罗族长正管兼族长德升不愿出衔公禀。当右翼宗室觉罗总族长恩常代表全族，向总督锡良呈请捐出三分之一俸饷设立陆军速成学堂，作为京师陆军贵胄学堂的预备时，后者深表嘉许并饬务处援照荆州、福州等驻防专设陆军小学之例，设立陆军学堂一处。陆军部接到咨文后予以函复："小学层累递进为时甚久，成材较迟，揆之东省情形似不相宜。应准该官绅等自设特别速成学堂一

---

① 《东三省陆军教练处为拟订奉天宗室八旗陆军学堂章程事给旗务处咨文（附八旗宗室陆军学堂章程）》（宣统二年十二月二十五日），《东北边疆档案选辑（清代 民国）》第79册，第236—237页。

② 《东三省陆军教练处为拟订奉天宗室八旗陆军学堂章程事给旗务处咨文（附八旗宗室陆军学堂章程）》（宣统二年十二月二十五日），《东北边疆档案选辑（清代 民国）》第79册，第250—251页。

所，将来毕业即归东省效用。"① 函中"似不相宜"一说让德升看到了机会，再行联通本旗近族宗室庆崑等人，联名向旗务处表示捐饷兴学"群情不愿"。彼时赵尔巽接任东三省总督，原本资政院议员宗室成善、觉罗宜纯已向其面呈学堂事，得批"国家时局艰难，人人有同泽同胞之义，况宗支耶"，以示支持。然而接庆崑等人禀后，因见宗室中愿捐饷者虽多，不愿者亦属不少，为免争讼不断，复援引陆军部函指"陆军之不能速成，已属意在言外"，学堂开办应行暂缓。

宗室继善、觉罗色克精阿等认为此前锡良的批示与陆军部函本意不合，正因考虑到东北较其他各地驻防情况更为特殊，部文方准设特别学堂，意在便利速成，而非如普通陆军小学堂般需时既久累日终成。他们进而表示宗室觉罗与国休戚相关，人人皆有捐饷报国之志：

> 伏维我国家亲亲典礼，超轶前代，月发饷糈养育宗室觉罗，迄今已二百余年。当此时艰势迫，即毁家舍身，实不足报皇恩于万一，况此款为皇上之款，敢目为己有而不赴君父之急乎。若任德族长一人阻挠中止，八旗及各府厅州县均无所观摩，我国家将终于颓靡，而无强盛之一日矣。……窃谓国家多培养一班陆军，即多加增一分气力，恳即饬下督练处暨总族长遵照陆军部准复章程量款兴学，毋任德族长肆一己之私心，毋任德族长败众人之公义，宗室觉罗等幸甚。②

因屡接宗室呈诉难息争端，赵尔巽再申学堂设立与否的关键在于宗室觉罗人等愿否扣饷，若双方各执意见不下，"徒博捐饷兴学之名，反生宗室乖离之渐"，则断难允行。同时明确提出唯宗室觉罗人等全体赞成捐饷并取有切结，学堂方可开办。如若不然，则仍以陆军小学堂招考时有意者自行前往报名为宜。彼时自初有捐饷兴学之议，已历近一年时间，

---

① 《东三省总督赵尔巽为宗室自捐经费设立陆军学堂若有全体人员切结自应允准事给旗务处札文》（宣统三年八月初七日），《东北边疆档案选辑（清代 民国）》第80册，第403页。

② 《东三省总督赵尔巽为宗室自捐经费设立陆军学堂若有全体人员切结自应允准事给旗务处札文》（宣统三年八月初七日），《东北边疆档案选辑（清代 民国）》第80册，第400—402页。

为免久行延宕，认捐各宗室等复禀请盛京副都统兼署金州副都统德裕督办学堂事宜。德裕直接将左翼族长德升及与之联通的百余人排除在捐饷名单外，所余愿捐者约 3000 人，按捐出年应领俸饷数额三分之一计，共筹得款项 13200 余两，专作学堂及学生常年经费之用，军装及教员、助教薪饷则由督练处提供。然而照学堂拟招收学生 200 名之数，全年军装费用共需银 5000 两，教员 5—6 名年支薪金亦有 3000 两，督练处因行改并经费核减，表示实无款可负担此项学堂开销。[①] 筹办陆军特别速成学堂，原是盛京宗室觉罗人等在生计艰窘之际，为达到教养子弟目的，顺奉省编练新军、广开军事教育之大势提出的一项带有"自救"性质的举措。然而宗室八旗内部多有歧议，奉省虽表明赞成态度，却无法提供实际的资金支持，以致学堂开办久无定期。此后不过月余清帝即行退位，奉省裁撤驻防、改练旗兵的计划始终未能实现，盛京宗室觉罗人等培养子弟速成新式军官的愿望亦随之落空。

（三）迁旗移垦

清末奉省的迁旗兴农计划，最初发端于光绪三十四年八月清廷谕各省督抚查明驻防旗丁数目、计口授田。然而由于奉省旗民杂居，与各地驻防情形不同，内外城各旗本已有拨给定额随缺伍田之制，唯经年户口日增，地亩有限，已养赡不济，生计艰难。若广行计口授田，以奉省现有地亩实难敷众数，而旗丁所分之微薄土地亦不足以维持生计。[②] 是以宣统元年，奉天旗务处总办金梁筹议在长白山试办迁旗殖边：

> 设县治曰安图，第一次迁三百户，均带家口。户各给田五百亩，屋三间，牛粮籽种一切器具，莫不代为制办，送往路费，概由官发。既筹旗计，兼事开垦，又顾边防，一举而得三。[③]

[①] 《东三省总督赵尔巽为督练处不能拨给宗室觉罗筹设陆军学堂置办军装教员所需款项事给旗务处札文》（宣统三年十二月二十七日），《东北边疆档案选辑（清代 民国）》第 81 册，第 117—118 页。

[②] 《筹款招集旗户迁移长白府属拨地试垦折》（宣统二年五月十八日），《锡良遗稿·奏稿》第 2 册，第 1142 页。

[③] 金梁：《迁旗殖边》，《光宣小记》，第 219 页。

　　宣统二年五月十八日,东三省总督锡良奏请以清厘旗地收存照费3万两,作为招集无业旗民100户迁移实边经费,获批先行试办。奉省各地旗人得到消息后报名较为踊跃,十日间已达3000余户,甚有靠借贷筹措路费、因徒步赶赴奉天城而错过报名期限者数人,足见旗民困苦已达极点。由于身处日本租借地水深火热,金州旗户恳请总督格外加恩优先安置租借地众员,俾得自食其力而"重游于化日光天之下"。①奉省推行迁旗除筹办八旗生计的目的外,还有巩固边塞、抵御外侮、维护主权的至深用意。然计划虽好,正如署金州镶蓝旗防御、毕业农员双来指出,前往安图的道路艰难阻塞,实不利于旗人大批迁移,或应先行疏通自海龙以东地区交通要道,则各户皆能从速安然上路,将来更可期农、工、商各行从业者畅通往来,以达区域繁盛、主权稳固之效。②而实际筹备迁旗事务中的困难还不止于此,首先,因安图距奉天城过于遥远,办事委员往返领取经费耗时既久,而购备粮食价贵且运输不易,预算经费恐不敷用。其次,奉省原拟分起送往招迁百户人,后改为当年冬季一并迁移。然安图一带气候寒冷,彼时已至九月下旬,难以再挖水道建盖新房,而前已建成旗房150间,若以3间住2户计,虽能敷用,但"严疆苦塞万般告困",若穷丁远道携眷而来,见饮食、器具皆仓促筹备,或难免备感失望而生返程之心。③

　　九月十六日奉天旗务处所派调查员、安东警务长徐鼎才到县考察迁旗筹备情形,该委员首先验看150间旗房,"均系五檩草房,高八尺,南北净一丈六尺,东西净一丈,木料工作颇称合度"。④因房屋质量较好,其认为只需稍做变通,另添门灶、间壁、土炕、锅台等项,即可实现每3间房住2户、将100户同时迁往的目标,改修工程约半个月便能完成。至于道路窒碍难行的问题,经委员确查,自奉天城通往安图的官道行至

① 《署金州厢蓝旗防御双来为旗户异常困苦请先拨地试垦事给东三省总督禀文》(宣统二年六月二十四日),《东北边疆档案选辑(清代 民国)》第78册,第147页。

② 《署金州厢蓝旗防御双来为将旗户迁往安图拨地试垦以筹生计事给东三省总督禀文》(宣统二年七月初五日),《东北边疆档案选辑(清代 民国)》第78册,第150页。

③ 《试办安图县知县为请发给迁移旗丁购物银两事给东三省总督锡良呈文》(宣统二年九月二十日),《东北边疆档案选辑(清代 民国)》第78册,第243页。

④ 《试办安图县知县为报筹建迁移旗户房屋及各项费用等事给东三省总督禀文(附清折)》(宣统二年九月二十日),《东北边疆档案选辑(清代 民国)》第78册,第246页。

吉林盘石县茶尖岭一带，多有"胡匪"出没抢劫车马；而驮道于深秋叶落水涸之时，则荆棘乱石错杂且无渡河桥梁。惟迁户起程时已届隆冬，虽可在结冰后的江道上通行，但其家口甚众，所用爬犁若不预先筹备，恐难足数。安图县知县刘建封由是致函海龙府，拟以该地作为迁户集合报到之所，请预备歇宿客栈并派员招待，与此同时安图办事员亦将备齐爬犁及沿途需用各物送往，将众迁户统一接回。徐调查员与刘知县制定了详细的旗户移送并安置计划，将每16—17户编为一班，首班定于十二月初十日由海龙起程，此后各班分定日期陆续起行，计次年一月均可到达安图。

由于当时须2户住3间房，为免争端，安图县已将房屋编为五十号，待各户抽签后号码相同者即合住一所。在土地划拨方面，拟每户壮丁一二人者统给地200亩，三人以上者则按超出人数每名加给地100亩。又因地亩远近、肥瘠各不相同，为示公平，地段分拨亦有严格制度：

> 拟于各户到齐后，先按段丈给总数，再令该段各户帮同划分小区，每小区百亩。如该段房屋十二间，住户八家，应领地一千六百亩者，则先丈给千六百亩一总区，再令帮分十六小区，每小区假定号次，令各户各拈二号，拈得何号即耕何区，以昭公允。[1]

考虑到旗户远离故土，为使邻里间守望相助、益加亲睦，旗务处拟将其分段编列互助团体，共举家长10名，家长以上再举头道沟、四道白河段长各1名，务使耕畜及大型农具合理分配使用，众人齐心共谋公益。为免旗户家眷老幼初至寒地不服水土，县署特设医官并备具医疗器具，还可为行动不便者登门看诊。新迁旗人在得到生活保障的同时，其生产活动亦受到严格管理。县署每两个月会派员核查土地开垦情况，若长期怠荒以致歉收，将酌予收回房地耕具。如有私行典卖官发物品甚至将房屋出租各情形，皆以监守自盗论处；如耕具损坏而不及时呈报，亦须照价赔偿。连续五年考查合格且地熟各户，将给予房地执照，此后免除耕

---

① 《试办安图县知县为报筹建迁移旗户房屋及各项费用等事给东三省总督禀文（附清折）》（宣统二年九月二十日），《东北边疆档案选辑（清代 民国）》第78册，第258页。

具核查。此外，奉省并没有因所迁之地边远苦寒，就放松对旗人的教养。各户壮丁皆须编为预备巡警，凡农闲之期即分三班，每班五日，学习巡警职责并训练专业技能。此后每年一月至二月、十月至十二月，各班须分别进行操练，如有经监督考核操法娴熟者，另给花红以示鼓励。对于旗户子弟，安图县特设初等小学一所，强制推行"义务教育"，凡年在7岁以上、15岁以下者尽须入学。

为迎接百户旗民家庭，满足其生产生活、医疗、教育等多方面需要，迁旗移垦计划已尽可能周密妥善。然而经过复查，奉天旗务处发现与报名初期的火热相比，最终确定能够举家迁移者实在寥寥，甚至不需安图县知县等人为百户同迁紧急筹谋，实际只能迁往50户。究其根源，乃此番迁旗要求以户为单位阖家前往，而赴安之途几多险阻，考虑到家眷多老弱妇孺，或难堪旅途艰辛，较大一部分报名旗人只得放弃机会。至十一月初二日，奉天旗务处决定所迁50户仍按计划以3间2户居住，此外另招旗丁一百名随同前往，分住剩余房屋，每丁作为佃户拨田100亩。

拟招旗丁佃垦办法

一、垦额。先试垦一万亩，即以前拟留给旗户之地拨垦。

一、佃数。先招旗丁百人，每人佃额百亩。

一、资格。须确有旗档并年在四十五岁以下、二十岁以上，身体强壮、务农种地者。

一、招选。先在海龙附近招集、派员挑选，有合格选录者，令觅妥实铺保并具切结，发给执照，限于来年二月以前，自备资斧径赴安图，缴照领地开垦。

一、佃约。

（甲）佃户具结保后，务须遵期持照到安，如届期不到，即除名另招，并罚保人洋十元。

（乙）佃户到地应用住屋、牛具及一年籽粮，均由官中垫给。除房屋及公用之大犁不计外，余物均计价，于三年后随租带缴，分三年缴齐。如三年内能挈眷成家者，免缴。

（丙）承佃之地第一年须开三成以上，第二年须开六成以上，三年须开齐，否则撤佃另招，追还牛具、籽粮。

（丁）承佃之地第四年缴半租，第五年缴全租。租额照安图民间习惯，酌减十分之二。

（戊）如有潜逃及将牛具、籽粮偷卖者，查获治罪。

（己）垦熟之地，本佃户如欲购买者，照定价减半。

一、垫费。房屋、牛具、籽粮拟垫给如左。（另附招旗丁百名佃垦经费表）

……　……

一、管理。招丁由旗务处派员管理，到安后由安图县验照发给牛具、籽粮，指给房地，仍随时由官督察。①

为免旗丁多畏旅途劳困，奉天旗务处拟先于海龙附近挑派人选，但该丁等并不能享受与整户迁移者同样的待遇，既需自备川资前往安图，所用耕具、籽粮等项亦属有偿；且因系佃户身份，开地成数及缴租金额皆有严格规定，惟至地亩垦熟后，方有权出价购买。类此单丁前往安图，短期内确难达到奉省所期实边之效，故而在该项招垦办法中，着意为三年内家眷随迁或在境安家者免除用具收费，实际上是鼓励更多旗人家庭选择于彼处落地生根，广开田地，渐至人口繁盛，则国土主权永固。

单独招集旗丁的办法打消了部分旗人担心家眷随往受苦的顾虑，又因家口众多生活难以为继，他们为谋生计复纷纷报名前往。镶黄旗汉军旗人陈德卿即愿偕同家族中兄弟、子侄等全部男丁计10户46名赴安图垦种，或恐人员甚众难行尽被佐领挑派，遂直接呈请东三省总督格外施恩，表示愿自筹路费，待到境稍事安顿后，亦会将家眷一并接往团聚。②虽然奉省对旗户迁移多乐见其成，但亦有例外情况。如前所述，金州旗民身处日本租借地，饱受欺压，又因赶赴省城路途遥远错过前期移垦报名时间，是以曾恳禀东三省总督优先考虑安排该处众人前往安图，并请同乡官代与日署协商发给门牌号码，以便按户统计造具拟迁者清册。彼

---

① 《奉天旗务处为变通旗户迁移办法由海龙附近招迁一半事给东三省总督锡良呈文（附办法）》（宣统二年十一月初二日），《东北边疆档案选辑（清代 民国）》第78册，第373—375页。

② 《镶黄旗汉军领催兵等为恳请自费迁往安图垦荒事给东三省总督禀文（附申请迁移名单）》（宣统二年十一月初四日），《东北边疆档案选辑（清代 民国）》第78册，第380页。

时锡良已派员赴海龙另招旗丁，便同意旗民户首将名单报送该委员，但或许是"望归祖国"情切，户首等一时将有迁移愿望的3000余户尽数登记在册，同时发放了印有"拟拨发给地照，着该户主即修屋、开田，限一年后一体挈眷同往实边，倘有届期而不挈眷者，即除去其名，追还地照，决不宽贷"① 字样的串根表式，并拟定先赴奉天城再转至安图的行程，仿若迁旗一事已势在必行，而拟迁各户甚至开始变卖家产，只待起程。

若以锡良奏请试办迁旗移垦时所定100户之数而论，金州登记造册的3000余户实远超限额。尽管该户首等表示唯求给荒而"不敢请给经费"，且旗民愿按户纳银1元2角作为户首率众赴安需用经费，但就安图当时的安置条件来看，根本无法承载人数如此庞大的"移民团"。何况在未奉到总督确准迁移的批示时，户首即自行宣称将予拨地，印单内容又与安图统一分配住房、待五年之期视各户垦种成效酌定发放地照的制度全然不符，锡良批以"金州旗户甚多，讵有一律准迁之理"，直饬所请应毋庸议。而户首等认为比照金州十数万家旗民的整体规模而言，3000余户愿迁者实不算多，若准许一体迁移，则于实边之事"定能速收成效"。锡良再接呈文后，先指金州旗员若确有自费迁垦之心，本应依制向海龙委员报送清册，而不致再次错失机会；其自行刷印各件更属"胆大妄为"，实在"可恶"，不予允准。② 诚然，金州旗民户首的做法确有颇多侵越权限之处，但从另一个角度看，或也反映出其身处殖民统治下，不仅不能享有和奉省各地旗人同等待遇，甚至连作为普通平民的生命财产安全亦无法得到有效保障，故而将迁旗移垦作为摆脱困境的"救命稻草"的情况。此外值得注意的是，尽管安图未便安置数千金州旗户，但此前奉天旗务处复查报名者、只得确愿迁往50户时，若于金州一地再行挑选50户自非难事。之所以没有采用此法，或许旗务处还是顾虑到该区域的租界属性，若贸然于彼处推行奉省的迁旗移垦政策，并将旗民大举迁出，恐不免与日本产生纠纷致启交涉。是以虽不便明言奉省筹办八旗生计之策的适用性受到租借地限制，但面对金州旗户的连番迁移之请，

---

① 《金州报荒户首旗人郭恩绪等为迁往安图垦荒请验执照事给东三省总督禀文》（宣统二年十二月初三日），《东北边疆档案选辑（清代 民国）》第78册，第456页。

② 《金州报荒户首旗人郭恩绪等为迁往安图垦荒请验执照事给东三省总督禀文》（宣统二年十二月初三日），《东北边疆档案选辑（清代 民国）》第78册，第460—461页。

东三省总督与奉天旗务处始终保持较为谨慎的态度。

宣统三年正月，赴安图拨地开垦旗户、旗丁已招选足额，计有540余名，于十二日至十八日间自海龙分批前往安图，[①] 虽天寒地冻，但冰坚而道路尚为平坦，二十三日至次月初二日各批陆续平安到达。为开春耕安图县本应为迁户分配耕牛，但因山道险阻且沿途难于购买草料，只得改为先发较易运输的骒马100匹。即便如此变通，由于当年开春气温骤升、江面开冰过早，冰道险薄常有骒马落水，而仅凭承运脚夫之力难行打捞。待骒马到境已损失二三十匹，脚夫亦多急病，更有半途中携畜逃遁者。故此安图县知县呈请暂缓运输所购米石，待江面大开可通航运后，再由船只运至附近码头换以马队驮送，以免"粮石之沉浸，人畜之陷没"。[②] 此外，在分拨地亩过程中，迁户既知家中每多一年满十六岁壮丁便可多分100亩土地，往往带同十岁上下幼童冒充成丁；而地多山荒水淀不堪耕种之处，较初期粗勘亩数亦有减少，恐不敷拨放，最后只得改为三丁及以上各户，在额定应得200亩地外，仅一次性统行增给总计100亩之数，取消计口皆得分拨的政策。

奉省原为迁移旗户勾画了生计充裕、老有所养、幼有所教的美好蓝图，然而众员到达安图后，不仅只得领六个月口粮，土地拨放亦延至五月芒种后才行完竣，以致贻误春耕农时。在来年秋收以前，尽管尚可采摘野菜充饥，但安图冬日既久，万物不生，各户或有断粮之虞。是以九月初十日，旗户代表卢国有等呈请总督拨发前欠口粮，并开列知县人等违背迁旗定章、苛损移民粮费各项情弊：

> 不惟所购牲畜多有病废，不能使用；即所放之荒，亦半为山林陷甸，泠蒼难堪。且平坦之荒，多留未放，意欲私卖。并于所发口粮，均改小斗发放，约计少放四百余石。再有前给各户房、粮、牛、具等项，照以原发银两，除实用之外，尚有剩存一万三千一百余元，

① 《奉天旗务处为报送迁往安图垦荒旗户人丁数目表事给东三省总督呈文（附旗丁一览表）》（宣统三年二月初七日），《东北边疆档案选辑（清代 民国）》第79册，第354、359页。

② 《试办安图县设治委员知县刘建封为报迁移旗户旗丁路途艰辛及安置情形事给东三省总督呈文》（宣统三年三月二十五日），《东北边疆档案选辑（清代 民国）》第79册，第415页。

以上宗宗乃系上宪定章业已发出之款，今蒙县尊违章，以致揞隐未发，借以开设旅店、砖窑、杂货生理，并供给木厂，获利倍蓰。①

卢氏等以购备各物实际价格计算，需用洋 34760 余元，而安图县知县奏报开销数目为 47900 余元，其多支款项既未用于发给旗户足额口粮，所拨骡马亦多为残老病废之劣品。旗户迁往该地本为开垦实边，但领得地亩中不仅鲜有平坦沃土，且临近住所各处地段皆被知县留存不拨，"其中有距住屋远至一二十里者，或有一户分拨数段间隔数里者，往返奔驰耕种，殊多不便"。

若旗户等所呈为实，则安图县知县截留口粮经费开办私家营生，又按不发放膏沃土地及售卖肥壮牲畜获利各情形，确属不法。然而问题的根源，还在于奉省推行迁旗移垦过于仓促，而对安图的自然环境特点缺乏充分研判。一则安图地处偏远，物资匮乏，凡日常生活所需籽粮、器具等物皆需由外地购入，在荒地耕熟能够完全自给自足之前的很长一段时间内，若别无他项产业收入而又主要依赖购买远地物资日用，生活成本或较旗户原居各地更高。是以奉天旗务处前期所拨款项常不敷用，每请追加经费，远途往返，难免耽延诸项事务筹备。而该知县利用口粮款项经营旅店、砖窑、杂货生意，如不为牟取私利而能将收益再行投入补助旗户生活，倒不失为保障迁旗举措稳步推进的有效之法。再则安图气候、地理条件较为恶劣，即便物资购备顺利，其天寒地险常致脚夫心生怯意，由是往往难以措足运力及时运送物资到境。尽管年初东三省总督锡良已饬县令竭力于运输途中保全耕畜、降低损耗，然所购骡马、耕牛分为数批运送，每起途中无不有死伤者。舟车辗转行程既致运费昂贵，较高的损耗率亦使开支骤增。按照奉天旗务处的计划，旗户到境当年即可投入开垦春耕，则秋季有所收获后第二年起便能逐渐自给自足。然而正是由于安图特殊的寒地气候，农时较奉天城周边地区更为短暂，一旦错过播种之期又未备有别类生长期较短的作物种籽，基本等同当年乃至次年秋收前生计全无着落。购物运输的不便虽给安置旗户增加了困难，

---

① 《安图县迁移旗户卢国有等为控安图县知县违章舞弊贪污迁移费用呈状（附领过费用与实用数目比较表）》（宣统三年九月初十日），《东北边疆档案选辑（清代 民国）》第 80 册，第 444—445 页。

但在耕畜、粮石措足甚至可耕地实际面积勘丈明晰前，即速行将旗人迁往，势必导致其到境后所见实情与心中期待产生巨大落差，既不利于八旗户丁实心于彼处扎根安家，从长远来看对奉省续行扩招迁户亦颇多窒碍，恐难达实边之效。

为使更多旗人生计有着，除安图县之外，奉天旗务处还在调查其他可以迁垦的地点，并查得彰武县牧场有荒地 90 余万亩，呈请东三省总督先拨 60 万亩，设立八旗垦务公司承办迁旗垦荒事宜，以裁出旗饷拨作开办经费。招垦所需房、粮、农具、耕畜等皆由官方统一购备，款由旗户分年摊还，"预算每迁一户约需 300 金，计每年拨饷 20 余万，第一年可迁千户之数，以后逐年收还摊款，迁户亦增"。① 按照奉省的迁旗计划，不仅本省旗人生计皆能得到保障，其各省驻防旗人如有愿者亦可来此安置。但或许因安图迁垦并未达到预期效果，彰武垦荒最终亦未能大规模展开。民元以后，长白府仿照安置山东省灾民之例，一体筹给安图县属旗民大户银 20 两、小户银 15 两，惟自此以后或垦荒或佣贩皆听其自便，不再由政府包办生计。

（四）创办新式学堂

在挑练部分旗兵、助其向近代化陆军转型的同时，奉省为提高旗人素质、辟其谋生之路，亦着手对旧有教育体系进行变革，渐次开办各类新式八旗学堂。光绪二十八年正月十二日，上谕将宗室觉罗八旗等官学改设小学堂、中学堂，均归入大学堂办理，以期扫除积弊、造就通才。② 光绪三十一年奉省设立学务处统筹教育改革事宜，各级学堂次第开办。因陪都旧有宗室觉罗官学在庚子事变中遭到破坏，盛京将军赵尔巽奏请合并改办维城学堂，初拟招学生 180 名，后增至 200 名。徐世昌任东三省总督后至该学堂考察，见天潢贵胄中多有入学未久而文采斐然、磊落多才者，③ 而高等小学毕业生不仅成绩优异，兵式体操"尤为省城各学之冠"，一时间大量宗觉子弟纷纷求入学堂。彼时在堂学生已达 240 人，因恐校舍不敷使用，徐世昌饬提学司扩建房屋，又得宗室觉罗人等捐款

---

① 《奉天旗务处总办金梁为议复八旗生计切实办法事给东三省总督呈文》（宣统三年正月），《东北边疆档案选辑（清代 民国）》第 79 册，第 304 页。
② 《光绪宣统两朝上谕档》第 28 册，第 12 页。
③ 徐世昌：《附奏陈筹办奉省学务情形折》，《东三省政略·十》，第 5639 页。

5000余两，筑起可容纳500余人之教室、宿舍。徐世昌认为陪都本王朝宗亲重地，学堂既已具规模，或应扩充学额，招满500人之数，并表示将严行督饬学生力求进步，以为皇室培育更多贤能之才：

> 东邦为我龙兴之地，陪京旧壤王化肇基，帝室周亲英才荟聚，思培本根重计，教育难行缓图。今得宗室觉罗等一再捐资，俾得增拓规模，宏施造就，异日人材蔚起，辅弼皇家，磐石苞桑即基于此。①

奉天城内原八旗满、蒙、汉军及盛京内务府分设小学堂五处，徐世昌亦将其统合为一处，称八旗小学堂，经考试将学生定为高等、初等两级，分高等四班、初等五班，共计学生360名。② 八旗官学旧制设有满蒙文科目，近时研习者日少，每遇办理满蒙各旗事务时往往缺乏得力的语言人才。为"保国粹而裨时政"，宣统元年十二月，东三省总督锡良据奉天旗务处总办金梁所呈，奏请于陪都设立八旗满蒙文中学堂，拟招考八旗子弟200名，"务使八旗教育逐渐振兴，满蒙人才足备时用，以为百年树人之策，而广八旗出路之谋"。③

在创办文化类学堂的同时，奉省亦开始注重发展旗人专科教育，以期为工、农业等领域培养专业化人才。光绪三十四年十一月，东三省总督徐世昌奏请设立农官，管理奉省农事试验场事务，以利旗地农事推广，拟从宗室觉罗、八旗满蒙汉子弟及在籍绅士中，挑选学堂肄业生任职，"一以为旗员广任用之途，一以为旗丁授生计之学"。④ 考虑到"农事为专门之业，非有学识经验，必不足以备应用而获实益"，宣统元年二月奉省开办八旗农业讲习所，学制一年，设学额100名，"专授农业，兼习法政，以备改补农官之选"。又因奉省地处满蒙相接之境，为培养熟悉地情并能自如运用满蒙文以办理蒙荒事务的人才，另附设满蒙文讲习所，学

---

① 《奏为扩充维城学堂折》，《奉天旗务处为送奉天旗制变通案及八旗女工传习所等报告书事给奉天调查局函》，《东北边疆档案选辑（清代 民国）》第79册，第57—58页。
② 徐世昌：《记统一小学》，《东三省政略·九》，第5385页。
③ 《创设八旗满蒙文中学堂请立案折》（宣统元年十二月初四日），《锡良遗稿·奏稿》第2册，第1045页。
④ 《清实录》第60册，光绪三十四年十一月甲午条，第37页。

制同为一年，学额 60 名，"以满蒙文为专科，仍注重农业、垦牧等学，以求实济"。① 两处讲习所需用常年经费八千余两，由各城旗仓征收盈余项下按年酌提三成开支。农业讲习所除开设农学纲要、农学经济、农业化学、农产制造学及土壤、水利、园艺、畜牧等农事相关课程外，还要求学生继续修习算学、理化、博物、法政、日文等科目。满蒙文讲习所则在语言训练的同时，针对奉省与蒙境交界区域民族聚居特点，更加注重对旗务、蒙务相关知识的讲授。

表 1-3 八旗满蒙文讲习所科目

开设科目	授课内容
满文	满文、翻译
蒙文	蒙文、翻译
旗务	八旗制度、东三省制度、满洲源流考略
蒙务	蒙古史、蒙古地理、蒙旗制度
法政	法政通论、行政法、宪法、地方制度、财政学、理财政策、殖民政策、国际法
垦牧	农政要略、牧政要略、林政要略
掌故	本朝史、本朝法制大纲、现行政治
例案	关于旗蒙地方之例案（如中俄、中日交涉条约等类）、关于旗务之例案、关于蒙务之例案

资料来源：徐世昌《东三省政略·九》，第 5401 页。

作为拓展旗员就业渠道的重要方式，农业讲习所将学额统一分配给各城旗营，由该管旗官挑选学员送考。

表 1-4 各旗分送农业讲习所学员额数

单位：名

来源	学额	来源	学额	来源	学额	来源	学额
内城八旗	35	兴京	3	牛庄	1	盖州	2
三陵	4	凤凰	3	铁岭	1	熊岳	2
宗室觉罗族长	4	开原（附法库）	3	海龙	2	广宁（附所属四路一边门）	6

---

① 《奏设八旗农业讲习所片》，《奉天旗务处为送奉天旗制变通案及八旗女工传习所等报告书事给奉天调查局函》，《东北边疆档案选辑（清代 民国）》第 79 册，第 50—51 页。

来源	学额	来源	学额	来源	学额	来源	学额
宗室营	2	辽阳	4	金州	4	锦州（附所属四路五边门）	7
内务府	4	岫岩	3	复州	3	义州（附所属三边门）	7

资料来源：徐世昌《东三省政略·九》，第5395—5396页。

宣统三年闰六月，奉天旗务处拟开办学制三年的八旗中等工业学堂，为已毕业于高等小学的旗人讲授工业必备知识，修、膳各费皆由官出，"使将来能自行从事于各种工业，勿谨恃旗饷为生活"。[①] 初步计划招考学生120名，计电气科、图稿绘画科各40名，标本科、模型科各20名。学生皆须修习修身、国文、算术、英文、图画、理化、体操等普通科目，同时接受各专科实习科目训练。

表1-5　奉天八旗中等工业学堂第一学期专科科目

专业名称	学习科目
电气科	电气及磁气、电气工学、工场用具及制作法
图稿绘画科（附设博物实习科）	配景法、解剖大意、建筑沿革大意、各种工艺品图样
标本科	生理、解剖、各动植物之构造及其性质
模型科	黏土、石膏、纸塑、铁线、人体解破〔剖〕

资料来源：《奉天旗务处为报八旗工业学堂附设标本、模型两科及其一览表事给东三省总督赵尔巽呈文》（宣统三年七月十五日），《东北边疆档案选辑（清代 民国）》第80册，第336—337页。

学部审订奉省进呈工业学堂章程时，指出该堂既以扩充旗人生计为宗旨，则标本、模型二科似用途较隘，无设立必要，应从初等工业学堂中选择"切于日用"的科目接续开设。[②] 由于旗务处已拨下经费为标本

---

① 《奉天旗务处为报八旗工业学堂附设标本、模型两科及其一览表事给东三省总督赵尔巽呈文》（宣统三年七月十五日），《东北边疆档案选辑（清代 民国）》第80册，第336页。

② 《奉天提学使司为八旗中等工业学堂不予开办标本、模型两科事给东三省总督赵尔巽呈文（附批）》（宣统三年七月二十七日），《东北边疆档案选辑（清代 民国）》第80册，第371页。

科购置教学用标本，为免徒耗资金，经该处研究，认为动、植物标本可作为博物学辅助参考，另有岩石、矿物标本数件，或可移作矿业科之用，"自不致全行废弃，且矿业为工业之一，又系东三省当务之急"，① 最终决定将原设标本、模型二科改为矿业科。

（五）兴办实业

东北改行省制后，时任总督徐世昌认为作为八旗根本之地，奉省旗人众多而皆蒙豢养，素乏恒业，为筹办生计除广行教育外，还应大力兴办实业，帮助旗人通过职业技能培训掌握谋生的手段，摆脱对世发俸饷的依赖。宣统元年闰二月二十八日，徐世昌奏请于奉天省城东边门内草场官地设立八旗工艺厂，开木工、铁工、陶工、藤工、漆工、染工、织工、缝工、毛工、纸工十科，附设开展通识教育的讲堂一所，拟招募旗籍艺徒 500 名。工厂开办、厂房建造及购备材料成本等费，皆由接管将军旧署历年积存办公各款项下提拨；此后常年经费则以马干、制钱生息，木植变价生息及充公地租等款充作开支。如工艺厂办有成效，即行扩大规模，并将此模式在各地推广，"务使八旗子弟人人皆能各执一业，以为谋生自立之基"。② 此外，由于锦州、义州及所属宁远州等四路九边门向为八旗驻防重地，筹办旗员兵丁生计任务艰巨，此前一年旗务司总办金梁赴锦州考察时，认为该处具有地脉丰腴、物产富饶、交通便利等兴办实业的优势，宜筹设工厂，是以当时徐世昌一并奏请开办锦州八旗工艺分厂，取旗丁一百名入厂学习，先开毡、毯、皮、革等便于本地取材各科，与奉天八旗工艺厂联合办理。③

锦州八旗工艺分厂设立于城西门外，由民房 80 余间改建而成，购备机具、聘用各科工师皆在天津进行。因为彼时锦州所产皮料数量较小，如开皮科尚需自外埠购入材料，成本较高，故皮科暂缓设立，在毡、毯、织三科外另增染、缝二科，计招工徒 100 名，附设讲堂教授修身、国文、

---

① 《奉天提学使司为送八旗中等工业学堂招生简章并请选送考生事给新民府劝学所札文》（宣统三年八月十一日），《东北边疆档案选辑（清代 民国）》第 80 册，第 418—419 页。

② 《奏设八旗工艺厂折》，《奉天旗务处为送奉天旗制变通案及八旗女工传习所等报告书事给奉天调查局函》，《东北边疆档案选辑（清代 民国）》第 79 册，第 41—42 页。

③ 《奏设锦州八旗工艺分厂片》，《奉天旗务处为送奉天旗制变通案及八旗女工传习所等报告书事给奉天调查局函》，《东北边疆档案选辑（清代 民国）》第 79 册，第 44 页。

算数、体操等课程，从而在培训技能的同时达到推广教育、提升旗人知识水平的目的。工厂成立初期虽有百余人报名，但经考察后仅从中择取身强体健并粗通文字者 80 名，将其中最为年富力强的 15 名拨入毡科，其余年轻力逊者分织科 50 名、毯科 15 名。日后又陆续增补徒工 20 名，进入染、缝二科。徒工在厂满一年后须进行各科指定样式物品制造及讲堂文化课程的考试，成绩 80 分以上为最优等，60—79 分为优等，40—59 分为中等，未满 40 分者可复习一年再考。首届毕业生中计最优 25 名，优等 23 名，中等 12 名，毕业后续行在厂义务工作一年，按所制成品数量酌提花红作为津贴。① 期满仍可留厂，或聘为他厂工师，或与人合股办厂。

宣统二年十二月二十一日，锡良奏陈奉省八旗工艺厂开办成效显著，请拨款增开造纸等工业类科，并在辽阳、牛庄添设分厂二处，常年用款从清厘旗地照费、旗租学费及鱼泡地租等项下开支，"庶内外城旗通力合作，教育、实业并进兼营，而八旗谋生自立之基系于此矣"。② 然而此后仅三个月的时间，锦州工艺分厂即因产品滞销、月盈利不过 60 两而停工。为帮助该厂恢复生产，宣统三年三月十四日奉天八旗工艺厂副理事长前往锦州进行调查，指出该厂未设监工，而工徒多行事散漫，应参照总厂规制添设监工一人严行稽查各员；并将织、染二科工师连同毯科工师一并裁撤，所余经费可补监工薪资，日常生产工作则由厂内毕业工徒承担。由于此前出产成品多通过城内商户代售，不免受其抑勒压价，现拟于城中择定官房专作售品所，则定价销售之权皆收归厂有，或可期销路畅达。在该厂现有各科中，缝、布两科业绩较好，可扩招官费、自费工徒各 20 人，自费者仿总厂先例由各旗佐保送并责成按期缴费。此外，为改变锦州现有木器制造工艺较为落后的状况，应增设漆、木二科，招自费工徒 60 名，产品可通过六十里外已开埠的葫芦岛运输销售。另据锦州多出水产的优势，亦可设罐诘科，招自费工徒 20 名，甚至有望将海产

<hr />

① 《奏设锦州八旗工艺分厂第一次报告》，《奉天旗务处为送奉天旗制变通案及八旗女工传习所等报告书事给奉天调查局函》，《东北边疆档案选辑（清代 民国）》第 79 册，第 118—119 页。
② 《奉省八旗工艺厂办有成效拨款扩充折》（宣统二年十二月二十一日），《锡良遗稿·奏稿》第 2 册，第 1272 页。

罐头出口海外。① 通过设立监工、售品所，裁撤工师，留用义务工徒等办法，工厂常年开支经费得到进一步减省，而利用葫芦岛开埠的交通优势，添设各科的木器、罐头等又找到了新的销售渠道。

锦州分厂虽勉强撑过难关，但原定新设的牛庄、辽阳两处分厂却迟迟没有开办。宣统三年六月，牛庄八旗士绅、领催、兵丁、闲散人等因听闻原定设立于该处的工艺分厂在通商大埠营口另选新址，故推举生员熙英等为代表向总督赵尔巽陈情，请仍将工艺厂设于牛庄以为旗员兵丁宽筹生计。熙英在呈文中开列牛庄的四项优势，其一为交通之便，该城距辽河及海城车站路程不远，水、陆畅通易于商品发售；其二为招工之便，八旗子弟闻知此地将设工艺厂，无不愿投考，则徒工招收可保足额无虞；其三为外销之便，工艺厂既为筹旗丁生计专设，如货美价廉势将吸引外商争购，或可于营口租房开办专卖；其四为建厂之便，牛庄旗地广阔足敷厂址选用，不需另筹巨额地价。② 与此同时，熙英还指出营口设厂的诸多弊端，首要即为牛庄旗户大失所望、众志涣散；且营口划归直隶厅管辖，与前督锡良所奏于牛庄、海龙地区办厂不符，而该地并无旗丁聚居，则所谓"八旗"工艺厂将徒有其名。继而表示即便从牛庄选派八旗徒工，因子弟普遍年少且家庭贫寒，往往难行负担往来两地川资，其家长也难免担心幼子沾染埠口娼赌之风。此外，营口不仅地价高昂，与欧、美、日等外商争地建厂也需要耗费巨资，何况水质碱卤，亦不适于增设造纸科。

接到牛庄八旗代表呈文后，赵尔巽饬旗务处详为核议，实则让旗务处决定办厂地点的最重要原因，便是营口作为通商大埠，有易于购入原材料及销售成品的优势：

> 牛庄商家住户数目比较营口大相悬殊，工艺物品销售势必随之减落。又兼交通不便，来往运输诸多阻滞。改设营口，利益良多。③

---

① 《锦州协领绳昌为报调查八旗工厂停工及厂舍人数等情形事给东三省总督锡良申呈》（宣统三年三月二十五日），《东北边疆档案选辑（清代 民国）》第79册，第418—420页。

② 《牛庄八旗代表生员熙英等为请将八旗工艺分厂设于牛庄城内事给东三省将军呈文》（宣统三年六月十六日），《东北边疆档案选辑（清代 民国）》第80册，第147—149页。

③ 《奉天旗务处为八旗工艺分厂照原案设于营口不准设在牛庄事给东三省总督赵尔巽呈文》（宣统三年六月二十九日），《东北边疆档案选辑（清代 民国）》第80册，第193页。

彼时工艺厂已在营口开建，再行迁移恐靡费甚巨。旗务处认为牛庄与营口相距不过数十里，若旗丁等确有招考工徒之愿，可于厂内寄宿学习。赵尔巽最终准旗务处如所呈办理，但表示应先尽牛庄旗人子弟入厂，方符设立工艺厂筹办生计本意。

此间辽阳工艺分厂业已修建完工，因厂房选址占用城守尉署随缺征租院落房屋，该尉署原赖此租200余元作为办公津贴，为免徒生纠葛而致损失，辽阳城守尉希望在工厂初立时，即议定该处房屋后续收租办法，并提出"于辽阳旗署应提公款之内，酌量拨出一款，以为永租该房之价"，抑或"按年议租"。旗务处对旗营官兵清苦情形有所了解，深知各署常以空闲官房出租民间借资津贴，而房屋被工艺厂占用后或应给予一定补助以示体恤，"惟公用与民租不同，亦应量为核减"，① 由是定于该厂常年经费项下按年付给尉署租洋150元。

当年七月辽阳八旗工艺分厂正式开办，虽同样以广筹八旗生计、普及旗人教育为宗旨，但为适应市场需要，并未完全照搬奉天、锦州工艺厂开科设置，拟先设铁工、木工、漆工、缝工四科，附设讲堂教授国文、算学等课程。初期拟分甲、乙两级招工徒100名，甲级为16—20岁者，乙级为21—25岁者，入厂费用皆由官提供。如日后办有成效，则续招自费工徒。投考者须符合身家清白、体质强健、粗通文字等条件，应取具各该管佐领图片到厂报名或由城旗保送。首届招收铁科40名、木科30名、漆科10名、缝科20名，② 学制分为半年、一年两类，学习期满考试合格毕业后，须在厂义务工作半年。

由于安图迁旗移垦收效不及预期，旗务处总办呈请于该处设立八旗工艺分厂，并先期拨发5000两作为工厂建设经费。其后虽经该县委员报称已建成厂房，然而直到民国成立长白府知府赴安图调查时，才发现委员所指工艺厂仅为内含22间小屋、外挂分厂匾额的土草房一所，且建盖于领到建厂经费前，可知县署贪领款项而全然没有尽力办厂之意。长白

① 《奉天旗务处为请由辽阳八旗工艺分厂经费项下酌给占用尉府房基租洋事给东三省总督赵尔巽呈文》（宣统三年七月十二日），《东北边疆档案选辑（清代 民国）》第80册，第260页。

② 《奉天旗务处为报送辽阳八旗工艺分厂章程及其员司匠徒花名清册事给东三省总督赵尔巽呈文》（宣统三年七月十三日），《东北边疆档案选辑（清代 民国）》第80册，第289—299页。

府知府认为开设工艺厂须满足原料充足、销路畅旺、游民众多三要素，以安图之交通条件，凡购备原料"须至吉林省城或海龙之朝阳镇，往返皆千余里之遥"，[①] 产品销售运输成本之高可以想见。且如前所述，安图苦寒并不适于大规模迁旗移垦，彼时以迁户之数垦种土地尚且不敷，似未有闲员能够从事手工业。长白府知府由是呈请东三省都督赵尔巽饬安图县署于一个月内如数回缴前领建厂经费，暂不于该处偏僻边荒开办工艺厂。

因八旗家庭普遍户口繁庶，而妇女多无职业，难免生活负担沉重，经奉天旗务处总办金梁筹议，总督锡良于宣统元年十二月初四日奏请筹设八旗女工传习所一处，在工艺厂逐步发展的同时，着意培养女性手工业者。传习所拟定学额 100 名，学费尽由官出，专门招收年纪在 15 岁至 30 岁、身家清白、读书识字的八旗妇女学习手工技艺，设裁绒、编物、缝纫、刺绣四科，同时附设教授国文、算数、图画等普通学科的讲堂，以提高旗女的文化素质。实际上当年八月奉省已为试办传习所先期招考学生，报名者达数百人，可见旗人生计艰窘程度甚深，妇女皆愿走出家庭以谋职业，为改善生活条件做出努力。而作为奉省旗务主管者的旗务处总办金梁及总督锡良等人，亦能够破除对女性的偏见，不仅指定八旗白赏银近 2000 两作为传习所开办经费，此后每月亦提供常行开支用银约 300 两，表示若确实办有成效，将继续扩充该所规模，"以期女子教育之广兴，而为筹办生计之辅助"。[②] 而传习所自试办以后仅用半年时间，便取得了可喜的成绩，"新制裁绒一种，系该所工师发明创造之物，形色坚美，观者称传，业已带赴南洋劝业会陈列比赛"，[③] 由此带动了奉天地区一大批旗人妇女争相入学的热潮。出于节约经费的考虑，传习所创办伊始仅在省城北关元宝胡同借用官房 20 间，分设讲堂、工科，空间过于窄小，[④]

① 《署理长白府知府田谷为报安图县设八旗工艺分厂及迁移旗户费用事给东三省都督呈文》（1912 年 6 月 26 日），《东北边疆档案选辑（清代 民国）》第 81 册，第 276 页。

② 《创设八旗女工传习所请立案片》（宣统元年十二月初四日），《锡良遗稿·奏稿》第 2 册，第 1046 页。

③ 《拨款修建八旗女工传习所片》（宣统二年三月二十六日），《锡良遗稿·奏稿》第 2 册，第 1132 页。

④ 《奉天八旗女工传习所一年成绩报告书》，《奉天旗务处为送奉天旗制变通案及八旗女工传习所等报告书事给奉天调查局函》，《东北边疆档案选辑（清代 民国）》第 79 册，第 103 页。

锡良于宣统二年三月二十六日再奏查得南门大街已裁前盛京工部旧署地基，可作为将传习所扩建成女工工厂的新址，请从历年收存辽河抽分木植变价银两项下，拨发扩建及此后常年开支经费，作为提倡实业教育、筹办八旗生计的重要助力。①

新落成的女工传习所正式定名为奉天八旗女工厂，共有讲堂、工科房屋 30 余间，办事、接待等室 10 余间，另建临街房屋十余间作为成品陈列、发售场所。工厂在前设手工艺四科的基础上，增设织布、堆花二科，工师、教师、监课等员皆由女子充任。各科学制分半年、一年不等，学生可专习一科或兼习二科，每日学习、工作时限为六至八小时。如在科学习制有成品出售，产品余利可作为花红按成分给工师、学生，以示鼓励。② 宣统元年传习所初立时，实收学生工徒 80 名，计缝纫科 30 名，栽绒、编物两科各 20 名，刺绣科 10 名。次年再招 80 名，新增织布、堆花二科各录 20 名，刺绣科再收 10 名，余者尽入缝纫科。学满一年后首届学生中共有 52 名成绩合格准予毕业，但仍须留厂一年继续钻研技艺。因女工厂发展顺利，金梁计划续增雕刻、印字、造花、纺纱等科，并有意另设分厂，同时从速开办蚕桑实习场，"非特为八旗广女工之教育，且可为东省辟未有之利源"。③

各工艺厂、传习所开办之初，皆需奉省从财政岁入中筹拨经费，为购买机器设备、生产原料及聘请工师之用，且在工艺厂尚未盈利以前，还需由省承担官费工徒常年开支。即如锦州工艺厂产品销路不畅，改革旧制增开新科追加投入，亦少不了省财政的帮扶。为解决八旗驻地兴办实业资金不裕、难行周转的问题，实现"振兴农工实业、广筹八旗生计"目标，锡良查得旗务处接管前军署入官充公地五万余亩，查丈放领后即按略低于奉省平均地价的价格计算，仍可得银 20 余万两，是以于宣

---

① 《拨款修建八旗女工传习所片》（宣统二年三月二十六日），《锡良遗稿·奏稿》第 2 册，第 1132 页。

② 《奉天八旗女工传习所一年成绩报告书》，《奉天旗务处为送奉天旗制变通案及八旗女工传习所等报告书事给奉天调查局函》，《东北边疆档案选辑（清代 民国）》第 79 册，第 100—101 页。

③ 《奉天八旗女工传习所一年成绩报告书》，《奉天旗务处为送奉天旗制变通案及八旗女工传习所等报告书事给奉天调查局函》，《东北边疆档案选辑（清代 民国）》第 79 册，第 108—109 页。

统二年十二月二十一日，奏请以此款创设八旗兴业银行，"先行试办，如有成效，再议厚集股本，推广办理，实于八旗生计前途裨益非浅"。① 次年初再呈兴业银行章程，拟采用官商合股各占五成的运作模式，先集股本库平银足 100 万两，分为 10000 股，其中 5000 官股由奉天旗务处以丈放充公地价款项认购，剩余 5000 股则由官绅商民自行购买。如将来贸易兴盛，可经股东会议议决续行添招股本。② 然而至六月，因官、商股款皆未能如数募得，为免空耗职掌、徒靡公费，赵尔巽指令先行停办银行营业事宜，裁撤事务所，至官股需用地价款项仍由旗务处催收。③

　　清末奉省创设各类各级学堂，开设工艺厂、传习所，首要目标即在于帮助世代为兵、无所从事的旗人提高文化素质，掌握职业技能，使其能够自立于社会，而不再依赖世职俸饷养赡，最终达到为清廷减轻巨额财政负担的根本目的。在教育领域，奉省为八旗学堂配备了较为雄厚的师资力量，如工业学堂监督及管理员皆有学部任职经历，教员多为京师大学堂及高等专科学堂优级毕业生；且在八旗小学堂、中学堂次第建立的过程中，奉省已经逐步形成了较为完备的教育体系，旗人子弟在八旗学堂接受基础文化教育后，还有机会进入省级法政学堂、高等检验学堂、师范学堂等高级专科学堂继续深造，成为该省近代化事业发展的重要人才。在实业领域，各工艺厂及传习所的入厂费用几乎皆由官方提供，八旗子弟在满足自身温饱、接受技能培训的同时，亦可以为家庭减轻负担。而各厂多能结合地方资源优势设科，针对市场需要传授应用性较强的手工业技艺，使工徒毕业后除留厂外亦具备行业应聘、自主创业的能力。此一套体制成为奉省商贸产业繁荣的重要推动力。

　　然而尽管奉省为筹办八旗生计制定了相对全面且长远的计划，给予旗人较多福利，但由于筹设新式学堂起步较晚，其大多在宣统年间才初具规模，政局已没有给奉省留下多少续行推进革新举措的时间，不待收有普及教育、沐化旗人实效，清王朝已覆灭。各类工厂囿于资金储备、

---

① 《入官充公地丈放收价创设八旗兴业银行片》（宣统二年十二月二十一日），《锡良遗稿·奏稿》第 2 册，第 1273 页。

② 《东三省总督为报送八旗兴业银行章程请备案事给农工商部及度支部咨文（附章程）》（宣统三年二月初六日），《东北边疆档案选辑（清代 民国）》第 79 册，第 340—341 页。

③ 《奉天旗务处为附设筹办八旗兴业银行事务所事给东三省总督呈文》（宣统三年七月十三日），《东北边疆档案选辑（清代 民国）》第 80 册，第 310 页。

管理模式、工艺水平等限制，难与市场有效对接，稳定产品销售渠道，则工徒收益与毕业后的出路实难妥为保障。此外，清朝末年东三省主政者更迭较为频繁，徐世昌、锡良、赵尔巽三位总督在任时间皆不过两年，政策的连续性不免受到影响。如徐世昌曾奏设农官并开办农业讲习所以为人才储备，但锡良继任后复以用款支绌请暂缓设置农官，故而该讲习所毕业生多无出路，只能充任义务清地委员，生活较为困苦。① 因见屯垦局设立职员养成所招考后备人才，讲习所毕业旗员特于宣统三年七月向时任总督赵尔巽恳禀请为讲习所毕业旗员预留专额，由旗务处送学以期入屯垦局报效。然而由于此次招考名额有限而报名者人数甚众，为示公平，屯垦局咨复旗务处表示免考之请难以允准。

至宣统三年九月二十日，各省多有重满轻汉谣言流传，以致军中满汉对立情绪激化，清廷发布上谕着意申明"满汉皆朝廷赤子，一视同仁"，"朝廷一秉大公于满汉军民，毫无歧视"。② 旗务处认为奉天作为龙兴旧都，旗民畛域业经融通，"无论为汉为旗，本皆错杂而居，望衡对宇，婚姻互结，鸡犬相闻，早已畛域不分，猜嫌悉泯"，而该处所管各处学堂、工厂虽兼收满汉子弟，"但名称则均冠以八旗"。③ 时值推行立宪之际，为破除旧日满汉界限，以期所办新政"名实相副"，奉天旗务处请将各处"八旗"二字一律改为"官立"字样，由此可杜民众无端猜忌。十月初三日，奉天八旗满蒙文中学堂遵令改校名为"崇实公立中学堂"；两日后，奉天八旗工艺厂以"奉天官立工艺总厂"字样改刊新式钤记。此际学堂虽为符兼收满汉之名开始招收民人子弟，工艺厂亦逐渐取消八旗投考者享有的官费名额，但根本上仍具有为旗人广开生计的性质，是以在招收学生及工徒时仍对八旗子弟有所倾向。

然而此后不到三个月的时间，中华民国成立，汉、满、蒙、回、藏五族共和，同属国民，刚刚才在旗务处帮扶下摆脱对国家养赡的依赖、

---

① 《八旗农业讲习所学员福均等为恳留专额放屯垦局职员养成所肄业事给奉天旗务处禀文》（宣统三年七月二十八日），《东北边疆档案选辑（清代 民国）》第 80 册，第 374 页。

② 《光绪宣统两朝上谕档》第 37 册，第 296 页。

③ 《奉天旗务处为八旗工厂学堂一律改称官立事给东三省总督呈文》（宣统三年九月三十日），《东北边疆档案选辑（清代 民国）》第 81 册，第 2 页。

逐步走上自立道路的旗人，自此再无特权，瞬即被推入家国巨变下的纷繁社会中，需要自己面对缺少稳定收入来源的生活。彼时奉天工艺总厂转与军界协商改办军需，辽阳分厂由地方自治会接收改为贫民习艺工厂，营口分厂亦有与地方官绅议改商办的计划；① 奉天各级八旗学堂划归学务公所直属，辽阳等州学堂则由劝学所管理。② 除年纪尚轻、粗通文字的八旗子弟或有能力与民人子弟竞争入厂、入学资格外，大部分年纪渐长且基本文化素质较为缺乏的旗员兵丁，仍难以自谋生计，只得寄希望于《清室优待条件》承诺仍旧支放的俸饷，并向总督呈请丈放随缺伍田地亩，以求获取地价缓解生计之困。

第四节　民国优待下的清室残留特权

一　优待条款的增订完善

宣统三年十二月二十五日，清帝颁布退位诏书，表明共和乃民心所向，清廷即将统治权公诸全国，确立共和立宪国体，"近慰海内厌乱望治之心，远协古圣天下为公之义"，并由袁世凯全权组织临时共和政府；而清帝退位后，可"长受国民之优礼"。③ 同日再有旨宣示与南方议定的优待条件：

前以大局阽危，兆民困苦，特饬内阁与民军商酌优待皇室各条件，以期和平解决。兹据复奏，民军所开优待条件，于宗庙陵寝永远奉祀、先皇陵制如旧妥修各节，均已一律承担；皇帝但卸政权，不废尊号。并议定优待皇室八条、待遇皇族四条、待遇满蒙回藏七条。览奏尚为周至。特行宣示皇族暨满蒙回藏人等，此后务当化除畛域，共保治安，重睹世界之升平，胥享共和之幸福。

---

① 《署理劝业道为核定锦州八旗工艺厂改革办法事给东三省都督赵尔巽呈文》（1912 年 4 月 13 日），《东北边疆档案选辑（清代 民国）》第 81 册，第 171 页。
② 《奉天全省学务公所总理世荣为辽阳州请将八旗小学归劝学所管理事给东三省都督呈文》（1912 年 4 月 18 日），《东北边疆档案选辑（清代 民国）》第 81 册，第 179 页。
③ 《宣统三年十二月二十五日懿旨》，中国史学会主编《中国近代史资料丛刊·辛亥革命》第 8 册，上海人民出版社，1957，第 183 页。

予实有厚望焉。①

指出国体变更后，仍将予皇室、皇族及满蒙回藏各族民众以优待，并将详细条款公布：

清室优待条件

甲、关于大清皇帝辞位之后优待之条件

今因大清皇帝宣布赞成共和国体，中华民国于大清皇帝辞退之后优待条件如左：

第一款　大清皇帝辞位之后，尊号仍存不废，中华民国以待各外国君主之礼相待。

第二款　大清皇帝辞位之后，岁用四百万两，俟改铸新币后改为四百万元，此款由中华民国拨用。

第三款　大清皇帝辞位之后，暂居宫禁，日后移居颐和园，侍卫人等照常留用。

第四款　大清皇帝辞位之后，其宗庙陵寝永远奉祀，由中华民国酌设卫兵妥慎保护。

第五款　德宗崇陵未完工程如制妥修，其奉安典礼仍如旧制，所有实用经费均由中华民国支出。

第六款　以前宫内所用各项执事人员可照常留用，惟以后不得再招阉人。

第七款　大清皇帝辞位之后，其原有之私产由中华民国特别保护。

第八款　原有之禁卫军归中华民国陆军部编制，额数俸饷仍如其旧。

乙、关于清皇族待遇之条件

一、清王公世爵概仍其旧。

二、清皇族对于中华民国国家之公权及私权与国民同等。

---

① 《宣统三年十二月二十五日懿旨》，《中国近代史资料丛刊·辛亥革命》第 8 册，第 184—185 页。

三、清皇族私产一体保护。

四、清皇族免当兵之义务。

丙、关于满蒙回藏各族待遇之条件

今因满蒙回藏各民族赞同共和，中华民国所以待遇者如左：

一、与汉人平等。

二、保护其原有之财产。

三、王公世爵概仍其旧。

四、王公中有生计过艰者设法代筹生计。

五、先筹八旗生计，于未筹定之前，八旗兵弁俸饷仍旧支放。

六、从前营业居住等限制一律蠲除，各州县听其自由入籍。

七、满蒙回藏原有之宗教听其自由信仰。

以上条件列于正式公文，由两方代表照会各国驻北京公使转达各该政府。①

从《优待条件》最后的表述来看，或应将该文本界定为具有法律性质的南北双边政治契约。② 有学者认为，作为一份关系中华民国国家主权利益的协定，《优待条件》的粗略草率，可谓无以复加，既失对大原则的坚守，于细节处亦缺乏深思熟虑。首先，保留溥仪的皇帝尊号，意味着让一个业已被推翻的政权领袖，在民国国境内保有独立的身份及对等对立的地位。其次，"暂居"宫禁、"日后"移居的时限，以及颐和园财产权的归属，皆未明确限定。再次，民国政府将承担为数庞大的优待岁费，却没有明确付款年限，也未要求清室在开源节流方面负任何责任。最后，《优待条件》中对于保护私产仅有一句笼统性的文字概括，全然没有考虑到作为主权国家，应如何划分国家财产与被征服者私有财产的界限。③ 不过民国政府各部门在着手履行优待条件时，便很快意识到该文件在执行层面上的缺陷，是以 1912 年 5 月 18 日，财政部在编制各衙署经费预算时，便咨文清室总管内务府，指出政府供给优待岁费数额已

---

① 《清室优待条件》，《中国近代史资料丛刊·辛亥革命》第 8 册，第 185—186 页。

② 杨天宏：《"清室优待条件"的法律性质与违约责任——基于北京政变后摄政内阁逼宫改约的分析》，《近代史研究》2015 年第 1 期。

③ 详见周明之《近代中国的文化危机：清遗老的精神世界》，第 113 页。

在优待条件内载明，"所有关于前清皇室各衙署经费事宜，自应划归贵府管理，其划分事项及详细办法应行商酌妥协"。① 财政部要求内务府派员会议划分皇室经费办法，实际上是对《优待条件》中未限定岁费使用范围的漏洞及时做出补救，也即此 400 万两（元）之数，不仅用于逊帝溥仪的皇室家庭日常开销，也用于仍隶属"小朝廷"体制下、续行服务于逊清皇室相关机构的各项常行支出。故而从严格意义来说，民国政府提供优待岁费的对象不仅仅是辞位后的"大清皇帝"，而是以逊帝为代表的整个皇室事务运行体系。这也就意味着凡关系清室事宜，皆需在优待岁费定额内开支款项，民国政府不会再为任何前朝衙署追加额外经费。

财政部此议甫出，清室总管内务府当即表示此项款额乃专供"清帝"岁用，"其内务府及内廷各处应支俸饷、马干、口分、米折等项，若均归四百万经费内开支，不敷甚巨"，为此特请财政部援照前清旧制，仍由部库续行拨发相应经费，被该部以"库储奇绌，万难照办"驳回。② 400 万两（元）优待岁费数目，比照一年前度支部编定宣统四年皇室预算时，所拟岁出 10246974 两，有 600 余万两的巨大经费缺口，除供应逊帝家族开销外还需维持内廷承应系统正常运转，对于内务府而言实有不小的困难。然而挑战还远没有结束，当年 10 月，民国政府内务部咨文奉天都督赵尔巽，表明土木司官制已定，旧朝陪都盛京三陵及东、西两陵岁修工程等项事宜既属皇室范围，应改隶总管内务府承办，将一切档案卷宗移送该府接管，③ 以划分清室与民国事务的界限。《优待条件》中原有宗庙陵寝永远奉祀一条，彼时并未写明由优待岁费项下开支，然而通过将岁修工程等事项划归以逊帝为核心的清室事务中，不仅内廷机构，而且京外各处陵寝衙门的经费均需由总管内务府统筹安排，民国政府则顺理成章不再为奉祀额外出资。

根据《优待条件》规定，修建清德宗光绪崇陵工程的经费，应由民

① 财政部咨，1912 年 5 月 18 日，《政府公报》1912 年 5 月 21 日第 21 号，第 6 页。
② 《前清皇室经费之纠葛》，《大同报》第 17 卷第 27 期，1912 年，第 37 页。
③ 《内务部给奉天都督的咨》（1912 年 10 月 12 日），《关于三陵岁修工程改归内务府承办的文件》，赵焕林主编，辽宁省档案馆编《民国奉系军阀档案·一九一二年卷》第 7 册，线装书局，2016，第 52—53 页。

国政府支出。经时任内务总长赵秉钧与清室接洽，核算工程完竣需工料实银7224842两3钱4分2厘。① 然而民国初年政局不稳，民心浮动，公务人员薪水尚不能足额发放，一时更难以筹措数额巨大的工程款。甚至有传闻指总管内务府大臣世续向总统袁世凯催取皇室及崇陵经费时，双方起了较大冲突，以至于世续由人扶出而袁世凯亦不送客。② 为免耽延日久遭逊清皇族宗室非议，赵秉钧呈请总统将崇文门税关左右翼监督税务款用作专项工程经费，但临近年末遗老梁鼎芬前往直隶谒陵时，看到工程仍未及半，遂"痛觉泣下"，欲以著书所得洋500元捐助修陵并致函岑春煊请予赞助。岑氏为此致电总统，表示此项浩大工程绝非少数人捐资所能济事，特请饬国务院再行设法筹措，"以符《优待条件》"。③ 虽然此番受制于《优待条件》第五款的规定，民国政府并未再因修陵属皇室事务而要求清室从优待岁费中出资，然资金不备加之逊清遗臣的渲染，建造过程变得更为磕绊。时逢隆裕太后病笃，为尽早平息物议，已出任总理的赵秉钧于1913年初要求承修陵寝的各厂商仍接续建筑原分各段工程，同时强调时值国款奇绌，务求撙节经费，应将工程陋规恶习立行废止，以工款核减为实银之数造报，唯望陵寝早日落成再无延缓。在"仰体时艰"的压力下，各厂商经多次集议，提出尚需款额232万余两，财政部接到商户出具认呈加具切结后，方予以审查并按此实数筹拨款项，工程终得续行开工。④

清帝退位后，由于溥伟、善耆、铁良、升允等奔走呼号，各地满、蒙人士基于"公愤私仇"，或乘势响应，或到处滋扰，以抗民国。彼时宗社党人在直隶、东三省、湖北等地的活动最为频繁，⑤ 甚有假托奉隆裕太后遗诏名义煽惑恢复帝制者，散布民国政府短交清室优待经费及不办崇陵工程、逼迁颐和园等言论。国务院为此致函总管内务府，指出清室所以颁布逊位各诏，"全出于洞观时变尽伤民瘼，慨然天下为公之意"，要求其证实所谓太后遗诏系出自伪造，并澄清构陷民国的各类谣

　①　秦国经：《崇陵工程费用》，《逊清皇室秘闻》，第168页。
　②　《专电·北京专电》，《时报》1912年8月14日，第2版。
　③　《要电·上海电·请拨款修崇陵》，《新闻报》1912年12月10日，第1张第2版。
　④　《赵总理注重崇陵工程》，《新闻报》1913年2月27日，第1张第3版。
　⑤　胡平生：《民国初期的复辟派》，第3—4页。

言。尽管此前为催解经费事与政府部门多番交涉，但为防被意欲复辟作乱的宗社党人牵连，以至于失去优待条件保障，清室即刻发表声明，表示民国政府应发 1912 年 2 月 12 日至 12 月 31 日优待岁费计银 3555555 两 5 钱 5 分，已如数拨清；崇陵工程建造过半，进展有目共睹；紫禁城乾清门以内既留皇室应用，民国政府已明确提出即便日后迁居颐和园，此区域仍备作逊帝拜谒太庙时驻跸之所，实无逼迁一说。① 然而溥仪的皇帝尊号仍存不废已载入《优待条件》，这仍给对于帝制尚存执念的清室遗臣以希望，曾为前朝翰林的宋育仁 1914 年上书总统袁世凯，称"中国人民只知有皇帝，不知总统"，主张宣统复辟。② 当时京中流言渐起，多指清帝复辟的支持者已在南方有所组织。③ 为此贝子溥伦及八旗都统特晋谒总统，声明清皇室并未参与复辟事，请严惩造谣者的立场。④ 因肃政史夏寿康等呈请查禁归政清廷之说，各省将军、巡按使亦先后以莠言乱政害及国家，请饬各省从严惩禁。11 月 23 日袁世凯发布大总统申令，强调谬说流传不仅祸乱国政，亦致享有民国优待的清室深陷倾覆之危：

> 须知民主共和载在约法，邪词惑众厥有常刑。嗣后如有造作谰言或著书立说，及开会集议以紊乱国宪者，即照内乱罪从严惩办，以固国本而遏乱萌。⑤

尽管袁世凯在申令中将谣言乱政者斥为民国公敌与清室罪人，或有帮清室撇清与复辟活动干系之意，但正如参政邓镕观察到的那样，逊帝发布公文仍用"上谕"字样，内廷执事人员亦服旧冠，无不显示出对王朝君主制度的留恋，"恐酿复辟谬说余波"，⑥ 而实有贻害民国主权之忧。为对《优待条件》中未能明确清室权限各款做出补充规定，袁世凯于 1914 年 12 月 26 日批准实行《清皇室善后办法》七条，但与《清室优待条件》双边契约性质不同的是，当时清室不再拥有封建王朝统治者的地

---

① 内务府复国务院函，1913 年 7 月，《政府公报》1913 年 7 月 15 日第 428 号，第 7 页。
② 《国内要电》，《时报》1914 年 11 月 17 日，第 2 版。
③ 《国内要电》，《时报》1914 年 11 月 21 日，第 2 版。
④ 《译电》，《时报》1914 年 11 月 24 日，第 2 版。
⑤ 大总统申令，1914 年 11 月 23 日，《政府公报》1914 年 11 月 24 日第 918 号，第 5 页。
⑥ 《专电》，《时报》1914 年 11 月 28 日，第 1 版。

位，难以选派妥员就善后办法的具体条款与民国政府进行对等谈判，故而该办法的出台，很大程度上是民国单方面对前项《优待条件》进行的增订。清室亦因确有邓镕所指各"违约"情形，受制于自身处境只能被动接受并履行条款。

清皇室善后办法

一、清皇室应尊重中华民国国家统治权，除《优待条件》特有规定外，凡一切行为与现行法令抵触者，概行废止。

二、清皇室对于政府文书及其他履行公权私权之文书、契约，通用民国纪年，不适用旧历及旧时年号。

三、大清皇帝谕告及一切赏赐，但行于宗族家庭及其属下人，其对于官民赠给以物品为限，所有赐谥及其他荣典，概行废止。清皇室所属机关，对于人民不得用公文示告及一切行政处分。清皇室如为民事上或商事上法律行为，非依现行法令办理，不能认为有效。

四、政府对于清皇室，照《优待条件》保护宗庙陵寝及其原有私产等一切事宜，专以内务部为主管之衙门。

五、清皇室允确定内务府办事之职权，为主管皇室事务总机关，应负责任，其组织另定之。

六、新编护军专任内廷警察职务，管理护军长官负完全稽察保卫之责，其章程另定之。慎刑司应即裁撤，其宫内所用各项执事人役及太监等，犯罪在违警范围以内者，由护军长官按警察法处分，其犯刑律者，应送司法官厅办理。

七、清皇室所用各项执事人等，同属民国国民，应一律服用民国制服，并准其自由剪发。但遇宫中典礼及其他礼节进内当差人员，所用服色得从其宜。①

虽然《善后办法》仍承认逊帝尊号，但为维护中华民国的国家统治权，"小朝廷"将不再是依循前清旧制任行颁诏、恩赏、处刑的"法外之地"，其所享有的特权被严格限定在《优待条件》范围内，日常事务

---

① 《专电》，《时报》1915年1月8日，第2版。

的处置规范皆不可与民国现行法律制度相违背。即便是从属于清室的宫内所用各项执事人员,亦须在遵守并受到民国法律保护的国民身份下服务于清室。而将宗庙陵寝及原有私产保护等一应事宜划归内务部主管,也就意味着清室在享受民国对其产业提供保障的同时,凡陵庙与私产处置各事宜,将全部置诸内务部的严密监控下,不再拥有完整的自主权。进一步而言,指定政府部门专行与清室对接,虽出于便宜行事的需要,但更为重要的是避免了清室自恃享有"待各外国君主之礼",以对等"君主"身份直接向总统提出要求,清室受民国法律约束的地位由此明确。

关于"小朝廷"与民国政府交涉清室事宜的一般行政程序,早在1912年清室为续行征收顺、直各州县所属皇庄地亩应纳钱粮时,便由总管内务府直接行文两地官署,请饬庄佃依限交纳。彼时署理直隶都督张锡銮即向国务院提出,国体变更后内务府咨文督署转送应行各州县文件,与现行体制不符,并将接到各件全行退回该府,请先行咨送国务院、内务部,待核准后由该院、部代为转行督署。①《善后办法》明确以内务部作为皇室私产保护事宜主管衙门后,总管内务府凡遇有与民国政府交涉事,皆应咨报内务部请转行各该管部门的流程,被以法律条文形式确立下来。1915年5月因宗室牵涉家产纠纷,宗人府将案件原卷函送京师地方审判厅办理,内务部知悉后当即指出宗人府径向官厅行文的做法与《优待条件》《善后办法》不合,再申明凡遇有清室所属机关与政府各官署往来文件,皆须咨由该部核转,"以免纷歧"。②

根据《善后办法》第六款新编护军专任内廷警察的规定,内务部于1915年初拟定了《护军执行清廷警察章程》十七条,另置护军管理处统辖清室原设左右翼前锋八旗十营及内务府三旗护军,章程首条即明确负有内廷全权稽查保卫之责的管理处隶属内务部,凡充任处内科长、科员人等皆须由护军长官报内务部核查备案。章程尤其注意将管理处的权责界限与清室划分明晰,在职能和制度方面,应以民国现行调度司法警察章程及京师警察厅罚则限度为参照,处理刑事罪犯时有独立的具衔权,

---

① 署理直隶都督张锡銮咨,1912年8月23日,《政府公报》1912年8月31日第123号,第5—6页。

② 内务部咨,1915年5月7日,《内务公报》1915年第21期,第25—26页。

可以管理处名义直接行文各级审检厅；而一切与内廷相关事务，虽仍须随时与总管内务府接洽办理，但尤为紧要各件的最终核准权在内务部。[①]护军管理处成立，八旗十营及内务府三旗护军改组势在必行。内务部为此援引民元《优待条件》第三款侍卫人等照常留用，及第四款卫兵由中华民国酌设等内容，彰显此次将改组后留任护军兵丁统隶于内务部所辖护军管理处的正当性，通过制定《改组护军办法》九条，确认内务部对于改编后各专任宫廷警察一应行政事务的绝对管理权。[②]

此外，由于《善后办法》发布后，清室表示已将慎刑司裁撤，为规范内廷人役当差行为，既不失保障民权维持人道之意，又能使当差各员保有严惮敬畏之心，内务部会同司法部参照违令罚法、违警律再拟《清室当差人役犯罪处罚章程》十条，凡犯有应处拘役以下徒刑罪行者，即由护军长官依此章程直接量刑处置，情节严重者仍须送法院核办。[③]

在《善后办法》及一系列补充章程的限制下，清室留用旗兵、私设刑堂等危害国家安全及司法主权的旧制被禁绝，自清帝逊位清室政治地位大为下降后，其法律特权亦逐步丧失，仅有部分自主空间以保障逊帝家族优越的生活方式，以及支用优待岁费和清厘私产。然而自民国政府将总管内务府所辖各处清室机关应用经费及陵寝事务支出全行归入优待岁费项下后，按年收足应得400万两（元）仍不敷用的清室，业已笼罩在用款支绌的阴影下，何况自1913年起该项岁费亦不能按时足额拨发，催款亦多曲折。至于清厘清室坐落各地田房产业一项，虽保护私产载在《优待条件》及《善后办法》内，但亦受到内务部限制，清室无法自行厘定征租办法，往往由各该管地方政府主导清丈，使前者失去对丈出浮多产业的所有权。而部分正额清室产业同样难免被放由地户承领，表面上看清室可早日获得领地价款，经济上并未蒙受损失，实则土地所有权在这一过程中完成了从清室到民国政府的转移，失去深厚经济根基的"小朝廷"愈加难以为继。为了能够抓紧手中所剩无多的优待权利，摆

---

① 内务部呈文及批令（附章程），1915年2月23日，《政府公报》1915年2月26日第1006号，第15—16页。

② 《内务部、陆军部呈改组护军办法（附批）》（1915年2月23日），商务印书馆编译所编《中华民国法令大全补编》，商务印书馆，1917，第47—48页。

③ 内务部、司法部呈文并批令（附章程），1915年2月23日，《政府公报》1915年2月26日第1006号，第20页。

脱财务危机,清室开始运作将《优待条件》写入宪法,争取以法律形式将民国政府应行为清室提供的保障确定下来,以期自身地位得到稳固。

二　清室奉天权益的萎缩

1914 年 4 月 5 日,因闻知总统袁世凯于三日前咨文约法会议,提出将民元订立的《清室优待条件》加入约法,内务府大臣绍英至总统府顾问宝熙处,商谈相关事宜。袁氏咨中表示彼时因《优待条件》公布在《临时约法》之前,故而未得及时增订以致有此疏漏,当下如不行补救之法,"不惟无以考民国成立之事实,抑且无以符五族共和之初心"。进而指出所以有《优待条件》,乃因清室愿将业行二百余年之统治权公诸天下,方成就南北议和、五族归心、民国一统:

> 总之中华民国所以有优待清室条件者,报清帝之能公统治权而承认共和;所以有待遇满蒙回藏条件者,答诸族能随统治权为转移而赞成共和。以视纯由民意所构成、全资武力为解决者,本难同日而语。……是故远稽外国,不同美法缔构之情;上溯中天,足媲唐虞揖让之盛。史书纪载,犹侈美谈;约法编垂,独从阙典。其何以为现时适用约法之依据,作将来制定宪法之张本。①

为守"饮水思源之心",袁世凯认为约法会议应将《清室优待条件》别立专条,确定效力。接咨后该会于翌日即特别召开审查会展开讨论,赞成所议者的主要理由有二:从法典角度出发,因德意志宪法会曾将普鲁士国王所订三条件加入宪法,或可作为优待清室入宪案"以条件变为法律之先例";从利害角度出发,因《优待条件》纯系国民"崇德报功"之意的体现,且加入宪法可垂诸久远而于国权并无妨害。提出异议者则主要从《优待条件》的性质出发,认为该条件本有国际条约性质,"系限制国家而永久不能变更者",而约法属国法性质,"系限制政府者",得随时变更。② 二者性质不同似不应混为一谈,而《优待条件》亦无变

---

① 《优待条件加入约法》,《法政杂志》第 3 卷第 11 期,1914 年,第 123 页。
② 《优待条件加入约法》,《生活日报》1914 年 4 月 7 日,第 6 版。

更之理，若贸然加入约法反有失去永久保障的风险。当日经过激烈争论，约法会议最终表决通过此案，但在加入约法的形式上，仍未能达成一致意见，有人主张将所有条文尽行纳入，有人主张采用概括方式，"只规定一条，确定其效力"。①议长由是指定宝熙、那彦图、王树枏、梁士诒等15人为审查员，就如何在约法中规定优待条件做进一步审查。

因宝熙在任职总统府之外，还兼有一重特殊的宗室身份，绍英与其联络或不仅为探知内幕，更有嘱其鼎力推进之意。面见宝熙的当晚，绍英便赴总管内务府大臣世续处汇报情况。4月6日世续代表清室赴总统府向袁世凯致以谢意，袁氏表示提议将《优待条件》加入约法，乃为实现"永远遵行"的目标而"确定效力"。②不过舆论界对于此案却并非如约法会议"一边倒"的赞成态度，《时报》当日即刊载颇具讽刺意味的"张公馆内府约法会议"逸事，指该府议将优待正室条件加入约法案，其二少爷以"王公馆已有先例"及"使各姨太太不致慢视"两点理由给予支持。③至12日约法会议继续讨论《优待条件》加入约法的形式，据审查会报告称以赞成概括规定者为大多数，副议长施愚最后表示当下虽议定此案不以约法变更而变更，但若将来宪法修成之时，亦可将此项优待条件进行修正甚至直接删去，则此番所做永不变更的规定或流于空言，将表述调整为"使其永远发生效力，不随宪法变更而变更"，④或可保将来无虞。

确定《优待条件》以概括形式加入约法后，约法会议即将议事结果提交起草委员会进行增订。对于总统袁世凯优待清室的一片至意，《申报》刊登了题为《戏拟汉族人民上约法会议书》的"游戏文章"，认为如此一来，约法第一章内载国家主权在国民全体、人民于法律上平等之条文，无异于空谈。⑤

不过民众的议论并未影响约法议定进程，该法律计有国家、人民、大总统、立法、行政、司法、参政院、会计、制定宪法程序及附则共十

---

① 《约法会议审查优待条件加入约法之真相》，《时报》1914年4月13日，第3版。
② 张剑整理《绍英日记》上册，中华书局，2018，第260页。
③ 《特约马路电》，《时报》1914年4月6日，第9版。
④ 《约法会议审查优待条件加入约法之真相》，《时报》1914年4月13日，第3版。
⑤ 《戏拟汉族人民上约法会议书》，《申报》1914年4月19日，第14版。

章,四月下旬清室已知《优待条件》被列入附则,为文本第六十五款,"大清优待条件、清皇族待遇条件、满蒙回藏各族待遇条件,永不变更其效力"。[①] 为酬谢约法会议议员,醇亲王载沣、贝子溥伦、总管内务府大臣世续及绍英等清室王公遗臣,特于六国饭店设宴款待。溥伦率先代表清室发言,重申《优待条件》为国民感念隆裕太后揖让统治权之报称,表示此次该条件能够顺利载入约法,"足见中土人民报德之隆",亦可告慰太后在天之灵。在对议员一番称颂后,更敬祝"我中华民国万寿无疆"。约法会议议长孙毓筠随后代表全体议员致答,称表决通过《优待条件》入约法乃因议员等"既感先行之让德,复体大总统及国民之公意",并期望"我五族人民化除畛域,以图国力之发展,庶不负我先太后慨让政权、改建共和之至意"。[②] 席间宾主尽欢,清室俨然归心民国乐作国民,民国官员亦无不感念政权承袭于清室,生动诠释了五族共和的融融"亲谊"。

《优待条件》加入约法离不开袁世凯的谋划,也因此当其欲改行帝制的消息传入紫禁城内时,溥仪考虑最多的便是"天无二日,国无二君",担心自己这个"多余的皇帝"不为袁世凯所容。最终清室和袁氏进行了交易,以表示拥护"袁皇帝",换取其承认《优待条件》。[③] 1915年10月,袁世凯通过江朝宗向清室转达即便国体变更,仍将保《优待条件》无变动。[④] 此后总管内务府奉"上谕"咨文参政院:

> 前于辛亥年十二月钦承孝定景皇后懿旨,委托今大总统以全权组织共和政府,旋由国民推举今大总统临御统治,民国遂以成立。乃试行四年不适国情,长此不改,后患愈烈,因此代行立法院据国民请愿改革国体议决国民代表大会法案公布,现由全国国民代表决定君主立宪国体,并推戴今大总统为中华帝国大皇帝,为除旧更新之计,作长治久安之谋,凡我皇室极表赞成。[⑤]

---

①　《专电》,《申报》1914年5月1日,第2版。
②　《优待条件加入约法之酬报》,《生活日报》1914年5月1日,第6版。
③　爱新觉罗·溥仪:《我的前半生》全本,群众出版社,2007,第70—71页。
④　《绍英日记》上册,第300页。
⑤　大总统申令,1915年12月16日,《政府公报》1915年12月17日第1297号,第1页。

接到推戴文书后，袁世凯亦发布大总统令给清室吃了一颗定心丸，不仅申明国体变更后前已载入约法的《清室优待条件》"永不变更"，还特别强调将来制定宪法时该项条件亦当"附列宪法，继续有效"。

早在1911年末南北和谈开始前，坊间已出现隆裕太后、摄政王载沣携宣统帝逃至奉天的传言，[①] 时人认为清廷如在与民军的对抗中失败，极有可能选择根基深厚的祖源之地东北作为避难所。彼时为稳定局势争取列强支持，外务部特别照会各使馆，申明帝室及皇族皆在京中并未出逃。[②] 然而时任东三省总督的赵尔巽似乎仍在进行着拯救皇帝于水火的准备，不仅拟于东北添练旗兵二十营"勤王"，[③] 还同各国驻奉领事积极联络，筹措组建军队及镇压革命的经费。在同日本驻奉天总领事小池张造的秘密会面中，赵尔巽提出希望日本警察与清方警察通力合作，从侧面协助清方对潜入东北境内的革命势力施以威吓，使其自行退去，得到小池"在可能范围内给予援助"的答复。[④] 而英国方面不仅由其驻华公使朱尔典介入清军与民军在武昌的调停，还向驻汉口代总领事葛福转去袁世凯方所提各自驻守现已占领土地、停战三天、英总领事作为证人在停战协定上签字等五项停战条款，[⑤] 顺利促成双方停战。在东北地区，当东三省官银号发生挤兑现象后，为帮助赵尔巽缓解金融紊乱的情况，英方亦提供了经济援助，希望赵能够控制局势，尽力平息革命风潮。[⑥]

当闻知清室欲以退位共和换取优待后，赵尔巽于1912年2月7日致电袁世凯提出维持东北大局的七条办法，其中明确表示在南北政府未统一、各国未正式承认前，东三省不承认共和政府。同时提出该处臣民"对于大清皇帝致其尊敬亲密，永无限制"，且三年内不强令变革章制。[⑦] 尽管赵尔巽竭力保全东三省之特殊地位，仍无力阻止共和既成之大势。而《清室优待条件》、增订七条《清皇室善后办法》并一系列章程，则

---

① 《译电》，《时报》1911年11月9日，第3版。
② 《译电》，《时报》1911年11月10日，第2版。
③ 《旗兵公举统领》，《顺天时报》1912年2月7日，第4版。
④ 沈阳市档案馆编《辛亥革命在沈阳》，沈阳出版社，1991，第28页。
⑤ 《朱尔典爵士致格雷爵士电》（1911年12月1日），胡滨译《英国蓝皮书有关辛亥革命资料选译》上册，中华书局，1984，第103页。
⑥ 沈阳市档案馆编《辛亥革命在沈阳》，第29页。
⑦ 《东三省总督赵尔巽来电》（1912年2月7日），骆宝善、刘路生主编《袁世凯全集》第19卷，河南大学出版社，2013，第504页。

构成了清室在奉天地区维持残留特权的法律基础。正因民国政府考虑节约经费，将盛京三陵岁修工程及内务府事务划归清室总管内务府统管，"小朝廷"才有对奉天"皇室机关"的人事安排、制度运行做出调整的权力。又因优待条件明文规定保护逊帝及宗室王公私产，尽管国体变更，清室人等仍可对奉天地区数量庞大的庄园、山林、马厂、房屋等各项产业征收差租。但民国政府很快意识到，许"皇室机关"以不受制于一般政府衙署规章的地位，由清室任行制定私产管理办法，无异于对民国主权的践踏。故而善后办法已有意对清室的自主权严格限制，使其不仅受到民国法律的约束，还指定内务部作为皇室事务主管机关。

具体反映在奉天事务上，便是清室失去直接指令该地机关办事的权力，而改以总管内务府先行致函内务部，由部转咨奉省代为令行办理。皇室及王公拥有的各项不动产，亦不得由其留存手中，须遵照民国财政部及奉省官地清丈局统一章程进行清丈。虽庄佃承领后价款仍归原业主，但产权却收归政府所有，清室作为曾经特权阶层的经济基础至此彻底失去。而昔日象征陪都体制尊崇地位的盛京内务府也不再具有政治功能，更接近于一个辅助清室收取产业进款并向北京汇解经费的中转站。盛京宫殿、陵寝等清朝龙兴故土的独特陪都文化代表，亦在奉省近代化发展历程中，由皇家禁地逐步开放为博物馆、公园等公共场所。与此同时，早已无法领到民国拨发俸饷的前清宗室和八旗兵丁，也随着残留特权的逐渐消亡，融入由"臣民"向自食其力"公民""国民"转变的社会生活中。

第二章 中华民国的"皇室机关"

中华民国成立后，盛京内务府作为清室在奉天事务专办机构得以留存，尽管保有"皇室机关"之名，却不断被中央政府和奉天当局限制事权，更在奉省主导的改组中全行裁并原设机构，仅余办事处建置。为扭转遥控不力的局面，清室于1915年派员到该处整顿官员贪渎、旗兵困顿等积弊，但本意只为便利提拨奉天产业经费，以供给"小朝廷"使用。办事处员司为维护自身利益成立"团体维持会"，使该处以"半自治"状态延续至1924年，终被裁撤归并于皇产事宜处，由清室重置"内务府大臣"掌管，这是清王朝吏治乱象的延续。

第一节 盛京内务府留存民国

盛京内务府是盛京作为陪都的重要标志。[1] 乾隆十七年（1752）正月庚辰，上谕设盛京总管内务府大臣：

> 盛京包衣三旗佐领等官，皆系职分相等之员，并无统领办事之人，难保无互相推诿及掣肘遗误之处。盛京地方，最为紧要，应行设一总管内务府大臣专辖，将此永着为令。现应增设之缺，着将军阿兰泰监管。[2]

至光绪年间，盛京内务府总管大臣以下的职官设置及职掌如下：

> 镶黄、正黄、正白旗佐领三人，主事一人，委署主事一人。
> 广储司司库二人，库使十六人。掌六库所储列圣御用弓矢、军

---

① 丁海斌、时义：《清代陪都盛京研究》，第86页。
② 《清实录》第14册，乾隆十七年正月庚辰条，第333页。

器、鞍辔，列圣御书画，上用冠服朝珠带，并金、玉、铜、瓷各器及墨刻、书籍、紬缎、银两等物。

会计司催长二人，笔帖式二人。掌征各粮庄额赋。

掌仪司催长二人、笔帖式二人，广宁催长一人。掌征果园之赋。

都虞司催长二人，笔帖式二人，牧掌三人。掌征牲丁之赋并牧官马。

营造司催长二人，笔帖式一人。掌宫殿陈设及呈报缮修工程。其太庙祭器，敬典阁、崇谟阁、凤凰楼尊藏列圣圣容、册宝、圣训、实录、玉牒，俱敬谨守护。

文溯阁催长二人。掌四库全书之藏。

三旗织造库各设催长一人，笔帖式一人。掌征棉庄、靛庄之赋，匠役共一百五十八名，司纺织。

黑牛馆厩长六人，乳牛馆厩长二人，领催一人。掌牧三陵祭祀之牛羊。

内管领处内管领一人，仓领长一人，仓长三人，笔帖式二人。掌管领下户口仓粮及蜜渍果品、砍伐槽盆、枪杆箭杆送京等事。

三旗骁骑校各一人，顶戴领催一人，领催五人。率三旗兵每旗二百三十六名，每日分班巡逻值宿；每年派兵二百名随盛京将军行围一次。

另总设笔帖式十五人。①

光绪三十一年（1905）七月，盛京将军赵尔巽奏请裁撤盛京五部，唯保留户、礼、工三部中与三陵事务相关各员，改隶于三陵户、礼、工三股档房。光绪三十三年东北由军府体制改行省制，三月初八日上谕"盛京将军着改为东三省总督，兼管三省将军事务，随时分驻三省行台"，②徐世昌补授总督，于四月十一日上《东三省设立职司官制及督抚办事要纲折》，改军署为行省公署，内设承宣、谘议二厅，归并原有局署，分设交涉、旗务、民政、提学、度支、劝业、蒙务七司。东北改制

① 光绪《钦定大清会典》卷98《盛京内务府》，光绪二十五年刻本。
② 《光绪宣统两朝上谕档》第33册，第31页。

以前，盛京将军署内置户、礼、兵、刑、工五司，此番改奉天行省公署后，旗务司"掌办理旗署各事"，将原军署五司除刑司外（刑司另隶于提法司）各司改并，设军衡、稽赋、仪制、营造、庶务五科，"三陵衙门、内务府、宗室觉罗、宗室营亦统归旗务司兼管"。①

因职掌较其他各司道更繁，为便清查盛京内务府各项事务，光绪三十四年九月旗务司呈请在内务府公所内设立一办事处，由司派出科员英锐任坐办，"为内务府办事总汇之所"，②"贡物丁差均归承办，责成整顿清查款项，化私为公，并设宫内警卫以资守护。庄园地亩今亦派员一律清查"。③坐办以下分设收发、稽核、承办三股，各股酌派委员虽无定额，但至多不过三员，皆从旗务司及盛京内务府现员中选派，则"声气既通，事权统一，从前事务复杂、权限纷歧之弊，可以尽免"。④

盛京内务府设立办事处章程

第一章　总章

第一节　旗务司前请整顿内务府事宜，呈奉督宪、抚宪批准试办，除札饬该府遵照办理外，今特详拟章程明定办法，以资遵守而便实行。

第二章　立办事处

第二节　本司拟就内务府公所内设立办事处一处，专司该府一切应办事宜，为内务府办事总汇之所。该府现有各项差使及人员等，除遵照前札及本章所定办理外，一切暂得如旧。

第三章　职员

第三节　办事处应设坐办一员总司其事，并分设三股如下：一收发股，二稽核股，三承办股。各股酌派委员暂不定额，唯每股至多不得过三员。

第四节　办事处坐办委员等，均由旗务司选派本司及内务府人

---

① 金梁：《奉天旗务汇编叙》，《瓜圃丛刊叙录》，第68页。

② 旗务司札，光绪三十四年九月三十日，JB008-01-038668。

③ 《奉天旗务处为送奉天旗制变通案及八旗女工传习所等报告书事给奉天调查局函》（宣统二年十二月初三日），《东北边疆档案选辑》第79册，第33—34页。

④ 旗务司札，光绪三十四年九月三十日，JB008-01-038668。

员充之，所派各员并拟酌筹津贴，以示体恤。

第四章　收发

第五节　收发股专司收发文件、整理案卷等项，凡内务府各旗司库处逐日往来文件，均应交由本股呈旗务司酌核后，再行分别饬知照办。再内务府各项文件，应有一定程式，其办法由本司另定之。

第五章　稽核

第六节　稽核股专司随时稽核、遇事考查等项，凡内务府各旗司库处应办各事，以及一切兴革事宜，均得由本股随时稽核考查，呈请旗务司酌核行之。

第六章　承办

第七节　承办股专司承办庶务、采备贡品等项，凡内务府各旗司库处应办贡品及一切庶务，均由本股会同该府承办各员，先期呈由旗务司酌核办理。

第七章　值日

第八节　办事处坐办以次各员，应逐日轮派一员，按照旗务司办公时刻至司值日。所有该处本日应办事宜及文件等，均于此时呈请旗务司核办。

第八章　附章

第九节　以上各章仅系办事处办法大略，所有各股办事章程，以及内务府各旗司库处内一切事务，应如何变通整顿之处，俟随时酌拟饬行。

盛京内务府和五部曾是陪都体制的重要权力机关，在东三省政体进行同质化变革的浪潮中，五部被裁撤，内务府亦从盛京将军兼任总管大臣直管到此际被纳入行省公署的行政体系。考虑到其作为皇室服务机构的特殊性质，需要直接对皇帝负责并常与京外衙署往来，尽管东三省总督不再直接参与盛京内务府管理，但总管内务府大臣印信仍予保留，择定上三旗佐领中一个人掌印，按旧制"凡上奏暨咨行京外各部院衙门仍用内务府大臣衔印，以与奉天行省区别"，[1] 由此在文书制度上给予盛京

---

① 　徐世昌：《东三省政略·九》，第 5332 页。

内务府优待和便利。

宣统元年（1909）正月旗务司并五科为四科，为避讳御名"仪"字，合仪制、营造两科为礼制科，改军衡科为考功科，庶务科为总务科，稽赋科保留。至六月，因变通旗制"系属暂局"，继任总督锡良有意限制旗署地位，奏请裁撤旗务司，"仿照吉省设立旗务处"，[①] 置总务、吏糈、礼学、界籍四科。此时盛京内务府同时拥有标志着常设国家行政机关地位的印信、上三旗佐领照例掌有的图记和办事处所用文职佐杂钤记各一方。[②]

在光绪朝末期《宪法大纲》及预备立宪逐年筹备事宜公布、皇室经费有待厘清之际，盛京内务府办事处应运而生。为清查奉省皇产事务，总督通常直接札饬办事处，且自宣统二年十月初三日上谕缩改于宣统五年（1913）开设议院、提前赶办有关于宪法范围内各事项之后，[③] 京师总管内务府多番催促东三省逐款详复有关皇室事务等情，总督锡良向京师咨送盛京内务府、三陵、宗室觉罗各处造具表册时即由旗务处主稿。尽管保留总管内务府大臣印信象征着对皇室的尊崇，原本依循乾隆十七年定制只掌图记的佐领，也因此获得文书制度上的礼遇并总负责府中事务，但在奉天省行政体系内部，盛京内务府办事处承担了与上级管理机构有效对接的职能，坐办代表旗务处传达北京内务府及行省公署政令，确保清查皇室产业事项稳步推进，盛京内务府相关事宜皆由办事处报旗务处核转省署再行咨京。掌印信佐领奏达天听之权渐无实效，办事处按要求逐日轮派一员到旗务处直接承办公务，盛京内务府真正的事权已发生转移，不在佐领而在办事处。

作为增设机构却享有特殊地位的办事处难免和盛京内务府旧有体制产生摩擦。宣统二年十二月英锐查得伯良由所领旗下催收丁差杂款项中支用银336两，以其擅动官款等情禀明旗务处，奉东三省总督饬令将伯

---

① 《遵旨考察东三省情形裁并差缺折》（宣统元年六月十七日），《锡良遗稿·奏稿》第2册，第911页。

② 关于清代印信制度参见秦国经《清代文书档案制度》，中国档案出版社，2010，第69—70页。

③ 《缩改于宣统五年开设议院谕》（宣统二年十月初三日），《清末筹备立宪档案史料》上册，第79页。

良暂行撤任，限期缴还欠银。① 撤差未及一月，伯良便向总督呈控英锐监守自盗内库重款、蒙上欺下肥己苛丁，着意声明两人身份的差异，"我系简放人员，又蒙奏派掌管图记督率全府事务，阶级不比伊卑，同系办公人员"，② 更指英锐因兼充旗务处科员，凡办理内务府办事处公务，皆上下"一手裁成"。经奉天民政司调查，并未发现伯良所控各节弊端，调查员认为有此控告乃因盛京内务府积弊甚深，"当即调齐卷宗，逐款详查。除所控各条另单呈核，其原呈所叙尚有应查者两项，如原呈办事处经费一节，查该处经费三十四年经前军督部堂徐批准，每月一百两作为活支，自元年起即经核减，每月有三四十两者，至多不过八十两，较之原请数目有减无增。又原呈库款盗存商号一节，查此项款项迭经旗务处饬令提存官银号，计银六千五百八十二两二钱二分七厘四毫九丝六忽、洋七千一百八十四元八角一分五厘，钱一万五千四百三十七吊零六十七文，立有折据。又存源吉长官账铺银三千八百二十一两零五分、洋一千四百九十三元四角五分，钱一千一百七十八吊六百文。查源吉长商铺与内务府银钱交往有年，现在该商铺业已荒闲，经办事处呈明旗务处，将该铺执事人咨送审判厅追缴在案，尚未完结。综查此案，从前内务府档房承办各事，积习相沿，流弊滋甚，及办事处成立改革一切，不无招怨之处"。③ 伯良已有撤任追款案在身，此番再记大过二次，虽其坚称自己因九个月津贴未发，生计无着，方才预先支借六个月津贴银两，但为免重罚仍不得不耗时近一年补齐欠银以求回任。英锐职分原在伯良之下，查实伯良私支公款后却可迅速呈报将其撤任，可见总督整改盛京内务府的用意。以办事处管理盛京内务府原设各旗司库等机构的局面既定，办事处渐成盛京内务府的代名词，更有取代其旧制之势。

实则发给办事处文职佐杂用钤记一方，已反映出东北改制后奉省对盛京内务府的定位。以处管府不过是一种过渡模式，在预备立宪进程中分别国有与皇室各项产业后，该府官制亦将改定，仅作为旗务处领导下处理皇产事宜的办事机构保留，不需维持现有上三旗佐领以下五司三库

---

① 办事处移，宣统三年十二月初六日，JB008-01-042763。

② 东三省总督锡良札，宣统三年正月初三日，JC010-01-013147-000001。

③ 奉天民政司民治科一等科员金朝枢、疆理科一等科员刘文馥呈，宣统三年二月二十一日，JC010-01-013147-000003。

的庞大体系。况且旗务机构的设置本有权宜之处，最初计划便是待预备立宪完成之宣统七年（1915），"旗制变通一律办定，化除畛域，专管旗务衙署一律裁撤"。[①] 若彼时皇室经费厘定，旗民亦渐融通，盛京内务府办事处甚至有随同旗务处裁撤的可能。

　　然立宪未成，革命之势已疾风骤雨而来，清帝退位，共和实行，旗人与民人同为中华民国国民，不宜续设旗务机构。但在《清室优待条件》保障下，逊清"小朝廷"于旧王朝陪都的"私产"权益亟待维护，故盛京内务府办事处作为清室奉天事务的专办机构，仍以由处管府的过渡模式续行留存，管理宫殿守卫、陵寝祭祀、房地征租、旗员生计等一应事宜。1912年2月奉天旗务处裁撤归并内务府办事处之际，呈请为不再隶属旗务处而是成为独立机关的办事处刊刻关防一颗。东三省总督赵尔巽批示指出，内务府事务向由总管大臣管理，颁有总管内务府大臣印信，"今若另刻关防，与各处直接行文，殊与旧制未合"，并要求办事处日后承办各件"如有行文之处，应令备具呈文盖用旧日钤记，呈由本军督复核转饬本省各衙署局所，遇有关系内务府文件，亦均照此办理，以符体制"。[②] 所谓"旧制"，即指自乾隆十七年盛京增设总管内务府大臣铸给印信后，此前曾许用总理盛京内务府关防的上三旗佐领，照例换用佐领图记；该总管内务府大臣向由盛京将军兼任，不再刊刻关防。赵尔巽所批依循旧制，便是将内务府办事处再度置于由盛京将军改制而来的东三省总督直接管理下。

　　然而当清末奉天行省公署以旗务司管盛京内务府事宜时，便为该司刻发关防，现旗务处裁撤归并于内务府办事处，亦应循例换发新刻关防，享有直接与行省各衙署局所往来之权。且际中华民国成立，东三省已悬挂五色旗，承认共和，赵尔巽却仍然仿照清代军府体制旧规，自任"东三省总督总管内务府大臣"，其用意颇耐人寻味。奉天关税务司穆厚敦曾在致海关总税务司安格联的电报中指出，赵尔巽的"生命之树""已经根深蒂固，不易改变方向"，"他效忠皇室，还可以落一个好名气"；而

---

① 《奉天旗务处为送奉天旗制变通案及八旗女工传习所等报告书事给奉天调查局函》（宣统二年十二月初三日），《东北边疆档案选辑》第79册，第16页。

② 《奉天旗务处给赵尔巽呈》（1912年2月29日），《关于裁撤归并奉天旗务处的有关文件》，《民国奉系军阀档案·一九一二年卷》第2册，第429—430页。

即便只在形式上背弃皇室献媚求荣，"由于他与这个集团共事的时间短暂，没有希望看到他们的事业粗具规模，因此也得不到好处"。① 或许当无力阻止王朝覆灭而接受共和时，自任前朝内务府旧官是这位"遗臣"为保护皇室私产所尽的最后努力。1912 年 3 月 15 日袁世凯发布中华民国临时大总统令，改东三省总督为都督，自此赵尔巽批复盛京内务府办事处呈文皆用"东三省都督"衔名，"东三省总督总管内务府大臣"永远退出了历史舞台。

第二节　机构性质的界定

民元盛京内务府之名虽得保留，原各旗司库处一时亦未裁改，但办事处才是在奉省行政体系内唯一代表全府享有上下联通之权的机关，除英锐、吉升分别留任坐办、帮办外，另增派原旗务处三等委员程继泰任随办，三股共有委员五员、书记五名。根据《清室优待条件》规定，清帝退位后由民国政府提供岁费 400 万两，改铸新币后为 400 万元。不过仅数月前清王朝度支部奏报宣统四年（1912）皇室经费预算案时，厘定岁出为库平银 10246974 两，以岁入相抵尚不敷银 1863917 两，② 现下大幅缩减的 400 万两岁费很难支撑入不敷出的清室正常运转。1912 年 5 月，民国财政部明确要求所有关于逊清皇室各衙署经费事宜，均划归优待清室岁费项下，由北京总管内务府统一管理。③ 同年 10 月，内务部以盛京三陵岁修工程等项事宜系属皇室范围、应隶总管内务府承办，咨行奉天都督④赵尔巽，考虑到三陵工程耗费不赀，赵尔巽批示以三陵余地招佃耕种之租项备作修缮经费，⑤ 帮助清室减轻部分财政负担。

为筹办三陵官兵俸饷及奉祀经费，1913 年 4 月时任三陵承办并守护

---

① 《1912 年 1 月 13 日穆厚敦致安格联第 25 号函》，中国近代经济史资料丛刊编辑委员会主编《中国海关与辛亥革命》，中华书局，1964，第 305 页。
② 《度部编订皇室预算之政见》，《申报》1911 年 10 月 18 日，第 1 张后幅第 2 版。
③ 财政部咨，1912 年 5 月 18 日，《政府公报》1912 年 5 月 21 日第 21 号，第 6 页。
④ 1912 年 7 月 17 日袁世凯发布临时大总统令，改东三省都督为奉天都督。参见临时大总统令，1912 年 7 月 17 日，《政府公报》1912 年 7 月 18 日第 79 号，第 1 页。
⑤ 《内务府办事处给赵尔巽的呈》（1912 年 10 月 17 日），《关于三陵岁修工程改归内务府承办的文件》，《民国奉系军阀档案·一九一二年卷》第 7 册，第 59 页。

事务、署盛京副都统兼署金州副都统三多计划改组三陵办事衙门，并将承办事务大臣改称三陵办事长官，请发关防。因盛京内务府从前承办贡品、祭品、典礼等项与三陵相关事宜，三多希望能将该府并入三陵改组案内重行核定组织，以清皇产而收统一之效。① 盛京内务府佐领伯良、保联、铭盛听到此案风声后，迅即联衔府内各旗司库处官员代表及旗兵七百余名上书奉天行省公署，开列归并将会带来的统系颠倒、款项混淆、权限侵越、公事延迟、官兵取销②、生计日蹙六项弊端，以此强烈反对由三陵兼管内务府事务。

　　盛京内务府佐领自办事处成立以后，已渐失府中事权，奉省整改原设各旗司库处势在必行。但清代该府与盛京陵寝总管大臣曾同由盛京将军兼任，地位相当，当下若仅进行内部组织机构调整，则对外仍可作为奉天都督府的直属机关，自与受三陵辖制的下设部门级别不同。而如果内务府并归三陵改科分股，早成尾大不掉之势的各旗司库处将面临大幅裁改，府中官兵生计无着才是伯良等最为担心的地方。即便暂不变更现有组织，并入三陵后原本仅作内务府员书办公津贴的杂款收入亦将由三多统一支配，各员待遇难免随之下降。伯良等在呈文中首先对三多是否拥有改并盛京内务府之权提出质疑，一方面强调该府系办理皇室事务的独立机关，于奉省行政体系内交接公务皆奉都督指令：

　　　　盛京总管内务府大臣印信向由盛京将军兼管，嗣改为行省即由总督兼权，举凡对内对外公事，自各旗司处呈请总督，总督画诺，内咨于京部，外行于州县，统系至一，禀承有自。迨共和宣布以后，而本府公事仍仰承于奉天都督，此际虽无兼理之明文，而有统辖之实事，即本府各处亦无不公认为本府之长官，且庄壮田土事项必须与地方官交接，而地方官皆受承于奉天都督，胥赖奉天都督命令以为奉行。③

----

① 盛京副都统三多咨，1913 年 2 月 25 日，JC011-02-022773-000002。另，民元之后，三陵职官体系崩坏，奉天当局只把三陵衙门官员视作"副都统"级别的官员，对具体衔名经常乱用。本书也不强做统一。

② 指三陵办事衙门欲兼管盛京内务府事，该府众人认为这一方案相当于裁去了盛京内务府官兵的职缺，与《优待条件》"以前宫内所用各项执事人员可照常留用"的条款相违背。

③ 盛京总管内务府掌图记佐领总代表伯良、保联、铭盛等呈，1913 年 4 月 26 日，JC011-02-025637-000001。

而一旦改归三陵，所有皇产清查事宜必先呈报盛京副都统，再为转咨都督，徒生周折，更易致公事延宕。另一方面从清室现行行政体制的角度指出，三陵并无管理盛京内务府的权限：

> 盛京内务府统于都京内务府，现在北京东西两陵归京内务府管理，即盛京三陵官员升故等事，无不咨由京府核办，是府可管陵而无陵管府之理。若如该盛京副都统所议，是以外辖内，以小加大，宪纲颠置，与定制不合，此统系之颠倒也。[①]

并且援引《清室优待条件》留用宫内各项执事人员一款，申明盛京内务府待日后国务院与清室北京总管内务府有令方可改组；继而表示三陵现征收各款足资办祭，三多欲鲸吞盛京内务府进款，一则不利于保护皇室私产，再则府内向无恒产的三十余万人丁势将生计尽失。

伯良等既为保留盛京内务府各旗司库处旧制，将该府定义为适用《清室优待条件》的"皇室机关"，又希望借奉天都督之权在奉省行政体系内继续享有直属机关的地位，避免受制于另一"皇室机关"三陵办事衙门，前后矛盾之处恰反映出进入民国后，清室与奉省对于在奉清室事务管理权限的划分尚未明晰，以至于盛京内务府的定位在"皇室机关"与奉省政府部门间游移不定。这场风波中不见以坐办英锐为首的内务府办事处人员身影，或与其掌握事权，即便改组归入三陵亦不会受较大影响有关。而面临着巨大"失业"压力的伯良等人，甚至提议仿照清代盛京将军兼任盛京内务府大臣的旧制，由奉天民政长兼理内务府总长，以期"一事权而保皇产"。终得奉天行政公署指令"并无裁并内务府之议"，同时要求该员等"勿得轻听传闻致多误会"，[②] 各旗司库处再度得以"幸存"。

实则民国成立后，冬围停捕，贡、祭品停纳，[③] 盛京内务府办事处所管事宜较清代大为减少。惟内务府庄地清丈于清室在奉收入最为关键，

---

① 盛京总管内务府掌图记佐领总代表伯良、保联、铭盛等呈，1913 年 4 月 26 日，JC011-02-025637-000001。

② 奉天行政公署指令，1913 年 5 月 14 日，JC011-02-025637-000002。

③ 秦国经：《逊清皇室秘闻》，第 29 页。

1912年底办事处酌拟《清查庄地试办简章》，勘明庄头领种官地后发给该庄执照，每亩收取照费小洋1角、注册费小洋1角；其隐匿、淤复、浮多并各庄无力领种情愿归佃等地，发给佃户租照，照、册费同前。浮多地亩按土地质量优劣定为上、中、下三等，每亩按年由官家统一收取租价小洋4角、3角、2角。此次清查庄地各项收入，除支销委员川资、留抵盛京内务府员书津贴及缴纳课赋外，其余均系新增正款，随时解送清室北京总管内务府核收。① 彼时奉省已设立清丈局专办旗地事务，仅同意内务府先行试办一路庄地清丈，日后便由局据此续行办理。

到1913年4月、5月间，奉省议会经讨论，认为民国优待清室岁费本就为清室各机关所用专款，省财政既无财力负担内务府办事处及三陵费用，于优待岁费外再增开支更易致纠葛。最终议决凡属于奉天旧设之内务府及三陵守护衙门等机关，所需办公经费、员司津贴应与清室北京总管内务府筹商，由皇室经费项下统一开支，不列入省财政计划之内，② 由此明确了以办事处为代表的盛京内务府清室机关的定位。

然而奉省此举无疑令经费支绌的清室雪上加霜，清室便希望能按照上年《清查庄地试办简章》在奉继续推行内务府庄地清丈，以增加经费收入。实际上1912年北京财政部要求厘清逊清皇室各衙署经费，便是要将民国对清室的经济供给严格限制在优待岁费定额内，避免清室以其他名目索取额外款项；而盛京内务府办事处只因清末已纳入奉省行政体系，该省财政便要为这个进入民国后管理逊清皇室私产的机构，承担常规办公经费及员司津贴等各项开支，自是不愿平白出"冤枉钱"。奉省欲摆脱包袱，清室顺势表明以自有产业自筹在奉机关经费，若有盈余还可解"小朝廷"用款之急。然而大量庄田、山园地处奉省境内，清室鞭长莫及又难以派出妥员，想要顺利招佃收租并非易事，还需奉省为内务府办事处向地方各县协调配合清丈事宜。张锡銮继任奉天都督后，提出待皇庄地亩清厘完竣再行确定纳差或交租办法，而当看到清室将从整顿产业中获利时，奉省更不会放任其自行厘定各项产业处置章程。

1913年7月清查官产处成立后，大规模的土地整顿在全国范围内展

---

① 内务府办事处呈，1912年12月，JC010-01-004212。

② 《内务府致国务院函》（1913年5月），《关于皇室经费与奉省行政经费划分一案的文件》，《民国奉系军阀档案·一九一三年卷》第3册，第40页。

开，奉省既声言与清室划清经费界限，于土地清查方面自然有所行动。盛京内务府庄地积年未行清厘，又逢国体变更庄佃抗丈，彻底清查需要投入的人力、财力并非清室所能承担。奉省于 1915 年 1 月成立全省官地清丈局，抓住时机重新制定《丈放内务府庄地章程》，所有内务府办事处前次清丈所发租照一律撤销，无论正额、浮多地亩全行重丈。① 丈毕全部放价由庄头及佃户承领，只有盛京内务府庄地册载正额土地地价拨解清室，浮多地价则收归国有，以清界限，而重国土。如此一来不仅浮多地亩清室无权置喙，正额土地在获取一次性地价后也将与清室再无关系。所谓浮多地价收归国有即是收归奉省财政，而内务府庄地丈放后将一律起科由各该管县按年征收，成为充盈奉省财政的来源。至此便可理解省署前次不愿促成盛京内务府归并三陵，正是因为担心三多以筹办奉祀经费名义统管内务府庄地后，为履行《清室优待条件》中宗庙陵寝永远奉祀一款，奉省或不便推行清丈并收归浮多。奉天巡按使公署将《丈放内务府庄地章程》呈请大总统鉴核，于当年获准实行并在清室北京总管内务府备案。自此之后盛京内务府庄地丈放及汇解正额地价等事皆由奉天全省官地清丈局统一办理，奉省以顺应全国清查官产大势之名把盛京内务府最重之事权收归在手，掌控了清室在奉的主要经济活动。

实则甫一进入民国，隆裕太后即颁布"懿旨"，筹划裁并清室北京总管内务府。至 1914 年 7 月 9 日，身居紫禁城的溥仪复有"旨意"，着溥伦等人从速办理：

> 钦奉谕旨：常年经费既有定数，常年用款自当量入为出，方为持久之计。前恭奉孝定景皇后懿旨，内务府及所属各衙门暨有关皇室各衙门，事多专司，用款不无靡费，官沿定制，额设不无冗员，自应酌其繁简量加裁并，庶足以昭核实而期久远，派溥伦等体察情形，通盘筹划。等因。钦此。自应钦遵懿旨妥筹办法，乃事阅两年，尚未办理就绪，殊属迟延，所有应办事宜着溥伦等悉心筹划，妥速办理，其有关各衙门事件，着会商该管堂官再行会衔具奏。钦此。②

---

① 奉天全省官地清丈局详，1915 年 3 月 27 日，JC010-01-004197-000025。
② 《宣统年交旨档》第 2 册，全国图书馆文献缩微复制中心，2004，第 533 页。

上驷院、武备院、奉宸苑由此裁并内务府堂管理，圆明园裁并颐和园管理；内务府额设各项官缺原有 1055 员，裁减 272 员。[1] 同年 12 月 26 日，大总统袁世凯批准《清皇室善后办法》，其中第五条规定清室北京总管内务府为"主管皇室事务总机关，应负责任，其组织另定之"，[2] 同时将慎刑司裁撤。但此际对于盛京内务府办事处及各旗司库等机构设置，尚未做出进一步调整。而《善后办法》第四条规定"政府对于清皇室，照《优待条件》保护宗庙陵寝及其原有私产等一切事宜，专以内务部为主管之衙门"，[3] 又意味着清室自主管理在奉皇室机关的权力受到限制。凡关涉在奉事务重要决策，皆须北京总管内务府首先咨行内务部，内务部通常行文奉省并参考省署意见答复清室，清室并无多少置喙余地。这无疑提升了一直强调"划清界限"的奉省在清室事务中的话语权。故此清室以纳入民国军事序列且长期驻奉的旗籍大员、署盛京副都统兼署金州副都统三多兼任三陵衙门最高长官，实际上是希望借其打通与奉省高层的联系以期皇产保全。

这一年中内务府办事处帮办吉升、随办程继泰相继因病开差，临近年末坐办英锐又为回京处理家中产业请假月余，终于 1915 年 2 月 8 日禀请开差，四日后奉天巡按使公署批以三陵衙门档房协领寿丰彭接充坐办。尽管三多将盛京内务府归入三陵的计划没有实现，但办事处所遗坐办一差未从府内旧员选派，而是由出身三陵且与三多关系密切之下属寿丰彭接任，或可视作奉省对三多在奉天清室机关官员中最高地位的承认。

第三节　奉天当局主导降级改组

庄地丈放之权既归奉省，寿丰彭上任后盛京内务府长期不用外人的封闭性又被打破，办事处开始协调各路承催及庄头到地指引行绳，配合清丈局开展工作。此前盛京内务府以庄地租项维持办公、津贴费用支出，耗费甚巨。刻下职能弱化，似无必要保留各旗司库处的庞大体系，且庄

---

① 秦国经：《逊清皇室秘闻》，第 17—18 页。
② 《专电》，《时报》1915 年 1 月 8 日，第 2 版。
③ 《专电》，《时报》1915 年 1 月 8 日，第 2 版。

地放价由清丈局收取后直接汇解清室，留给府员津贴所用杂款一项骤减，难以维持大量员司生计。1915 年 4 月 28 日奉天巡按使公署饬办事处坐办寿聿彭，"查内务府自政体改革后，事务甚简，所属各机关亟应切实裁并，以节经费"。①

寿坐办计划停支办公、津贴费，改组内务府，仅保留办事处建置，留用人员发给薪水津贴。办事处设坐办、帮办各一员"总司其事"，内务府原印务档房、三旗佐领及五司三库、文溯阁等裁并为办事处辖下文牍、会计、守卫三科。文牍科"专司来往文件档案暨统计预算表册"，原印务档房所有文案卷宗皆归科管理，设科长 1 员、科员 3 员；会计科"专司收支款目预算决算各项簿记"，原会计、掌礼、都虞三司各项房地园租悉归经征，设科长 1 员、科员 4 员；守卫科"专司守卫宗庙宫殿、保存库储物品暨招待中外参观人士"，管理三旗、文溯阁、营造司、三库一应事宜，设科长 1 员、科员 3 员。② 三科共留用书记 8 名；设守卫长 1 员、兵 10 名；另有听差 4 名、夫役 4 名。改组以前员司兵役薪水津贴、办公经费及各项开支数目年折合小洋 29400 元 5 角 7 分 7 厘，根据奉天巡按使公署要求，此次裁并要旨在于节约经费，各部门员司裁减后，除岁修宫殿、官房及特别开支外，年需固定款目拟为 14052 元，较前大幅下降。改组后并未额外拣选新员，"均系旧有职务，量其素日所长分别支配，事关改组归并之件，此外并无新添一员，以杜口实"。③ 一则留用旧员老练熟手便利办事，再则可保障其收入来源，不致滋生事端。

表 2-1　内务府办事处留用各机关人员名单

姓名	现任职务	原任职务
寿聿彭	办事处坐办	办事处坐办
杨龙霈	办事处帮办	办事处帮办

① 《奉天巡按使饬令》（1915 年 4 月 28 日），《关于内务府坐办裁并及人员任免等文件》，《民国奉系军阀档案·一九一五年卷》第 3 册，第 14 页。
② 《寿聿彭给奉天巡按使公署详》（1915 年 5 月 6 日），《关于内务府坐办裁并及人员任免等文件》，《民国奉系军阀档案·一九一五年卷》第 3 册，第 16—17 页。
③ 《寿聿彭给奉天巡按使公署详》（1915 年 5 月 16 日），《关于内务府坐办裁并及人员任免等文件》，《民国奉系军阀档案·一九一五年卷》第 3 册，第 30 页。

续表

姓名	现任职务	原任职务
文葆	文牍科科长	办事处随办
王秉乾	文牍科科员	办事处文牍员、执事人
田永新	文牍科科员	办事处统计员
宛恒元	文牍科科员	办事处收发员、印务掌稿笔帖式
启绲	会计科科长	办事处随办
侯锡桐	会计科科员	办事处会计员、库使
保元	会计科科员	会计司食俸催长
王增信	会计科科员	署会计司食饷催长
维治	会计科科员	北路清丈庄员（前办事处请委查西路庄缺，尚未竣事）
富伯良	守卫科科长	掌图记佐领
田璞	守卫科科员	食俸司库
孙永安	守卫科科员	办事处委员、催长
姚秀春	守卫科科员	催长

资料来源：《奉天巡按使公署批》（1915 年 5 月 18 日），《关于内务府坐办裁并及人员任免等文件》，《民国奉系军阀档案·一九一五年卷》第 3 册，第 35—36 页。

此前北京清室总管内务府虽裁减二百余人，毕竟组织机构庞大，裁去员缺不过四分之一，即便到 1924 年"北京政变"前仅保留总务、文书、会计、采办四科，仍有官员 308 名。[1] 而当时盛京内务府名为"改组"，实际相当于一次性将办事处以外各旗司库处全行裁并。以处管府的过渡模式终结，自此只有处，再无府。进入民国后，旗员兵丁本已三年未得俸饷，又见无法续领津贴，生计没有着落，时有较大震动。1915 年 5 月 24 日，原盛京内务府正白、正黄、镶黄三旗，掌礼、广储、都虞三司及档案房、文溯阁联名上书奉天巡按使张元奇，言内务府员司兵丁津贴本由清室经费项下开支，并非出自国库，"而清室任省优待之经费，未肯减去本府官兵等员之津贴"。又指寿丰彭任坐办后，依恃皇族身份揽纳

---

[1]　佚名：《宫廷改革》，《溥仪研究》2013 年第 1 期。

私交，"先将伊之故友文葆及族弟桂馨派充随办雇员，继将伊之跟役缪景瑞派充差遣，其余重要办事之官员，任意私排，已致全局之官员等互相不平"；不仅如此，全府津贴更被其一律裁撤，苛刻至极，引起公愤。为此恳禀巡按使作主，务求官兵"不失赖生之计"。① 一日后，复就裁撤津贴事再禀省署，表明清代皇室供品经费均为阖府官兵历代祖遗差徭供应，民国成立供差虽停，但官兵家属因纳差累贫，除津贴外无所依赖。进而指出津贴本由清末盛京内务府各旗司处"合盘托出"差款而成，"如有缺出概不传补，随优游岁月清室消灭而后已故"。② 寿坐办既以节费为名，将原有实缺可分领津贴者裁撤，却又加增其所立三科任用各员薪水津贴，前后矛盾之处无不令人生疑。不过巡按使认为办事处事简费冗，想要达到收支平衡，唯有裁减津贴这条路可以走。尽管于八旗生计筹定前仍应支放兵弁俸饷被载入《清室优待条件》，但给大多没有确定职务的官兵发放津贴，只会"久糜国帑"，③ 办事处正值款绌之际，裁去津贴实属正当。

6月3日，以镶黄旗骁骑校王常盛为代表的原盛京内务府官员再向奉天巡按使公署陈情，开列寿丰彭假公营私"罪状"六款，指盛京内务府办事处初时因公务繁杂便宜办事而设，现事简费冗本宜裁并，改组却只针对原设各旗司库处，"独减彼而增此，悲欢悬殊令人不解"。人事方面控陈三款，首先声明盛京内务府官员经理清室产业、各有专职的性质，特别强调该府与地方行政官厅的不同之处：

> 一切糈饷均归皇室经费，不动民国库款，非与行政官厅可比。如款绌改并，宜以在职各员拣充，而免措置失当。乃寿坐办借改擅权，虎猛断九曲之路；废内用外，狼贪居一垄之奇。④

---

① 盛京内务府各旗司官兵等禀，1915 年 5 月 24 日，《奉天巡按使公署为内务府坐办裁并及人员任免以及物品财款清理交接事》，JC010-01-001061。

② 《内务府旗司官兵等给奉天巡按使禀》（1915 年 5 月 25 日），《关于内务府坐办裁并及人员任免等文件》，《民国奉系军阀档案·一九一五年卷》第 3 册，第 43 页。

③ 《奉天巡按使批》（1915 年 5 月 26 日），《关于内务府坐办裁并及人员任免等文件》，《民国奉系军阀档案·一九一五年卷》第 3 册，第 48 页。

④ 内务府案房委署主事承霖、都虞司食俸催长恒裕、掌礼司食俸催长马万钟等禀，1915 年 6 月 3 日，JC010-01-001061-000016。

随即便如前呈所述，再度控称寿坐办任人唯亲、牟取私利等情，指其在改组中并未悉心拣选各旗司库处旧员，而专就办事处"外人"为主，"以前在同善堂充收支、侵款被黜故友文葆派文牍长，外戚启绹派会计长，又以丈地纳贿有案维治派会计员，并派族弟桂馨充书记，跟人缪景瑞充差遣"。① 进而表示内务府办事处自创设之始，坐办、帮办、委员、书记各员设置皆有定额、各尽其职，已历七年之久。今因职掌简化，为免人浮于事，自当一体裁并，反而加增科长、委员、书记员额，从改组结果上看办事处规模较前更为扩大，不知寿坐办真正用意到底在于缓解费绌抑或为己敛权。

经济方面亦开列三款，其一为改组后办事处官员津贴月支较前并未减少，仍有千余元之数。其二为寿坐办串通丈地委员，合谋预支已完成清丈但尚未放照各庄地二成款项，各分其半；且动用盛京内务府旗兵伍田丈放地价，蒙混拨作食辛者库人丁粮饷。其三为上调所用办事人员薪饷，书记每名月支饷由5两加增至洋15元，守卫兵每名月支饷由3元加增至10元。阖府官兵本寄望于此次改组换用科差后，能够"稍得生路"，不想办事处为挤占员额竟将府中在职旧人"废置死地"，是以迭次向巡按使陈情，更表明在职各员如能留任，愿按成再减津贴，舍弃一切无用开销，彼时月支数目或将比现在寿坐办定拟改组计划更为俭省。惟恳请巡按使体恤兵众，将不法坐办及滥用之私人均行撤差，另委公正贤员。

在以王常盛为代表的旧设盛京内务府官员眼中，办事处只是清末由旗务司派生出的临时性机构，而三旗五司三库等已存续百余年，当为改组后之主体。不想办事处坐办以下诸员均行留用，而即便将同时在办事处及各旗司库处兼差的王秉乾、宛恒元、侯锡桐、孙永安算在内，出自盛京内务府原设机构的留用人员10名，也仅占旧员总数的15%，远低于清室总管内务府历次裁并时的留用人员比例（50%），甚至连部分佐领、主事、催长等掌事官员皆未得安排。

由于坐办已完全代佐领掌事权，似并未特别注意协调分配改组后留

① 内务府档案房委署主事承霖、都虞司食俸催长恒裕、掌礼司食俸催长马万钟等禀，1915年6月3日，JC010-01-001061-000016。

用人员名额，更不用说妥筹办法安置"失业"员司。而奉天巡按使张元奇亦未考虑如何兼顾盛京内务府经费减省与被裁各员生计维持，也不甚在意留用人员薪水津贴增加，唯关注改组后能否达年减洋15000余元之效。对于王常盛禀文内所指寿坐办任人唯亲各员身份同样没有正面回应，只强调文葆、启绸等皆系办事处旧员改充，并非添派"外人"，以"来禀所指各节，显系任意捏饰，殊属荒谬"批复。[①] 奉省显然较为满意当前清室机关盛京内务府原设机构全行裁撤，仅余一遵行省署指令办事处的局面。

遭巡按使斥责后，王常盛等员并未作罢，转行直接禀请北京清室总管内务府"主持公道"。禀文同样列举了寿聿彭妄行改组的弊端，既有前向奉天巡按使公署控诉其任用戚友亲族、改组后职员薪水津贴较旧时津贴数额不减反增、裁撤津贴苛待员司等情，亦有在原禀基础上就发放食辛者库人丁粮饷一款进行增补说明。因该项人丁清代专为备办皇室贡品而设，王常盛等员认为贡差停止后，似无理由继续发放人丁粮饷，但寿坐办却从已收清丈庄地归办事处留用二成价款中，拨出3000余两作为食辛者库丁银，而延不发放拖欠数月职员津贴，并从中私行截留600余两。此外还将旗兵应得伍田丈放四成地价，指作岁修宫殿、官房开支。若言办事处用款支绌，何以仅裁减正职人员津贴，而即便贡品停办仍出款恩济食辛者库人丁；若言办事处改组后可实现收支平衡，何以岁修工程款项仍难行筹措，要额外占用旗兵伍田地价。寿坐办所行种种，难保未有以公肥私情弊。

为能使总管内务府发挥作用，禀文中特别对此次改组在行政程序上的失当之处提出疑问：

> 查事简费冗，裁并固所宜然，然宜由内府职员酌量任用，转咨北京内务府批准，咨奉按使立案，始为正当办法。乃寿聿彭不用内府职员，擅委私人，亦不咨京备案，于《优待条件》不符。[②]

① 奉天巡按使公署批，1915年6月5日，JC010-01-001061-000017。
② 内务府咨，1915年7月6日，奉天巡按使公署文件，JC010-01-001061。

为维护清室在奉天的正当权益，禀文最后向总管内务府提供了两种选择，其一为请总管内务府由京派一专员重行整顿改组事务；其二为依循旧制从原盛京内务府佐领、主事人等中指派一员设法维持，以期"职员等不致流离失所，而皇室产业得以永久保存"。总管内务府接禀后，很快咨行民国政府内务部，请部转咨奉天巡按使核查寿耆彭揞不发放津贴、以庄地变价肥己等情是否属实。

王常盛等员越过奉天巡按使公署，向清室北京总管内务府"揭发"寿耆彭营私舞弊恶行，流露出的态度是盛京内务府改组的人事决定权在京府而非奉天省署，遇事应受逊清"小朝廷"管理。尽管中华民国成立之初，赵尔巽或出于保全盛京清室产业的用意，明令盛京内务府由自任"东三省总督总管内务府大臣"直管，并由此将内务府纳入奉省行政体系中，但 1913 年奉省为与清室划清经费界限，已明确承认盛京内务府为皇室机关，即便事实上从未放弃通过办事处掌控府务，名义上仍应尊重清室北京总管内务府"主管清室事务总机关"之地位，尤其改组一案牵涉较广，宜先期咨行清室。也因此当 1915 年得知津贴即行裁撤时，盛京内务府各旗司库处联名上书直指寿耆彭"一无清室裁撤之公文，又未奉有民国总统之命令"，可见并不承认奉天巡按使公署饬文改组节约经费的效力，表明仅奉"小朝廷"和北京政府政令的态度。尽管张元奇此前已斥王常盛所禀为谬，毕竟此番接内务部咨文不可敷衍，便命署盛京副都统兼署金州副都统三多查复寿耆彭事。

三多接到张元奇咨文两周后，于 8 月 19 日向巡按使公署回复调查结果，认为寿耆彭并无营私舞弊之举。在人事方面，三多特别澄清了张元奇申饬王常盛时含混带过的员司身份问题，表明书记桂馨、齐成治、听差缪景瑞等皆由办事处书差旧职改充。在饱受质疑的财务问题上，三多指出食辛者库丁银支出实为补发民元旧欠，并强调查验簿据的结果显示该项银款收付数目相符，不存在寿坐办留取小费情况；另裁撤津贴实因内府皇庄丈放后收入锐减，但当年正式改组前 1—5 月津贴已按时发放并无拖欠，且各佐领事务甚简，亦不常在署办公，似没有保留职务的道理：

查此次津贴之裁，实因庄地丈卖，收入锐减。寿聿彭奉饬裁减，实为财力所迫，被裁各员情形困苦自不待言，俸饷积欠三年亦系实情。惟俸饷应由财政厅支付，实非寿聿彭权限所及，据闻各佐领平日本无所事，亦不常川入署，至改组后既未留有职务，何能仍令充差。①

对于寿坐办动用庄地及伍田地亩价款的指控，三多则直接表示此两项入款皆与办事处毫无关涉，实无该坐办介入并任意指用的余地，遑论借公图私：

卷查庄地丈卖，系由官地清丈局办理，收价须全数解京；伍田丈放，亦系各领催兵等自行禀请巡按使，发由清丈局丈卖，得价以四成为官兵生计，以六成为公家收入。两项收入之款，均与该办事处无涉，何能指此收入，以为借公图私，尤属误会。②

照理而言三多的副都统之职虽已由前朝旗官转入民国陆军序列，但其长期兼任三陵办事大臣，本与清室总管内务府往来互动密切。然而当王常盛等人"抬出"总管内务府处理改组案时，他却并没有站在清室一边，反而认为即便办事处的改组计划并未先期咨行京府备案，亦无不合行政规制之处：

卷查该办事处前归总督管辖，今隶巡按使管辖，此次裁并系奉巡按使饬令，寿聿彭就本处原有之员酌量去留，详准巡按使执行，不得谓擅委私人。且既以原有之员改充，亦无咨京备案之必要。其未咨京备案，照平日办事手续，应由巡按使据详转咨。③

---

① 署盛京兼金州副都统三多咨，1915年8月19日，奉天巡按使公署文件，JC010-01-001061。
② 署盛京兼金州副都统三多咨，1915年8月19日，奉天巡按使公署文件，JC010-01-001061。
③ 署盛京兼金州副都统三多咨，1915年8月19日，奉天巡按使公署文件，JC010-01-001061。

三多前曾希望将盛京内务府归并三陵一体管理，亦知此际查核王常盛等禀控坐办案，乃由清室咨行内务部所请而起，即便为回护其旧日下属寿氏，或示好奉省表明遵奉政令之意，如此公开明确否认清室对于奉天事务的"话语权"，也似非一个长年游走于旧朝与新主之间的老臣惯常的处世态度。

况且表面上看，三多已对王常盛禀文所控各节逐一核复，但他和巡按使张元奇一样未正面回应寿聿彭所用部分员司是否有侵款、纳贿不法案底在身，是否和坐办存在亲缘关系。尤其盛京内务府裁并后留用人员薪水津贴待遇皆行提高，难免令人怀疑寿聿彭大规模裁员的目的在于腾出经费为亲友谋利。至于伍田一项，本为嘉庆五年（1800）设立，上命盛京将军查得奉天各城马厂中较远且不堪放牧的闲荒地，给予旗丁垦种并征收租钱，之后渐由旗丁招民佃种、向官纳租。[①] 内务府伍田租赋向归三旗派委领催征收，每年收入扣除川资后主要拨充食辛者库人丁口粮及解送国库，如有余款则散放三旗领兵以资接济。[②] 进入民国后清丈随缺伍田即被奉省提上日程，1914 年 3 月大总统准奉天都督兼署民政长张锡銮所呈，以丈放八旗官兵随缺伍田收取地价六成归奉省行政收入、四成归官兵充裕生计。[③] 盛京内务府伍田经三旗领兵呈请省署，亦在丈放之列。寿坐办对于伍田丈放及地价分成办法，确实没有置喙余地，但也并非如三多所言，因地由清丈局办理，而全然置身事外。

早在 1915 年 5 月 6 日向省署送呈改组计划时，该坐办已表明岁修宫殿、官房等项特别开支无款可筹，询及伍田地价拨发、发商生息办法；同时请巡按使指示原由内府粮庄差租款下发放之四千余口食辛者库人丁粮饷，在庄地丈放地价直接汇寄北京总管内务府后，应如何续行办理。[④] 清丈局由此提出待伍田丈竣，可从归三旗领兵四成地价内酌

① 刁书仁：《东北旗地研究》，第 191 页。

② 内务府办事处呈，1919 年 3 月 3 日，JC010-01-013055-000035。

③ 奉天民政长张锡銮呈大总统文并批，1914 年 3 月 26 日，《政府公报》1914 年 3 月 28 日第 678 号，第 15—16 页。

④ 《寿聿彭给奉天巡按使公署详》（1915 年 5 月 6 日），《关于内务府坐办裁并及人员任免等文件》，《民国奉系军阀档案·一九一五年卷》第 3 册，第 17—18 页。

拨一成发商生息,以备岁修工程及人丁饷银支用。① 一边是办事处现有收入连宫殿修缮等项常行支出都无法负担,却有余力增加留用人员薪津;一边是大量旗员骤行裁撤,坐办为维持处务正常办理,还要占用七百余名三旗领兵赖以为生的伍田地价。盛京内务府上至被裁官员,下到普通兵丁的生计问题,皆未得到妥善解决,改组进程遗留下不少隐患。

第四节　清室规复旧制的尝试

三多的调查或不能尽释疑问,清室总管内务府亦没有坐等奉省调查结果,早在 7 月 6 日将王常盛禀文转咨内务部后的第三天,便迅速委派曾任盛京内务府正黄旗佐领的唐铭盛,赴奉核查王常盛禀控寿聿彭一案。唐铭盛既知八旗官兵俸饷早已停发,"每年津贴,仅由内务府官房、伍田地租项下小洋 14000 余元赖以生活",为旗员生计计,禀请京府保留津贴,"再遇缺出概不升补,不及十年,旧有官兵殆将尽矣,不裁自减"。② 顺利复命后,时任奉北一带军警稽察长的唐铭盛本有其他任务在身,不想清室总管内务府接其禀文后,认为在奉事务亟宜整顿,便将其委为"盛京内务府总办"。

在寿聿彭尚未被免职、内务部和奉天巡按使公署均未接到总管内务府咨文前,清室此举无异于一种变相宣示对盛京内务府"主权"的做法。尽管唐铭盛无论前次查案还是此番到任,均遵照程序咨请内务部转行奉天巡按使,但在地方当局明定办事处经费由清室奉天产业租项中支出的情况下,即便续行收租亦属民国政府给予的优待范畴,"小朝廷"仍然认为自行承担驻奉机关开支则当享有相应的人事任免权,借此或可扭转在奉事务被该省官员全行掌控的局面。接函得知唐铭盛即将到任后,寿聿彭马上向其时主政奉省的上将军兼署巡按使段芝贵陈情:

---

① 《孙葆瑢给奉天巡按使详》(1915 年 5 月 19 日),《关于内务府坐办裁并及人员任免等文件》,《民国奉系军阀档案·一九一五年卷》第 3 册,第 39 页。
② 内务府办事处总办唐铭盛禀,1915 年 9 月,JC010-01-001061-000025。

查职处职员系奉按台委充办理内务府一切事件，向对于京内务府无直接关系，此次京府如欲收回直接管理，例应由内务部行知钧署核准转饬遵照，方合法定程序。今仅据该一纸函称，亦并未奉有饬知，未敢轻忽交代。①

寿耆彭并不知道唐铭盛已面见段芝贵呈上京府公文，得段允准，于9月23日先赴内务府接管款目，只待内务部咨文到省署后正式接任总办。或许经寿耆彭提醒，段芝贵迟迟未见内务部文，恐有不妥，便于9月28日发出电报向部询问：

惟本省内务府，向只设一坐办，系由省派。此次由京派员，久未接准部文，至深企盼，请速查文系何日发。②

唐铭盛面见段芝贵时称内务部已于17日行文到奉，段氏此次特别要求内务部先行回复该文发出日期，可见对唐铭盛之言有所怀疑，进而担心由京府派员系清室自行主张，同时暗示清室本已无权干涉坐办人选，似无放任其派设级别更高之总办的必要。内务部复电亦颇值得玩味：

悉内务府派委唐铭盛赴奉一案，本部于三十日另文咨达，先此电复。③

既表明清室确已将派任总办事报部，或也反映出其对是否应允此事犹疑不决的态度。若唐铭盛所言为实，内务部17日已应发出咨文，实际却拖延到30日且另行发文。原文没有发出，大概内务部也在考量清室派员到

---

① 内务府办事处坐办寿耆彭禀，1915年9月，JC010-01-001061-000028。
② 镇安上将军督理奉天军务兼署奉天巡按使段芝贵电，1915年9月28日，奉天巡按使公署文件，JC010-01-001061。
③ 内务部电，1915年10月1日，奉天巡按使公署文件，JC010-01-001061。

奉总办奉天事务可能带来的影响。不过唐铭盛既已到奉，内务部最终也顺应清室意愿并未提出异议，段芝贵10月4日接到的部来咨文便是请其向盛京内务府办事处转达唐铭盛任总办事。

在旧日员司的支持和协助下，唐总办自9月23日到办事处后，第一要务便是整顿账目，全面翻检款项卷簿，由此查得处内应存款项与实存金额不符。账簿载现有存额小洋3000余元，实存仅1000余元，所亏之数乃会计科科长启绲私欠小洋1100余元，及科员挂支200元到300元等。另有房租一项折账数目不符，亏洋500余元。① 此外还有不应动支之款两项，其一为食辛者库人丁粮饷小洋2000余元，领饷各员皆系为清室承做贡品之食口粮者，原领内务府皇庄交纳仓粮为生，现贡品既停且庄粮欠交，此项粮饷似无以办事处正款续行垫放之理。其二为牛馆豆差小洋1100余元，本应上年拨给陵寝守护副都统以资祭牛喂养，却迟至本年唐铭盛到府交接时才行拨发。② 经过此番账目清查，即便改组之际皆留用旧员且并无拖欠津贴事项，但寿丰彭等私借滥支经费仍属实情，当限期催缴欠款。眼见寿丰彭卸任缴回预支薪津，办事处文牍科科长文葆，会计科科长启绲，科员王秉乾、维治及书记桂馨等亦先后辞差，但仍禀请巡按使段祺瑞体恤，免予回缴已经预领的10月份薪津，"惟查账簿，十月分薪津已经开支，应即如数缴还等因，职遵查向章，凡委员到差均由奉委之日起薪，辞差亦由奉批之日停薪。再宪台到省后，凡系辞差各员，均蒙多发一月薪津体恤有案。今职辞差禀批，饬经该办事处，月余未复，是以宪批职迄今终未奉到。至已领十月分薪津奉洋60元，均已耗尽，实难凑缴，恳请查照未奉辞差禀批，暨援辞差各员体恤一月薪饷之例，俯允职一律免缴，不使向隅"，③ 但仅文葆一人迭经牍陈终获得巡按使允准，而此后内务府办事处其他各员不得援例办理。

---

① 1916年3月7日查明实际亏洋430元。
② 盛京内务府总办唐铭盛详，1915年9月27日，奉天巡按使公署文件，JC010-01-001061。
③ 前内务府办事处文牍科科长文葆禀，1915年11月11日，JC010-01-014228-000007。

清理积弊之外最为重要的问题，当属重行厘定改组方案，尽可能为更多旗员纾解生计之困。按照骁骑校王常盛等人最初禀请总管内务府派员"主持公道"时的意愿，他希望在保留盛京内务府各旗司旧制的基础上，稍加裁并部分职能弱化的机构。如营造司归入广储司，内管领处归入掌礼司，会计司归入都虞司；三旗织造库分归各旗管理，三旗甲兵中年富力强者可改练工程兵，以备来日承担岁修事项。对于内务府办事处的设置，更直接提出"档案房为本府公牍、卷宗、册档总汇之所，办事处稽核旗司库处贡差，并无主管事，实即应裁撤并入档案房办事，以省靡费，酌给俸饷而免另筹生计也"。① 唐铭盛认为以简司裁归繁司尚属可行，为杜靡费，"更宜择优任用，优给津贴，务致用一人即得一人之力"。对于现在在职官员，拟以官房租金发给薪俸；而700余名三旗甲兵因人数甚众，各旗只得暂行酌留职务兵13名，共计39名，以12名充工兵，12名守卫宫殿，15名分散各旗司充书差，以伍田地租拨放饷糈津贴。对于无职务者概不发给薪饷，以示区分。惟考虑到被裁官员生计或无着落，如遇缺出，可酌情禀请总管内务府在旧员中点派资历深厚者复职接署，但无俸而只发放减半数目津贴。② 不过唐氏并未对裁并办事处之议表态，只命各旗司行文暂仍使用原刊钤记，凡呈送总管内务府及巡按使公署文件则用佐领图记封发。

9月30日，内务部将总管内务府咨文转行兼署奉天巡按使段芝贵，请查照唐铭盛所禀盛京内务府整顿办法。此番三多接到省署请详查公文后，并未再如前次般表示清室对办事处事务无权过问，而是派员赴该处调查后，函复"以固有收入为该机关办公经费，其规定尚属量入为出，似无窒碍之处"。③ 因唐铭盛另有军警稽察长职务在身，上任总办不久便离奉，临行前为办事处拟定新名"总办内务府事务处"。不过当10月16日代办郑桂丰、胡冀兆按其所嘱向省署详报取消办事处前称及木质钤记、改定名称以资整理等事，希望重行整顿后的盛京内务

---

① 盛京内务府代表镶黄旗骁骑校王常盛等禀，1915年，奉天巡按使公署文件，JC010-01-001061。

② 盛京内务府正黄旗佐领唐铭盛禀，1915年，奉天巡按使公署文件，JC010-01-001061。

③ 署盛京兼锦州副都统三多咨，1915年10月15日，JC010-01-001061-000046。

府作为清室奉天事务办理总机关的地位能够得到奉省认可时，只于 4 日后接到段芝贵批复"整理处务不在虚名之改革"，二人既为代理人员，本不宜率请变更，仍应遵照旧制办理，最后更明确表示更名及取消钤记"应毋庸议"。①

唐铭盛返奉后，于 1916 年 2 月 11 日再上详文，虽未提及更名事，但指所用坐办钤记系由清朝之旗务司发放，不宜续行使用，请巡按使公署刊发"盛京内务府办事处"关防一颗。段芝贵认为办事处既未更名，"原仍用发钤记当然适用"，遂直接批驳"毋庸另刊关防"。而唐氏原本拟以官房、伍田租项作为官兵俸饷，但各处产业清厘并加增租额进展并不如预期顺利，实难维持众员经费开支。相对复杂的旗司体系及始终未能彻底解决的冗员问题，已让办事处维持正常运转十分勉强，是以该处最终决定不再保留旗司体制，而以寿聿彭改组后的三科建置为基础，从原盛京内务府被裁各员中拣选能者，重新附入三科办事。为此唐铭盛在是日送呈省署的详文中提出新计划：

> 可否按照各机关原有人员并入三科办事，仅就熟悉内府事务及当差勤慎之员，暂行附入三科，派以相当职务，从减给与津贴而资糊口，均作为试署一个月以观成绩。倘各该员等认真当差，再行请加委任，酌加津贴，以专责成，而励将来。②

为使段芝贵允准所请，唐铭盛特将寿聿彭改组后员司薪饷数目与现下拟定并入旧员所需数额进行比对，意在表明此次人员调整并不会额外增加过多开支。

---

① 《段芝贵批》（1915 年 10 月 20 日），《关于内务府坐办裁并及人员任免等文件》，《民国奉系军阀档案·一九一五年卷》第 3 册，第 81 页。
② 《唐铭盛给奉天巡按使公署详》（1916 年 2 月 11 日），《关于盛京内务府办事处拟变通开支办法的文件》，赵焕林主编，辽宁省档案馆编《民国奉系军阀档案·一九一六年卷》第 1 册，线装书局，2017，第 260 页。

表 2-2 盛京内务府办事处员书警役月支薪饷及办公经费比较

员书警役薪饷				月支办公经费	
额定人数		月支薪饷			
现拟定	原改组	现拟定	原改组		
总办 1 员	1 员		100 元		
帮办 1 员	1 员	40 元	80 元		
办事员 1 员		30 元			
督察员 2 员		各 40 元			
招待员 2 员		各 20 元			
差遣员 6 员		各 12 元			
文牍科 科长 1 员	1 员	40 元	60 元		
文牍科 一等科员 1 员	科员 3 员	30 元	各 30 元		
文牍科 二等科员 2 员		各 25 元			
文牍科 额外科员 2 员		各 15 元			
会计科 科长 1 员	1 员	40 元	60 元		
会计科 一等科员 1 员	科员 4 员	30 元	各 30 元	现拟定	原改组
会计科 二等科员 2 员		各 25 元			
会计科 额外科员 2 员		各 15 元			
守卫科 科长 1 员	1 员	40 元	60 元		
守卫科 一等科员 1 员	科员 3 员	30 元	各 30 元		
守卫科 二等科员 2 员		各 25 元			
守卫科 额外科员 2 员		各 15 元			
书记 6 名	8 名	各 15 元	各 15 元		
警长 1 员	1 员	20 元	20 元		
警兵 10 名	10 名	各 10 元	各 11 元		
听差 6 名	4 名	各 7 元	各 7 元		
夫役 4 名	4 名	各 7 元	各 7 元		
统计 58 员(名)	42 员(名)	992 元	966 元	150 元	180 元
附记	查本处总计常年按十成应征租款洋二万一千余元,除岁修宫殿、各处官房暨员书等薪津开销统约需一万七八千元之谱,其余全数解京。惟常年催收租款及岁修工程数目均不能预定,所以此次拟定员书薪津从减,至于各员酌加津贴,应按催收进款之多寡,始能酌量增减				

资料来源:《盛京内务府办事处员书警役月支薪饷及办公经费比较表》(1916 年 2 月 11 日),《关于盛京内务府办事处拟变通开支办法的文件》,《民国奉系军阀档案·一九一六年卷》第 1 册,第 262—263 页。

因前坐办寿丰彭、帮办杨龙霈已卸任，文葆等四人辞差，办事处总办以下仅留有文牍科科员田永新、宛恒元，会计科科员侯锡桐、保元、王增信，守卫科科长伯良及科员田璞、孙永安、姚秀春，连同书记、警兵及差役人员在内共计 37 人。唐铭盛拟定添设办事、督察、招待、差遣等员，同时增加各科科员人数后，又有盛京内务府被裁旧员 21 人附入处内办事。尽管依然无法将全数裁员重行召回，但此次调整已是办事处在当时经济状况下，为尽可能多的旗员提供薪金保障所做出的最大努力。由于唐铭盛另有职务在身，不领办事处薪饷，且帮办、科长等薪津均行下调，科员亦细化级别按等领薪，故而旧员回归后，员司薪津一项较前每月仅多支出 26 元。段芝贵在批复中虽未直接否决唐铭盛的计划，却以寿丰彭改组原案所定办事处开支数额为衡量标准：

> 查前因该办事处事务较简，经前巡按使饬令裁减以节虚靡。据详所拟办法，如果与前次核减原案无甚出入，自可通融照准。惟值此财政艰窘，无论何项机关，断难率准增加开支，致启冒滥之渐。①

无论办事处人员是否增加，如不能达到与前次改组同样的节省经费成效，则显然无法令段芝贵满意。唐铭盛于 2 月 26 日再上详文：

> 查本府原设三旗五司三库等处，共计食俸饷官六十余员，按年应支薪津公费，均由各机关进款项下开支。自添设办事处以后，将本府应征、应解、应支各款统由一处收支，有案可查。嗣因奉天财政厅停发俸饷，本府所有员司书役仍赖办事处发给薪费以资接济，按常年核算共需薪费银一万三千余两。②

首先指出各旗司库为盛京内务府原设机构，存在有年。在此基础上增设

---

① 《唐铭盛给奉天巡按使公署详》（1916 年 2 月 26 日），《关于盛京内务府办事处拟变通开支办法的文件》，《民国奉系军阀档案·一九一六年卷》第 1 册，第 264 页。

② 《唐铭盛给奉天巡按使公署详》（1916 年 2 月 26 日），《关于盛京内务府办事处拟变通开支办法的文件》，《民国奉系军阀档案·一九一六年卷》第 1 册，第 264 页。

办事处，作为统一收支、便宜内外联络之机构。且盛京内务府员司由进款项下年支薪津公费亦为定制，只因省财政厅未能履行《清室优待条件》"关于满蒙回藏各族待遇之条件"第五款"先筹八旗生计，于未筹定之前八旗兵弁俸饷仍旧支放"的规定，停发俸饷，办事处为资员司生计计，必无法裁去薪费银开支。进而表示清查坐落各处地亩、果园、鱼泡、山场，本就需要大量人力：

> 前坐办只知节减经费改组三科，遽将原管各员薪津一律停止，似未深悉本府情形，亦并未计及应征各项差款以及清查等事。职自接事以来，再三体查所有应办事项，非熟悉经手之员，断难知其底蕴。既期公事无误，尤欲整顿得人，是以前详附表声明拟添十六员，不但每年应征各款可以认真催办，即调查清室皇产等事亦当克日清理。①

更为重要的是，员司薪饷开支每月虽增加 26 元，但办公经费一项较前却减少 30 元，总计月支仍能减少 4 元。三日后段芝贵终于批复准予照办，但特别强调"此后不得再给津贴，以示限制，而免冒滥"。3 月 11 日，唐铭盛将办事处员书警役衔名薪金公费表详报奉天巡按使公署，请段芝贵咨内务部转行清室总管内务府查核备案。

表 2-3　盛京内务府办事处员书警役衔名薪金公费一览

职务	姓名	职责	官阶	旗籍	月薪	月支办公费
总办	唐铭盛	总办盛京内务府一切事务	陆军少将衔步兵上校正黄旗佐领	北京内务府正白旗	未拟薪金	纸笔费35 元
帮办	郑桂丰	帮同总办办理一切事务	广储司司库	盛京内务府正黄旗	40 元	
办事员	朴蓬瀛	办理一切事务	候补催长正黄旗领催	正黄旗	30 元	

---

① 《唐铭盛给奉天巡按使公署详》（1916 年 2 月 26 日），《关于盛京内务府办事处拟变通开支办法的文件》，《民国奉系军阀档案·一九一六年卷》第 1 册，第 265 页。

职务		姓名	职责	官阶	旗籍	月薪	月支办公费
督察员		董保联	督查一切事务	镶黄旗佐领	北京内务府镶黄旗	40元	纸笔费35元
督察员		富伯良		正白旗佐领	镶黄旗	40元	
招待员		董景阳	招待观瞻宫殿官绅	正黄旗顶戴领催	盛京内务府正黄旗	20元	
招待员		克兴额		内管领处署掌领达仓长	正白旗	20元	
差遣员		邱连举	差委查办案件等事	镶黄旗顶戴领催	镶黄旗	12元	
差遣员		胡景宽		广储司执事人	正黄旗	12元	
差遣员		周常格		广储司副司库	正黄旗	12元	
差遣员		钊启昌		掌礼司执事人	镶黄旗	12元	
差遣员		邱玉廷		掌礼司贴写兵	镶黄旗	12元	
差遣员		宛广礼		署会计司执事人	正白旗	12元	
守卫科	科长	王常盛	管理守卫一切事务	镶黄旗骁骑校	正白旗	40元	茶项费25元
	一等科员	田璞	管理守卫宫殿等事	广储司司库	镶黄旗	30元	
	二等科员	孙永安	管理守卫宫殿及本科稿件	掌礼司催长	镶黄旗	25元	
	二等科员	朱保元	管理守卫宫殿及稽查兵役镶黄旗	会计司催长	镶黄旗	25元	
	额外科员	赵耆龄	看守宫殿等事	文溯阁催长	镶黄旗	15元	
	额外科员	张承霖	看守宫殿启闭宫门等事	署正黄旗骁骑校委署主事	正白旗	15元	
文牍科	科长	胡冀兆	管理文牍科稿件一切事务	正白旗骁骑校	镶黄旗	40元	柴炭费31元5角
	一等科员	宛恒元	管理案牍稿件等事	署堂主事掌稿笔帖式	正白旗	30元	
	二等科员	田永新	管理案卷拟稿造表等事	学习笔帖式	镶黄旗	25元	

续表

职务		姓名	职责	官阶	旗籍	月薪	月支办公费
文牍科	二等科员	姚秀春	管理案卷拟稿等事	都虞司催长	正白旗	25元	柴炭费31元5角
	额外科员	关恒裕	收发文件	都虞司催长	正白旗	15元	
	额外科员	马万钟	校对文件	掌礼司催长	正黄旗	15元	
会计科	科长	郑桂丰	管理会计科收支款项一切事务	广储司司库	正黄旗	40元	印刷费15元；报费2元5角；电话电铃共6元5角
	一等科员	金宝仁	管理收支款项簿记	广储司库使	正黄旗	30元	
	二等科员	侯锡桐	管理各项房地租项	广储司库使	正黄旗	25元	
	二等科员	郑锡庆	管理马厂各地课赋	正黄旗库催长	正黄旗	25元	
	额外科员	王增信	稽核款项账簿	署会计司催长执事人	正白旗	15元	
	额外科员	关保纯	核算收支款项兼绘图	镶黄旗库执事人	镶黄旗	15元	
书记		赵永誉	缮写文件		正白旗	15元	
书记		郭兴文			正黄旗	15元	
书记		任良珂			正白旗	15元	
书记		金宜春			镶黄旗	15元	
书记		梁鸿泰			镶黄旗	15元	
书记		吴恒富			正黄旗	15元	
警长		王玉润	督率兵丁守卫宫殿	掌礼司执事人	镶黄旗	20元	
警兵		刘亮	巡逻站岗守卫宫殿	制兵	正黄旗	10元	电灯费4元5角
警兵		胡玉发			正黄旗	10元	
警兵		王铭瑛			正黄旗	10元	
警兵		缪桂彬			正白旗	10元	
警兵		戴常凯			正黄旗	10元	
警兵		戴纯诚			正白旗	10元	
警兵		林永成			正白旗	10元	

职务	姓名	职责	官阶	旗籍	月薪	月支办公费
警兵	金文奎	巡逻站岗守卫宫殿	制兵	正黄旗	10元	电灯费4元5角
警兵	戴巴彦			正白旗	10元	
警兵	孙永秀			镶黄旗	10元	
听差	赵德山	洒扫服役等事	制兵	正白旗	7元	杂支费30元
听差	金常龄			正黄旗	7元	
听差	曾广心	递送公文传达等事	营造司贴写兵	正白旗	7元	
听差	吴广吉		广储司弓匠	正黄旗	7元	
听差	宛瑞康	洒扫服役等事	制兵	正白旗	7元	
听差	侯辅			正白旗	7元	
统计						150元
附记	□此次奉准改组守卫、文牍、会计三科，并添派帮办、督察、办事、招待、差遣等名目计共30员，书记、差警等计共23名，概属本府旗籍外，有夫役4名，月各支工食洋7元，并薪津、公费等项共计月支小洋1142元。内办公经费现拟定月支小洋150元，较前核减30元。统计常年应支出小洋13704元，均由本府征收租款项下开支，并未超过从前预算范围。第职因进款有限，是以未敢仰邀津贴，一俟筹有余款再行给给。兹特将各员书差警衔名、官阶等分晰列表，以昭核实。至夫役姓名，因系临时雇用，故未列及，合并声明					

资料来源：《盛京内务府办事处员书警役衔名薪金公费一览表》（1916年3月11日），《关于盛京内务府办事处拟变通开支办法的文件》，《民国奉系军阀档案·一九一六年卷》第1册，第322—324页。

　　为规范处内常年收入各款使用，不致其再被任意借垫挪移，同时使员司薪饷发放得到制度保障，唐铭盛还着意为每一项进款重新制定了对应用途。经过财务整顿与人事调整，办事处各项事务逐步走上正轨。尽管在是否同意清室派员到奉接管盛京内务府办事处事务的问题上，内务部和段芝贵曾有迟疑，但在唐铭盛"临危受命"出任总办的近半年时间内，他以保全清室产业和筹办旗员生计为核心提出的各项举措，基本顺利得到段芝贵的许可，只有前述办事处更名及请发关防两项未获允准。实则从最初三多调查唐铭盛所禀归并盛京内务府事务及清查款项办法，到办事处追缴寿耆彭等私支滥借公款、清理账目及添设旧员诸项事务，皆未被巡按使公署过多关注。段芝贵对该处的核心要求只有一条——无论如何进行内部整顿，较前次改组不得随意增加开支。在唐铭盛遵循这一原则的前提下，尽管将更多旧员招回的做法，与奉省原定通过改组逐渐缩小办事处规模的计划不符,其所请仍被基本采纳。

而更名"总办内务府事务处"则超出了对内整顿的范畴,上升到办事处的性质与权限层面。因办事处具有临时性,处内最高职务仅设处理日常事务的坐办一员,便宜统一对外联络。奉省以清丈庄地名义限制办事处事权之后,作为"皇室机关"的盛京内务府对奉天旗人社会的影响进一步减弱,经寿丰彭改组后仅保留处级建置。

不想此际出身北京内务府正白旗、与清室联系更为密切的唐铭盛受命以总办衔名至奉,不仅级别高于原设坐办,甚有以"总办内务府事务处"作为办事总机关、规复盛京内务府旧制之意。不同于寿丰彭全行听命奉省进行改组,即便更名之请未成,唐铭盛仍主动提出整顿办事处财务、人事新法,革除积弊的同时力图达到维护清室及旗员利益的目的。而木质钤记多为各省文职杂佐所用,唐铭盛现请刊刻等级更高的关防,便是希望从印务层面明确办事处地位的提升。然而内务部和奉省可以接受清室派驻一个总办,却也仅限于唐铭盛自身比照其在京清室内务府三旗护军营总办职务享有同等总办之名,并不意味着办事处级别随之提高、重获特权。该处仍然只是最高负责人掌坐办钤记的临时性机构,其地位和濒临裁撤的命运不以清室是否直接派员管理而改变。

第五节 清室机关的"自治"

一 "救星"变"被告"

唐铭盛出任总办时间不长,在清理盛京内务府办事处款项方面已办有成效,但其并非专职在奉,于北京仍有兼差。是以 1916 年 3 月 30 日再度赴京前,他便请巡按使公署暂派帮办郑桂丰代理总办职务,待由京返奉后再行接办。然而当年 9 月,唐铭盛亦遭到会计科科员王增信、文牍科科员马万钟等人的控告,指其久不在奉,委任契友郑桂丰、心腹朴蓬瀛总揽处内全局,二人恃权肆行毫无顾忌,并开列郑、朴舞弊恶举六项:其一为擅用亲族结党营私;其二为私拆官房扣留工价;其三为私放王产地基租项;其四为擅动公款冒支川资;其五为以应征马厂课赋抵补私欠债务；其六为擅加规费致应征庄欠差款无着。

如果说这次呈控还只是因唐铭盛用人不当而起，到 1917 年 5 月 30 日办事处科员关恒裕、马万钟、侯锡桐等再向省长上书陈情时，则是直指该总办"阳借清理皇产之名，阴行其侵蚀之计"。第一条"罪状"为侵蚀公款，称唐总办将办公经费据为己有，"不惟该公馆零星购物动此公款，又任意支配添加调查员数名"；其虽声言另有兼差不在办事处领取薪俸，"反暗中由正款侵蚀洋 500 元，伊自名曰车马费，亦未呈明报销擅自动用，且于每次返京必以公款内侵蚀洋若干，美其名曰川资"；更以总管内务府兵饷不足为由擅拨数千元，却未见京府收讫回执。第二条为欺罔擅专，指唐总办藐视省长，凡办理关涉处内财政、人事紧要公务，皆不先期向省署请示，多擅作主张，几欲以个人手谕替代行政命令效力：

> 查唐总办自恃系京府所派，且依附袁总统势力，横暴异常，俨然非省长所属。每遇事件，不惟不商之同僚，即省公署命令，该总、帮办等亦容心藐视，如遇应请示公务，多由伊等随便拟办。即以支款而言，无分巨细，概不事前呈请，候批准核发，率行办理。……再处中各员，均系呈明委任，而唐总办自由添委人员，始终隐而不报。……每遇事件，伊必下手谕冷嘲热骂，勒令各员遵从其效力，较省令有过之无不及也。①

第三条为任用私人。由于京奉两地兼差，该总办一年在奉时间不过两三个月，凡回京期间必带同办事处调查员郑廉清充任常随，"寸步不离"，"虽食公饷，则变成伊之私人"。且正如科员王增信等前控所指，处内一切公务尽委郑桂丰、朴蓬瀛等总揽大权，任便其行。第四条为勒成肥己，该总办以给处内员司增发津贴为名，勒令租款催办员交款并由办公公款内提出计 1000 元，实则只分众人每人十余元，代办郑桂丰、胡冀兆各得 100 余元，所剩 200 余元皆入其一人囊中。

---

① 内务府科员关恒裕、马万钟、侯锡桐等呈（附保条），1917 年 5 月 30 日，JC010-01-013055-000012。

　　唐铭盛初任总办之际，很多旗员对于恢复盛京内务府各旗司库处前制有所期待，不想其"并不归复旧制，仍照前坐办原有三科敷衍办理"。[1] 唐总办本是盛京内务府旧员在遭到巡按使驳斥、为对抗寿丰彭营私舞弊改组不公的背景下，直接联衔呈请清室总管内务府由京派出到奉之人，然仅过了一年时间却又成为委任职员、动支款项皆不呈报藐视省长，[2]"毫无政治知识，遇事独断独行，詈骂同僚，我行我法"的奸顽之辈，在尚未厘清办事处事务时即另赴他任，"而又巧立名目，位置无用多人，将办事处全体事务委之伊契友郑桂丰并伊之心腹朴蓬瀛，亦即郑桂丰之表弟二人之手，委郑为会计科科长并兼帮办，委朴为办事员。而该总办遂久住京城不行返奉，郑、朴遂得以植党营私，把持财政，恃权肆行，毫无顾忌"。[3] 面对唐总办在办事处的只手遮天，科员关恒裕等忍耐已极：

　　　　第案关公款，该总、帮办虽有权衡，究与私人财物不同，似此任意处理，职等仅可听其自然。既无权干涉，又不敢违拗，长此以往实难听其指挥，以致泾渭不分，徒贻他人笑柄；政治腐败，转令全局倾颓。[4]

　　可以说 1915 年改组启动后，坐办、科长、总办等主要管理者接连被控告，这实际上是清末以后盛京内务府积弊的一次集中爆发，某种程度上反映出旧王朝崩解前的吏治乱象。早在宣统元年十二月初四日，时任东三省总督锡良、奉天巡抚程德全即上奏清厘盛京内务府财政，以资整顿而革弊端：

---

① 内务府会计司催长会计科科员王增信、内务府掌礼司催长文牍科科员马万钟等禀，1916 年 9 月 8 日，JC010-01-013055-000001。

② 1916 年 7 月 6 日大总统申令各省民政长官改称省长，奉天巡按使由此改称奉天省长。参见大总统申令，1916 年 7 月 6 日，《政府公报》1916 年 7 月 7 日第 182 号，第 1 页。

③ 内务府科员关恒裕、马万钟、侯锡桐等呈（附保条），1917 年 5 月 30 日，JC010-01-013055-000012。

④ 内务府科员关恒裕、马万钟、侯锡桐等呈（附保条），1917 年 5 月 30 日，JC010-01-013055-000012。

旋据查明该府每年进出款目约分二类，一曰正款，如丁银、折色、地租、课赋、房租、马干等项共约收银二万七千余两，均系备充贡品、车脚、散放兵丁粮银及学堂经费等用，向有定额，盈余无多。一曰杂款，如丁差、杂差、平余、串余及房租等项，共约收银一万六千余两，向系备办贡品、拨充川资及办公津贴等用，每届盈余为数非细。①

将正、杂款两项全行清查后，每年可得盈余合银一万余两。由于府内员司长期依靠浮收冒滥增加收入，若骤然将经费统一归公办理，为足资养赡各员，须另外筹集津贴作为补助。由此拟定以盈余银两按照人数分别等第酌给津贴，每月支银一千余两为限，则既不致糜费，又能够严定各职务专责。缺少明确、规范的财务制度，收支繁杂无序；为缓解员司生计之困甚至纵容浮收冒滥，无不助长了盛京内务府官员的贪渎之风。加之人浮于事，该部门行政效率低下，而津贴开支日渐庞大。

溥仪的英文教师庄士敦曾如此评价盛京内务府："这个机构至少与它在紫禁城中的那个相应的机构同样腐败。"② 晚清以降，作为京师总管内务府最高统领的内务府大臣难保廉洁，接连犯案。高级官员而外，不少中下级官吏也利用差使之便，钻营致富，不仅体现在对钱粮的克扣侵吞上，还表现为许多人长期把持要职，甚至利用不法手段谋取职务。③ 关于民国初年北京清室总管内务府的中饱和舞弊，据溥仪观察：

> 有些贵族、显宦之家已经坐吃山空，日趋潦倒，甚至于什么世子王孙倒毙城门洞、福晋、命妇坠入烟花等等新闻已出现在报纸社会栏内，而内务府人却开起了古玩店、票庄（钱庄）、当铺、木厂（营造业）等等大买卖。我知道这些生财之道无一不与宫中的财富有关。④

---

① 东三省总督锡良、奉天巡抚程德全折，宣统元年十二月初四日，宫中档朱批奏折，04-01-35-1093-005。
② 庄士敦：《紫禁城的黄昏》，陈时伟等译，马小军校，山东画报出版社，2007，第162页。
③ 强光美：《制度缺失与家国利益——晚清内务府腐败问题探析》，《北京社会科学》2016年第6期。
④ 爱新觉罗·溥仪：《我的前半生》全本，第120页。

1915 年除去"小朝廷"王公大臣的俸银外，清室总管内务府开支计银 264 万两，远超慈禧太后七十寿辰时的年支银 70 万两。如前所述，溥仪于 1914 年颁布"谕旨"裁减内务府员司，1922 年续行裁员半数，但直到 1924 年才下定决心清除内务府积弊，于 3 月 3 日"特派郑孝胥为总理内务府大臣，畀以全权"。郑孝胥拟将内务府财政清厘分为三期：

> 第一期筹款，一面裁减，一面变价。第二期存款，豫算既定，悉付现款。第三期余款，出少入多，用息存本。[①]

5 月 4 日又与内务府大臣绍英、耆龄商议裁并府内各机构，设总务、文牍、会计、采办四科。然而想要在短时间内撼动内务府旧制推行改革，无疑窒碍重重。郑孝胥上任仅三月余便奏请开缺，此后溥仪虽按其计划进行整顿，却在同年 11 月被驱离紫禁城，终究未能以"当家做主之权"实现所愿。

盛京内务府办事处的改组虽然较清室总管内务府早了近十年，且坐办寿耆彭被控不法后已及时撤换，但总管内务府毕竟有北洋政府拨发优待岁费可供开支，内务府大臣绍英等在逊帝身边当差，尚能尽力筹措经费，府中官员津贴及三旗军饷发放基本得到保障。[②] 而即便唐铭盛已为盛京内务府办事处各项进款指定用途，但其一年中在奉仅三月余，征租情况缺乏监管，处内员司违规行为亦难随时稽查。在盛京内务府大量旧官被裁、七百余名三旗兵无饷可领的情况下，办事处留用何人任职充差，都需要多方协调考量，办事处管理者的任何言行，都被置于一众旗员兵丁的高度关注下。何况帮办郑桂丰等人仅于总办离奉期间代行职能，若擅用公权不受约束，操纵公款用度，安插亲信留处办事领取薪饷，则无论被裁抑或在处员司皆无法认同。或许受到此前骁骑校王常盛禀控坐办寿耆彭终得改派总办，其本人亦成功留处任守卫科科长的影响，揭发情弊一时间成了办事处员司引起上级重视、争取自身权益的重要方式。

这一次王增信等科员显然将希望寄托于省长公署派员彻查惩办总、

---

① 劳祖德整理《郑孝胥日记》第 4 册，中华书局，1993，第 1988 页。
② 参见《宣统七年放过款项及近三年比较表》，爱新觉罗·溥仪《我的前半生》全本，第 41 页。

帮办等人，而省署虽长期参与办事处事务，实际主要考虑进一步限制其事权并缩小规模，并无意真正肃清积弊。故此尽管查实郑桂丰、朴蓬瀛等擅发王产房屋租项、私支公款等情，若能如数追缴放款并陈明所支公款详尽用途，便只记大过一次。且由于此间总办唐铭盛始终未能返奉，处内公务仍由郑桂丰等人续行处置。对于总办被控各节，尽管经奉天财政厅厅长王永江派员到处查明第二、第三、第四款均属实情，但省署认为，唯第一款指唐氏解京 3000 元却未见总管内务府正式公文为最重，为此特咨行内务总长转咨清室，证实总管内务府确曾因三旗护军营兵食米面菜蔬款难以筹垫，请唐总办将办事处应解清室之款，提前解京以资接济。① 至于擅支公款及任用私人等情，省署只批以应于事前呈准，并严禁侵耗公款，但未做出任何实质性惩处。

　　唐铭盛本人也于 1917 年 8 月 31 日向省署进行了申辩，表明从前动支各款未开有单据实系"疏忽"；用人一项乃缘公务繁重、需人孔亟而事从权宜，"暂行委员试办"，只为待确定各员能够胜任职位再行向省署呈报，复因返京数月延宕。而所以有分发津贴之举，则是由于办事处川资款项原本仅为赴各地催租人员可领，余者除常年定额薪俸外再无津贴奖励。"惟委员查案系属临时发生，日期多寡、距离远近固难预定，是以车脚杂费等项准予差竣呈缴，日记单据计日核实报销。至宿膳各费均有定数，自应先期按次明订，俾资遵守。兹拟遇职出差查案之时，每日准销宿膳费小洋两元，科长每日宿膳费一元五角，科员差遣每日宿膳费一元，书记警兵等每日宿膳费八角。如遇各县派警护送款项等事，日给该警饭费小洋五角，一概作为定数，不准超越。惟车脚船费暨到县派警保护拨给犒赏，并特别杂支等项，均得认真撙节核实报销，以示体恤而昭公允。"② 故此征得催租员王常盛等同意从川资中提出一成，作为对在处勤勉工作员书警兵的特别奖励。所余钱款也未入总办私囊，实因王常盛所率催租差员遗失自佃户处借得枪支，需预留款项进行赔偿。③ 总之无论科员所控何款，或为一时疏漏，或因他人失误，皆非该总办有意擅行

① 内务部咨，1917 年 8 月 28 日，JC010-01-013055-000020。
② 内务府办事处总办唐铭盛呈，1916 年 3 月 17 日，奉天巡按使公署文件，JC010-01-013139。
③ 内务府办事处总办唐铭盛呈，1917 年 8 月 31 日，JC010-01-013055-000022。

舞弊。其亦特别表示日后定遵照省署定制办理公务。

不过最令一众办事处科员寒心的是，民元以后盛京内务府三旗领兵困苦难挨，尚不知何处得济，办事处勉力维持运转经费，孰料总管内务府三旗护军营难筹兵食，即可任意调拨处内常行用款。该府派唐铭盛赴奉的至深用意或不在于整肃办事处、缓解旗员生计之困，而在便利随时解京款项以济清室应用。

二　办事处成立团体维持会

经此一番禀控，办事处科员终于看清无论奉省抑或清室皆不在意处内员司权益。为避免纷争、防止无谓的内部消耗，使内务府办事处全体员司"群趋正轨、互相咨议，借同心协力保此机关，以免根本动摇有碍大局"，当年9月初，经帮办郑桂丰、守卫科科长王常盛发起，各科三十余名员司联衔呈请总办唐铭盛转呈奉天省长公署备案，拟在处内组织一团体维持会：

> 职等因鉴于处中纷扰情形，亟应设法挽救，况我总办京府有差，不克常川在奉监督一切，将来倘再别生枝节，殊属贻误。第本处膺差员司，原系各旗处人员，势成散沙，毫无统系可言。遇事各自为谋，尤恐因权利而走极端，因意见而成对峙。①

办事处拟具团体维持会简章十三条，确立不得侵越三科各员职务的原则，在确保总办随时莅会即可担任临时主席的领导地位的同时，详定推选正、副会长，干事员等人；莅会法定人数；提案审议程序；会员义务，会务经费，会期间隔等各项事宜。会议每星期召开一次，意在通过共同协商、集会表决的方式处理办事处重大事务，并由此协调各科员司之间的关系，期办事处能够以一致声音对外，在保证行政效率的同时，尽力长久维持员司既得利益。

---

① 盛京内务府办事处全体员司联衔呈，1917年9月6日，《办事处为全体员司联合会成立并拟定章程事》，JB008-01-044009。

内务府办事处联合会议规则

一、办事处原有员司均为本会会员，不愿入会者听之。

一、就办事处内组织之，由会员中公推正、副会长各一人，干事六人，评议六人，分掌交议、提议公务各案件。

一、办事处原旧三科各员职务，暨总办等权限，一概照旧，不得稍涉侵越。所有收发文件并批稿等项照章总办等画到画行，不与联合会干涉。

一、凡遇重要事件，由总办、主席公同各会员讨论进行，普通事件以会长办理，总办如欲随时出席与议，亦可即请为临时主席。

一、每次出席会员，以过半数为法定人数，由主席报告事由毕，互相讨论各发政见，以表决取多数通过，如遇双方同数，取决于主席。（表决法另定之）

一、凡本处公务，经总办认为应议，或由干事提议、会员三人连名请议之案，先由评议员审查，大体拟具方针后，请全体通过进行。

一、会长管理提议报告案件，及集会表决等事，干事担任速记案由、调查提议案件等事。惟专就现议之案范围之内，不得干涉他项公事。

一、凡入会者，均有遵守本会规则之义务，不得违背或倡言破坏。如有上项情事，由公议表决酌量议罚，惟罚则另行公议订之。（凡会期几次不到者如何议罚）

一、交议、提议各案，经表决后缮具说帖，请以办事处名义行之。倘有提议案时，须有同人三人以上之附署，可开会公议办理。如有应须审查或调查者，即由主席指交干事评议承办。

一、凡表决通过之案，如总办认为理由不甚充足时，应再交复议，但总办另有特别办法时，应请出席宣告以凭进行。

一、会内需用纸笔及公益等项，请由办事处经费项下补助，至他项用款，则由会员分担，核实宣布。

一、会期每星期内以一次为限，如遇紧急事件发生，临时召集之，其召集之责，属于干事办理。每次开会人数，以签到簿为准，但各员处中职务仍须照旧，免致延搁，有碍公务。

一、此系暂行试办规则，如有应修改之处，随时更正之。①

尤其值得注意的是，这份简章着意对总办的权力加以限制，即便遇有重要或总办认为应议之事，亦须由会员共同讨论，表决通过。即便对通过各案另有意见，总办仍不能擅行否决，而应出席会议公开宣告别项办法。实际上成立团体维持会的主要意义，便是采用公议的手段，以办事处全体民意所向取代总办个体意志的独断专行。不过可惜的是，由于收入较为微薄，权益长期得不到保障，维持会存在的最终目的就是希望平息办事处内部各科纷争，从而团结一致、更为长久地维持这份尚算稳定的薪津收入。对于影响稳定甚至可能威胁到薪资利益的任何因素，即便是同属于奉天旗人社会且生活更为困苦的昔日同僚或下属旗兵，提出维持生计的正当要求，办事处各员亦难共情，反尽力排斥，以至于失去了整合奉天旗人社会各方力量、代表群体发声创造发展机遇的良好时机。团体维持会的成立同样不符合办事处员司为更好履行清室机关职能、对完善公务体制机制做出的努力。正是长期处在为奉省所利用并被清室忽视的境地下，旗员利益蒙受了损失。若想于夹缝中自我保全，唯有审时度势、谨慎行事，实难强求其对任何一方尽心竭力。

唐铭盛接到简章后，首先肯定了同人热心公务之举"与本处事体大有裨益"，表示"急〔极〕端赞成"。同时因自己无法长期驻奉，"以武人两京兼差，未克与会，深为抱歉"。②但强调若要确实立会，务须手续完全，使各员切实尽到责任，并批以先行试办一个月，待有成效再行备案。为早日成立团体维持会，未及半月，各科员司再度呈文总办，陈明处内各情若不及时整顿，难免延宕公务，尤在总办回京之时，凡各科遇有要件，应经联合会议共同妥议。而为免侵越总办事权之嫌，又特别声明凡总办在处之时，自当以其指示为尊：

凡遇总办回京之时，无论本处何科公事，遇有□难之件，不得

---

① 盛京内务府办事处全体员司联衔呈，1917年9月6日，《办事处为全体员司联合会成立并拟定章程事》，JB008-01-044009。

② 内务府办事处总办唐铭盛批，1917年9月6日，《办事处为全体员司联合会成立并拟定章程事》，JB008-01-044009。

仍前专擅，均准职等公同联合会议悉心讨论，俾得互相研究，不至各存私见，总期于公务有益，以利进行。其总办在奉时，仍当遵奉指示，竭力赞助，以臻妥善。[①]

不过唐铭盛仍是在试办将届一月之期的 10 月 3 日，才向省署送呈简章，于六日后接到指令"如呈备案"。当月 19 日，内务府办事处团体维持会正式召开第一次全体联合会议，推举文牍科科员宛恒元、会计科科员侯锡桐分别担任正、副会长，一并选定干事员六名、评议员六名及速记员一名，同时拟就详细议事规则一份，制定与会纪律及惩处措施。[②]

团体维持会作为一个自发且带有自治性质的组织，是内务府办事处员司置身北洋政府和奉省当局忽视、清室自顾不暇的夹缝地带中，为稳固办事处地位，打破常川在外之总办对经费、人事管理的垄断性特权，保障生计来源的一次"自救"行动，同时是原本针锋相对的科员王增信、马万钟等人与帮办郑桂丰之间相互妥协的结果。与在亲贵、遗老、军阀等多方势力纠葛间踟蹰难行的清室总管内务府改革相比，亦是有益的尝试。

然而未及一年，1918 年 9 月又发生了原盛京内务府镶黄旗甲兵郭锡铨向奉天省长公署呈控办事处王常盛科长营私舞弊案，主要"罪状"有四：

（1）私吞官租。民国四年秋际与办事处会计科长桂丰吞揽内务府官租，系积存前永胜裕地皮租金计一千七百余元，被人告发，曾蒙省长记大过一次在案，迄今二年有余，仍未吐出，实属目无法纪。

（2）以公料修私宅。去岁九月间在西华门外会计司院内擅修房屋，竟将宫内存储板窗、玻璃、木料等项移出，改修私宅十间，随便居住，抗租不交。该院前面红墙并未坍塌，乃竟全行毁折〔拆？〕另为改造，经内务府人员阻拦又照旧修理，实属胆大妄为。

---

① 内务府办事处各科员司联衔呈，1917 年 9 月 17 日，《办事处为全体员司联合会成立并拟定章程事》，JB008-01-044009。

② 内务府办事处总办唐铭盛呈，1917 年 10 月，《办事处为全体员司联合会成立并拟定章程事》，JB008-01-044009。

（3）吞没庄头巨款。王常盛自兼充督催员差，每遇款项到手，即入私囊，以致食辛者库人丁口粮银永无发放之日。似此假公济私，凡系同僚无敢言者。

（4）嗜好甚深。本年旧历九月初一日，王常盛在钟楼南德兴福染房吸食鸦片，被司法衙门捕获，罚金大洋五百元可为证明。现复腆颜在处充差，似此寡廉鲜耻，究因长官袒庇所致。①

与此同时，原盛京内务府三旗领兵代表刘常喜亦向奉天省长公署呈控办事处帮办郑桂丰、会办胡冀兆、办事员朴蓬瀛、守卫科科长王常盛等人中饱盈余款项、影射兵缺伍田地租、擅拆红墙以宫殿作为私宅、滥任亲族虚靡公款、黑收应归国有课赋、越权丈放山场官地等弊情十款。其中最为紧要者便是影射伍田地租一项。按刘常喜所呈，盛京内务府三旗伍田地租本应悉数散放众兵，官员不得沾润，然自民元以后办事处扣留地租分文未发：

> 领兵等以饷需既停，地租又被办事处捃去，曾具呈请领，办事处批示已呈明公署指定用途，作为办事处薪公，何以于呈报京内务府转咨内务部请缓清丈伍田案内，又云此项伍田一经丈放，殊与旗丁生计关系重要。前后两歧，自相矛盾。②

经奉天财政厅委员史光宇调查，伍田地租确曾用作三旗领兵津贴，但办事处迭次改组后，1915—1917 年三年地租已呈明指定用途作为薪公。惟刘常喜指出办事处房租等项收入已足资办公用度，请将历年伍田地租盈余款项散放众兵维持生计。因恐 1918 年地租再入办事处之手，1919 年初刘常喜呈请省长撤任办事处帮办郑桂丰、会办胡冀兆等五人。3 月 3 日，总办唐铭盛、帮办郑桂丰等呈文省长公署详陈伍田地租来龙去脉，事缘三旗领兵曾负责征收清代盛京内务府伍田租项，因众兵均在内府膺差，昼夜轮班职守宫殿，为体恤其清苦非常而饷糈不敷养赡之情，特以伍田地租扣除拨发辛者库人丁口粮及解送国库用款后所剩余钱，发放领兵以

---

① 内务府镶黄旗甲兵郭锡铨呈（附保条），1918 年 11 月 9 日，JC010-01-013055-000028。
② 奉天财政厅呈，1918 年 12 月 7 日，JC010-01-013055-000030。

资接济，由是此项津贴原非领兵应得之常项。

至宣统元年十二月，东三省总督锡良为示尊崇陪都体制、整肃盛京宫殿守卫，奏请在戍守兵丁中选员考送巡警教练所学习警务，毕业后即归盛京内务府办事处统管，分派守卫差使。彼时定以盛京内务府积存谷草银2600余两充作开办改练巡警经费，以内库每年应收布价4800两拨发常年经费。若用款不敷，亦可以伍田地租及仓粮折银余款项下筹补，①至此方才正式确认该项地租可用于宫内警务开支。但既属挑练警卫，则必不能将三旗领兵众员尽数留用、照给津贴：

> 择其年力精壮者酌留若干，送所教练，给予饷糈，其余一律裁撤，各谋生业。所有前放之租，除作课赋外，改作警卫饷糈军衣之需，奉批照准在案，此该兵等出署不再给租之实情也。②

此后1914年7月，因经费支绌难行支撑，盛京内务府办事处坐办英锐请将宫内警卫一律裁撤，由奉天省城警察厅派巡警接办戍守事，并定拟善后办法九条。其中第三条明确指出此次警卫裁撤的根本目的在于节省经费，但为体恤各员生计之艰，将于其交清官发器具、军装等项后，照营队遣散兵丁办法发给一个月饷糈及杂支。③到唐铭盛出任办事处总办时，查得不仅刘常喜等前裁领兵早已出署多年，就连挑练各警卫亦全行裁撤，似无发给津贴之必要，便呈请省署以伍田租项作为处内办公及薪饷经费。

两日后，办事处差遣员郑锡汉、科员关恒裕等亦呈文声援总办，指三旗领兵出署无职则无分租权利，该兵等既于1915年假托兵丁代表名义请丈伍田，"是目的已达，自应安分守己，听候分拨散放生计"。④且办

① 《大内改练巡警守卫并拨定经费请立案片》（宣统元年十二月初四日），《锡良遗稿·奏稿》第2册，第1049页。
② 内务府办事处呈，1919年3月3日，JC010-01-013055-000035。
③ 《盛京内务府办事处为裁撤宫内警卫并知会善后办法等事给厢黄旗的移》（1914年7月21日），辽宁省档案馆编《中国近代社会生活档案·东北卷一》第15册，广西师范大学出版社，2005，第298页。
④ 内务府办事处差遣员郑锡汉、内务府办事处科员关恒裕等呈，1919年3月5日，JC010-01-013055-000037。

事处前征伍田地租均照指定用途开支，几无存储，若再散放众兵，恐难支撑局面。当时伍田丈放已完成，三旗领兵收取四成地价后，土地将收归国有，不再由办事处征收租项。为了结此前领兵于伍田地租毫无所得之纠葛，省长原本在奉天财政厅的建议下，拟从办事处现存租款中酌提四成一次性发给众兵，但经过办事处诸员连番合力陈明用款支绌及感念省长优待清室至意等情，终得免予提放。

第六节　清室再设奉天内务府大臣

一　皇产事宜处接办奉天事务

1915 年《丈放内务府庄地章程》实施后，奉天全省官地清丈局每年通过交通银行将收取正额地价汇解清室总管内务府，盛京内务府办事处亦不时以办公经费垫解清室用款之需，但仍无法解"小朝廷"财政之困。总管内务府大臣世续于 1920 年 3 月致函总统徐世昌，言"自民国二年以来，优待岁费财政部每年所拨仅及十之五六"，[1] 难以维持"小朝廷"运转，清室几有破产之虞。于是抵押和变价宫中金银古玩，也成为清室维持运转的重要方式，"每年总要有好几宗，特别逢年过节要开销的时候是必不可免的"。[2] 1924 年初郑孝胥向溥仪进言，拟将四库全书运至上海由商务印书馆出版，以为开源之策。4 月 9 日商务印书馆出版部部长高梦旦告知郑孝胥印书事败，"曹锟书小纸付国务院，止勿运此书"。[3] 已在银行借债累累的清室只得再次将目光投向奉天，意欲彻底清查产业，务求增加大宗入款。1924 年 4 月 20 日，溥仪赏给三多内务府大臣衔，命其办理盛京内务府产业事宜，[4] 该职地位远超前设之总办，足见清室对清厘在奉产业的重视和期待。5 月 2 日张作霖接到清室总管内务府来函，告知三多即将赴奉办理盛京内务府产业、商衍瀛会同办理一事。实则早

---

①　《致徐大总统公函》（1920 年 3 月 17 日），《内务府公函底稿》，《清内务府档案文献汇编》第 9 册，全国图书馆文献缩微复制中心，2004，第 3614 页。

②　爱新觉罗·溥仪：《我的前半生》全本，第 119 页。

③　《郑孝胥日记》第 4 册，第 1993 页。

④　办理盛京内务府皇产事宜处三多、会办盛京内务府皇产事宜处商衍瀛咨，1924 年 5 月 14 日，JC010-01-013037-000004。

在"受赏"内务府大臣衔的第二日，或因深知维护清室在奉权益之关键端赖张作霖的支持，三多为扫清障碍已先向其致函，忆叙此前在奉任副都统十数年间多蒙照拂之旧谊：

> 窃思在奉十年，凤承青睐，今旧地重游，又得时亲教益，何幸如之。拟十日后，即束装趋诣崇阶也。[①]

另附报载清室穷困情形新闻一则，请格外加惠。三多于 5 月 6 日抵达奉天城后，便直接与商衍瀛带同随员、差役数名进驻内务府办事处，宣称 9 日将正式改办事处为内务府皇产事宜处。曾由清室派任总办、遇事多不请示省长的唐铭盛，此际却一反常态，已于一日前将接到总管内务府札开三多赴奉事宜呈报省署。至 5 月 8 日，办事处帮办郑桂丰、署会办宛恒元又为三多请该处交出印信及各库钥匙等事，再向省署请示办法：

> 伏思职处自前清以来，向归盛京将军管理，并由五部侍郎内拣派一员协同管理，颁有印信。迨国体变更后，仍由本省最高级行政长官管理。是以此项印信以及各项库储钥匙，俱存储于省长公署，即职处所办皇产一切事件，无不遵照呈报钧署，请示祗遵，纯系隶于我省长主管之下，是我省长即职处长官也。兹该大臣衔业已缮具折稿，将职处改为盛京内务府皇产事宜处，将来调查皇产以及公款各事，职处应否交出，筹思至再，实未敢擅便。[②]

唐铭盛接任总办重行改组办事处时，曾将其定位为办理清室事务的特别机关，凡随时为清室汇解款项，皆奉总管内务府函为准。办事处众员早知三多到处即将立行改并，担心其全面接掌处务后，以随同员役取代现在职各员；或许更进一步考虑的是，若能以办事处向隶奉省最高行政长官直属的名义，令省署介入阻止清室再派级别更高的官

---

① 三多致张作霖函，1924 年 4 月 21 日，奉天省长公署文件，JC010-01-000730。
② 内务府签，1924 年 5 月 8 日，JC010-01-000730-000006。

员到处任事，则当下办事处官员享有较大行事自主权的状态不会被打破，且亦有可能借此机会摆脱总管内务府的"遥控"，办公经费不致再被任意拨用。

与办事处官员迭次呈请省署试图抓住先机不同的是，虽已在处内宣布了改并计划，三多却迟至 12 日方致函奉天省长，表明在"迭经研究"慎重考虑之下，因原设办事处确与皇产事宜处"权限多冲突，且属骈枝"，[①] 请将该办事处裁撤归并内务府皇产事宜处。办事处旧员的"主动出击"反倒令他们更加陷入被动，一日后省长先行指令该处，因清室已改办事处为皇产事宜处，并另派大员办理，"所有该处管理之皇产及款项一切事件，应即移交该大臣衔等接管"。[②] 14 日内务府皇产事宜处木质关防正式启用，清末东北改制近二十年后，奉天再度出现了管理"皇室"事务的内务府大臣，然而彰显前朝盛京特殊地位的陪都体制早已不复存在，事宜处空掌关防，不过为清室查点家底变现保值而已。两日后办事处将三科经管各项册档文卷开单移交皇产事宜处，并交出原发坐办铃记。因事宜处以全面清查清室在奉各项产业并妥拟增租为目标，而不同类别的产业分散坐落于全省境内，非熟悉地面之老练干员，恐难顺利办理，故此三多传集前办事处三科职员，表明深为顾念各员充差十余年之辛劳，"嗣后内务府常年进款一万六七千元，仍酌给为原旧实缺员司等生计，并留佐领、骁骑校等缺分，由本府人员拣放，以备日后看守宗庙宫殿"。[③] 除原会计、守卫两科建置保留外，事宜处不再设有文牍科，而是以总文案一职统筹全处公文事务。为适应办事员分赴各地清查产业的需要，单独设立调查一科，此外亦新增总务一科。

盛京内务府皇产事宜处暂行办事规则

一、本处长应督率各员办理本处一切事宜。

一、提调、帮提调处长应指挥助理本处事件。

一、总文案掌管本处紧要文牍，稽核各科文稿并分记各科文件。

---

①　办理内务府皇产事宜大臣三多、会办内务府皇户事宜商衍瀛函，1924 年 5 月 12 日，JC010-01-000730-000008。

②　奉天省长公署函，1924 年 5 月 13 日，JC010-01-000730-000009。

③　内务府办事处呈，1924 年 5 月 17 日，JC010-01-000730-000012。

一、科长秉承本处长，应办理各本科事件，各科职掌如下：

总务科办理本处收发庶务、监用印铃，及不属于各科事件，并暂行保管前办事处移交册卷。

调查科办理清查山园、地亩、房产租课各事件，遇有调查出发，届时应派员调查。（其调查员无定额）

会计科办理本处出纳，及保管关于本处财产契据事件。

一、各科员离日，科长办理本科应办事件。

一、各科缮写各件□约用雇员，视各科事务繁简，酌量派充。

一、守卫科仍照前办事处旧章办理，以专责成而昭慎重。

一、本处办事时间，上午十钟起至下午五钟止，遇有特别事件发生不在此限。

一、此项规则以奉到本处奏返接准之日施行。

一、遇有未尽事宜，得随时修正之。①

在全面清查前办事处所存正、杂款项，点验房屋、山场、园林、马厂照册的同时，5 月 21 日省署派员携带盛京旧宫各殿及内库钥匙 30 把，会同事宜处科员开库整理旧藏祭服、乐器、典籍等物。事宜处一面催请奉天全省官地清丈局迅将丈放内务府庄地地价余款汇解总管内务府，一面着手增租、出售处内现有坐落奉天省城地基、官房。因诸事并举，6 月、7 月间该处又委任多人分入四科办事，并加增差遣员额，事宜处声言接掌皇产事务以后，"所有清查手续及管辖事务均极繁重"，据 8 月 11 日该处向省署呈送的新旧各职员薪饷清册可知，留任旧员共十六人，除前办事处帮办、会办分别出任提调、帮提调外，多任科员及充差遣、书记等差，四科科长、副科长等皆为新任人员。阖处包括三多、商衍瀛在内共计员书 66 人，较前办事处 57 人新增 9 员，虽三多、商衍瀛二人并不在处支领薪俸，但科长以上官员及主要科员夫马、薪俸费用皆有提高，是以月度开支仍增加 590 元。不过事宜处既由清室主张而设立，此番省署未再要求该处比照前办事处薪费数目定拟月支。

---

① 《盛京内务府皇产事宜处暂行办事规则》（1924 年 5 月 19 日），JC010-01-013037-000007。

表 2-4　皇产事宜处委派新旧职员衔名月支夫马薪俸并夫役警饷数目

职务	姓名	月支费用（奉大洋）
提调	郑桂丰（该员系旧办事处帮办）	夫马费各 80 元
帮提调	宛恒元（该员系旧办事处会办）	
总文案	任承沅	
文案	顾臧	
总务科科长	金懋存	
守卫科科长	曾堃	
调查科科长	李家瑜	
会计科科长	文启	
调查科副科长	文焕	夫马费各 40 元
文案科员	陈德浴	
文案科员	李曾粤	薪俸各 40 元
文案科员	汪振邦	
总务科员	多裕	薪俸 30 元
调查科员	郭绍昌	薪俸 40 元
会计科员	景禄	薪俸 30 元
守卫科员	双彬	薪俸 40 元
额外科员	徐葆初	薪俸 15 元
监印	师枚	薪俸 20 元
差遣	王永和	薪俸各 15 元
差遣	孙议	
差遣	信硕	
差遣	张明	
旧办事处留用人员		
守卫科员	胡景宽	薪俸各 40 元
科员	侯锡桐	
科员	姚秀春	薪俸 30 元
科员	关保纯	薪俸各 20 元
科员	郑锡庆	
科员	孙永安	

续表

职务	姓名	月支费用（奉大洋）
额外科员	王增信	
额外科员	张承霖	
差遣	邱连举	
差遣	王文璞	薪俸各 15 元
书记	克兴额	
书记	郭兴文	
书记	梁鸿泰	
书记	王文格	
听差 12 名		工食共 104 元
守卫警长 1 名		饷糈 30 元
警兵 10 名		饷糈共 80 元
瓦匠 1 名		工食 15 元
夫役 4 名		工食共 28 元
总计	64 名	1582 元

资料来源：内务府皇产事宜处札（附人员名单），1924 年 5 月 21 日，JC010-01-013059-000001。

　　然而此后未及三月，"北京政变"爆发，逊帝溥仪离开紫禁城，皇帝尊号被永远废除。《修正清室优待条件》虽规定"清室私产归清室完全享有"，但远在奉天的皇产事宜处处境难免尴尬，往日公务繁忙的景象全然消失，处内尤以新任各员反应最为强烈，或运动返京，或直接请辞。至当年 12 月底，因"事务清简"，事宜处为节约经费已大量减员，除准总务科科长、守卫科科长辞差外，还将调查科副科长、科员停差，并裁撤额外科员、差遣、书记数员。由于在职官员已所剩无多，提调郑桂丰、帮提调宛恒元被改聘为顾问，"遇有进行事件，仍希随时赞助，以匡不逮"；[①] 另余关保纯、姚秀春、王增信、孙永安、王文璞五员留守在处差遣，但暂不支薪。郑、宛二人及五名差遣均自清代盛京内务府时期即已在职，长居奉天数十年，生计亦皆系于此。彼时事宜处虽无力为其提供更多保障，但若辞差则再无去处，只得选择留守以待情况好转。

---

① 　内务府皇产事宜处函，1924 年 12 月 30 日，JC010-01-013059-000010。

二　皇产事宜处裁撤与续设清室驻奉办事处

到 1925 年 3 月，由于逊帝溥仪已在日本人的护送下离开北京，移居天津张园，总管内务府衙署并印信亦经清室善后委员会封存，张作霖便派时任吉黑榷运局局长的阎泽溥赴津面见溥仪，呈上其手书一封，商以陵寝、宫殿保护及庄田丈放等事：

> 近者北京宫廷已经迁让，而奉天所有皇室机关依然存在，实觉无所隶属。敝处责任地方，实不忍坐视荒废，现已饬将陵寝、宫殿由地方官妥为接收，所有春秋祭祀，仍令详定办法按时举行，并由文武官吏永远负保护之责，不准稍有疏懈。惟庄田财产历年漫无稽考，省议会各方面早经呈请丈放，因系胜朝发祥之地，历经制止未准施行。现既无人负责，日后盗卖隐匿，必致多弊丛生，应即从事清厘。请饬经手官员立即交出底册，逐段清丈以免遗漏，将来筹出地款如何分配，亦必由省署详定办法，随时知照。①

实际未待与清室议定私产范围，张作霖已打着"保护"的旗号，不仅将盛京旧宫，而且连同清室奉祀先祖之陵寝禁地概行收归省有。而庄田一项因有底册为凭，可逐段核查，方才致函"知会"溥仪，但同时表明地价收入亦须与省署进行"分配"，而非尽归清室。在张作霖的计划中，不仅奉省境内各项清室遗存产业，直隶各处陵地产业亦是其一体办理丈放、收取地价的目标。

对于张作霖颇费心思"代为筹虑"，溥仪接函后即表示"周浃无遗"并"至深嘉悦"，提出清室将在地方官的保护下永远典守奉祀太庙、陵寝、宫殿，并同意筹拟庄田清查、早日丈放收价一事。其各项产业则由盛京副都统兼署金州副都统冯德麟及内务府皇产事宜处大臣三多、商衍瀛稽核档册，将所管事权移交奉省。不过清室没有如张作霖所愿将直隶陵地丈放事宜一并托付，而是以需要先行将总管内务府历年档册向民国政府索回检齐为由，表示稍延时日办理。至于奉省境内地产丈放，清室

---

① 镇威上将军张作霖函（附抄函 2 件），1925 年 4 月 8 日，JC010-01-013092-000001。

亦未尽任省署自行拟定章程，而是派出万绳栻、温肃两员赴奉会同商办。

张作霖接到清室驻津办事处复函后，即以内务府皇产事宜处所管事项及宫殿区域无所隶属，致函代理奉天省长王永江，请省署派员接办各项应办事宜，并查验宫殿、财产、物品、卷档等件。王永江择定省长公署第二科主任富维骥主持相关工作，三多于3月23日接到省署公函后，即通过前内务府大臣耆龄将奉省不日办理接收一事，报知当时留驻北京的总管内务府办事公所。三日后皇产事宜处正式裁撤，此前在处留守的数名旧员没能等到期望的转机。原本阖处办事人员皆应一律解散，但三多表示该处总文案兼总务科科长任承沅、调查科科员刘挺英"于本处职掌事宜素称熟悉"；调查科雇员郭兴文、王文格"向在内务府管理案卷，已历多年，现在调查科办事，极为得力"，特请将此四员续行留用半个月，"备与贵公署人员随时接洽"。① 此外，还提出宫殿区域向有守卫科科长一员及巡警10名，负有护卫之责，并请酌留科长双彬、警长胡裕庆及巡警10名、听差2名等员，或另行派人接替职守。不过第二科主任富维骥并未留任该总文案及调查科科员，只以"皇产事宜处自成立以来，尚未立有正式卷宗，将来皆须逐件清理，另行编订卷宗，头绪甚繁"为由，② 留用熟手雇员郭兴文、王文格二人，月薪比照前例15元发放。至于守卫宫殿一事，亦不续用前事宜处守卫科各员，拟由警察厅派督察员或巡官1名，带同巡长1名、巡警6名，驻宫专职护卫。4月4日，张作霖指令选派妥靠巡长1名、警察4名即可。

内务府皇产事宜处的裁撤，标志着民元以后在奉天存续十余年的逊清机关正式终结，此后清室虽为催解庄地丈放地价余款、清厘在奉零星各项产业并筹办奉祀经费，而接续设立一驻奉办事处，但彼时溥仪尊号已失，当起了"寓公"，即连紫禁城亦早为清室善后委员会所接管，该办事处的规模、地位、职能，无论与皇产事宜处抑或内务府办事处比较而言，皆相去甚远，不过为便利天津同奉省随时接洽而强自维持。原本第二科着手点查事宜处所管物品时，省署因三多"前办内务府事宜，情形熟悉"，③ 曾致

---

① 办理内务府皇产事宜大臣三多、会办内务府皇产事宜大臣商衍瀛函，1925年3月26日，奉天省长公署文件，JC010-01-013037。
② 奉天省长公署第二科主任富维骥签，1925年4月2日，JC010-01-011484-000007。
③ 奉天省长公署函，1925年3月28日，JC010-01-011484-000004。

函请其帮同该科主任处理交接有关各件，务期顺利进行。三多由此以事宜处顾问的身份续行留奉办事，兼管具有临时联络机构性质的驻奉办事处。

1926年秋，三多因劳顿太甚而时感不适，"卧床旬余，刻方渐就痊可，然眠食尚未能如旧，拟俟稍为调理"，[①] 恐以多病之躯难行妥为处理驻奉办事处繁杂公事，遂向清室请辞去职务。9月2日驻津办事处"奉谕"派曾署奉省政务厅厅长的魁升接办驻奉办事处事，"三多另有任用"。[②] 7日，三多委办事处科长文启将典守太庙、奉祀三陵祭器，以及文卷、图章、钥匙、家具等项全行移交魁升，由其正式接掌办事处，迁入盛京旧宫大清门外西院前内务府办事处官房办公，主要负责向省署催解丈放陵地价款，以备三陵历年奉祀开支所用。

表 2-5　1930 年清室驻奉办事处办公员役月支车费津贴工资一览

单位：人，元

职务	员役	车费	薪俸津贴	工资	常年总数	说明
长官	1	20			240	
帮办	1	16			192	
科长	1					帮办兼，不支津贴
科员	3		各 8		共 288	
队长	1					空额
差遣	1		7.2		86.4	
书记	1		6		72	
差役	1			9	108	
卫兵	2			各 9	共 216	看守太庙
公费					600	每月平均五十元，所有文具、纸张、电灯、电话、煤火等开支
总计	12	36	37.2	27	1802.4	
备考	奉处经费向不充余〔裕〕，办公人员仅领少数车费、津贴，均系旧人，不忍散去，谨此声明					

资料来源：清室驻奉天办事处函（附清室驻奉天办事处办公员月支车费津贴一览表3张），1930 年 12 月 14 日，JC010-01-000959-000007。

----

① 清室驻奉办事处三多函，1926 年 9 月 30 日，JC010-01-011484-000034。
② 清室驻奉办事处函，1926 年 9 月 14 日，JC010-01-011484-000029。

清室驻奉办事处一直维持到 1931 年，从 1930 年 12 月该处向辽宁省政府送呈的月支经费表可知，彼时连同长官在内，各类员书、差役、警兵总计不过十员，且"均系旧人"，在办事处名头之下领取微薄薪金度日。

第三章　清室在奉天的经济活动

经济特权的延续对于清室最为关键，由于自 1913 年起民国政府常年欠发优待岁费，奉天庄园、山场、房屋等产业租金成为"小朝廷"维持运转的重要收入来源。为维护在奉权益，清室于民国初年凭借与袁世凯北洋集团的深厚渊源，达到向奉天地方当局施压的目的；1916 年张作霖主政奉省后，则更有意识加强与奉系军阀的联系；与此同时，其还积极寻求列强的支持。民国政府则以保护清室私产为名开展清查整顿，渐次将产权收归国有。清室由此丧失了赖以运行的经济基础，对东北社会的影响被削弱，民国主权得到维护。但军阀官绅伺机占地渔利扩张军备，也折射出民初的政局动荡与国力空虚。

第一节　军阀纷争与调整优待政策

一　复辟失败与保全优待

洪宪帝制的失败与袁世凯的离世，使清室运作《优待条件》入宪的希望化为泡影，随即连约法也随之取消，另行制宪。不过清室并没有就此放弃，到 1916 年 9 月宪法会议召开时，便续行向北京政府提出入宪之请。尽管拥戴复辟风波刚刚过去不久，彼时支持《优待条件》入宪的声音仍未完全消失，先后有多位议员提出将该项条件加入宪法。众议院议员李振钧认为普通民众不明制定《优待条件》的原因，或视之为重大负担，且有阶级之见寓于其中，难保不起"平等之争"。若将此项条件规定明晰，附入宪法，既可昭示民国之信义，同时"使人民共矢信守，清室不怀疑虑"，最终可期"五族一心、共和永固"之效。[1] 参议院议员荣厚同样表示因《优

---

[1] 李振钧：《对于清帝辞位后优待之条件宜明白规定加入宪法附则修正案》，《宪法会议公报》1916 年第 22 期，第 45 页。

待条件》中加于人民负担之处甚重，"若不明白规定于宪法中，则后此履行亦无根据"，尤恐招来民众更深的误会。① 众议院议员李庆芳指出《优待条件》的性质等同宪法，"而效力且较宪法为强"，是以该项条件与共和国体"均不得为修正之议题"。如若宪法中只字不提优待，一则无异于违背民元已为全国公认并世界共知的事实，难昭国家之大信；再则国体方经动摇，当此共和重建的重要时刻，宪法会议既为民国主权所在，将《优待条件》明确载入宪法以示保障，便是对共和有力的维护。②

借着议员提案《优待条件》入宪的良好形势，清室也积极展开活动。当年12月世续拟具请愿书，由绍英增补"应请加入宪法，永不变更其效力，以昭大信而垂久远，皇室幸甚，不胜盼切之至"数语，③ 再经醇亲王略做修改，正式提交众议院。为使宪法会议通过所请，此番除颇有社会名望的遗老外，清室还联络了吴笈孙、齐耀珊等居民国政府要职的官员一百余人联名参与请愿，④ 张作霖亦于奉天通电政府及各省，主张《优待条件》加入宪法。⑤ 次年1月15日，清室于金鱼胡同那桐花园备办宴席，由曾任民国政府国务卿的清末重臣徐世昌及总管内务府大臣世续出面，宴请议员，赴宴者达176人。⑥ 席间徐世昌声叙清室要求《优待条件》入宪的理由，首先表示该项条件曾于袁世凯当政时期加入约法，现约法废止，如《优待条件》不能载入宪法，难免致人误会其与约法"同失效力"；进而指摘民国政府并未逐条遵照履行优待，即如皇室经费一项刻下只能零星拨款接济，若干年后国民对清室眷恋渐淡，"难保不失效力"。针对《优待条件》系国际条约性质、不可混入宪法的观点，徐世昌明确回应此条件不同于国际条约的效力，"国际条约有两国势力为后盾，势力不同，条约即有变更。今清室与民国实对待之势力，既无武力，何能为之保障？"⑦ 最后恳请到场各员"千万费心，多多原谅"，

① 荣厚：《修正宪法草案拟将清皇室优待条件以及满蒙回藏待遇各条件之效力明白规定附入宪法附则内理由书》，《宪法会议公报》1916年第22期，第46页。
② 李庆芳：《优待条件宜加入宪法意见书》，《宪法会议公报》1916年第22期，第67页。
③ 《绍英日记》上册，第340页。
④ 《国内专电》，《时报》1916年12月26日，第1张第1版。
⑤ 《译电》，《时报》1916年12月20日，第1张第2版。
⑥ 北京市档案馆编《那桐日记（1890—1925）》，新华出版社，2006，第839页。
⑦ 《宪法声中之皇室优待》，《时报》1917年1月18日，第2版。

于制宪进程中为维持清室优待求得保障。众议院议长汤化龙随后致答时虽表示请清室放心，实则仍将《优待条件》视同国际条约性质，认为"无论如何不能失效"。但为示不忘清室美德，可于宪法会议中"再通过一次"。

汤化龙只愿以条约性质确认《优待条件》效力的表态，或许与清室的期待有所偏差，翌日徐世昌再与梁启超会面，仍就入宪事进行商议，①不过梁的态度也倾向于以"制宪手续规定一次"。② 此际舆论已有优待入宪不过是一种"希望"的看法，且多指出民国未能足额拨发优待岁费的行为，也给清室创造了不严格履约的空间，如清室得以长留紫禁城内廷，而未按照《优待条件》被强制迁居颐和园。其后2月时任副总统冯国璋亦访徐世昌谈外交及《优待条件》事，③ 随即基本参照徐前次宴请议员时的发言，致函参议院议长，陈明应以宪法保障优待的几点原因。其一，《优待条件》是民国对清室禅让皇位、肇造太平的报酬。其二，《优待条件》发挥了杜绝复辟、巩固民国、安荣逊帝的重要作用，即连前已废止的约法中亦有保障该项条件效力的内容，今次制定宪法更应加以昭示。更为重要的是，《优待条件》不同于一般国际条约性质，非以两国形式订定，或应视为"民国宪法从出之来源"，是以唯有"条件之效力益彰"，方显"宪法之价益重"。④ 然而至4月20日宪法会议再开会讨论《优待条件》入宪提案时，议长率先表明态度，"此事乃国家条约事件，已经过法律手续，当然有效，永远存在，似乎不必加入宪法"。⑤ 随后诸位议员纷纷表示赞成、并无异议，此案即宣告"完全解决"，同时标志着清室前期为请愿及疏通各方做出的努力付之东流。

当年6月张勋以调停府院之争名义入京，在"觐见"溥仪时表示已请总统黎元洪以命令的形式宣布将《优待条件》加入宪法，⑥ 声言此为"最让步之条件"。⑦ 而《顺天时报》披露了李经义、王士珍、江朝宗署

① 《译电》，《时报》1917年1月17日，第1张第2版。
② 《宪法声中之皇室优待》，《时报》1917年1月18日，第2版。
③ 《专电》，《申报》1917年2月26日，第1张第2版。
④ 《副总统对于清室优待条件之意见》，《时报》1917年2月27日，第2张第3版。
⑤ 《二十日宪法会议记》，《新闻报》1917年4月24日，第2张第1版。
⑥ 《绍英日记》上册，第360页。
⑦ 《国内专电》，《时报》1917年6月19日，第1张第1版。

名的督军团要求条件，其中确有"优待条件加入宪法"一款，下注"总统、总理竭力疏通"。① 7月1日，退位五年有余的宣统帝"临朝听政，收回大权"，发布"上谕"，开列"亟应兴革诸大端"，特别强调清室经费"仍照所定每年四百万元数目，按年拨用，不得丝毫增加"。② 实际上自进入民国第二年开始，清室的优待岁费便已遭到拖欠，从未足额领取过四百万元之数，更不用说额外增补。复辟首日便将皇室经费列入"大端"，可见清室饱受经济问题困扰，惟期所定款项的拨发能够得到保障。然而甫自溥仪"重登大宝"起，清室便遭到舆论界的强烈抨击。7月3日《时报》发表时评，斥复辟为"此乳臭之小儿，忽欲君临全国，使我四百兆国民向之屈膝顿首、称臣称妾矣"，③ 对民国优待清室六年却换得如此"报偿"痛心疾首。几日后段祺瑞指挥的讨逆军已逼近北京，在驻京各国公使团的调停下向张勋方面提出三项条件：其一为保留《清室优待条件》；其二为取消皇帝称号；其三为解除张勋及部下之武装并保护其生命。但张氏很快答复"第一同意，第二不同意，第三不解除武装，自率兵返去徐州"，④ 更向前来采访的记者表示自己唯一的希望便是"皇上依然践位"，而若主张不为段祺瑞所容，"当率我数千健儿为国家、为皇上决一死战"。⑤

十二日"闹剧"匆匆过后，如何在全国惩处复辟的声潮中自保并续行维持《优待条件》，成为清室面临的头等大事。彼时社会各界对于《清室优待条件》存废的态度大体可分为仍照其旧、可做修改、应行取消三种，⑥ 其要求废止者即如伍廷芳、唐绍仪等于战事未消之际，已致电总统黎元洪、代理总统冯国璋及讨逆军总司令段祺瑞，声明清室既行僭位之举，《优待条件》"当然无效"。⑦ 旅津国会议员吴景濂等65人联名通电，认为清室本享有历代亡国之君皆未得享之待遇，而其叛国行为必致优待再无存续理由，"若仍存之是奖叛也，后患何堪设想"，是以明

---

① 《督军团要求条件之确实披露》，《顺天时报》1917年6月29日，第2版。
② 《溥仪第二次登基所颁〈登基诏书〉》（1917年7月1日），王庆祥整理注释《溥仪文存》，群众出版社，2017，第22页。
③ 《优待条件之结果》，《时报》1917年7月3日，第2张第4版。
④ 《共和军提出之条件》，《顺天时报》1917年7月11日，第1张第2版。
⑤ 《誓死筹志之张勋》，《顺天时报》1917年7月11日，第2版。
⑥ 《国内专电》，《时报》1917年7月19日，第1张第2版。
⑦ 《伍廷芳等致黎冯段电》，《申报》1917年7月11日，第1张第3版。

确提出取消《清室优待条件》。① 此后北洋军界亦以更为激烈之言辞通电全国，直指复辟之乱的根源在清廷，正是共和国体下仍保留帝号、优待清室，方致民国蒙羞，留下"历史污点"。清室借张勋逆乱之手危陷民国，"成则享帝制之福，不成亦不任叛逆之罪"，实有坐视相残从中渔利之险恶用心。为实现"消灭帝孽，永固共和"的目标，北洋军界提出四项条件：

（一）取消民国优待清室条件，四百万经费停止缴付。

（二）取消宣统名义，永不准再以帝号名称号召满蒙，应即贬溥仪为平民。

（三）所有宫殿朝房及京内外清室各公地府园，尽归国家公共之用。

（四）惩办此次叛逆之诸元凶，以遏奸邪之复萌。②

可谓每一条皆精准踩在了清室的"七寸"上。优待岁费是维持溥仪生活"帝王"仪制及逊清"小朝廷"庞大体系正常运转最为重要的经济来源，溥仪作为享受"外国君主之礼"的前朝皇帝存在一天，其亲贵宗室人等即便尊荣地位不再，尚可凭借"天家余威"掌控京内外各项产业；若溥仪失去帝王尊号，无异于清室的彻底倾覆，王公遗臣赖以延续奢华生活的经济基础亦将被摧毁。

彼时总管内务府大臣世续虽不赞同复辟，却在 7 月 11 日讨逆军对京城发起最终进攻前，即已开始为保全清室采取行动。其以个人名义致电讨逆军各司令，恳请顾念昔日感情，"于清皇室方面留一线生机"。③ 而徐世昌亦致函世续表示正设法与各方疏通，定竭力维持优待，并为清室出谋划策：

目前形势第一要义则为保卫圣躬，不可再见外臣致生意外，宫禁尤严，望切告知禁卫军、护军各统领，将各门严密固守、稽查出入，毋稍疏忽。此事解决计期不远，果使幼君安住宫中，则优待一

① 《旅津国会议员通电》，《申报》1917 年 7 月 11 日，第 1 张第 3 版。
② 《北洋军界处置清室之通电》，《时报》1917 年 7 月 19 日，第 1 张第 2 版。
③ 翘生：《复辟纪实》，台北：文海出版社，1984，第 161 页。

事必可继续有效。①

　　16日上午，徐世昌为与当局磋商清室问题，自天津入京，段祺瑞即赴其宅商谈优待事宜。② 其时即便不至如北洋军界要求废止《优待条件》态度之坚决，社会各界也大多认同修改条件为"势所必需"，故而徐氏为保全清室采取的策略是主动让步，拟在不更动《优待条件》原文的基础上，另设别种限制条件作为附件，主要有去帝号、改服制、移宫、废除上谕等名称及特别仪制几款，但期优待经费、护卫等项仍如旧章。③ 次日清室原本拟就的"退位诏书"并未发出，而是改成夹在段祺瑞代发的大总统令中的一个内务府声明：

　　　　六载以来备极优待，本无私政之心，岂有食言之理。不意七月一号张勋率领军队入宫盘踞，矫发谕旨，擅更国体，违背先朝懿训。冲人深居宫禁，莫可如何。此中情形当为天下所共谅。着内务府咨请民国政府，宣布中外，一体闻知。④

段祺瑞虽助清室将复辟祸源尽归于张勋的"叛国矫挟"，但有传其个人对清室的主张或为减少岁费、废止帝号、迁出皇宫，⑤ 为免常年不能按时足额拨发的优待岁费再行减少，清室进一步做出妥协，表示如能保全皇室经费，其余各款皆可让步，并将不再使用宣统字样。⑥

　　不过由于《优待条件》出台时乃经南京临时参议院议决，当下如欲变更仍须经过正当的法律程序，除开阁议及向各省征求意见外，亦有国会决议的必要。⑦ 是以尽管此间世续连日访徐世昌商议维持办法，徐氏亦致书国务院陈情，最终也只能等待临时参议院议决。因见倡言保全

①　翘生：《复辟纪实》，第161页。
②　《专电》，《申报》1917年7月19日，第1张第3版。
③　《徐世昌入京之原因》，《申报》1917年7月20日，第6版。
④　爱新觉罗·溥仪：《我的前半生》全本，第81页；《大总统令》，《政府公报》1917年7月17日第539号，第6页。
⑤　《专电》，《申报》1917年7月19日，第1张第3版。
⑥　《专电》，《时报》1917年7月18日，第1张第2版。
⑦　《国内专电》，《时报》1917年7月21日，第1张第2版。

《优待条件》遭到各界猛烈抨击，一时难有推进实效，徐世昌遂欲离京，于 26 日暂返天津。而段祺瑞这一阶段虽似仍主张废止"皇帝尊号"方可予保留其余各项优待，[①] 但倾覆清室并非其马厂起兵的主要目的，否则 7 月 3 日发布的讨逆军檄文中，也不会特别述及清室"迫于无奈"之情形：

> 据其（指张勋——引者注）所发表文件，一切托以上谕，一若出自幼主之本怀，再三胪举奏折，一若由于群情之拥戴，夷考其实，悉属謷言。当是日夜十二时，该逆张勋忽集其凶党，勒召都中军警长官三十余人列戟会议，勋叱咤命令迫众雷同。旋即挈康有为闯入宫禁，强为拥戴。世中堂续叩头力争，血流灭鼻；瑾、瑜两太妃痛哭求免，几不欲生。清帝子身冲龄，岂能御此强暴，竟遭诬胁，实可哀怜。

可见段祺瑞早有将复辟归咎于张勋处心积虑陷清室于不义的打算，更大斥其为"罪人"，借此给讨逆军树起匡扶正义大旗，以使师出有名：

> 张勋虽有天魔之力，岂能翻历史成案，建设万劫不亡之朝代。既早晚必出于再亡，及其再亡欲求复有今日之条件，则安可得。岂惟不得，恐幼主不保首领，而清室子姓且无噍类矣。清室果何负于张勋，而必欲借手殄绝之而始为快。岂惟民国之公敌，亦清室之大罪人也。

因复辟乃张勋假借清室名义行乱，幼帝既未预闻，事发后清室遗臣亦深明大义，彼时段祺瑞声言《清室优待条件》将会"永勒成宪，世世不渝"，以此昭示国民"念旧酬功，全始全终之美"。[②] 及至"逆乱"已靖，舆论虽风闻段氏有废帝号、裁岁费之意，然始终未得其明确表态，反而在溥仪行将发布"退位诏书"、最可予以致命一击的时刻，用大总统令的方式帮助清室将受张勋胁迫的"事实真相"公之于众，使其平稳度过

---

① 《译电》，《时报》1917 年 7 月 28 日，第 1 张第 1 版。
② 《讨逆军与北洋军界》，《申报》1917 年 7 月 7 日，第 2 张第 6 版。

危机。此结果虽不乏徐世昌等人的勉力斡旋，但很大程度上亦反映出段祺瑞自身的意愿。只是因见彼时要求修改甚至废止《优待条件》的声潮过盛，强申保全未必会起到积极作用，反而可能引起社会舆论对清室更为强烈的反感，所以修改条件一案迟迟未有定论。或许段氏也在等待局势平定、手中的权力更为稳固，届时舆论焦点可能已不在复辟而逐渐转移，则不用说废止优待，连前议附则各款亦将不需增补。

在清室的多方奔走与段祺瑞的有意回护之外，作为副总统的冯国璋7月5日发表讨逆誓师通电时，同样指称张勋围宫勒帝"擅行复辟"，"玩冲人于股掌，遗清室以至危"。设若放任其横行京师，"挟幼帝以居奇，手握主权，口含天宪，名器由其假借，度支供其虚靡，化文明为野蛮，变法律于草莽"，[①] 必致国将不国。无论段、冯二人内心对清室在复辟中扮演的角色做何判断，至少在为清室撇清与复辟干系，以及维持优待的态度上基本趋于一致，颇有归咎于张勋之罪责愈重，则其二人主政之再造共和愈稳固之意。与此同时，雄踞东北的奉系军阀首领张作霖也表示了对维持《优待条件》的支持，认为京师之乱完全罪在张勋，"清帝冲龄，毫无关系，《优待条件》，当誓共遵守"。[②] 最终在各派实权人物的"默契"下，紫禁城外的失败者成为被揭露和抨击的目标，而紫禁城内的"小朝廷"重新获得安定，用金蝉脱壳之计溜出了社会的视线。[③] 前次因多番争取《优待条件》入宪受阻、险招致倾覆大祸的清室，此际不仅未受民国政府制裁，且岁费、尊位皆得保留，已备感庆幸而再无别求。

及至一年后徐世昌出任民国总统，走出复辟阴霾的清室中人自认无移宫之虞，又增一重维持《优待条件》的政治保障，便再度活跃起来，而不复提及入宪之议。实际上清室所以有运作入宪之举，盖因以前朝失势君主身份居于政权更迭频繁的民初乱局中，尤其在袁世凯去世后，既无稳固强权可行长久依附，于经济上开支应用亦时有不敷，故而为维持现有地位，能想到最有效的办法，便是以入宪的方式，给明定清室应享政治经济权利以及民国应履行义务的纲领性文件《清室优待条件》，在

---

① 《冯副总统讨逆誓师之通电》，《时报》1917年7月5日，第2张第3版。
② 《张作霖反对复辟请留优待条件之通电》，《时报》1917年7月9日，第1张第2版。
③ 爱新觉罗·溥仪：《我的前半生》全本，第83页。

所谓国际条约性质外增加一道"双保险",确保其效力永不变更。当最为清室所倚信的徐世昌上台后,其虽未必能够予以清室更多便利,但至少不会危及清室地位致其蒙受更大损失。甚至每遇有优待岁费遭财政部拖欠拨放,总管内务府还可致函总统请代为饬催,"小朝廷"由此获得更多的踏实感。

然而由于当政者或出于积累政治资本、博取优待美名,或出于借力打力等目的,采取许以续行维持优待的利用、拉拢清室手段,其巨额的财政支出却需要屡屡被冠以愿酬清室禅让恩情的民众买单。是以清室的危机不仅来自时局动荡,难以寻求坚不可摧的政治力量庇护,进而言之其自身更在国民中愈渐失去立足的根基,虽一时寄生于新社会之中,却终将为时代的洪流所冲击。不过到1924年"北京政变"爆发前,清室于《优待条件》保障下,仍享有办理内廷事务及处置私产的部分自主空间。

二　"小朝廷"的经济窘境

原本按照度支部宣统三年编定预算,下一年皇室经费岁出为10246974两,虽较岁入有近200万两赤字,但为崇皇室而表拥戴,度支部仍认为不可擅议削减。清帝退位后,根据《清室优待条件》规定,民国政府为清室提供的岁费金额为400万两,并且凡逊帝家族、总管内务府、宗人府、盛京内务府、盛京三陵及东西两陵岁修工程等"小朝廷"体系内各类用款,皆需从此项岁费中开支,民国政府将其编入国家预算岁出经常门财政部所管款项下。

表 3-1　1913—1914 年、1916 年民国政府拨发清室经费及八旗俸饷预算

单位:元

年份	项目	金额
1913	清室经费	6000000
	八旗俸饷及陵寝俸饷	6626925
1914	清室经费	4776156
	东西陵经费	257876
	八旗暨护军各营米折	2866819

1916 年度财政部所管优待经费预计书

项目	1916 年预计数	1914 年核定数	比较		说明
			增	减	
清室经费	4000000	4776156		776156	查此目自 1915 年 1 月起，改发新币 400 万元，此次照案开列，比较 1914 年计减 776156 元
东西陵经费	240626	257876		17250	查此目 1914 年核定 257876 元。嗣经改定东陵经费 152441 元，西陵经费 88185 元，此次照案开列，比较 1914 年计减 17250 元
八旗俸饷	6378676	6330333	48343		查此目 1914 年核定 6330333 元。嗣经核准追加 48343 元，此次照案开列，比较 1914 年故增
八旗米折	2866819	2866819			
密云等处俸饷	99118	99661		543	查此目（民国）三年核定 99661 元。嗣经改定为 99118 元，此次照案开列，比较 1914 年计减 543 元
1916 年预计总额			13585239		

资料来源：《1913 年度国家预算总册》《1914 年度岁入岁出总册》《1916 年度国家岁入岁出预算表》，中国第二历史档案馆编《中华民国史档案资料汇编》第三辑《财政》第 1 册，江苏古籍出版社，1991，第 296、306、433—434 页。

　　尽管财政部为拨发优待岁款做了颇为充裕的预算，但较之清室常年开销数额，恐难以敷用，仅总管内务府例行年支经费即达 2692700 余两。各项具体支出为：祭祀陵寝等项 389200 余两，内廷传用 727700 余两，供奉上用差务 577360 余两，官员兵丁俸饷等项 396200 余两，各衙门津贴口分等项 130810 余两，各司处月例口分等项 299480 余两，预备临时恩赏赈济并特别传办差务等项 10 万两，另有各司处官员人役办公饭食等项 72000 两。[①] 况且民初国家财政亦极困顿，正如 1914 年国务总理兼财政总长熊希龄在通电副总统黎元洪及各省都督、民政长时指出，国体变更后，政府财政已处"困难旋涡"，各省应解财政部款寥寥无几，反迭请中央济款偿还内外债务；诸项外债利息盘剥严重，大宗盐税收入皆作借款担保，难资使用；战祸未消，庞大军费开支致国家元气损伤；巨额

---

① 秦国经：《内务府常年经费》，《逊清皇室秘闻》，第 107 页。

外债应还之期迫近；"其余为难之处，千疮百孔，罄竹难书，总以无财二字括之"。① 也因此，优待岁费往往难以按时足额拨发，以至于清室同样常年笼罩在财务支绌的阴影下。

原本清帝退位而统一政府尚未完全成立之际，袁世凯曾有意以南北分筹优待清室经费，并初步拟定按每年四季拨付。② 至 1916 年 6 月 12 日，由于应发署内各项差款积欠愈多，清室总管内务府致函国务院，请将自 1913 年起综计欠发之 6018315 两 2 钱优待岁费，饬财政部迅为大笔拨付。内务府开列欠款清单如下：1913 年 1973333 两 3 钱 3 分 4 厘，1914 年 1510315 两 2 钱，1915 年 1336000 两，1916 年 1 月至 5 月 1198666 两 6 钱 6 分 6 厘。③ 根据内监信修明的回忆，出现如此巨额积欠的情况，或亦因袁世凯政府财政部官员蓄意对清室"趁火打劫"，"将内府累积数十年之陈欠久已勾清者开单索帐，同时运动，在优待费项下支取。部中先扣 60% 为交换条件，皇室如不允许，财部亦不交款，四百万优待费先被扣去了半数"。④ 不论民国政府是否有意拖延放款，优待岁费对于仅"月用分例并添菜"便在 14794 两 1 钱 9 分之数的逊帝家庭及各等官员、差役仆从而言，仍是最为重要的收入来源。是以总管内务府在维持内廷各处有序承应的同时，将大量精力投入催解优待岁费中。到 1916 年底，财政部仅拨发银 110 万余两，将及定额的四分之一，内务府为此再函国务院：

> 转瞬年关在即，所有各处垫办及欠发各款，均待开发。倘无大批款项以为救济，势必欠发者不能照发，垫办者无法再垫，致上无以承应宫廷要差，下无以维持各署现状，悬罄断炊，势所难免。⑤

---

① 《综述财政困难致黎元洪暨各省都督、民政长通电》（1914 年 2 月上旬），周秋光编《熊希龄集》第 5 册，湖南人民出版社，2008，第 81—82 页。
② 《优待皇室经费之交付期》，《申报》1912 年 3 月 2 日，第 2 版。
③ 《致国务院公函（附欠款清单）》（1916 年 6 月 12 日），《内务府公函底稿》，《清内务府档案文献汇编》第 9 册，第 3649 页。
④ 《多扣皇室优待费》，信修明遗著，方彪等点校《老太监的回忆》，北京燕山出版社，1992，第 126—127 页。
⑤ 《致国务院公函》（1916 年 12 月 24 日），《内务府公函底稿》，《清内务府档案文献汇编》第 9 册，第 3614 页。

彼时财政部仅能拨给两个月款额 66 万元，考虑到时值年关，宫内宴饮恩赏需款甚多，又代内务府向中国银行借款 50 万银元，清室一时急困终得缓解。1917 年初，财政部提出优待岁费拨付办法，拟于当年起每月初五日前拨付清室 30 万元，每届元旦、冬至、"万寿"、"千秋"节前五日另付 10 万元，合计一年可拨足 400 万元之数。① 但当二月内务府除欠放未补外，又面临拨发"小朝廷"办事各员春季俸银时，却并没有等到财政部的月度拨款，只得续行与其交涉，不过收效并不明显，此后三个月内仅领到 10 万元。眼看月息 4000 元的银行半年期借款将届还款期限，而息无所出，本更难偿，内务府大臣世续等甚为焦急，向财政部提出仍按月均拨付 33 万余元的方式发放后续岁费，以期源源得济，而免常陷困顿。然而直至六个月还款期限过后，财政部仍未能再向清室拨发岁费。为免借款久难清偿而利息逐日加增，内务府唯有请财政部将此项借款本息数额划归欠发岁费项下早日划拨。1917 年 10 月，时任财政部次长金还表示"时艰款绌，迄未稍纾"，虽对一再延发清室经费致以歉意，但当下亦难行拨款，只得略为变通，将该项银行借款划归为财政部欠账，② 由此使清室从拖欠银行本息案中解脱。

为确保早日催得优待岁费，通常在总管内务府以清室机关名义向财政部发出请款公函的同时，内务府大臣世续、绍英、耆龄三人就联名直接致函财政部长官。1916 年至 1917 年陈锦涛、殷汝骊与梁启超、金还等财政总长、次长均接到过清室大臣的函件。为免去函过于频繁而难引起财政部重视，内务府有时亦会函请国务院将岁费拖欠情形转呈总统，世续等人还积极向颇有交谊的政府官员，如曾任国务院秘书厅秘书长的陆军部次长徐树铮求助，望其"鼎力从中维持"，代陈情于总统冯国璋，以期总统能够向部施压尽早拨款。③ 由于财政部已将年初定拟按月拨款 30 万元的数目下调为 20 万元，则计年拨款总额较 400 万元尚有不小差距，1918 年 1 月又届旧历年关，世续便直接函呈总统冯国璋，请饬财政

---

① 《国内专电》，《时报》1917 年 1 月 31 日，第 1 张第 2 版。
② 《致中国银行》（1917 年 10 月 6 日），《内务府公函底稿》，《清内务府档案文献汇编》第 9 册，第 3674 页。
③ 《致徐树铮函》（1917 年 11 月 28 日），《内务府公函底稿》，《清内务府档案文献汇编》第 9 册，第 3671 页。

部无论如何为难，仍迅筹 100 万元解清室之困。[①] 财政部拨发月款 20 万元并特筹年节经费 20 万元后实无余款，只得再代清室向中国银行借款 20 万元。

不过这一年 8 月，得知徐世昌有被举为民国总统的极大可能，常年艰难索款的清室仿佛看到了新的希望。溥仪曾表示此间内务府让徐氏拿走了票面总额值 260 万两的优字爱国公债券，其最终的当选或有这笔活动经费起到作用的因素。[②] 内务府大臣绍英听闻载沣、世续议论总统选举事时，还请二人嘱徐世昌"如被选举，勿庸固辞"。[③] 9 月 4 日参、众两院开联合会选举总统，徐世昌以总计 436 票中得 425 票当选，世续即于当日赴其府邸，力劝就任。[④] 一日后，绍英与耆龄一同至徐宅道喜。因载沣、世续数次劝徐世昌就任总统，当月 15 日徐再至二人处拜访，欲就当选事上折"请旨"：

> 前此醇王倩世中堂来劝勿辞总统之选举，后又自来敦劝担任被选，世中堂复来劝勉。本拟具折请旨是否准其担任，世中堂以为不必具折，代为面奏。今日见醇王，又再三劝就任，即可维持皇室也。[⑤]

不论徐世昌是否被众人的劝言推上了总统之位，载沣所言却道出了清室希望徐氏就任的真正原因，即希望这位曾任清末重臣并长期与皇族亲贵交好的新总统，能够更加保障清室地位和权益。第二日世续便为徐世昌面奏请旨，与此同时参、众两院议长梁士诒、王揖唐亦将选举证书送到徐宅，绍英则着燕尾服、佩戴勋章再往贺喜。17 日世续为徐带去了溥仪"准"其从速就任总统的"旨意"，并称宫内端康太妃等四位主位亦表示"均甚盼其得总统，可以维持皇室"。[⑥]

---

① 《呈大总统公函》（1918 年 1 月 30 日），《内务府公函底稿》，《清内务府档案文献汇编》第 9 册，第 3686 页。
② 爱新觉罗·溥仪：《我的前半生》全本，第 86—87 页。
③ 《绍英日记》上册，第 411 页。
④ 吴思鸥等点校《徐世昌日记》第 2 册，北京出版社，2018，第 524 页。
⑤ 《徐世昌日记》第 2 册，第 525 页。
⑥ 《徐世昌日记》第 2 册，第 525 页。

10 月 10 日徐世昌正式宣誓就任民国总统，次日派礼官答谢皇室。由于临近其生日，清室自 9 日已开始筹划备办寿物事，15 日溥仪"恩赏"如意 1 柄、福寿字 2 方、江绸 4 卷；四主位赏大缎 4 卷、水果、饽饽 8 盒，徐世昌托世续代为进内谢恩。一日后皇室再以"大清皇帝赠中华民国大总统"的名义，送寿礼御笔福寿字 1 轴、御笔楹联 1 副、三镶玉如意 1 柄、尺头 8 件。17 日徐世昌生日当日，清室遣代表贝勒载润前往致贺，第二日徐世昌再派礼官答谢。[①] 清室所以大费周章先行自上而下"赏赐"，再行"皇帝"对总统相对平等的赠予，不外乎是对徐世昌新身份地位表示看重的同时，亦希望他能够念及君恩旧情，为经历丁巳复辟未久而经济困窘的皇室提供更多支持。

徐世昌的就任似乎给"小朝廷"带来了"生机"，紫禁城又门庭若市，紫禁城的谥法、朝马似乎又增了行情，各地真假遗老一时趋之若鹜。[②] 世续此番终于不用再向财政部长官"低头"求款，亦免去请国务院代转呈文总统的周折，可以直接致函总统。徐世昌就任不久后，清室即面临年关需用经费数额庞大的挑战，特请总统饬财政部筹拨大宗款项：

> 查敞署各司处以及东西两陵、宗人府等处应放月款、季款，即撙节发放亦须二十万元，再加以年节用款，至少亦须八十万元之数。再四筹思，实无法应付，惟有仰恳钧座鼎力维持，请饬财政部务于旧历年前设法速筹巨款，预为发放以济急需，不胜迫切盼祷之至。[③]

此外，因纸币价格大幅下跌，加之听闻自 1919 年起中央各机关岁用皆改为六成中国银行、交通银行纸币搭放四成现洋，世续请将皇室经费亦搭放四成现洋，以期与各机关事同一律而昭公允。不过财政部欠发岁费的情况却并没有得到较大改观，当年 5 月内务府尚在催拨 3 月应发 20 万元款项，至端午、中秋等开支繁杂的重要节令时，仍是捉襟见肘。

清室已经开始意识到，自从北洋系因冯国璋、段祺瑞摩擦而分裂为

---

① 《徐世昌日记》第 2 册，第 528—529 页。
② 爱新觉罗·溥仪：《我的前半生》全本，第 87 页。
③ 《致大总统公函》（1918 年），《内务府公函底稿》，《清内务府档案文献汇编》第 9 册，第 3720—3721 页。

直系、皖系后，奉系崛起于关外，吴佩孚在中原自成势力，徐世昌已无力凭其北洋元老资格驾驭各方，又与段祺瑞摩擦不断，而北京政府更在震动全国的五四运动中成为众矢之的。此番情形下，即便有心"忠顺"清室，徐世昌亦难以护清室周全。[①] 是以 1919 年下半年世续、绍英、耆龄又恢复了联名致函财政长官的惯例，随后世续再向皖系背景的国务总理靳云鹏奉呈公函，请其体念皇室艰窘，代为与财政部协商早日拨发历年积欠岁费。[②] 此际因清末内廷维修工程欠款近十年未能清偿，各有关商号相继起诉清室，得审判厅判以"或查封皇室产业，或限令内务府偿还"，致本就困窘难挨的清室雪上加霜。1920 年 3 月 17 日世续致函总统，援引《清室优待条件》第七款，指民国政府本有保护清室私产责任，且 1913 年国务院业已准由民国财政清偿前清各机关欠款，然 1918 年国务会议推翻前案复令内务府自行办理，将清室逼入进退维谷境地，甚有破产之虞：

> 自民国二年以来，优待岁费财政部每年所拨仅及十之五六，宫中府中以及数十处附属机关一切开支，亦因之按数扣折，其有不能扣折者，不得不随时挪借以应急需，而各执事人等全家恃以生活者，何止数十万人。即使财政部按照《优待条件》所定岁费如数拨足，在此百物昂贵之时，已属生计维艰，又况财政部所拨之款，尽皆不兑纸币，是宫府各机关既受扣折之痛苦，复加纸币之损失。辗转削剥，每月所得较应得之数不过十之二三，生活程度日高，缩食节衣，不免沟瘠。[③]

世续认为《清室优待条件》具有法律效力，而财政部既不能履约如数拨款，所放款项亦非现银而为停止兑现之纸币，审判厅作为司法机关又罔顾法律，仅奉国务会议临时议决之部令作为审判依据，实与优待条件保

---

① 爱新觉罗·溥仪：《我的前半生》全本，第 87 页。
② 《致靳总理公函》（1920 年 3 月 16 日），《内务府公函底稿》，《清内务府档案文献汇编》第 9 册，第 3608—3609 页。
③ 《致徐大总统公函》（1920 年 3 月 17 日），《内务府公函底稿》，《清内务府档案文献汇编》第 9 册，第 3614—3616 页。

护清室私产条款有违，特请补发历年积欠"以维民国之信用"。若财政部短时间内难行筹款，则请发给通行有价公债票以凭周转。经国务会议公决，曾于《清室优待条件》中议定，但久未实行的优待岁费改两为元拨发，正式划 1919 年 6 月为界，此前积欠款项照银两计算补放，自 7 月 1 日起改为照银币计算按年续拨；除已发银两、洋元、公债外，所欠皆由财政部统一发给无利国库证券一半、八年七厘公债票一半。① 尽管清室对由两改元提出强烈反对，更直指虽迫于用款急需同意抵发债票，实则该项公债及国库券信用未充，"得之宛如获石"。然而若坚持抗议，则不仅积欠岁费再无回收之期，连无法足额抵款的债票都再难得到。

不过清室的一再退让并没有换来优待岁费的稳步拨发，1921 年 3 月，财政部拟发行 1912 年六厘、1919 年七厘公债的整理债票，旧票持有者可自愿以每 100 元换新票 40 元。② 由于民元清室以银元 10162910 元借给袁世凯作为民国肇建军政各部经费，得其如数换给爱国公债之特种债票，后经国务会议议决免除利息，仅照本额收回，换发民国元年公债，是以清室原以现金借拨民国政府，却只得还债票而又在换发中损失利息，可谓"始则授以画饼充饥之纸片，继复蠲其铢积寸累之子金"。③ 而当下若再行将持有旧票折换新票，几经周转，其亏耗损失或至无余，为此世续分别函达总统、总理，请准照原票面数额为清室换发新债票。为免所请被驳难有转圜余地，又表示如碍于定章既成难为变通，则望政府另筹他项以补清室亏累。

这一年初，清室将为年满 15 岁的逊帝溥仪议婚提上日程，最终婉容、文绣分别被择定为后、妃，大婚定于次年举行。由于多年为清室催索优待岁费的世续于 1922 年 1 月 18 日因病去世，按照徐世昌提出毋庸添派内务府大臣之议，清室未再任命总管大臣，只着绍英佩戴内务府印钥，而为大婚典仪筹措经费的重担，也随之落在他肩上。原本徐世昌曾答允清室在婚礼举行时给予照顾，但其已于 6 月下台，至 9 月清室领到

---

① 《财政部咨》（1920 年 5 月 7 日），《内务府公函底稿》，《清内务府档案文献汇编》第 9 册，第 3628 页。
② 《国内专电》，《时报》1921 年 3 月 3 日，第 1 张第 2 版。
③ 《致大总统函》（1921 年 9 月），《内务府公函底稿》，《清内务府档案文献汇编》第 9 册，第 3635 页。

当年岁费总额不过 10 万元。[①] 绍英等人只得先后致函财政长官、总统黎元洪、国务总理王宠惠，请各方顾念大婚典礼 12 月 1 日之期迫近、用款甚巨，将所欠岁费从速拨发。然而财政部仅写来一封颇含歉意的信，言及经费困难以致优待岁费不能发足，表示为赞助大婚，特意从关税内拨出 10 万元，其中 2 万元算作民国政府的贺礼。[②] 按照清室所期待的大婚规模和排场，民国政府所提供的岁费数额实难敷开支，尽管不再寄望于财政部能慨然筹拨"巨款"，但内务府仍没有放弃续行催款，只是将所请数目控制在 20 万—30 万元。婚礼前后，清室还得到了各界人士以礼金为名的赞助。场面颇为盛大的婚礼过后，很快便是需款甚繁的旧历年关，清室早已意识到仅依赖民国政府优待及部分军政要人并不稳定持久的扶助，甚至无法保障"小朝廷"自上至下千余口的基本生活，由是总管内务府也积极筹划通过向银行借贷、变卖宫中物品等方式，开辟更多进款渠道。亦因此对从速清厘坐落于奉天地区的大量田房产业，早日收入数目可观的价款，增加了一重期待。

第二节　清室重启皇庄清丈

一　盛京内务府清丈清室私产

盛京内务府粮庄地亩年代久远，各地界址混淆；又经庚子之乱档册尽失，并无地册以凭稽核，隐匿、侵占、私押、盗典等情不胜枚举。光绪末年对盛京官庄的清丈，主要依照勘丈锦属官庄地亩章程。查丈过程中，围绕承领权问题，庄佃间展开激烈争夺。[③] 世居盖平县城北正蓝旗界顾家堡子的庄头顾克勤，因接庄时未能绳丈，地段多被佃户隐匿。至光绪三十一年（1905）盛京内务府委员到地清查时勘出浮多地 3000 余亩，佃户抢先将此项浮多混同正额官地 660 余亩一起请报为自行开垦之

———

①　《致财政部严、凌次长》（1922 年 9 月 26 日），《内务府公函底稿》，《清内务府档案文献汇编》第 9 册，第 3900 页。

②　爱新觉罗·溥仪：《我的前半生》全本，第 103 页。

③　刘小萌：《爱新觉罗家族史》，第 361 页。

闲荒并承领升科，双方争讼不断。①

　　庄头多为一姓子孙世代承充，他们通过垦荒盗典、结交官府倚势括财、勒抑丁佃刨垦滋生余地、增租夺佃或私撤丁地、谎报灾情私吞赈银等方式敛聚了大量财富，很多人实际已成为独霸一方的大地主。② 其不仅与佃户矛盾日深，亦多有抗纳差租之举。宣统三年（1911）仅正黄旗下最末等之四等庄头③徐广珍名下即领有官田 6989 亩余、租地 756 亩、草甸地 487 亩 7 分，然屡次抗欠，迭经催缴仍置若罔闻。为整顿差款，避免该庄头"浪费官租积欠要差"，陷入"陈欠未缴新征又届"的恶性循环，盛京内务府会计司将其撤差并另委亲丁代事。④ 然而其时庄头抗差在奉省已甚为普遍，撤任旧员后继任人选亦未必尽心办差，这给预备立宪进程中亟待厘清经费入款的清室造成较大损失。

表 3-2　庄头徐广珍欠款数目

欠款时间	欠款数目
宣统元年	地亩银 14 两 8 钱 6 分，制钱 861 吊 760 文
宣统二年	地亩银 26 两 9 钱 6 分，制钱 861 吊 760 文
光绪三十四年	仓粮 1260 吊
宣统二年	仓粮 1329 吊
宣统元年	杂差 225 吊 130 文
光绪三十二年	粟米 43 吊 830 文
光绪三十二年	仓差糖芽 124 吊
光绪三十三年	仓差 120 吊
年份不详	外欠商号钱 5400 吊

资料来源：《会计司为革退抗租之四等庄头徐广珍事移文》（宣统三年十月初十日），《东北边疆档案选辑（清代 民国）》第 81 册，第 59—60 页。

① 《庄头顾克勤与佃户吕锡龄等为官地浮多互相争报案》（光绪三十一年以后，具体时间不详），中国科学院民族研究所、辽宁少数民族社会历史调查组编《满族历史档案资料选辑》，内部发行，1963，第 149 页。
② 刁书仁：《东北旗地研究》，第 151—154 页。
③ 据雍正《大清会典》卷 228《内务府三·会计司》载：康熙八年题准，将各庄头等第编为头等、二等、三等、四等。二十三年题准，嗣后编查庄头等第，限十年编定一次。
④ 《会计司为革退抗租之四等庄头徐广珍事移文》（宣统三年十月初十日），《东北边疆档案选辑（清代 民国）》第 81 册，第 58 页。

　　到清朝灭亡前，奉天旗务处于重重窒碍中仅完成一两个粮庄的勘丈工作。清帝逊位后，盛京内务府为保全皇产，计划将奉天庄地概行清丈，发给现种佃户租照以杜纠葛。奉天度支司认为"普律清丈地广事繁"，既要考虑各处庄头是否甘心放弃利益不行阻碍，又要投入大量时间、人力、财力，于盛京内务府可谓不小的负担。为革除丈务积弊、保证皇产收入，同时平衡庄头、佃户利益，1912 年 10 月内务府办事处详拟清丈庄地章程二十条送呈都督，请将丈地委员统作三路，每路四员，分赴各地。查丈总原则为土地勘验后，庄头领取照旧征差不收租价之正额官田执照，丁佃领取依照地质等则拟租之浮多官田租照。[①] 赵尔巽批示盛京粮庄既隶皇室财产，实行清厘、给发租照符合保护条议，恰逢禾稼成熟之际便于到地开办，应从速勘查造册，以备统核地数，明定租则。

　　为免拖延至隆冬时节冰雪覆地难行勘丈，办事处迅即拟定告示文稿，首先指明盛京内务府会计司所属大粮庄头等承领官地 79 万余亩，界址混淆，隐占盗典情甚，进而强调经清室总管内务府咨查，此项庄地隶于清室产业范围内，理当及时查明以清积弊。[②] 然而奉天度支司核议办事处所拟章程后，虽表示尚属周妥，但因"地经庄佃互相典押、转移之纠葛，率在百数十年以上"，[③] 有原旗务处横遭阻力办理无效的败案在前，其对此番清丈前景仍不甚看好，提出可由一路着手试办，若无阻碍再议推行。

　　内务府办事处原计划将庄地清查分为西、南、北三路，以新民、法库、广宁、镇安四城为西路，奉天、抚顺附之；以辽阳、辽中、复州、海城、盖平、岫岩、牛庄、熊岳、凤凰为南路；以铁岭、开原两城为北路。接到先行试办一路的批示后，即决定避开庄地界址纷杂、庄佃纠葛最多的南路，从仅有两城，计庄头 12 名、庄地约 16 万亩的北路入手，冀"领照踊跃，无甚窒碍"，同时希望如办有成效，当此丰收之年便不必待北路办结，由该处"随时呈请推广，以期早奏全功"。[④] 12 月 2 日，

---

①　内务府办事处呈，1912 年 10 月 2 日，奉天行省公署呈，JC010-01-004212-000001。

②　《清丈庄地告示草稿》（1912 年 10 月 26 日），奉天行省公署批（附内务府办事处呈、《清丈庄地告示草稿》），JC010-01-004212-000005。

③　奉天度支司呈，1912 年 10 月 31 日，奉天行省公署呈，JC010-01-004212-000003。

④　《内务府办事处呈请派员分路清丈庄地事》（1912 年 11 月 15 日），《满族历史档案资料选辑》，第 250 页。

继任奉天都督的张锡銮点派镶黄旗蒙古佐领维治、内务府办事处收发委员宛恒元、统计委员田永新、差遣委员王增信四人为丈地委员。19日接到办事处呈称此次办丈所得租、执照费，以及查出浮多地亩按年收纳租金，在抵扣委员川资、盛京内务府员书津贴并缴纳课赋后，应作为新增正款收入随时解送清室北京总管内务府核收，请先行将清丈章程转咨京府备案。

清查庄地试办简章

一、此次清查庄地，不特为剔除庄佃隐匿各弊，尤以划清皇产界址免致后日与民缪輵为宗旨，应请呈明都督出示通行晓谕，俾庄佃周知，以免误会而释群疑。

一、派员应由办事处开单呈请都督加札派委，并饬民、旗地方官会同办理。

一、委员令作三路，每路四员，应需书记、绳弓，由各该委员自行雇用。

一、会计司庄地向隶南、北、西三城，而每城庄地之多寡数目不齐。委员应即分作三路，应将地亩由本处分晰支配，务令平均。

一、各路庄头承领官地久未清查，圈内官田多被地邻侵占，或被他人捏报，缪輵不清屡起争讼。此次清查，各庄头应将承种官田呈报明确，以为造册之标准。倘有托故抗违，严惩不贷。

一、委员到境即由该庄头领段，将承种官田四至及某佃户耕种若干亩，无论原额并淤复、浮多，尽数呈报，不得稍有隐匿，经委员验明地段与所报相符，取具该庄头并无换段、隐匿、冒报甘结，及乡会佃户地邻等保结，令庄头照章交纳册、照各费，领取执照，仍不得无故撤佃。

一、此次委员清理庄地，先由一路试办，该庄头等俟委员到段，首先指领听候勘明，缴费领照，不准借词推延任意违抗。倘该庄头有托故迟延不即领段者，应明定惩罚限制，以期迅速，逾限不遵即行撤地归佃。

一、官地被水冲沙压，有早年报销差课、后又淤复垦成熟田，及段内滋生浮多未经续报、该庄佃私相租种各地，此次清理自应宽其既往，一律免究。惟须由委员到段之日起予限五日，准该庄头尽数据实呈报，仍归该庄头呈交册、照各费，发给执照，照章纳差。倘始终隐匿，即斥革庄缺，再准由丁佃户首报领照，如丁佃扶同隐匿，撤地另租。

一、庄佃逾限隐匿不报淤复、浮多各地，由他人举发，应由委员勘丈明确，即令举发首报在先者，按三则照时价拟租，发给租照。如无举发首报之人，经委员查出，随时另招妥佃租种。

一、庄头承种之官田，此次清理或有以多报少，或以少报多，以及与地邻毂辗不清，或有首报淤复、浮多，非随时勘丈绘图难得确数。应由各委员携带绳弓，随时抽丈，以便易于措手。

一、庄头有将肥沃官田换为己产，将硗薄己产抵作官田，及庄地己产与官田毗连，必须验明契纸。与庄头己产相符，即取乡会地邻等并无换段甘结、四至亩数；如有不符或被人举发以上各弊，即由委员移查起课之县尉，以免弊混。

一、庄头倘有隐匿呈报不实，或已私自典押受有地价者，并庄头无力缴费，皆准现种之户呈报领照，免究以前私售之罪。庄头若无以上情形，不得先尽丁佃，以免纠缠。

一、庄头将领种官地私相典押受价者，应由庄头照数归还原价，地仍归庄领种。若不能归还原价者，即准现典押之户领种纳租。

一、庄头领种官地，经委员勘明后别无纠葛，发给该庄执照，每亩酌收照费小洋一角、注册费小洋一角，均归庄头交纳。其隐匿、淤复、浮多各地，并该庄无力领种情愿归佃领种者，发给佃户租照，每亩酌收照费小洋一角、注册费小洋一角，归佃户交纳。

一、官田浮多，其地段南北长者，以南为原额，北为浮多；其地段东西长者，以东为原额，以西为浮多。至新垦之地，仍以后垦者为浮多，以免争执厚薄之弊。

一、浮多滋生应归官家收租，各地必须分定为上、中、下三则拟租，以免偏枯。地势平坦土脉肥沃者为上则，每亩按年收租价小洋四角；地势虽平而土性硗薄者为中则，每亩按年收租价小洋三角；地势低洼兼有沙碱者为下则，每亩按年收租价小洋二角。倘地不及下则租价，丁佃以拟租较重，应俟委员到段查询地邻时价量予酌减，呈请示遵，均按年由十月开征交纳，以昭公允。

一、此次所发租、执各照均用两联单式钤盖奉天行省印，骑缝加盖办事处钤记。一发给庄佃收执，一交办事处以备存查。

一、派出委员等应用川资等项，均由收入册、照各费内开支，惟事前无款应由办事处先行筹垫，每城不得过二百元。统俟事竣后，由该委员等核实造销，再由收入各费项下归垫，以免苦累。

一、委员川资先由办事处酌定道途远近及地亩多寡、应延日期若干，先行垫发。俟册、照费收入，仿旗务处清理伍田办法提出一成五分，作为开支各费。

一、委员若能依限办结，即请照二成开销作为奖励；倘徒延时日、销耗川资，即照一成开支，以示惩戒。

以上系试办简章，如有未尽事宜，随时续请再行酌增。①

从章程的制定可以看出，为减小势力庞大之庄头给清丈带来的阻力，办事处对庄头此前隐匿浮多、私售官田等情较为宽容，只需如实呈报并照章缴费纳差，仍可优先领种原地。为调和庄头、丁佃关系，在庄头顽抗不报或无力筹款领地的情况下，佃户亦可纳租承种浮多地亩。不过办事处给予庄头的格外"恩遇"似乎没能得到积极回应，由于章程中并未明定庄头到地领段、回缴私典官地价款及庄佃缴纳照、册费用的时限，12 月 25 日丈地委员抵达铁岭县青堆子屯准备传集各庄行丈时，众庄头或拖病不到，或仅遣人前来借口拖延以期避丈，虽有少数到场者经委员当面详细介绍清丈办法，仍是听过便罢毫无行动。② 为早日完成庄地勘验，丈地委员决定即便没有庄头到地领段，亦自行分赴地段查看情形酌核办理，并就章程未尽之处拟订申明办法四条作为对庄佃的约束：

① 《清查庄地试办简章》（1912 年 12 月），奉天行省公署批（附内务府办事处呈、《清丈庄地告示草稿》），JC010-01-004212-000011。

② 内务府办事处呈，1913 年 1 月 4 日，奉天都督府指令（附内务府办事处呈、章程酌拟申明办法），JC010-01-004212-000012。

清丈章程申明办法四条

计开

一、章程第五、第七两条，庄头应将承种官田呈报明确，首先指领，听候勘明、缴费、领照，不准借词推延、任意违抗。倘该庄头托故迟延、不即领段者，应明定惩罚限制以期迅速，逾限不遵即行撤地归佃等语，委员等酌拟到段三日内，庄头应将承种官田呈报明确、领段勘丈。倘再逾限，即准丁佃各户报领，以示惩罚。

一、章程第十四条，庄头领种官地勘丈明确后，别无镠辖，发给该庄执照，每亩各收册、照费小洋一角，归庄交纳。其隐匿、淤复、浮多各地，并该庄无力领种、情愿归佃领种者，发给佃户租照，每亩亦各收册、照费小洋一角，归佃交纳等语，委员等酌拟勘明后，予限十日，令庄佃遵章缴纳册、照各费，即行发给租执各照。倘该庄佃等再逾期限，不便再行久候，即将该庄之地撤出，准佃缴费承领。如丁佃不能交费承领，即行另招妥佃领租，以免延误。至该庄之地，有典押归价情形者，不得不稍从宽恤，拟以十五日为缴费领照之期，以为限制。

一、章程第十三条，庄头将领种官地私相押典受价者，应由庄头照数归还原价，地仍归庄领。若不能归还原价者，即准现典押之户领种纳租等语，查此条似应明定归价之期，以为限制。委员等酌拟勘明后予限十五日，为该庄归还典押原价之期。倘该庄仍逾限不归还原价，方准该丁佃等交费领照租种，以示体恤而昭公允。

一、章程第七条，此次清理庄地，先由一路试办，呈准由北路铁、开入手等语。委员等查看铁岭界内地情形，率多段落零星，其地段有界属法库而实与铁界紧相毗连者，此等情形事若必定拘拘于属地主义，不惟于清理手续多不完全，且恐该庄佃等借以影射隐匿，其弊实所难防。拟请凡遇此等地段，不分界限一并往勘，以期简捷。①

---

① 《清理庄园委员谨就章程酌拟申明办法四条》（1913 年 1 月 4 日），奉天都督府指令（附内务府办事处呈、酌拟申明办法），JC010-01-004212-000012。

第一条主要针对庄头拒不明确呈报承种官田并到地领段的情况，拟以委员到地后三日作为庄头呈报及领段期限；第二条补充规定了庄佃交纳册、照费，领发租、执各照的期限，以委员勘明地亩后十日为限，如庄头逾期则将地撤出准佃承领，丁佃逾期则另招妥佃领租，惟庄地有典押归价情形者可宽限至十五日；第三条进一步明确了庄头归还私典地亩原价之期为委员查勘完竣后十五日内，逾限可由丁佃领照租种；第四条从便利办丈的角度出发，指出铁岭界内庄地多零星散布，若拘泥于仅试办北路庄地而不清查法库地段，恐庄佃乘隙隐匿地亩，是以呈请"凡遇此等地段，不分界限一并往勘，以期简捷"。

为便利丈地委员在庄就近办理造册、收款等事，1913年1月内务府办事处再呈奉天都督请发"清理内务府庄园官地行局"木质钤记一颗。清丈开办以后，虽庄头多持观望态度，但丁佃却积极呈报其盗典官田情弊，既主动协助委员领段，更愿承领庄头典押地亩。章程中虽规定如庄头所领官田逾限不报、隐匿遭人首报或私押盗典不能归还原价，一经查明即行撤出，准由丁佃报领并放给租照。但正额官田原本仅备有放给庄头之纳差执照，照中已注明庄头字样，丈地委员担心丁佃急欲与庄头断绝纠葛，见此字样再疑庄头仍可干涉地亩，以致延不交费领照，为慎重起见请另刊无论原额、浮多发给丁佃专用之租照。① 从最初计划分作三路同时开始清丈，到提议若一路办有成效另外两路随时开办，再到丈地委员为使庄佃迅速领照而严格勒限并增加惩罚措施，盛京内务府始终以早日完成庄地清厘、保障差租征收为首要目标，这在一定程度上也代表了逊清"小朝廷"的希望。而奉省虽认同庄地积弊甚深应行彻底清查，但更多从避免激化庄佃矛盾、维护乡村社会秩序的角度考虑，对短期内普行清丈的态度较为谨慎。即便赵尔巽最初同意由盛京内务府试办，也主要是为了将正额、浮多地亩划分明晰，至于征租细则如何厘定，可待清丈完成后依据各类别地亩数量、土质情况等再行妥议。

实际上奉天度支司的顾虑并非毫无道理，清丈庄地告示一经公布，即有65名庄头联名呈控内务府办事处坐办英锐巧夺皇产，"抽余假公济

---

①　内务府办事处呈，1913年1月18日，奉天都督府指令（附内务府办事处呈），JC010-01-004212-000015。

私、阴谋经照苛敛、乘乱剥民中饱"，[1] 恳请都督缓行勘丈。佃户则认为丈地委员与庄头勾结，合谋侵吞佃种地亩。盛京内务府选定仅有两城的北路入手，本意是希望尽快让奉省看到办丈成效，以期早日在全省庄地范围内推广，制定政策时也着意平衡庄头、佃户两方利益以免引发冲突，结果却是调和庄佃矛盾未成反而招来两方的不满，清丈工作再度陷入停滞。

二　庄佃矛盾升级与办丈被迫停止

祁永福等 65 名庄头在 1912 年 12 月联名上书呈控坐办英锐时，特别声明所领庄地乃先人于顺治年间以自力开垦之荒地，又于康熙年间带地投充作为内务府皇粮庄地，方得编设世袭庄头，历代子孙接充以保有开垦原业。且地亩凡有加增，已送经续报以草豆米地加增差银。英锐欲将滋生浮多地亩放予外佃领照纳租，既致官田疏于保护，又令带地投充各庄头尽失原业，无异于剥民生计。为此特开列坐办劣迹十款，核心内容主要有三：其一为以权谋私，凡庄佃争地领照非至坐办处"活动满意"不能给发，且坐办私纵佃户隐匿、偷报及以优地变劣地、以新佃变陈佃各等情形，并不从严查办；其二为现种佃户皆为庄头招租之人，并非开垦原佃后人，若任其领照纳租，实于保护皇产不力而难断庄佃纠葛；其三为南、北、西各城庄头目前实收庄地小租不过每亩 1.6—1.7 角，坐办定拟承领浮多地亩价格及照、册费过重，各庄难行负担。[2]

至 1913 年 1 月初，罗君卿等人复因价重，再度联名 65 名庄头呈文都督，陈明前牍非为阻挠勘丈，乃因清室总管内务府停办贡差后，盛京内务府办事处坐办英锐反而加征折色，每只贡鸭合洋 1 元 2 角，较之喂养贡鸭本色每只不过 3 角，收价过重。各庄苦累已甚，特请都督恩恤依照各项国地清赋均免价费成案，[3] 免除正额庄地册、照费；同时提出丈出浮多地亩亦归庄头报领，甘愿按亩加差，仍由原佃租种，"不惟界限清

---

① 《庄头祁永福等联名呈控内务府坐办剥民中饱并请求暂缓清丈事》（1912 年 12 月），《满族历史档案资料选辑》，第 251 页。

② 奉天行省公署批（附内务府办事处呈、《清丈庄地告示草稿》）（1912 年 12 月），JC010-01-004212-000011。

③ 参见《奉省清赋免价期限再展一年现奉批准通行札文》，《奉天公报》1912 年第 181 期。

厘，又免与佃领浮多，缪辖多讼"。如蒙允准，庄头自当"踊跃争先领段"，则可收"勘丈刻期竣事"之效。① 由此可见，庄头还在谋划将佃户置于自身的管控之下，所谓愿加差报领浮多，不过是把更为沉重的负担加于佃户身上，以此换取更多权利，继续坐享庄地事实地主的地位。

然而庄头连番上书皆未能如愿，奉省认为各庄经年承种官田所纳仅为薄差，此番清丈后原额地亩差项不过依循旧例；丈出浮多亦先归庄领，加增租项则取之佃户。何况册、照费用已极微薄，于庄头而言并无损失。1 月 19 日奉天都督做出批示，强调庄地隶属应行保护之皇室财产，此次清丈系由清室总管内务府来咨开办，只有早日查明造册，方能厘清界限，没有缓丈的余地。并斥该庄头等勿得"视官产如己田"，再行抗丈不遵，即将首倡之人惩革不贷。

庄头以下亲丁多为同姓亲故，世代盘踞一庄，势力较为庞大。尽管请求缓丈之路行不通，部分庄头仍坚拒到地领段，同时威逼利诱佃户以防其出首。当 1912 年 12 月 30 日丈地委员维治赴铁岭后孤山庄头汪宝贵承领地段时，发现汪氏既未张贴清丈告示周知众佃，其本人亦避居母亲家中，并派数十亲丁阻挠委员行绳。待委员布告清丈事宜后，便有该庄四家子村佃户张永茂等开具地单表示愿意领段，不想汪氏听到风声，即刻现身，明求委员宽限时日，暗迫佃户严阻领段。② 为免该庄头再煽惑众佃、阻挠清丈，奉天都督准内务府办事处所呈撤去汪宝贵庄差，着由亲丁另行公举代表领段。

此外，亦有亲丁深谙庄头隐占、盗典庄地情形，为免受其拖累，难行顺利承领地亩，而主动出首并到地领段。丈地委员 1913 年 1 月 17 日查至坐落铁岭与法库交界处的朱家窝堡、索龙沟庄地时，原有亲丁孙秉德等 12 人及佃户崔宝荣等 58 人，呈报逾限多日仍抗不领段之庄头孙国增典卖官田、无力购还，但经庄头私行威逼后仅有亲丁孙秉才、孙秉安、孙秉有与佃户代表崔宝荣、村长王玉印 5 人仍敢到地指引行绳。庄头为破坏领段，便纠集数十人将孙秉才扭至私宅看押，更声言若行勘丈，连

---

① 内务府庄头罗君卿等呈，1913 年 1 月，内务府办事处牌示（附 65 名庄头联名呈文、罗君卿保条），JC010-01-004212-000016。

② 内务府办事处呈，1913 年 1 月，奉天都督府指令（附内务府办事处呈），JC010-01-004212-000019。

同官差在内一并殴打，第二日经该界区官前往查问方才放人。在巡警保护及区官同聚众为首之人多番交涉下，23日委员复行到地勘丈，不期庄头仍指使孙万库率领多人，欲成围殴之势，其中不乏老者、妇女等手持棍棒、小刀阻拦查丈。① 对聚众扰乱清丈之人，丈地委员除依赖巡警将其查拿外，别无他法。而盛京内务府处理劣迹庄头的方式，至多不过比照此前汪宝贵例呈请都督撤差。但旧员革职，新任亦从亲丁中公举，既难以摆脱与庄内一姓亲族千丝万缕的利益关联，亦未必乐从清丈、平息争端。

于是再遇有庄头抗欠日久且拒不领丈，盛京内务府会计司便建议办事处将庄头撤差后暂不另选继任者，可先由丁佃公举一总佃代为办理缴纳差租事宜，② 既防止新任庄头仍行煽惑众佃抗丈，亦不致搁延公款征收。此间即便已故庄头之子为能顺利承领庄地而请袭庄缺，办事处亦较为谨慎，往往待该庄地亩清查及丁佃领照完成后，③ 方允会计司为其办理。但是庄佃之间积怨已久，由于各庄现种佃户多由庄头招募，为谋取私利，庄头任行加租及无故撤佃时有发生。各庄在盛京内务府备案之册籍内通常仅写有壮丁各户名姓，而不对佃户情况做详细记录。甚至本为辽阳县高营墙内务府正黄旗庄下亲丁的徐福亦发现，庄头徐永勤故意将其一家姓名漏写，以致壮丁名册上无所记载可为身份凭证。④ 庄头随即以徐福并非亲丁为由，令其撤出地亩将地归庄。即便内务府办事处屡请将抗丈庄头撤差，但丁佃若无法切实承领庄地而仍先尽庄领，则始终无法摆脱受制于庄头的局面，承种权难以得到长久保障。

为此法库、铁岭、辽阳、海城、沈阳等九县佃户王九峰、陈明文、郭升、张福等人联合成立一保产会，拒绝向庄交租，希望以此方式给省署施压，最终达到取消庄头、直接由佃领地的目的。然而佃户的抗争给

---

① 内务府办事处呈，1913年1月，奉天都督府指令（附内务府办事处呈），JC010-01-004212-000019。

② 《会计司为庄头申绍启抗欠差款请先行撤差并公举总佃经理差租事给盛京内务府办事处移文》（1913年4月22日），《东北边疆档案选辑（清代 民国）》第82册，第266页。

③ 《内务府会计司为庄头施福之子施谦德承袭庄缺事给盛京内务府办事处移文》（1914年3月），《东北边疆档案选辑（清代 民国）》第82册，第411页。

④ 《会计司为查明庄头徐永勤典卖官田积欠差款事给盛京内务府办事处移文》（1913年5月17日），《东北边疆档案选辑（清代 民国）》第82册，第276页。

了部分抗欠既久的庄头可乘之机，其为免被撤差纷纷声言本应以地取租、以租抵差，正因刁佃抗霸官租坚不交纳，才差无所出，[1] 将自身经年累欠差款归咎于佃。苏政韬等庄头联名呈文盛京内务府，请以秘密结会妨害地方治安为由转呈省署解散佃户保产会。不过在致力于让省署早日看到清丈成效以准行普丈的办事处看来，佃户立会仅为保全自身固有财产，且并无违背民国法律之处，为免将事态扩大"惊动"奉省高层，办事处甚至以民国成立后官家尤须改变"工作作风"顺应民意、毋得妄行专制为由，要求各催长注意"工作方法"，传集庄佃好言劝导，以释嫌怨：

> 该庄佃等耕田凿井相安已二百余年，当有彼此扶持亲睦之意，鹬蚌相争徒利渔人，同室操戈终归两败。凡该庄佃等同居一处，非友即亲，何事不可商办。且从前庄租佃种各沾利益，此际必由官家强迫执行，亦属该庄等自伤和气。[2]

　　至少办事处认为庄佃之间的矛盾依靠亲缘、地缘等关系仍可调和，只需承催加以引导便能通过对话协商解决。然而各庄但凭承催迭次集会劝导，始终坚持佃户希图霸地，抗租必得严办。会计司担心佃不交租则差款无着，对清室总管内务府难行交代，亦不再同意办事处息事宁人，表示为不妨害清厘大局，务须呈请省署解散佃会，严惩霸地刁佃。在庄佃抗纳租差各案中，庄头大多自光绪年间已有积欠差款等情，彼时盛京内务府手握重权，尚不能严行约束各庄按年完欠，何况国体变更之后。办事处或许一度以为能够理顺庄佃关系早日完丈，奈何自身实力与想要达成的目标间差距过大，到1913年底，仍需省署指令各县派警保护帮催庄地差款。[3] 既然要依赖地方政府的力量，奉省也就获得了介入清丈事务的更大空间。

　　因王九峰等九县佃户恐庄头与丈地委员合谋夺佃，群起赴省城控诉，奉天民政长许世英批示："庄则谓带地投充，佃则谓承种有年，自非查明

---

① 会计司移，1913年10月15日，会计司移办事处文，JB008-01-043664。
② 盛京内务府办事处移，1913年10月11日，办事处移会计司文，JB008-01-043918。
③ 奉天行政公署指令，1913年11月12日，《奉天公报》1913年12月13日第623期，第4页。

历史，详究利害，不足以杜纠葛而免纷扰。"① 12 月 11 日奉天行政公署指令内务府办事处"将各路清丈事务，由该处即行转令各该委员暂行停办。俟本民政长通盘筹划，妥拟根本上解决方法，另行饬遵，以息纷争，仰即遵照"。② 由盛京内务府办事处主导的庄地清丈开办将届一年，便仓促收场。

第三节　民国清厘官产与收夺丈放权

一　民国政府直接介入丈放事务

1914 年 3 月许世英辞任后，奉天都督兼署民政长张锡銮亦表示将遍查内务府庄地册籍，以悉心筹划新章，令佃户回籍听候办理。当时多有庄头不耐等待，仍以地系投充为由赴奉天财政司请领执照，一时激怒众佃。佃户代表王九峰等上书省署驳斥庄头所谓带地投充论，首先强调各庄地亩坐落甚广，以区区数家庄头之力实难全行领垦：

> 每庄代理官田不下数千亩，坐落非一处，如南城之庄经理北城之地，北城之庄经理南城之租，两间相隔数百余里，设曰带地，必先领垦。然庄头不过五十余家，以官田百十万之多，区区庄头自垦其有此余力乎，此非带地者一也。③

继而指出清朝同光年间各处庄头曾经更换，以张姓接李姓庄缺，李姓接王姓庄缺：

> 如果系带充，当其先庄被革之时，必庄撤而地不撤，何以庄革而地归接充者所经理，革庄等并默无一言，地仍然归皇室所有，而

---

① 《法库等九县佃民代表呈请详查底蕴以救数万佃民生命事》（1914 年 11 月），《满族历史档案资料选辑》，第 254 页。

② 盛京内务府办事处移，1913 年 12 月 13 日，办事处移会计司文，JB008-01-043906。

③ 《法库等九县佃民代表呈请详查底蕴以救数万佃民生命事》（1914 年 11 月），《满族历史档案资料选辑》，第 254 页。

民等历来永佃权不随革庄而撤，此非投充者二也。①

　　佃户自认清代粮庄初设即在地分垦，当下无论地归民国抑或清室，只要不为庄头承领，便可不失永佃权，否则"虽生不如速死，宁为速死不为庄头夺佃饥饿死也"。一边是庄佃势同水火，另一边得知奉省有停免丁差之议后，清室总管内务府又请内务部转行奉天民政长，称清室各项丁差均有随丁差地，并无一律停免之理，"仍按旧章办理为要"。② 对于奉省而言，既要平息庄佃争端，又需兼顾清室利益，出台清厘庄地新章已迫在眉睫。实则早在 1912 年 10 月奉省便因财政支绌已极，提出国体变更，为化除旗民畛域，当行清厘旗地、统一各项租赋征收之办法。不仅希望与三陵、盛京内务府等衙门会商祭、贡各品停办后，清室财产范围内各处庄园山场等纳差地亩，及额外浮多地亩如何清查征租；而且同时明确表示八旗官兵随缺伍田与三陵、内务府伍田，应循清代旗务处丈放收价之议妥拟丈放，"以期公家可得大宗进款，而民间亦得以各安生业、扩充利源"。③

　　彼时盛京内务府粮庄既已明定隶属清室，且内务府办事处所拟试办清丈章程以厘清庄地原额、浮多，征收庄头与丁佃差、租各款汇解清室为目的，奉天度支司虽颇多顾虑，甚至有以办理清丈伍田等项旗地事宜之专局一并勘丈庄地、取消盛京内务府试办之议，但为显示优待清室之至意，省署最终仍然允准开办，并在清丈过程中坚持"适度参与"原则。凡行政程序上不论选派人员、修订章程，抑或刊刻钤记、张贴告示、刷印照单等大小事宜，一律经省署批令行事，是以奉省当局对盛京内务府办丈的各个环节了如指掌。但遇有庄头抗差抗丈时，至多允从办事处撤差之请而不会过重责罚；对于庄佃争讼，亦是在宣示保护清室产业要旨之余两方安抚。各该管地方州县虽得省署指令派警保护委员到地勘丈，实际仅限于庄佃相争妨害治安时查拿祸首并保障委员人身安全，并不会

① 《法库等九县佃民代表呈请详查底蕴以救数万佃民生命事》（1914 年 11 月），《满族历史档案资料选辑》，第 255 页。
② 《令奉天民政长准内务府函奉天各项丁差仍照章办理转令奉天民政长查照文》（1914 年 4 月 20 日），《内务公报》1914 年第 8 期，第 42 页。
③ 《奉天都督为派道员王双贵会同锡龄阿清丈奉省旗产官地事给度支司等札文》（1912 年 10 月 29 日），《东北边疆档案选辑（清代 民国）》第 82 册，第 12 页。

强制各庄到地领段及补缴差款。奉省似乎不甚在意庄地清丈的成效，或者说对于此番试办的结果早有预期。

1913 年 7 月民国财政部呈请设立清查官产处后，全国范围内的土地整顿开始进行。至次年 4 月，因财政支绌，袁世凯再令各该管部门督饬所属，克日认真办理官产清厘事宜，以裕国计。[①] 其时由于内务府办事处难行调和庄佃，双方矛盾激化，奉省恰好有了以避免庄佃相争扰乱地方之名暂停清丈、重行厘定新章明晰清室与国有资产界限的契机。尤其是第一次世界大战爆发后，奉省金融行业陷入停滞状态，商贾纷纷歇业。张元奇甫受任巡按使即要求中央拨发现款，获批 50 万元后仍期增款未得允准，[②] 为缓解财源枯竭的情况，"非急从土地入手，实无生财之术"。1914 年 11 月 15 日张元奇呈文总统，拟从清室庄地与星尼丁地[③]之浮多地亩，及盘山、安东两地苇塘入手，开办土地丈放。据奉天财政厅厅长董元亮调查：

> 前清皇室庄地原额四十九万余亩，带地投充当日均有确数，分纳粮差。迨历年既久，附近闲荒暗被侵垦，名为浮多。此项浮多既无名粮，又不纳差，厚利所在，遂为庄佃互争之点，连年缠讼爬梳不清。其实所谓浮多者，非皇产额内之滋生，乃从前国有未开之闲荒也。[④]

财政厅计划将所有庄地一律清丈：

> 除原额四十九万余亩拨归皇产外，其余私垦浮多，悉数归国有，

---

① 《清理官产克日程功令》（1914 年 4 月 3 日），《袁世凯全集》第 26 卷，第 18 页。

② 陈志新等编著《北洋时期东北四省区军政首脑》，政协沈阳市委员会文史资料委员会，1994，第 42 页。

③ 星尼丁地亦称星尼贝子丁地。星尼贝子为礼亲王后裔，曾在奉天省拥有十九万余亩庄地。雍正年间贝子获罪，庄地抄没入内务府管理。民国初年，耕种该地亩的丁佃担心私垦浮多被清查，聚众抗丈。时任奉天巡按使张元奇呈准大总统，将原额十九万余亩庄地拨给丁户租种，浮多一律收归国有。参见秦国经《星尼贝子丁地案》，《逊清皇室秘闻》，第 112 页。

④ 奉天巡按使张元奇呈并批令，1914 年 11 月 15 日，《政府公报》1914 年 11 月 18 日第 912 号，第 19 页。

分别等则收价，丈放升科。①

上、中、下三则地亩收价标准初步分拟为 6 元、5 元、4 元，另收照费大洋 1 角、册费大洋 2 角。若各项土地丈放顺利，奉省预计总收入应有一二百万元之多。袁世凯批令"准如所拟办理"。在同年 12 月 26 日《清皇室善后办法》确定内务部为民国政府办理清室私产保护事宜的主管机关后，奉省当局对于清室奉天产业的处理建议更得到内务部重视，是以此际主导丈放皇庄地亩愈显名正言顺。

此次清丈后，各庄考成底册所载正额地亩尽归庄头承租领种，而浮多地亩收归国有统一放出，佃户若想承种，则需缴纳地价。九县佃户代表王九峰等人为保各家历代耕种土地之永佃权，恳禀巡按使仍旧依照前案不分庄佃，均准领照承种。所请被驳后，又于 1914 年底、1915 年初复行连番上书，力陈庄佃相争的焦点并非浮多，而是庄头肆行增租撤佃。佃户表示其所种地亩皆为正额庄地，按亩纳粮，应时奉差，未有丝毫隐匿：

> 矧前清时代庄头之威严大于民等数倍，即有浮多，亦归庄头私自兑卖，民界〔等?〕何敢越界一犁。……姑无论浮多与否，清丈如何，民等所垦者概系纳赋无缺，将来划分皇室有、国有，在所甘心。若概归庄头领照，利害不免偏颇，是使民等汗血经营庐墓俱在者，归庄头之不当利得，与其充数人之饥，何如饱千万人之饥乎。②

无论庄地清丈后收归何处，佃户最希望的就是能够取消庄头这一中间环节，直接承领地亩，甚至愿意多缴租款。而正额归庄领种则意味着庄头仍有自行招募及撤出佃户的权力，佃户纳款数额既由定定，难免继续遭受庄头私加之重租盘剥。且庄头为获取更多利益、简化管理佃户之烦琐程序，往往未必直接招佃，极可能将所领地亩包给有实力的地方大

---

① 奉天巡按使张元奇呈并批令，1914 年 11 月 15 日，《政府公报》1914 年 11 月 18 日第 912 号，第 19 页。

② 《佃民代表王九峰等恳再详查以救数万佃民生活事》（1914 年 12 月），《满族历史档案资料选辑》，第 256 页。

户，则佃户在庄头这个"二地主"之外，还要再受一层压榨：

> 而庄头倚章程为获符，招诱一般豪强大户拦入把持，而所谓数十万家之丁佃，务必将从前生产一朝而被人夺尽，恐爬梳愈不能清，而所计及之数百万圆者，何忍遽用此数十万生命以换之哉。[1]

对于浮多地亩，若准许佃户领取租照承种，则每年按时缴纳相应租款即可。现下虽为充裕财政，统一开放价领，但佃户以土为业别无生计，难以短时间内筹集缴纳一次性高额地价的资金，大量浮多最终仍将收入势力庞大的庄头及地方豪强之手，佃户看不到摆脱俎上鱼肉命运的希望。

眼见佃户迭次向省署请命，庄头亦做出回击。苏政韬联名 65 名庄头呈控佃户王九峰等捏造"取消庄头"谣言、聚众抗租，因各庄"以地取租、以租抵款"，佃不交租则差无所出，特请巡按使"从重究惩刁顽"。[2]庄河县古梁口四等庄头马士承自光绪三十二年至 1913 年共拖欠差钱12700 余吊、款银 54 两，先声言唯破产方能抵差以博取盛京内务府所派承催人员同情，后恐在清丈章程重行厘定的关键节点上被撤庄差，便指称身为九县佃户代表参与上书的姜家屯佃户徐日东等三人，积欠宣统二年至 1914 年计五年粮租，经庄报县押追后，该佃等以皇庄、国地界线尚未明晰，上诉至省高等审判厅，拒绝向庄缴租。庄头自认绝无私收租款之举，乃受与恶佃争讼所累而困苦不已。[3]

1915 年 1 月 10 日，袁世凯批令准奉天巡按使张元奇所呈，设立奉天全省官地清丈局作为清丈事务的办事机关，任命孙葆瑨为局长，强运开、金梁为副局长，坐办由金梁兼充。[4] 2 月，九县佃民代表王九峰等禀称庄头已私行勾结日本人盗卖国产之事，历陈种种恶行，请早颁新章：

---

① 《九县全体丁佃代表王九峰等再行沥陈请求取消"地归庄领"新议事》（1915 年 1 月），《满族历史档案资料选辑》，第 258 页。

② 庄头苏正韬等禀，1914 年 12 月，会计司移办事处处，JB008-01-043664。

③ 《盛京内务府会计司为庄头马士承任意玩抗欠款请撤差事给盛京内务府办事处移文》（1915 年 1 月 21 日），《东北边疆档案选辑（清代 民国）》第 83 册，第 49 页。

④ 奉天巡按使张元奇呈，1915 年 1 月 10 日，《政府公报》1915 年 1 月 12 日第 962 号，第 19 页。

又或无分丁佃，硬赖所种之地为现租，遽与撤夺；或遇各佃交租，概屏不受，反诬抗欠之名，借势夺佃；或捏造账目，禀称积欠，各宪一受其欺蒙，民人顿遭其苦累；或咨〔恣〕意恶索，原租已交，横加浮租；或愚骗迭出，巧诱典价帮项；或借倚官府，强迫长价增租。①

考虑到佃户经年承种庄地赖以为生，一旦原额尽归庄头领照，难保不行增租撤佃之举。为兼顾各方利益、平息庄佃之争，奉省曾计划勘定庄地册载正额亩数后将地拨归清室，依据典押年限判定地应归庄、丁、佃何者承领，并发给相应照单；后改为全部庄地一律丈放，正额仍视典押情况确定地亩承领权归属，但无论庄领或佃领，均发给丈单，按时缴纳地价即可。3 月 27 日，清丈局拟定丈放内务府庄地章程十条送呈巡按使：

内务府庄地丈放章程

一、总纲。本省前拟开办丈放内务府庄地等项，业经呈奉大总统批令准如所拟办理等因，并咨由内务部转商内务府，连同正额正浮一并丈放，核复照办各在案。自应遵照将此项庄地，不论正额、浮多，一并清查丈放，正额地价拨解皇室，浮多地价收归国有，应即妥定办法积极进行，以符定案。

二、地数。查盛京内务府庄地，册载原额五十余万亩，每年按地交纳粮差。历时既久，附近闲荒暗被侵垦，名为浮多，所在皆有。今按各庄近年考成底册，逐段查丈，并查明私垦浮多，无论多寡，连同正额一律丈放。

三、领地。此次丈放庄地，先尽庄头交价承领，仍照向章不准无故撤佃，致失各佃生业；并不准庄头勾串他人影射冒领。如庄头无力价领，取具该庄头退地甘结，准原佃承领。惟庄头如有私典盗押于佃户者，应径归佃户承领。均发给丈单，遵限缴价，逾限不交，

---

① 《王九峰等为庄头乘势酷虐仍恳速赐解决早颁新章事》（1915 年 2 月），《满族历史档案资料选辑》，第 259 页。

撤地另放。

四、地价。此项庄地应收地价，均系从轻酌定，分为三则。上则每亩缴价大银元七元，中则每亩缴价大银元五元，下则每亩缴价大银元三元。每亩随缴照费大银元一角，册费大银元二角。

五、清丈。此次放领庄地，均应一律丈量，前年内务府办事处派员查丈庄地，控案迭出，此次仍应概行重丈，原发租照一律缴销。所丈之地均按二百四十弓为一亩，依照地形分别绘具分图，注明东西南北宽长段落弓数四至。如段内确有沙碛、水塘、坟墓不堪耕种之地，量予扣除，惟册内仍行满入绳弓之数，以备稽考而免弊混。

六、指段。此次丈放，庄地委员下段随带表册，应由内务府办事处饬传各该路承催暨庄头，指引行绳，惟不得干预放地收价等事。丈地员仍按四至丈明确数，分填丈单，并取具庄佃及村长地邻等并无换段隐匿甘结备案。如庄头、佃户托故推延不即领段，及有换段隐匿情弊，一经查出者，即撤地另放，并从重惩处。

七、发照。此次所发大照，遵照新章，应用财政部照，并由局刊发丈单。丈明后先收经照费，填给丈单，俟领户将地价一律交清，粘发大照以凭管业。

八、升科。所有放出庄地，当年一律起科，由该管县按年征收，以重课赋。其各庄头向章应纳粮差各款，自丈放缴价之日起，准即一律免除。惟旧欠差款，仍应由内务府追交。

九、派员。查庄地坐落散在各城，此次派员，应按各城之远近、庄地之多少派定员司，分庄丈放，并饬各该处县知事，遇事会商接洽办理，以昭郑重。

十、附则。以上仅系丈放庄地章程，其余详细办法，仍照本局前曾详定官地丈放章程办理。如有未尽事宜，及临时或有应行修改之处，当俟随时核拟，详请照行。[①]

奉天巡按使张元奇接到章程后，认为第二至第十条均为妥当，但第

① 奉天全省官地清丈局详（附《内务府庄地丈放章程》），1915年3月27日，JC010-01-004197-000025。

一条总纲与前呈总统"除将原额四十九万余亩丈拨足数外，所有私垦浮多一律收归国有、收价升科"之案并不相符，批示清丈局进行修正。清丈局复称原案虽只拟丈放浮多而未涉及正额，但"正浮相混，难以分晰"，故此制定章程时调整为将正额、浮多概行丈放收价，并参考清丈伍田定价办法，划分庄地等则为上、中、下三则，以大银元6元、5元、4元为价。正额地亩约可收地价200万元，如数解拨清室；浮多地价，则尽归奉省拨用。事关清室庄地权益，清丈局特咨行总管内务府查照，并已接到复函：

> 以清丈庄地按上、中、下三则，洵于杜绝私垦之中，仍寓保护皇产之意，应即照办。惟此地价既列三则，而所指四十九万余亩，可收地价二百万元之谱，以亩核价似一律按下则约定，但亩数既多，其中岂无平壤沃美之地。务希酌中定价，持平办理。[1]

清丈局认为内务府只对定价表示异议，希望持平办理，即说明其已经认同将正额地亩与浮多一并丈放的办法，是以特于总纲中明确昭示，并针对内务府的意见改拟三则地亩定价为7元、5元、3元。4月26日，清丈局拟就示稿，准备于庄地丈放启动之际在各城布告章程，其中特别强调所有庄头、佃户均可按照定章分别承领地亩，希望众人积极响应，不致错失良机：

> 定价既轻，立法尤宽，且将以后应缴差银永远请免，以数百年之差累一旦永免，以数百年之官产一旦归己，缴价有限，受惠无穷，体恤庄佃，无微不至。[2]

为免庄佃仍不辨利弊难行疏通，给丈放造成阻力，奉天巡按使将章程送呈总统鉴核，并咨明内务、财政两部立案。5月26日获批交内务、财政两部查核备案，两部皆表示章程各条大致周妥，财政部仅提出第七条

---

① 奉天全省官地清丈局详，1915年4月10日，JC010-01-004197-000027。
② 奉天全省官地清丈局详，1915年4月26日，JC010-01-004197-000031。

"此次所发大照"六字应删，"粘发大照"的表述为示严谨改为"粘发部照"，① 表明此次丈放受到中央政府的监督和保护。

原本盛京内务府着手试办北路庄地清丈之际，奉天财政厅已计划待该路清厘完竣后，西、南两路由省立清丈旗地专局依此成案续行办理。尽管一再表明与清室划清财政界限，但对由盛京内务府自行办理庄地清丈，尽收正额、浮多地亩价款，无论从行政抑或经济层面，奉省始终存有顾忌。试办清丈章程虽由内务府办事处厘定，但逊清"小朝廷"偏居紫禁城一隅，无力驰援，办事处独木难支，从勘丈到收费的每一个环节皆离不开奉省的指令与"保护"，始终不可能在清丈中真正居于主导地位。内务部成为清室私产事务的主管机构后，又使奉省对清室奉天产业处置的话语权进一步提升，而盛京内务府办事处权则极大削弱。受庄佃之争所累，庄地差租各款连年拖欠未能如数汇解清室，开支甚巨又不得民国政府按时拨发足额优待岁费的"小朝廷"已面临深重财务危机。清室深知皇权既失，便无力彻底清厘庄地并严行催征差租，与其空耗时日毫无进益，不如遵从奉省所定新章，以早日解决庄佃矛盾，获取数百万元正额地价。

至 1916 年 5 月，洪宪帝制短命收场引发的政局动荡尚未平息，天灾又接踵而至，民生凋敝；加之全国各地清查田亩事务多有积弊，一时难行清除，为安定人心，以示"中央体恤民艰之至意"，袁世凯申令内务、财政两部咨行各省一律从缓办理清丈清赋。② 其时兼任代理巡按使的张作霖接咨后，当即表示自己身为奉人，深知民间疾苦：

> 利在必举，害在必除，应革应兴早有成竹。果属地方有益之事，毅然起行，必不以人言而辄阻；如与人民有害之端，决然停罢，必不以成见而强行。③

---

① 财政部咨，1915 年 8 月 4 日，JC010-01-004197-000056。
② 《财政部给奉天巡按使署咨》（1916 年 5 月 29 日），《关于办理清丈的文件》，《民国奉系军阀档案·一九一五年卷》第 13 册，第 102 页。
③ 《奉天巡按使署给奉天清丈局饬并示谕人民》（1916 年 6 月 2 日），《关于办理清丈的文件》，《民国奉系军阀档案·一九一五年卷》第 13 册，第 107—108 页。

　　袁世凯仓皇取消帝制后对奉省已无甚统摄力,张作霖言下之意便是是否奉大总统令当视奉省既定规划与实际情况而定。彼时奉省财政困难已极,除负外债 1000 万元之外,每年尚亏累 200 万—300 万元。[①] 是以张作霖采取折中办法,一面遵奉总统厚恤民生之意,饬清丈局暂缓普通清丈;一面要求照旧办理官荒、山荒及内务府庄地、各王公府地、随缺伍田丈放:

> 　　查本省财政早已支绌万分,值此时局艰险,尤应格外注意。理财要策,端在不扰清地筹款。[②]

　　庄地一经丈放,不仅浮多与清室再无干系,即便正额地亩,在收取一次性地价后,亦将永失业权。但清室已无暇顾及庄地产业流失,唯望速济眼前之困,对于总统明令全国缓办清丈形势下,奉省仍坚持继续丈放庄地,没有表示异议。无论清室还是奉省都很需要庄地价款这一大宗收入,至少在早日丈放收价这点上,双方的目标一致。而早在上一年《内务府庄地丈放章程》获批、奉省开办清丈后不久,清室总管内务府便已致函奉省,希望清丈局随时汇寄庄地价款。

二　奉天当局为清室汇解地价

　　1915 年 11 月,镇安上将军兼署奉天巡按使段芝贵接到清室总管内务府大臣世续、景丰、绍英发来的公函,言辞恳切,首先陈明因民国政府拖欠优待岁费,内务府需款无着、艰难维持:

> 　　敝署为皇室办事总机关,差务既繁,需款自巨。迩来国库拮据,敝署因之大受影响。部拨经费,陈欠者不知何日补发,当年者亦难如期照放。现在应发之项,实已迫不及待,思维至再,无法应付。

---

① 　陈裕光:《王永江整顿奉省财政之前前后后》,中国人民政治协商会议吉林省委员会文史资料研究委员会编《吉林文史资料选辑》第 4 辑,吉林人民出版社,1983,第 114 页。

② 　《奉天巡按使署给奉天清丈局饬并示谕人民》(1916 年 6 月 2 日),《关于办理清丈的文件》,《民国奉系军阀档案·一九一五年卷》第 13 册,第 109 页。

继而表示听闻庄地丈放推行较为顺利，特此商请"香岩仁兄"将收到地价早日汇寄北京：

> 惟闻丈放庄地自筹办以来，逐渐推行，尚称顺手，而发照收价亦已办到，此后不难一致进行，可期美满效果。查地价一项，现在既有收入，不妨先其所急，拟请饬下清丈委员，将已收地价，不拘数目多寡，即行拨存交通奉行，令其迅速汇京以资接济。至陆续收到之款，即希该局随收随拨，该行随收随汇。如是办理，则皇室借资补助，裨益诚非浅鲜。[1]

总管内务府并未与奉省商定每笔庄地价款汇寄时限，而是希望凡收有地价成数即随时拨发，并已委托交通银行奉天部经理徐营甫与清丈局接洽，务求直接得款迅速转寄。段芝贵复函解释了未能及时汇解地价的原因，称丈放事务千端万绪，难行快速清查，且交价领地者多未能遵限办理，以致延宕时日；"实深抱歉"的同时已饬清丈局无论收价多寡先行拨交银行，并将未丈及已丈未收价之地加紧办理。[2] 总管内务府虽然出于随时收取庄地价款的考虑，而没有限制拨款日期和数额，但如此一来也就使收款缺乏制度的保障，而完全取决于清丈局能否履行随收随拨的约定。故而此后一直到"小朝廷"覆灭的近十年中，总管内务府又增加了向奉省催收地价的"新业务"，且每当收到款项给奉省复函时，行文最末处总不免提及一句"如日后收有成数，仍希随时汇拨"。

按照清室为办理产业事务与民国政府对接的正常行政程序，总管内务府催收奉天庄地价款应先咨行内务部，由部代为转咨奉省。当地价久未得收之时，借内务部向奉省施压也成为总管内务府催汇价款的方式。而在对收款数额有疑问等事关清室切实利益的问题上，总管内务府也尤其注意咨行内务部备案，以引起奉省重视并有据可查便利解决。如1916年清丈局先后汇寄地价小洋25万元，但清室在交通银行兑出款项并未足数，为此特咨行内务部，请其时兼署省长的张作霖详细查核。至1918年

---

[1]　内务府景丰、世续、绍英函，1915年11月，JC010-01-004197-000066。
[2]　奉天巡按使公署函，1915年11月15日，JC010-01-004197-000067。

底因大洋价高且短缺，清丈局以北京大洋票代替现洋拨交地价，总管内务府既希望奉省仍能汇寄现洋，又因不了解原本应收之小洋16万元与现收京钞间的汇率，恐怕折损款额，便于1919年1月6日请内务部转咨奉省查明此次所汇地价折合数目。一个月后得奉省答复"小洋十六万元系由官银号按照当时市价，以小洋八角六分五厘折合京钞一元，共折合京钞十八万四千九百七十一元一角"，[①] 另有汇条存案备查。

不过张作霖主政奉省后，清室已意识到想要保障在奉权益，必须与其加强联络以睦交谊。1917年2月27日总管内务府收到清丈局汇寄地价后，内务府大臣世续即刻向张作霖致电，表达深切感谢之意。1918年初农历年关到来之前，东三省官银号为清室汇解地价小洋10万元，世续再携绍英、耆龄二人以专函鸣谢："值此年关紧迫、需款孔亟之际，得此巨款补助，足征格外关垂，感荷公谊，曷其有极。"[②] 一年后三人又于新年之际致以问候，既仰张作霖"功高四岳、望重三垣"之威名，又以"弟等内府趋公，毫无建树，愧驹光之虚度"自谦，唯借寸简"恭贺年禧、祗请钧安"。[③]

到1919年底，逊帝溥仪生父醇亲王载沣也加入了催汇庄地价款的行列。12月3日，张作霖接到醇亲王府来函：

> 兹因宫廷款项颇属支绌，深盼陆续汇寄，即祈将丈放地价，望阁下分神代为饬催，务必迅速源源接济是祷。[④]

1920年1月10日，清丈局呈称已先后九次分别拨解清室地价小洋76万元，现遵照省长训令再以北京大洋票汇寄小洋2万元。自此开始庄地价款均由清丈局先行拨寄醇亲王府，再经王府交入清室内廷。

照理而言，总管内务府已与清丈局商定了直接汇寄地价的办法，历年办理尚属妥当，未有疏漏，所得款项数额亦较为可观，即便出于醇亲王亲自致函更能受到奉省重视从速解款的考虑，地价汇寄王府再行转交

---

① 　奉天全省官地清丈局呈，1919年2月8日，JC010-01-004197-000140。

② 　内务府绍英、世续、耆龄函，1918年，JC010-01-004197-000130。

③ 　内务府绍英、世续、耆龄函，1919年1月，JC010-01-004197-000136。

④ 　醇亲王载沣函，1919年12月3日，JC010-01-004197-000148。

总管内务府，也未免徒费周折。且从催款的实际效果来看，并非王府每次去函皆能如愿获取地价，且收款数目较之从前各年亦没有提升。但彼时载沣已将醇亲王府奉天庄地报请清丈，多封代总管内务府催收地价的函尾，均能看到类似"鄙府用款亦甚艰难，望代为饬催，从速将地价亦为拨寄是盼"的表述。[①] 是以醇亲王亲自催款，除为纾解皇室经费之困外，还有一个重要目的是借此机会请张作霖一并饬令清丈局早日拨发王府地价。而每封去函皆以清室为名义，捎带提出个人所请，或许让这个前朝一度权倾朝野的摄政王，不至于为"讨要"王庄地价显得过于窘迫。

1922 年 10 月 19 日清丈局一次性向总管内务府汇寄了小洋 20 万元，折合现大洋 129449 元 8 角 4 分，但在内务府回函中写明收到地价为现大洋 121449 元 8 角 4 分，较汇款数目少 8000 元。张作霖为此致函总管内务府，经该府查明回复称：

> 前项地价，系径汇醇邸，转交本府收纳。比因邸第另有用项之公款八千元，未经声明，是以本府漏未列入，以致数目不符。[②]

醇王府从地价中提取 8000 元是否作为公用不得而知，王府代催庄地价款多年，仅此一次私行支用款项，亦无法断言醇亲王早有挪用地价图谋，但无论清室内廷抑或王公宗室，进入民国后风光不再的落寞，却可见一斑。醇亲王历次催款的主要原因，便是清室用款支绌，在 1920 年 10 月 14 日的致函中，他更明确提到中央财政拮据，积欠优待岁费日久。然而即便在经费频频告急的情况下，端午、中秋、农历新年等年节，清室仍大行宴饮排场并颁赐众臣，并不力行节俭，其中为内务府员司中饱数目更不知几何。好在清室每届急用而向奉省催汇地价时基本能得到满足，尤其 1922 年张作霖自任东三省保安总司令后，恰逢溥仪即将"大婚"，为显示与清室良好的互动关系以博得优待逊帝的声誉，积累更多政治资本，张作霖不仅"大手笔"令常行仅能拨款三五万元的清丈局，汇寄了

---

① 醇亲王府函，1920 年 11 月 23 日，JC010-01-004313-000032。
② 内务府函，1923 年 2 月 2 日，JC010-01-004313-000064。

那笔被醇王府支用过的 20 万元"巨款",以裕清室备办典仪之经费,还以个人名义向溥仪赠送了贺礼。对于张作霖的"示好",清室亦及时予以回应。1923 年 3 月,得知奉省创设公立医院需款浩繁,清室特表示捐助小洋 1 万元,请清丈局直接由庄地价款内就近划拨。① 虽然数额不算太大,但能够让常年用款艰难的清室"慷慨解囊",或可以反映出张作霖在逊清"小朝廷"政治考量中极重的分量。

由于自 1921 年起奉天财政厅厅长王永江便代行省长一职,他也因此成为接收清室催款函的另一重要对象。1923 年 5 月 28 日,他接到总管内务府大臣绍英、耆龄、宝熙的来函:

> 查奉天庄地丈放价款,屡承分神,陆续拨解,无任感荷。惟查优待岁费积欠甚巨,现届端节在迩,本府各项差款待放孔亟,非筹有大宗款项,万难应付。谅此项地价已积有成数,仍恳执事设法维持,务将所收地价,于端节前汇拨本府,以济要需,是所切祷。②

经清丈局核查,彼时已收存有地价小洋 8 万元,较此前醇亲王迭次催汇时所拨数目多出不少,可见清丈局实未能兑现最初总管内务府所期望的"随收随拨",非经省署接到清室催款函并下达指令,往往不会主动解款。至当年 9 月,迭经清丈局数年间先后 20 次汇款,总管内务府共收到小洋 137 万元。然而庄地丈放章程厘定之初,清丈局以正额地 49 万余亩均定下则地价计,仍许清室以得价 200 万元,何况实际勘丈过程中划定上则的地亩为数不少,收入亦应有所增加。③ 1924 年初又逢农历年关迫近,总管内务府希望奉省早日将地价余款汇寄北京。但据清丈局呈称,除已拨解小洋 137 万元外,其余应收款额均为价领庄地之民众所拖欠,再无收存余款。1 月 10 日王永江函复清室:

> 至民欠余数,现正陆续催收。但奉省各县人民,近年因清丈皇室暨王公庄地,措缴之价为数甚巨,民力已疲。益以本年水灾,民

---

① 内务府函,1923 年 3 月 13 日,JC010-01-004313-000066。
② 内务府函,1923 年 5 月 28 日,JC010-01-004313-000074。
③ 总管内务府函,1924 年 1 月 5 日,JC010-01-004313-000094。

间困苦尤为异常，若操之过促，匪惟无济于事，且恐枝节横生。故不得不稍事从容，借纾民力。①

但为解清室年关用款燃眉之急，王永江仍批令清丈局由其他款项下挪出2万元垫寄，待收有地价后如数扣还。同年4月20日，三多受赏内务府大臣衔全权办理盛京内务府产业事宜后，催解地价余款的"重任"便正式落在他的肩上。5月，内务府皇产事宜处成立，适逢端午节临近，总管内务府大臣郑孝胥、绍英、耆龄、荣源致函三多、商衍瀛，既表示对二人平安抵奉的问候，同时请于"奉省皇产内"筹汇若干款项：

> 二公硕画宏才，定能措置裕如。刻下端节在迩，本府各项差款待放孔殷，所有奉省皇产内，究能设法筹汇若干，望即示复，无任盼祷之至。②

于是，皇产事宜处首要任务便为催拨一笔地价余款：

> 查奉天官地清丈局从前代放内务府庄地，除业经解京应用之数外，尚存尾数未解。其中有民欠未清者，有业已缴局者，兹既准内务府函称前因，拟请贵公署转令该局，即在此项尾数内，先行凑拨五万元，径汇京府。俾此届节关，得资挹注，感荷同深。③

清丈局接省长训令后，将收存地价小洋3万元汇寄北京。但到中秋节前夕，三多再为总管内务府催请提拨地价时，清丈局便明确表示此项价款尚有6万余元"实欠在民"，仍未催收到局，实无款项可解。④当年11月溥仪离开紫禁城后，清室在奉各项产业虽为省长公署接收，但为保障逊帝生活，三多仍没有放弃催汇地价余款。

1925年1月11日、12日，三多接连致函省署，请拨地价以资挹注

① 总管内务府函，1924年1月10日，JC010-01-004313-000096。
② 内务府皇产事宜处函，1924年5月19日，JC010-01-013118-000002。
③ 内务府皇产事宜处函，1924年5月30日，JC010-01-004313-000105。
④ 奉天全省官地清丈局呈，1924年9月23日，JC010-01-004313-000116。

农历年关用款。清丈局不仅呈复省长"现无存项，碍难汇寄"，还指出前曾垫汇 5 万余元尚未得补。[①] 其时奉省刚刚经历第二次直奉战争，"代价昂贵的军事行动越多，张作霖向东北的资源要求就越多"，而"奉天省政府曾经发展出的所有的经济实力，在承受张作霖对金钱的反复要求时，也仅仅具有有限的能力"。[②] 面对军事行动造成的金融紊乱，主张休养生息的王永江，这一次并未再指令清丈局垫汇地价，而是据呈直接函复内务府无款可解。然而清室对于获取数十万元地价余款的耐心与坚持亦是非比寻常。溥仪寓居天津后，仍设皇产事宜处，且清室留守奉省之驻奉办事处尚在前盛京内务府旧址办公，并未取消。清室由此向奉省提出地价可经驻奉办事处续行代领，再为转交天津。

第四节 "随时解款内廷"下的自主经济活动

一 征收山场果园租款

有清一代，为备办祭、贡各品，皇室不仅在奉天广置粮庄，还设有果园、山场、鱼泡、马厂等各项产业。民国初年因各项品物多停免解京，不同类别的产业地亩亦亟待分别名目、订定清厘办法。1912 年 6 月，盛京内务府掌礼司接到壮丁张兴顺呈文，内称千山一带 15 处果园山场向为众丁采办贡品之区，四至段落分明，向无被外人窃伐、侵占等情。日前该壮丁等却发现位于钟楼沟的二段地亩已被一座名曰无量观的道观捏作荒山，在辽阳州署报请丈放、领地完竣；另有多处山园亦被龙泉寺、中会寺、大安寺等报荒请领。眼见赖以封纳贡差之产遭各寺霸占不退、蒙混捏报，张兴顺等恐若不早行究办，或致该处山园被人侵占殆尽：

> 贡品、差款全归无着，官家、园丁两受其害。况国体已改，迷

---

① 奉天全省官地清丈局呈，1925 年 1 月，JC010-01-004313-000024。

② 薛龙：《张作霖和王永江：北洋军阀时代的奉天政府》，徐有威、杨军等译，中央编译出版社，2012，第 133 页。

信宜除，更不容此等贪劣僧道肆行无忌，欺官扰民。①

国体变更以后，坐落奉省各地计 170 余处山场果园，虽被列为应行保护之清室产业，但会计司已多次接到壮丁呈称山园遭人捏报、侵占。为此内务府办事处开列各处山园坐落四至清单，呈请都督饬各该管地方官，如遇捏报荒山，务须照单严查，有已领取执照者应行追回缴销。7 月 15日都督做出批示：

> 查内务府果园山场，隶入皇室财产范围之内，有特别保护专条，自应查明封禁，以杜冒领。仰候分饬各该管地方官，按照单开坐落四至，一律封除，仍归园丁经管。倘有私垦冒报、冀图侵占者，一经查明或别经发觉，即行取销地照、勒令退还，以重皇产。②

表 3-3　1915 年盛京内务府掌礼司果园山场坐落数目

单位：个

坐落	数目	
	果园	山场
奉天	3	
辽阳	13	51
牛庄	54	13
开原		14
铁岭	3	
岫岩	4	
广宁	16	
义州		5
总计	93	83

资料来源：《掌礼司果园山场坐落数目清单》（1912 年 12 月 13 日），奉天行省公署训令（附清丈铁岭开原两处庄园委员名单、掌礼司果园山场坐落数目清单），JC010-01-004212-000008。

---

① 《壮丁张兴顺等为千山一带果园山场被龙泉等寺庙侵占贡差无着事呈文》（1912 年 6 月），《东北边疆档案选辑（清代 民国）》第 81 册，第 311 页。
② 《掌礼司为千山果园山场系皇室财产不得任人侵占冒领应加以保护事给办事处呈文》（1912 年 7 月 15 日），《东北边疆档案选辑（清代 民国）》第 81 册，第 331 页。

　　彼时内务府办事处正着手拟定试办庄地清丈章程，山场果园亦得都督指令拟定清查办法。因园丁从前所纳差项中部分为本色果品，现下贡品停办，一律改纳折色银差，已有广宁园丁及铁岭园头等表示负担过重，故办事处计划不分果园山场一概起租，统一发给租照，即以所收之租银抵补差款。① 广宁、辽阳、牛庄、海城、开原、铁岭等处山园，曾经前旗务处勘查放照者，一律换给新照。为节约公务经费，由庄地清丈委员就近并案办理。

清丈山场果园章程

　　一、山场果园原为预备贡品、交纳差款而设，现在贡品停送，并拟普免丁差，所有掌礼司各城山场、果园，一律勘明，招佃收租，以抵差款而纾丁困。

　　一、该园丁及佃户等，从前领有租、执各照者，此次委员到段清丈，该园丁、佃户等必须呈验，由委员查明相符，另换租照，无须重勘，以省扰累。

　　一、山园段落零星散处各城，前因年湮代远久未清查，以致丢失或被他人侵占，虽经前旗务处派员清查园丁，发给看守执照，外户发给租照，办理参差不齐，尚未清查给照者实多。此次既改为一律收租，自应派员亲诣各坐落，按照原有名称，逐一勘丈、绘图、注册普通、发给租照，以期清理。

　　一、三旗千总园头及经理之园丁，于委员到段后，务必按段指领，俟丈竣之日，取具该千园等并无隐匿、冒报以及包套等弊切实甘结，并乡会等保结，以备存查。

　　一、山园招租，必先尽看守之千总园头、园丁等领照，倘该千园等无力纳租或不愿租种，取具情愿退结，另招妥实旗民佃户，取具妥保领照纳租。如无人看守之山园，亦由千园内择其妥实者，取保租种，以保租赋。

　　一、山场果园，每亩收照费一角、册费一角，其有已领前旗务

① 《盛京内务府办事处为清丈果园山场事给掌礼司移文》（1912 年 10 月），《东北边疆档案选辑（清代 民国）》第 82 册，第 19 页。

处租照者，此次另换新照，概免收费。如有更名者，每亩只收更名费一角，以示体恤。

一、山园有被千总园头、园丁等私典盗卖，此次查勘，该千总等如能缴还原价，自应宽其既往，仍令领照纳租。倘无力缴还原价，即令典买之户照章领照纳租。至典买各户有已经税契者，仍查照清理旗地成案，追缴原照，呈明注销。

一、无论千园以及民户等，有以山园私自税契，或捏报清赋，如能于委员到境，即先自行首报声明，自应仍准该户等，照原占之界址照章领照纳租，将原领之照呈明缴销。倘隐匿不报，被人举发或经官查出，定必从重究办，并将原占山园撤出，归举发人领照纳租，或另招佃。

一、山场果园租价，宜分等则，以昭公允。山场租价拟分三则，以栽柞养兰并培养果树者为上则，每亩定租价洋四角；以森林茂盛并垦成熟地者为中则，每亩定租价洋三角；以树木稀少仅堪樵采者为下则，每亩定租价洋二角；如有不及下则者，其租价随时酌定。其果园租价亦拟为三则，以栽种果树者为一等，照上则每亩定租价洋六角；以修盖房园者为二等，照中则每亩定租洋五角；以垦成熟田者为三等，照下则每亩定租价洋四角。至散处各城内之园地，无论栽树盖房及有别项作用，均一律按照时价特别拟租。

一、千园以及民户等，如有在山场果园界内私葬坟茔，姑念业已安葬，免其迁移，于坟之周围，酌留隙地三弓，均照果园上则租价发照。惟自此次清丈之后，不准再行添葬，侵占余地，倘敢故违，定必重究。

一、此次所发山场果园各租照，其式样仍拟用两联骑缝编列字号，盖用办事处钤记。一联发给领户收执，一联事竣汇缴办事处存查。

一、以上所拟各条章，如有未尽事宜应行斟酌损益之处，由委员随时呈明核办。[①]

---

① 内务府办事处呈，1912 年 10 月，奉天都督赵尔巽批（附内务府办事处呈），JC010-01-006646-000001。

由于贡品业已停办，盛京内务府来年应征差款皆赖此项地租，是以章程获批后，办事处仍速将出示晓谕园丁的草稿送呈都督，万望迅即开办。为减小清丈阻力，示稿中特别强调丈地委员到境之日，各园林丁佃即应将山园四至并从前领照呈明，毋得隐匿、违抗：

> 尔等须知此次清丈，系为清厘皇室产业，兼为尔园丁等纾积困、筹生计起见，于尔园丁等实有莫大利益，毋得迟疑观望致滋误会。倘敢借端阻挠、抗违不遵，定即查明究惩、撤地另佃，决不姑宽。①

山园清丈同样由北路铁岭、开原等地入手，因其中部分山园方经旗务处勘丈放照不久，此次丈地委员到境后验明照单与实领地段相符，即换给新照一律起租，不再重行勘查，故而章程中并未特别提及划分园地正额、浮多以清界限。辽阳城南倪家台村村长、壮丁崔连岐于9月在州署呈称该村小学堂款项艰难，请将村南向无人经理之官山报为山荒承领升科，以作学田之用。但地邻园头金万城经管果园，金氏坚称崔连岐将园地捏报在内，始终不愿出具该壮丁等报领山荒所需并无冒报、包套等弊之甘结。虽经州署派员依照壮丁呈抄果园四至底册，查明所报山荒与园地"并不挨边，毫无缪辖"，金园头仍行狡赖，指称山荒实在果园四至以内。② 考虑到该村报领学田苦等甘结无期，而丈地委员甫自北路展开清丈工作，行至南路辽阳地区尚需时日，为不致贻误学案，1913年1月都督指令内务府办事处速行呈送收存备案的山园照根及四至原册，以为切实证据，而令园头、丁户两方折服。

园头不愿壮丁报领山荒升科，或与果园外之毗连地亩已为其私行隐占垦种有关。山园虽分布范围较广，但多为零星坐落，不仅土地面积远小于粮庄地亩，由于地形地势等特殊情况，亦不如段落相连的平整庄地易于勘查。且盛京内务府仅试办一路清丈，已激起庄佃纠葛轩然大波，

---

① 清丈园林各地点告示草稿，1912年10月26日，奉天都督赵尔巽批（附内务府办事处呈、清丈园林各地点告示草稿、山园租照样式），JC010-01-006646-000005。
② 《奉天都督府为应检查山场存根册查明崔连岐所报山荒是否果园至内事给盛京内务府办事处训令》（1913年1月27日），《东北边疆档案选辑（清代 民国）》第82册，第203—204页。

奉省平息纷争的同时亦深陷财政支绌危机，务求早收清赋实效获取大宗进款。是以民国初年省署并没有在山园清丈上给予过多关注，一直是内务府办事处自行收租。待到庄地丈放逐步走上正轨后，便开始将目光转移到划分山园正浮界限、园地浮多收归国有上来。

1921年初，内务府办事处清理官地委员会同北镇、义县公署，查核原称广宁、义州两地山园时，即奉省长公署指令此次清查园地如与原放租照标明四至均属相符，仍行发照收租；山园图册所载四至以外各地，自应收归国有以清界限。从前领照各户，凡有照无地、有地无照致生纠葛者，须一并清厘以免影响征租，"庶于皇产不致遗失，而息各佃日后讼端"。① 不过相较于庄地正额全行丈放，清室尽失土地所有权、只得奉省陆续拨解地价而言，内务府办事处对于发给租照各处山园，尚保留一定的自主权，除定期派员催收租款外，亦可提出调整租额的相应办法。

二　厘定盛京内务府办事处常年收支

1915年4月寿聿彭接奉省署饬令改组盛京内务府时，对常年收支各款进行了一次全面清查。

表3-4　1915年内务府办事处余存常年入款

入款项目		金额/年
房基租金	钟鼓楼南四平街官房75间	小洋3824元8角
	正金银行地基	日币1200元
	图书印刷所租房20间	沈平银49两5钱
	官纸局租房35间	东钱12000吊
地亩租赋	辽阳县、辽中县废林地	小洋2550元（扣除川资）
	马厂、牧地领户交款	沈平银1475两2钱7分1厘，东钱2276吊650文
	开原县、辽阳县园地	小洋1050元9角2分
	辽阳界鱼泡地	小洋536元9角4分7厘
总计	小洋7962元6角6分7厘，日币1200元，沈平银1524两7钱7分1厘，东钱14276吊650文	

资料来源：内务府办事处余存常年入款清单，1915年5月6日，内务府办事处详（附内务府办事处余存常年入款清单、拟留人员及改组办法从简年需款目清折等），JC010-01-001061-000002。

---

① 　内务府办事处呈，1921年1月12日，JC010-01-006587-000001。

表 3-5　1915 年盛京内务府员司兵役薪津办公经费及各项花销数目

支款项目	金额/年
各旗司处官员年支十个月五成津贴费	银 7080 两
各旗司处书记年支十二个月十成津贴费	银 1500 两
各旗司处年支十二个月七成办公经费	银 966 两
办事处委员年支十二个月七成、书差年支十二个月十成薪工费	银 3912 两
办事处办公经费	银 960 两
办事处员书差遣伙食费	银 672 两
五处堆拨烧燃费	洋 145 元
文溯阁员书饭费	银 42 两
广储司听差支款	银 42 两
王府地皮租项	钱 1300 吊
管理銮驾库田司库兼理支款	银 360 两
书差等年节赏项并电报费	银 166 两 4 钱
营造司拔草扫雪雇工费	银 110 两
查案川资	银 490 两
宫殿零星修补支款	银 280 两
广储司、营造司用潮脑、苎麻费	银 269 两 9 分 8 厘 9 毫 7 丝
宫内外撮灯煤油费	银 22 两 5 钱 3 分 8 厘 8 毫 8 丝
制兵十二名津贴费	洋 360 元
总计	银 16872 两 3 分 7 厘 8 毫 5 丝，钱 1300 吊，洋 505 元，折合小洋共计 29400 元 5 角 7 分 7 厘。此外尚有特别各项开支无定数，遇事随时详请，或事后实报实销。再，发放食辛本库，除两陵不计外，内有本属人丁粮折银 5000 余两，由庄地入款项下开支

资料来源:《奉天巡按使批》(1915 年 5 月 12 日),《关于内务府坐办裁并及人员任免等文件》,《民国奉系军阀档案·一九一五年卷》第 3 册,第 26—28 页。

按照寿耆彭的计划,改组后留用人员减少可省去一大笔津贴开支,雇工、查案川资、堆拨、灯油等项支出亦一应从简,年支洋共计 14052 元,较前下降半数之多。但岁修宫殿、房间及特别开支三项并未被寿坐办纳入预算,故年支 14000 余元不过是在宫殿、官房全然不行修缮,及办事处没有临时急需用款情况下的一个理想状态,日后为筹措此三项开支经费,该坐办只得另谋他法,呈请巡按使希望从盛京内务府三旗领兵伍田地价中酌提一成，发商生息以备应用。

原本奉省收归庄地清丈权后，庄地价款皆由清丈局汇寄清室总管内务府，办事处不再经手，唯各处山园、马厂、鱼泡及房屋产业，因类别多样、分散坐落，一时未行统一清厘，仍由办事处派员陆续核查、征收租项。然在寿丰彭进行改组的过程中，只字未提将仍隶于清室产业范畴的各项租金解交清室总管内务府，而是尽数分配用于办事处员书薪津及办公开支，这招来盛京内务府被裁各员连番禀控，更无法得到用款艰难的清室认同。

唐铭盛虽以清除积弊、妥置员司为名赴奉接任办事处总办，但他最为重要的任务便是整顿收支款目，将办事处征租余款及时汇解总管内务府。按各处房园产业顺利征得十成租项计，办事处年收入应为小洋21000余元。因岁修宫殿、官房所需开支难以预设定额，故而将更多前盛京内务府旧员重行附入三科办事，更需要以从减之数拟定薪津并削减办公经费，将常年开销控制在 1.7 万—1.8 万元，由此便可为总管内务府汇寄盈余款项 3000—4000 元。为厘清账目不致冒滥，每一项收入皆有对应的指定用途，务求专款专用，以重公款而保全清室利益。

表 3-6　盛京内务府办事处常年应征租款及指定用途

应征租款	收入金额	指定用途	备注
马厂课赋经费	小洋 2700 余元	此二项专为预备岁修宫殿暨各处官房零星工程，拟按三月、九月两季修葺	各项余款汇总报解北京清室总管内务府，以重公款
鱼泡地租	小洋 500 余元		
官房租	小洋 7200 余元	此三项内除拨交王府地基租洋 200 余元、交纳国课洋 350 元外，共余洋 15500 余元，指作开销办事处常年员书、警兵、差役薪饷工食经费	
楔楞地租	小洋 2600 余元		
伍田地租	小洋 6300 余元		
山场果园地租	小洋 1600 余元	用作催款查案旅费川资及临时活支	

资料来源：内务府办事处详，1916 年 3 月 3 日，JC010-01-001061-000058。

然而以内务府办事处现有之人力、物力，能够坚持定期分赴各地催租已实属不易，想要获取十成租项无异于天方夜谭。即如前所述，随着清丈局办理庄地丈放渐有成效，进一步清查山园等项产业并将浮多收归国有，亦被奉省提上日程，留给办事处自行办理征租的空间越来越小。况且即便领地各户仍愿循例按时纳租，若逢天灾战祸民生凋敝，办事处亦不可能强行逼令交租。

1923 年秋，因辽阳、辽中二县遭受水灾，租种山园、鱼泡等地民户代表高鹏财禀请省署俯恤民艰，援例蠲免，10 月 30 日内务府办事处奉令派委科员关保纯前往详查地户被灾情况。11 月 5 日委员进入辽阳界后，因沿河一带地势低洼不平，大雨将过，冰雪又至，道路泥泞几难前行。经逐段查验该县唐马寨、长林子、麻线沟等八村范围内林地、鱼泡46 处，及辽中县四村范围内 9 处，各地均未收割、颗粒无存，"现在尚有成汪洋巨浸者"，"饥寒贫民日求一饱尚不可得"。然而虽知山园、鱼泡"实属被灾十成"，唐铭盛表示此两项地亩历年应征租款早已明确指定用途，一旦概行免除，则办事处开销别无他款可筹；且领种各户中多有转租另户佃种、春季即收得租金者，尤无免租之必要：

> 此项地亩于民国九年被灾，该佃户等呈请钧署交由职处派员查明呈复，被灾分数亦系十成，当经职处查照前案按亩收租。若领户自种已经被灾，自应宽予体恤，按照交租原额，现年每亩征收五成，其余五成缓作三年带征；其转租另户，春间已经收租者，仍应照章交纳，既可纾丁户之苦累，亦可抵转租之中饱。①

由此可知辽阳、辽中等县秋季水患频发，此前数年地户已多次遭灾。唐铭盛认为当下灾情与 1920 年并无分别，是以仍呈请省署援照彼时成案办理，获省长批准。但有此 1920 年成案，即是因为 1919 年山园、鱼泡被灾之际，地户负担甚重无力纳租，办事处方酌拟一变通收租办法。况且尽管同意自种户三年缓期交齐租款，然科员到地查验既报颗粒无收，各户想要措足当年应交之五成实非易事。土地连年于秋收时节被淹没，于自种者是白费辛苦毫无所获；于转佃他户者，亦未必能如丰年般顺利于来年开春续行招佃收租。唐铭盛重行改组办事处时表示，员书薪饷虽暂为从减定拟，若日后各项租款催收成数较高，亦可酌予增加津贴。而从实际情况来看，就连山园、鱼泡租项稍为被灾地户变通缓征，都极有可

---

① 《奉天省长公署指令（附原呈）》（1923 年 12 月 23 日），《奉天公报》1923 年 12 月 23 日第 4238 号，第 2 页。

能打破办事处勉力维持的收支平衡，若每年务须结有盈余并汇解总管内务府，不仅员书涨薪无期，现指定为办事处各项日常开销的经费，亦不免随时调拨北京以济"小朝廷"急需。

三　拨解清室"特别经费"

1917 年 5 月 30 日内务府办事处科员关恒裕、马万钟、侯锡桐等呈控总办唐铭盛贪渎营私时，开列其侵蚀公款、欺罔擅专、任用私人、勒成肥己四条罪状。其中侵蚀公款一条下，罗列唐氏私行动支处内公款多项，指其"假托甘尽义务，不支薪津，借此沽名邀誉，俾施其侵蚀之手段"。除以办理公务为名，每届返京前必提取百余元"川资"擅用冒销外，最为严重且涉及金额巨大的指控便是唐铭盛捏报奉总管内务府大臣世续"面谕"，以京府三旗护军营兵食不足为由，在办事处提拨小洋 3000 元：

> 其呈文声称请由工程余款动用，其实以正款挪洋一千二百余元，工程款仅有一千八百元。

而办理提款时亦违反行政规程，未将总管内务府调用款项正式公文交办事处备案存查：

> （款洋）本应解交京府核收，以符原案，方为正当。而该总、帮办等竟利令智昏，假自手携带，而桂丰复逢迎意旨，又冒报川资洋二百元，其中玄妙可想而知。况回文系京师护军警察办事处名义，盖因该处系伊总理，其事影射情形显然易见。①

在办事处科员看来，若总管内务府确有提款一说，唐铭盛本应直接将款项汇寄北京，而非由其亲携现款带回。之所以多此一举，不过为与帮办郑桂丰合谋取利，便于再以"川资"名目支用 200 元。而收款回执亦漏洞颇大，无论总管内务府将该款作为何种用途，都应由府开具实收款项

---

① 内务府科员关恒裕、马万钟、侯锡桐等呈（附保条），1917 年 5 月 30 日，JC010-01-013055-000012。

数目回执，而非以唐铭盛在京任职之内务府下属护军警察办事处名义复文。唐氏虽一人身兼护军警察办事处、盛京内务府办事处两机构总办，但以一处之公款解另一处之急需，又不经上级行政部门函复收款回执，颇有自导自演、左出右进侵占公款之嫌。

实际上，这已经不是唐铭盛第一次以奉有总管内务府大臣世续"谕令"的名义，在内务府办事处各项差租尚未收齐、无从结算盈余款额汇解京府之时，呈请省署先期以岁修宫殿、官房预留专款借拨清室。1913年1月，溥仪"下旨"将总管内务府三旗侍卫定额裁减至300员，考虑到侍卫生计困苦，为示体恤，一律赏食原俸。① 唐氏于1914年出任三旗护军营总办，第二年护军营改编为警察队，每月薪饷经费3200余元皆由清室优待岁费项下拨发。但1916年春季因清室用款支绌，警察队饷银拖欠三个月未发，虽经各处措借，亦只勉强筹得4000元。由于当年2月唐铭盛厘定内务府办事处各项收入用途时，已明确表示盈余款项全数解京，总管内务府大臣世续便谕令唐氏详细查核办事处"究竟有无应解之项，或有暂存之款，妥速凑措，先行通融借拨前来，以资接济"。唐铭盛于11月返奉与帮办郑桂丰接洽后，发现办事处征收差租形势同样不容乐观：

> 查职处差款各有专指用途，所有征收差租，又值上年歉收、成数不足，而各种开支不容稍缓，是以并无余款可解。惟既奉谕筹措，实难置诸膜外。一再详查，仅簿存尚有岁修项下浮存小洋一千七百元，宫殿各处虽有应行修葺之处，须俟春融兴工修理，连同现年新征存储岁修款小洋一千三百元，共计三千元。当经与职丰会商，似可先为借拨都京内务府借充兵食，以济燃眉。俟财政部拨发有项，再行归还垫款，抑或将来职处有应解之款，照数截留。②

原本指定收款用途，虽然最终目的还是将盈余款项拨解清室，但亦是防止擅动公款、保障处务正常运行及员司利益。唐铭盛不在内务府办事处领饷，却要在护军警察队领饷，纵使从缓解该队旗兵生计之困的角度出发，"借

---

① 《溥仪在清室机构改革中传出的"圣旨"》（1913年1月），《溥仪文存》，第7页。
② 内务府办事处呈，1916年11月18日，JC010-01-013086-000001。

拨"一举仍打破了其亲自制定的专款专用之规，也即只要清室有需要，更直接而言是只要与唐氏切身利益相关的警察队有需要，哪怕是专行留用的岁修款项，亦可以工程开办日期尚未临近为由，被随时提取。

彼时张作霖认为唐铭盛所呈提拨 3000 元之请尚属"酌盈剂虚、移缓就急"，便准予照办，只须将来于应解内务府款项内截留相应数目即可。数月后因唐氏遭办事处科员禀控，省署方又令财政厅派员查核。据厅长王永江 1917 年 6 月 18 日呈复，内务府办事处拨款向例须有清室总管内务府正式公文，但唐总办既称奉世续"面谕"，且已呈明省署获批，自不同于凭空捏报。惟收款回函确有疑问之处：

> 回文不出自京府，实出自护军警察办事处，而护军警察办事处之总办，又即系奉天内务府办事处之总办，提款、收款均经该总办一人之手，并无京府只字公文，滋人疑团，实坐于此。此件似非由京府行查，未易得其真相。[1]

省署认为各项指控中，以提款未得京府正式公文情节最为严重，即于 6 月 22 日咨行内务总长，请转行清室总管内务府查明回复。8 月 28 日内务部将总管内务府复函转咨奉省，内称三旗护军警察队确因清室用款支绌而难行筹垫兵员粮饷：

> 经总办唐铭盛呈明，由盛京内务府办事处应解之款，提前解京以资接济，于上年十一月十五日解来小洋三万五千角，含大洋票三千一百七十六元，曾将收到款项数目饬由该营咨复在案。兹准前因，惟查此项垫款，实由唐铭盛禀商办理，确属实情。[2]

该函虽可证实总管内务府已收到款项，并解释了回执由护军警察队咨复的原因。然而颇为值得玩味的是，唐铭盛向京府解款的时间为 1916 年 11 月 15 日，较其呈文省署请准的时间 11 月 18 日尚早三天。也可以认为，

---

① 奉天财政厅呈，1917 年 6 月 18 日，JC010-01-013055-000014。
② 内务部咨，1917 年 8 月 28 日，JC010-01-013055-000020。

无论奉省允准与否，唐氏皆会为护军警察队提用这笔款项。另外，按照唐铭盛自己的说法，乃世续令其详查内务府办事处可行动用各款借垫京府，但至少从此函的字面意思理解，当为唐氏首先向世续提出以办事处款项提前解京济困之法。

实则唐铭盛在京出任护军营总办前，有任盛京内务府佐领的经历，对于该机构实际收支情况并不陌生。若彼时明知办事处收支难平，亦为动用预留岁修专款及办公经费等正额款项，而向京府"献策"，以便名正言顺地从办事处提取钱款，则唐氏于此内务府办事处总办一任，不仅全然不将奉省当局放在眼里，对于清室亦未必十分忠心。利用内务府办事处的收入，充裕其主管之护军警察队乃至其个人的生计，才是唐铭盛的真正目的。不过在清室经费紧张、无力负担警察队旗员粮饷的情况下，内务府办事处收入各款若能补足此项开支，则确实为总管内务府缓解了部分压力，自然能够得到世续的认可。是以在这封澄清唐铭盛并非私支公款的函的最后，总管内务府特别强调仍希望内务府办事处在刨除办公经费后，将所征各款盈余"源源汇解"，为清室财政提供更多支持。

这笔打着"借拨"旗号的款项，日后是否为内务府办事处从应解京盈余中如数截留，不得而知，不过此先例既开，又有总管内务府"加持"，1920年6月唐铭盛再为护军警察队薪饷已连续欠放四月、报呈省署由办事处先行垫汇时，甚至未如前般解释经费来源为尚无急用之岁修专款，而是直接表示将从公款项下筹备转交，以恤兵艰："案查前于民国五年十一月间，因该处饷粮无着，未能发放，曾由职处公款接济，呈明奉准有案。此次事同一律，拟请仍照前案，暂由职处公款项下筹备北京票3243元，径交北京内务府核收。"[①] 为免生纠葛，此番收款后世续即致函奉天省长公署，以示遵从行政规程。

内务府办事处全年各项开支在17000—18000元，即便确能收入十成租款计21000余元，盈余至多不过4000元，何况实际收入远不如预期。而唐铭盛每次皆以接近最大盈余的数目提取款项，可见其早已有直接动用处内预留及常行办公经费的计划。虽然历次呈报省署为清室拨款时，其均表明待护军警察队领到薪饷即如数归还，但该队真正将借垫3000元汇回内务府

---

① 内务府办事处呈，1920年6月9日，奉天省长公署文件，JC010-01-013086。

办事处并请函复回执的情况，实际只有 1922 年 2 月的一次。而彼时办事处
亦是在已将款项拨解北京后，才呈报省署请依照前案办理。至少在唐铭盛
出任总办的这个时期内，办事处呈现的行事风格与寿耆彭在任时有所不同，
寿坐办遇事几无不预为呈准，奉到省署命令后才行开办，俨然将办事处视
为奉省行政体系中的一环。而即便唐总办将拨款事宜呈明省署，更多的是
在事后备案，完成一个与奉省接洽的行政程序，但并不意味着他认为清室
总管内务府调用办事处清室产业收入需要得到第三方批准。

无论护军警察队薪饷无从筹措、请办事处预为借垫，抑或总管内务
府迭次致函奉省催汇庄地价款，根本原因是相同的。警察队薪饷原出自
优待岁费，每次来函借拨款项时均明确表示，因财政部欠放岁费日久，
清室用款已难行筹措。到 1922 年初农历年关迫近，更指总管内务府因经
费无着，用款支绌已极，只得将内库存储物件出售。彼时与清室关系密
切的徐世昌尚在总统任上，仍无力为"小朝廷"足额拨发优待岁费，可
见时局动荡下中央财政亦甚艰难。清室为维持庞大的年节开销，更寄望
于奉天各项产业收入源源汇解。

对于唐铭盛总是先将办事处公款拨解北京，再行补报省署备案，奉省
当局似并未特别在意。当 1919 年 4 月，奉天财政厅为前盛京内务府三旗领
兵代表刘常喜控办事处帮办郑桂丰等人营私舞弊一案派员赴该处查核账簿
时，发现开支多无单据，案卷纷如乱丝，便呈请全面整顿处内财务：

> 凡收支各款，均遵照审计章程另订新式簿记，于每月经过后五
> 日，即造具收支计算书，连同证凭单据一并送钧署查核。一而将全
> 年收支预算，即行造册具报，倘有临时发生各种经费，非待请准不
> 准开销，并令将经理款项人员，取具殷实铺保，以昭慎重。[①]

但若行此举，则于唐铭盛随时动支办事处公款实属不便。5 月 3 日该总
办呈复省署，强调内务府办事处作为"清室特别机关"，与一般省属行
政机构性质不同：

---

① 奉天财政厅呈，1919 年 4 月 5 日，JC010-01-013055-000039。

向不由财政厅领款，亦不归审计院核销。其改组时，常年收支数目亦早经列表呈明钧署，饬厅核准有案，是与预算无异。其支出细数，又逐月分晰造册呈核，即属决算。故报总管内务府文内，声明余款解京府核收，较之他种机关按月尽收尽解，经由财政厅审核，其情形大不相侔。①

继而指出办事处常年进款唯赖房地园租，但每遇年景灾欠多无法足额征收，收支皆无确数，难以比照省属各部一律造具计算书；且为将余款拨解京府，临时经费开销更无法避免。省署最终准予办事处毋庸照审计程序办理，从某种程度上看，也就是给予了该处一定的随时为清室拨解经费的权限。只是前盛京内务府大量被裁员司生计无着、三旗领兵伍田地价无从领取却鲜有人问津，留用办事人员赴各地苦行催租，亦只得一份微薄薪饷。在总管内务府和唐总办眼中，或许办事处存在的最大价值，便是作为奉天清室产业租项收解的中转站，在定期派员征租、维护清室对于各项产业权利的同时，使清室自主调用处内收存各类经费，而不必经过如清丈局汇寄地价般烦琐的程序。

第五节　清室产业利益奉系化与奉天旗员的生计困境

一　皇产事宜处整顿奉天产业

三多赴奉与唐铭盛出任内务府办事处总办不尽相同，乃被授予地位更高之内务府大臣衔，令其成立新机关内务府皇产事宜处、刊刻木质关防，常行驻扎在奉，总管清室产业事宜。因其曾任署盛京副都统兼署金州副都统，并兼管三陵衙门多年，既熟悉清室奉天产业事务，又与奉省高层官员往来互动较为频繁，是以清室对三多此行寄予厚望。其方才抵奉不久，便接到了总管内务府大臣郑孝胥等人的"慰问函"，名义上为敬颂吉祥，实际上便是促其从速开办清室产业清厘事宜，早日筹集数目可观之款，以济"小朝廷"经费开支所需。然而与前内务府办事处交接

---

① 内务府办事处呈，1919 年 5 月 3 日，JC010-01-013055-000054。

并点收各项产业，确非短时间内能够完成，是以三多还是将目光首先放在催汇庄地价款上。如前所述，1924 年端午节前夕三多第一次呈请解款时，清丈局很快将收存地价小洋 3 万元汇寄北京；但到当年中秋节临近再请解款时，清丈局便只以余款实欠在民、无款可解答复；一直到次年迫近农历年关，迭经三多致函省署，清丈局仍没有再为清室拨汇地价。是以全行仰赖奉省汇寄庄地价款，并不能为清室增加稳定的收入，唯有早日将前办事处所管各项产业清厘完竣，方可厘定开源新法。

与内务府办事处交接时，三多第一件事便是清查处内收存款项，截至 1924 年 5 月 15 日，共余小洋 17528 元 5 分。

表 3-7　截至 1924 年 5 月 15 日盛京内务府办事处结存款项

款项	金额（小洋）
正杂款结存	12234 元 7 角
经费结亏	12 元 9 角 6 分（由旷内垫付）
伍田一五经费	1693 元 7 角 5 分
马厂牧地租存	2300 元
截旷	1312 元 5 角 6 分
总计	17528 元 5 分

资料来源：内务府皇产事宜处清单，1924 年 5 月 15 日，JC010-01-013037-000006。数据为原文。

然而这笔存款维持员书薪津发放及岁修宫殿开销已属勉强，实在没有可以拨解清室的余地。是以 5 月 16 日，三多传集前内务府办事处员司，准备对盛京旧宫贮藏物品彻底点验。因各处宫殿、三旗布库等 30 把钥匙均收存于省长公署，5 月 21 日省长派员会同皇产事宜处开库照单清查。或许令三多感到失望的是，办事处经管库存除祀神所用祭服、乐器、供器、枕垫、磁石、木器及各类杂物外，尚称大宗者仅有未行装订的典籍书册，并粗布百余捆。皇产事宜处办事员本计划在存储日久的布匹中拣择未受霉湿者拍卖变价，但该布质似糊窗冷布，稀而不密，实在难以出售，只得仍行暂存库中。[①] 而库储《四库全书考证》《皇朝通志》等 200 余部典籍，因长年未装订易散失霉烂，6 月 2 日省署指令会同皇产事宜处清查委员"选有用者监视装订"，但用意并非为清室珍存善本，不过为便日后随时提用。

---

① 会同点验接受皇产事宜处委员高铎呈（附内务府事宜处库中储存未装订书籍种名、高铎的报告），1924 年 5 月 28 日，JC010-01-000730-000022。

表 3-8　1924 年奉天省长公署提出内务府皇产事宜处库藏书籍情况

库藏数量	提出数量	书目名称
各 1 部	各 1 部	《高宗纯皇帝御制文集》《内则衍义》《高宗纯皇帝御制诗集》《月令辑要》《高宗纯皇帝钦定诗经传说汇纂》《高宗纯皇帝钦定春秋传说汇纂》《高宗纯皇帝钦定书经传说汇纂》《周易义例启蒙附论》《子史精华》《悦心集》《高宗纯皇帝御选唐宋文醇》《高宗纯皇帝钦定授时通考》《高宗纯皇帝钦定康济录》《文献通考纪要》《高宗纯皇帝御制数理精蕴》《高宗纯皇帝御纂朱子全书》《大学衍义》《大清会典》《佩文韵府》《周易本义》《高宗纯皇帝御选唐诗》《古文渊鉴》《宗镜大纲》《西清古鉴》《大清会典》《高宗纯皇帝御批历代通鉴辑览》《易说》《论语意原》《春秋考》《春秋集注》《唐语林》《易学滥觞》
各 2 部	各 1 部	《日讲四书》《日讲书经》《古文渊鉴》《资治通鉴纲目三编》《日讲礼记》《明臣奏议》《周易术义》《尚书详解》《热河志》《九家集注杜诗》《西汉会要》
各 2 部	各 2 部	《高宗纯皇帝御制性理精义》《高宗纯皇帝御纂周易折中》《袖珍四书》《袖珍五经》《朱子全书》《春明梦余录》《施注苏诗初学记》《周易》《尚书》《毛诗》《周礼》《仪礼》《礼记》《公羊》《穀梁》《左传》《孝经》《论语》《孟子》《尔雅》《史记》《三国志》《前汉书》《后汉书》《南齐书》《陈书》《晋书》《宋书》《梁书》《北齐书》《周书》《隋书》《魏书》《南史》《北史》《唐书》《旧唐书》《五代史》《宋史》《辽史》《金史》《元史》《明史》《通典》《词林典故新书》《文献通考》《通志》《叶韵汇集》《袖珍史记》《渊鉴类函》《唐宋诗醇》《仪礼》《礼记》《周官》《仪象考成》《经史讲义》《春秋辨疑》《蛮书》《春秋繁露》《禹贡指南》《鹖冠子竹纸书》《乾坤凿度》《郭氏传家易说》《老子道德经》《水经注书》《郑字》《五曹算经》《仪礼释宫》《宋朝事实》《五代史纂误》《涑水纪闻》《学易集》《公是弟子记》《旧五代史》《诗经乐谱乐律正俗》《易原》《禹贡说断》《四库全书考证》《春秋经解》《八旗氏族通谱辑要》《明史本纪》《满洲源流考》《唐会要》《补后汉年表》《续通典》《续通考》《续通志》《皇朝通考》《皇朝通典》《皇朝通志》
各 3 部	各 1 部	《高宗纯皇帝御制资政要览》《高宗纯皇帝御制孝经》《佩文诗韵》《四书》《书经》《易经》《礼记》《春秋》《诗经》《同文韵统》
4 部	2 部	《资治通鉴纲目三编》
10 部	2 部	《盛京通志》
总计　278 部	237 部	

注：凡出现多次之书皆为不同版本。

资料来源：会同点验接受皇产事宜处委员高铎呈（附内务府事宜处库中储存未装订书籍种名、高铎的报告），1924 年 5 月 28 日，JC010-01-000730-000022。

当时盛京旧宫库储资源再无力为清室提供更多经费支持，乃因1913 年后，总管内务府便派出护军管理处治格等员赴奉，将内库原有古玩、宝器、字画及已装订各类书籍，全行运往北京由清室统一收存。而所余布匹、典籍皆未得妥善保管，此番开库清查虽耗费时日，却收效较小。纵观皇产事宜处接手的各项资产中，彼时还能够持续给清室带来收益的仅剩百余张山园租照和各处官房租折，但庞杂无序且不乏残缺不全甚至遗失者，致使租项多有拖欠，"头绪纷繁，更非旦夕所能清理，自应督饬各员加意整顿，以祛弊端而维公益"。① 此前三多从清丈局闻知，代放马厂各地除前已汇解清室价款外，局内仅续收 17000 余元，其余 14 万元均为民欠，虽经催缴，但短期内难行收齐。是以接收前署事宜告一段落后，皇产事宜处的全部工作重点便转移到照册逐一清查房屋地产上，三多的设想是在现有基础上对各处产业酌量增收部分租款，以填补庄地价款久未解京给清室造成的资金缺口。

二 山园利益收归奉天当局

三多以内务府大臣衔名重返奉省之初，清室总管内务府为其开列奉省境内清室产业清单一份，一方面希望其尽快催得清丈局代为丈放地亩收价余款，另一方面希望依托皇产事宜处，将光绪末年旗务司接管清室产业事务以后始终未能尽数调查明晰之各类山园地亩，一应确查并厘定变通收价汇解清室办法。然而正因地亩种类多样、坐落分布广泛、地形地势复杂，且盛京内务府大量地册案卷已在庚子年间损毁，即便此前唐铭盛亦受清室派遣以充裕收入为赴奉核心任务，却仍未派员对界址早已含混模糊的多处产业彻底清查，以致三多此次欲着手彻底整顿却根本无案可稽。另有部分产业或归入三陵衙门统管，或由省署陆续丈放，能经皇产事宜处自主定价征租的产业已极其有限。

---

① 办理盛京内务府皇产事宜处三多、会办盛京内务府皇产事宜处商衍瀛函，1924 年 5 月28 日，JC010-01-013037-000013。

表 3-9　奉天省属清室地产情况调查

类别	数量/坐落	总管内务府备案情况	皇产事宜处初步清查情况
内务府庄地	约 60 万亩	由奉天官地清丈局代放，原案约收价 200 万元系最少数，现已放竣，前后仅拨到地价 100 余万元，欠交甚多	清丈局称仅欠 15 万余元，现催到 1 万余元，尚存于局
松子官山等处	自兴京县长白山均属官山	前曾丈放，皇室与奉省以四六分拨	无案可稽，系归三陵衙门管辖
草豆地	地在锦州，折银每年一万数千两	1911 年以后未得解交，积欠甚多	无案可稽，容待调查
盐庄	盐滩均在营口，庄头 3 名、盐丁 500 名，每年交盐 68000 斤	1910 年、1911 年由旗务处拨归盐运司接收，议租有案	仅查到贡盐折价之案，欠缴盐价甚多，屡催未解；交盐运署议租无案可稽
鱼泡	均在辽中，100 余处	1909 年由旗务司拨交渔业总局接管，议租有案	由本处丈放发照收租，均有图册可考；交渔业总局议租无案可稽
果木园地	辽阳等地，100 余处		待省署札县后，本处即派员前往清查
星尼丁地		此地近正丈放，亟待催办	听闻尚未清丈，即将着手进行
东陵旧禁矿地	抚顺一带	前本封禁，现均私自开采	无案可稽，听闻久经开采
养鹿官山	西丰一带	前曾拟丈放办法，省署有案	无案可稽，容向省公署调查
内务府官房地	沈阳城内，一百数十处		已清查就绪，拟增租以裕收入
备注	以上均属盛京内务府所管，此外属于三陵事务衙门者未列		

资料来源：《总管内务府开列皇室地产清单》（1924 年 7 月），盛京内务府皇产事宜处函（附皇室地产清单），JC010-01-004336-000003。

5 月 26 日皇产事宜处致函省署，表明为裕收入，拟从整顿租额、清查界址入手，清厘各项房园产业：

坐落内城沈阳县随街官房、地皮、园地，及坐落各外县官地、果园、渔泡、山场、废林、茶山等项地亩，原定租额极其轻微，原有界址亦多含混，且相沿日久，积弊甚深。际兹皇室经费万分拮据之时，借资挹注者惟此零星之产地，自应斟酌情形，略增租额，并清查界址。凡前弊窦概予剔除，庶于增加收入之中，仍属体恤民艰之意。①

按照皇产事宜处的计划，此番清查几乎将沈阳、新民、辽中等九县征租产业全行涵盖在内，涉及范围较广，非请各地方官派警察、甲长保护并协助清查委员，恐难顺利推进。因 1922 年发生张鸿宝控蓝宝田等蒙报贡品官山一案，彼时清丈局为查明官山四至，由前内务府办事处调阅铁岭、开原县境山园图册一本并照根 71 张。至 1924 年 5 月皇产事宜处成立后，三多为据总管内务府开单清查山园地亩，致函清丈局请将册照送回。实则两年前办案之际因进贡已停，清丈局便有"从前划为采办贡品之官山等诸国有，拟按废止征用土地通义，照章丈放，准由人民报领"之议，经省署批令国有土地未便仍由内务府办事处发照收租，唯为避免纷争，"须先尽已领租照各户价领，俾免原佃失业"。该局认为不仅官山属奉省应丈未丈之地，即如林地、鱼泡等各类名目繁多、纠葛年久、积弊丛生的地产，"均宜清丈，以定产权而免滋讼"。② 刻下三多索回册照之举，大有将已经省署确定丈放的地产收回自办之意，由此引起清丈局警惕，随即呈请省署待事宜处点收完竣各项产业底册后，应令悉数送局以备丈放，而非听其自由处分。

6 月 19 日，省长公署指令清丈局并致函事宜处：

> 奉省皇产现虽派员清理，但从前已经交丈者，自应继续清丈；其未经交丈者，将来清理完竣，如果丈放应照前案交局办理，如系出租暂由皇产事宜处酌定办法报查。至该处函检山园图册照根一节，此项山园查照原案，既应归局丈放。③

原本除粮庄地亩定有明确丈放章程外，其余多项地产因清丈局人力

---

① 内务府皇产事宜处函（附各县房产地亩清单），1924 年 5 月 26 日，JC010-01-004462-000001。
② 奉天全省官地清丈局呈，1924 年 5 月 31 日，JC010-01-006607-000001。
③ 奉天省长公署指令，1924 年 6 月 19 日，JC010-01-006607-000002。

不及，既未着手清查，亦无相关清厘章程。如遇产权纠葛，多遵循庄地丈地章程要旨，先拟一简明划分国有、私产办法，而不实际进行勘丈。皇产事宜处便是希望在庄地全行完丈前，先对清丈局无暇分身开办清丈的各项产业进行清查并拟定管理办法，在增加收入的同时亦尽可能避免各类地产业权皆如庄地般收归省有，不想此用意很快被清丈局洞悉。不过省署既允清室产业出租事宜由处酌定办法，对于尚未明确划归清丈之列的部分山园林场，皇产事宜处便迅速展开了清查行动。7 月 8 日该处致函省署，同样拟按各项产业坐落县界分为三路，首先择定地界毗连的义县、北镇、辽中三县为西路，派委员黄家声、助理员庆善前往查验，并略增租额，请饬县会同办理。

表 3-10　西路各县属清室产业坐落地亩

所属县界	地亩类别	坐落村屯	地亩面积	总计
北镇县	山场果园	城北汪家屯	49 亩 3 分	1322 亩 4 分 9 厘
		杨家屯	36 亩 9 分	
		石人沟	46 亩 3 分	
		分税关	41 亩 7 分	
		金家屯	217 亩 6 分	
		焦家洼	29 亩 2 分	
		红石砬子	363 亩 7 分 5 厘	
		三道沟	218 亩 8 分 7 厘	
		龙家屯	9 亩 5 分	
		城南刘家屯	153 亩 6 分 7 厘	
		小房身	20 亩	
		大三块石	50 亩	
		小三块石	1 亩	
		城西南通瓜罗堡	1 亩	
		马岚寺	1 亩	
		闵家甸子	28 亩 7 分	
		山门口	46 亩	
		翻石沟	6 亩	
		水泉沟	1 亩	
		夹板沟	1 亩	

续表

所属县界	地亩类别	坐落村屯	地亩面积	总计
辽中县	鱼泡	石山坨	43 亩 5 分 7 厘	187 亩 9 分 7 厘
		蒲河口	45 亩 8 分	
		黑水汀	13 亩 4 分	
		麻线沟	85 亩 2 分	
	模樗成、废林地	新背河	292 亩 3 分	1639 亩 2 分 4 厘
		小庄河	117 亩 1 分	
		下思河	318 亩 4 分	
		万泉思河	396 亩 7 分 4 厘	
		三尖沱	514 亩 7 分	
义县	山场果园	东区旧站屯	5502 亩 5 分 2 厘	10302 亩 2 分 4 厘
		黑背屯	2248 亩 5 分 2 厘	
		大峪屯	1245 亩 2 分 9 厘	
		小峪屯	126 亩 9 分 1 厘	
		桧木沟	170 亩	
		砖城子	200 亩	
		小牵马岭	180 亩	
		大石头沟	200 亩	
		毛延寿沟	429 亩	

资料来源：奉天省长公署训令（附北镇县属山场果园坐落亩数册、辽中县属鱼泡坐落亩数册、辽中县属模樗成废林地坐落亩数册、义县属山场果园坐落亩数册），1924 年 7 月 11 日，JC010-01-000730-000030。

　　西路产业清查开始后，皇产事宜处既表示待将来事竣，定以专案函请省署备查，又于 8 月 5 日提出为免贻误，北路铁岭、开原两县地亩亦应一律办理清界增租，特选派熟悉地面的袁守先、孟荫南二人为委员。张作霖饬令县知事对照该处开列地亩面积清单，如遇浮多应即收归省有，不得损害民产与国土利益。

表 3-11　北路各县属清室产业坐落地亩

地亩类别	所属县界	坐落村屯	地亩面积	坐落村屯	地亩面积	总计
茶山	开原县	曾家寨村东南石槽沟内	1080 亩	村南头水沟	61 亩 3 分	11427 亩 3 分
		曾家寨村西南宋西沟内	114 亩	大抽水沟沟里南山坡	351 亩 3 分	
		金家岗岗上	5 分	庙后沟北山	1 亩	
		大砬沟内	1105 亩 1 分	庙沟前	1 亩	
		陈家坟沟	42 亩	窑沟口	73 亩 5 分	
		曾家坟沟	463 亩 7 分	头道背	2 亩	
		马家坟沟	433 亩 3 分	鹞鸯沟东山	1 亩	
		蜜山沟	616 亩 1 分	偏道沟东山	1 亩	
		双丫沟	257 亩	臭李子沟	31 亩 1 分	
		村南南沟	454 亩 4 分	小姑娘沟	172 亩	
		哈塘沟	313 亩 3 分	前山	243 亩 3 分	
		小砬沟	695 亩 5 分	郭家坟下边等处	14 亩 5 分	
		朱家坟沟	1477 亩 8 分	大东沟口东山坡	241 亩 3 分	
		双丫沟山顶	30 亩	抽水沟等处	171 亩 3 分	
		大硎沟中	682 亩 8 分	楸树背	170 亩	
		小硎沟	59 亩 6 分	吊水湖东山	165 亩	
		大庙前山坡等处	799 亩 8 分	田家坟东边道下等处	14 亩 5 分	
		大磊沟	136 亩 6 分	费家坟等处	171 亩 3 分	
		南山	92 亩 3 分	郭家坟沟	61 亩 3 分	
		南孔雀背	257 亩	小抽水沟南	171 亩 3 分	
		虫王朝道下	14 亩 5 分	小西沟	2 亩	
		大东沟沟里北山坡	121 亩	庙前山	20 亩	
		小鹞鸯沟	40 亩			
山场果园	开原县	黄家屯	416 亩 6 分	金家斋	300 亩	4601 亩 6 分
		盛家屯	1512 亩	黑鹰卧	5 亩	
		马家斋	2138 亩	三家子	230 亩	
	铁岭县	大红石	420 亩	梅家寨	4175 亩	5566 亩
		小红石	480 亩	帽山地	370 亩	
		果子园	100 亩	沙河地	21 亩	

资料来源：奉天省长公署训令（附开原县属茶山坐落亩数册、开原县属山场果园坐落亩数册、铁岭县属山场果园坐落亩数册），1924 年 8 月 9 日，JC010-01-000730-000036。

正当两路清查并举、看似颇为顺利之际，8 月 16 日署理义县知事裴焕星就会同皇产事宜处委员清厘山园界址事呈文省长，称义县属山场果园内多包套熟地荒山：

> 委因民户率多取巧，凡其原有地畔或国有山荒，即任意开垦种植果树，为省报领清赋、升科纳粮各项经费计，往往私赴内务府，指为山场果园起照纳租，实则纯系国有山荒，并非内务府之山场果园也。[①]

义县九处山场果园册载亩数原为 10302 亩 2 分 4 厘，但经该知事调查，其中包套银租地、仓地、清赋荒山各类地亩，综计二三万亩之多。因各业户闻知清查委员赴县后，山园早报清赋将行取消、已报荒山或行另放等议论四起，为免给奉省丈放荒山办理清赋造成阻碍，裴知事拟请将查明界址后事宜处发照收租范围，严格限制在册载 1 万余亩确数之内，不允再额外加地发照，"所有浮多，均由县会同丈明，分别拨给清赋荒山大照，以资管业"。[②] 如此一来，事宜处虽可提高正额地亩租金，却并不能如设想的那样续行控制山园浮多，进而通过发放新照增加大宗进款。反倒是奉省抱定划分国有、私产之宗旨，再度掌握了清查山园的主动权，使之成为一次变相的清丈行动，不仅顺势将大量浮多地亩收归省有，课赋收入亦有所增加。

听闻三多以内务府大臣衔主持奉天产业事宜后，一些生计无着的旗人似燃起了新的希望。7 月 29 日，曾于清朝旗署供职的石双瑞呈文事宜处，指原锦州官庄衙门每年代催沈阳、辽阳、牛庄、广宁、岫岩等处各旗界应征承安名下入官地租银，后国体变更旗署裁撤，各县署亦将该项旗地计 19000 余亩遗漏未行接办征租，以至于地常年由佃户私种，清室总管内务府损失 1000 余两地租收入。石双瑞等人认为此项入官地亩本属清室产业范围，念及前清遗泽，多有交价认领之心，特调查各界旗地应征租银确数并向事宜处检举私种情形，请派员勘明地段、丈放收价，"上

---

① 义县公署呈，1924 年 8 月 16 日，JC010-01-000730-000037。

② 义县公署呈，1924 年 8 月 16 日，JC010-01-000730-000037。

可助皇室经费，下则准民佃承领，可谓两有裨益"。① 不论石氏所议确实出于维护清室利益的考虑，还是只为借事宜处清查产业之力，但承领佃户私种地亩，启发了刚刚在山园清厘中因不能给浮多地亩新发租照而"受挫"的三多，为该处提供了一个增收的新思路。

各县征租旗地已清查多年，尚有数量如此可观的地亩遗漏未丈，山场果园地形地势更为复杂，极可能出现少报、未报之应行勘定而尚未被载入地册正额内的遗漏地亩。8 月 22 日皇产事宜处致函省长公署，陈明前所开列各项地亩清单，皆系以前内务府办事处所发租照登记地数为据，但该办事处勘丈地亩时，委员往往与佃户勾连以多报少，更甚者凡"原四至内有水沟沙石不毛之地，概不列入等则并准免租，现事隔多年，有已成熟地仍作闲荒诿者"。② 事宜处由此提出应令各路委员详加清查、剔除积弊，如遇以多报少或闲荒已成熟地等情，一律重行丈明确实亩数换给新照，并相应更正前送省署清单内正额地亩数目。此外，因前盛京内务府遗失档册年久，各地多有佃户匿产不报据为己有者，应准乡民检举并由事宜处给证据确凿之地亩先行补发租照，若查有浮多再呈省署交清丈局丈放。

但皇产事宜处借口前内务府办事处查勘山园情弊加增正额地亩的意图，被省长公署毫不留情戳破，并予以坚决拒绝。9 月 8 日事宜处接到复函：

> 查此项皇室地亩，应以原送抄册及原发租照内所载之亩数为限，其未经发给租照者，即不得混入皇室范围以内。来函声明各节，直欲于册照以外任意找地，实足以引起纠纷，断难照办，仍应查照本署迭次去函办理。凡坐落各县之皇室地亩，概以册照上原载亩数为限，不得额外增地包套国土，侵及民产，即在原有四至以内查有浮多，亦应收归国有，另案丈放，不应由处补发租照，致违定章。③

---

① 石双瑞呈（附各旗界应征承安租银细数清单），1924 年 7 月 29 日，JC010-01-004336-000002。

② 盛京内务府皇产事宜处函，1924 年 8 月 22 日，JC010-01-004336-000007。

③ 奉天行省公署函，1924 年 9 月 8 日，JC010-01-004336-000009。

该处此前多次致函省署，请饬各地方官厅协助清查。现下山园地亩隐匿、浮多等情逐渐清厘明晰，确实较有进展。只不过并非地方县署助力事宜处完成增租，反而更像是事宜处为清丈局接下来的各项清室产业地亩浮多丈放，提前做好了划分正浮界限的准备工作。凡属此次查出的册载以外地亩，无一再受事宜处支配，而尽成奉省税源。

三　军阀贱买清室房产

1924 年 5 月 26 日内务府皇产事宜处致函省长公署，声明全行整顿奉省境内清室产业的计划，并送坐落各县房产地亩清单备案。

表 3-12　1924 年奉天境内各县清室房产地亩概况

坐落县址	产业类别
沈阳	随街各处官房、地皮、园地
新民	马厂租课地
辽中	废林、鱼泡等地
海城	山场、果园等地
北镇	山场等地
义县	山场、果园等地
开原	染皮、茶山、山场、果园等地
铁岭	山场、果园等地
辽阳	废林、鱼泡、山场、果园等地

资料来源：内务府皇产事宜处函（附各县房产地亩清单），1924 年 5 月 26 日，JC010-01-004462-000001。

6月2日省署复函指出，清查隐匿地产首要之处在于划分界址，而皇产事宜处所附清单仅有某县属某地亩字样，并未详细开列亩数、准确地名及拟派往各县清查人员姓名，应重行拟具详单送署，"以便令县拣派妥员会同查勘，以免人民误会。俟界址分清后，再由处妥拟增租办法，送由本署核准"。[1] 实则由于地产分属多县，尽管事宜处有大举清查的雄心，奈何人力物力皆无法支撑同时派出多员分赴各地，只得先就近择定地产较少且易于清查的省城沈阳县一处，选任委员前往办理。

---

[1]　奉天省长公署函，1924 年 6 月 2 日，JC010-01-004462-000003。

表 3-13　1924 年沈阳县属清室房屋地产坐落数目

类别		坐落	数量	总计
房屋	随街市房	城内鼓楼南路东	37 间	79 间
		城内四平街路南	13 间	
		城内四平街路北	4 间	
		城内钟楼北路东	12 间	
	住房	城内四平街官局子胡同路东	3 间	
		城内西华门路南	5 间	
		城内西华门路北	5 间	
地皮		城内四平街路北	1 块	3 块
		城内西华门路南	1 块	
		城内四平街官局子胡同路南	1 块	
园地		城北头台子	中则 30 亩	中则 53 亩 3 分
		城东方家栏	中则 23 亩 3 分	

资料来源：内务府皇产事宜处函（附沈阳县属房间地亩数目清单），1924 年 6 月 13 日，JC010-01-004462-000004。

根据皇产事宜处调查科所拟官房增租办法，此次清查随街商铺及住户房屋后，租价将比照市面民房行情略为上调。凡能遵守新约者，均发给新式租照写明商铺牌号，准予续租；不愿履约者则撤销其承租权，另行招商。

新订官房增租办法

一、此次增加各铺户租价之标准，拟比照临近民间产业之租价，酌予轻减，以示宽大。

一、此次增租后，另由本处刊发新照（新照式样另由本科拟定呈候鉴核），从前该前办事处所发之照，一概注销。

一、查前办事处所发租照租折内，并未填明商铺之牌号，仅写承租者之姓名，此中弊端百出，因有转租他人，仍可沿袭承租者之姓名。此次所发新租照内，一概将前之承租姓名取销，概填明现在承租者开设之牌号，以清积弊。

一、此次本处所定办法，该铺户等如能遵守者，仍准其续租；否则一概撤销其承租权，另行招商承租。

一、将来如有翻盖新式房屋情事，另订招租办法，各租户应一律遵照新章办理。①

至 7 月底，清查委员顾臧、黄家声依照地册及租金流水簿据，基本将省城内房产出租情况查验完竣。因各商户交租形式并不统一，有交"上期租"即先付后住者，有交"下期租"即先住后付者，其中既不乏欠租、转租各情形，亦有商号私行将房基扩展超出册载数米。

表 3-14　1924 年查勘内务府皇产事宜处奉天省城房产之结果

查验结果		商号/住户		纳租情况
租照及流水簿据纳租数目与底册相符		天朗斋、益记、瑞嘉兴、福兴隆、洪顺兴、恒顺泰、景生厚、同发权、天聚德、洪顺诚、二酉轩、彩盛元、周画铺、永成和、裕兴成、吉祥升、福隆斋、华兴照相馆、德盛永、增盛和、福庆茂，于宗海住房		各商号皆定期按规交租，惟住户于宗海已经去世，仅遗孤孀，不胜凄苦。租房一间虽靠马路，因缺乏资本未做经营，将来是否一律增租，抑格外体恤，由处酌定。此外，还有一种房屋形式与原图不符的情况。瑞嘉兴所租 2 间，地基南北宽度较房屋原图长七尺有余；天朗斋、福兴隆与下述之峻记共租 5 间，房屋形式与原图不符，南北宽度亦相差丈余
流水簿据纳租数目与底册不符		峻记		年租金前年 290 元，去年增至 480 元，原租金额与底册不符，亦无加租字样，原因尚不明
向未发给租照		东三省银行宿舍、李如舟住房		
转租	租房多间，分行转租多户	德关氏共租 11 间，除自用房屋外，其余分租 3 家商户	东都石印局	向德关氏转租 3 间，年纳租金 500 余元
			华英利	向德关氏转租 2 间，年纳租金 396 元
			平安商会	向德关氏转租 2 间，租金分三期缴纳，每期 36 元
		长盛祥共租 5 间，除自用房屋外，其余分租 2 家商户	毓英药房	向长盛祥转租 1 间，年纳租金 96 元
			张华泰	向长盛祥转租 2 间，年纳租金 450 元
		程福章共租正房 3 间、平房 2 间，全部分租 2 家商户	宝聚丰	向程福章转租 1 间，年纳租金 120 元；向程福章转租正房 2 间、平房 2 间，年纳租金 210 元，现增至 296 元
			沈阳照相馆	

①　内务府皇产事宜处札（附新订官房增租办法、沈阳县属房间地亩坐落数目清单），
　　JC010-01-004462-000006。

查验结果		商号/住户	纳租情况
转租	迭次转租收取押租	杨义和租半间,先转租同昌仁商号,复被该号转租福增永	福增永向同昌仁纳押租 150 元,年纳租金 120 元
	收取高昂转租租金	福源厚共租官房 8 间,分为南北两院,南院正房 3 间、平房 1 间自用,北院正房 3 间、平房 1 间转租锦成泰	南院年应纳租金 100 元,北院年应纳租金 96 元,福源厚转租北院,向锦成泰收取年租金 300 元,作为锦成泰入股福源厚商号股本
		徐永泰租 3 间,转租永泰长	向徐永泰年纳租金 750 元,徐永泰称多收金额为房屋修理费,经查房屋已破烂异常。另后院有胡海山自盖瓦房 3 间,因与官房地段相连,自愿报效公家。
	侵占官房地基	邓子镇租 5 间,转租林子山	向邓子镇年纳租金 160 元,房基东西向被邓子镇自盖房屋侵占 5 尺有余
		兴顺利转租兴顺西	房基被他户侵占

资料来源:委员顾臧、黄家声呈(附查勘城内官房表),1924 年 7 月,JC010-01-004462-000016;委员顾臧、黄家声呈(附徐永泰甘结、查勘房产表),1924 年 8 月 1 日,JC010-01-004462-000017。

　　由表 3-14 可知,皇产事宜处官房被转租他户的情况较为普遍,原租者或将承租数处房屋分租多户,当起了"二房东";或以入股商号、修缮房屋等理由,变相收取高额租金。不论何种方式,皆从中渔利颇丰。而官房地基亦不免被原租及转租各户侵占、扩展,用以改建甚至另盖新房。为整顿转租、私建积弊,确保房租收入,皇产事宜处原拟撤销经"二房东"转租官房各户的承租权,但各户表示愿意遵照新定增租办法直接承租,该处决定允准其所请,并免予追究原租户牟利等事;同时强调承租官房向不收取押租,如曾经前办事处经管人员私收押租者,可索还相应款项。[①] 不过为示优待,从前按规承租官房各户,皇产事宜处在厘定新租额时,将原租户与转租户加以区分,转租户需照原租金额的四倍交租,原租户只交三倍即可。

　　转租户虽被加租更多,但较之受"二房东"盘剥,负担亦有所减

① 　内务府皇产事宜处牌示,1924 年 8 月 5 日,JC010-01-004462-000018。

轻。东都石印局、平安商会、沈阳照相馆等商号很快向皇产事宜处承租领照。反而原租各户，多认为常年既无违约情弊，实无与转租户同行增租之理。除瑞嘉兴、景生厚两户外，其余商号皆未领照。[1] 而被清查委员指称转租并以修缮房屋为名收取高额租金的徐永泰，则通过奉天总商会，声明永泰长系其经营商铺之分号，并非转租他户，且所承租三间官房的房木早在1916年已朽折坍塌，为续行使用只得自盖雨搭三间，代为修理后厦板并购备屋内灯线、灯头、隔扇，之后常年零星修补，耗费不赀，以致亏空若干。[2] 除徐永泰外，亦多有原租户听闻增租"不胜骇惧"，纷纷请奉天总商会出面代为与皇产事宜处协调，以期维持原租。该商会为此致函事宜处，请格外体恤商艰，将增租幅度下调为原租金额的2.5倍。[3] 按时交租的原租户流失，对事宜处而言无疑是巨大损失，双方迭经磋商，该处终于于9月2日做出让步，重新发布租价通告，虽依然声言前定增收两倍租金"比较民间各市房通行租额，尚不及十分之七，是于整理之中，仍寓体恤之意"，但还是折中调整正房租金为原价的2.6倍，平房则"仍照原租，每间每月两元，并不加价"，务期各商户于当月18日前从速换领新照；[4] 为表一视同仁，对于由经人转租改为直接向事宜处承租各户亦适当优惠，按原价的3.4倍征租，平房租金不变，换领新照时间则以当月13日为限。[5]

　　省城房产查勘是皇产事宜处成立后正式开展的第一项清室产业整顿工作，其最初进展相对顺利，或许也给了该处续行加快推进山场果园清查的信心。但随着奉省将山园增租范围严格限定在册载地亩数目内，事宜处通过清查土地新发租照增加收入几无可能，由此，提高房产租金成为短期内为清室筹解款项最为主要的方式，皇产事宜处因此在下调增租幅度问题上才与奉天总商会几番相持不下。然而即便原租、转租各户皆愿接受新租标准，事宜处收入款项于"小朝廷"而言仍是杯水车薪。

---

① 内务府皇产事宜处函（附内务府官房已领照户清单、未领照清单），1924年8月6日，JC010-01-004462-000023。
② 奉天总商会函，1924年8月23日，JC010-01-004462-000033。
③ 韩立如、李泽生：《会务报告》（1924年12月27日），《奉天省城总商会月刊》1925年第5期，第42页。
④ 内务府皇产事宜处通告，1924年9月2日，JC010-01-004462-000035。
⑤ 内务府皇产事宜处通告，1924年9月2日，JC010-01-004462-000036。

实则官房清查开始后不久，皇产事宜处便有将部分房基地出售的打算。7 月 4 日西华堂商号呈文事宜处，商请购买省城西华门外原属盛京旧宫西院约四亩地基连同地上旧房，愿按照房市行情出价 8000 元。该处调查科请示三多时提出价格过于低廉，应行酌予增价，但三多、商衍瀛会商后仍批以"价照原呈"，惟特别指示该科务与商号议定日后如新盖房屋，高度不得超过宫内太庙，① 亦须遵从旧城宫殿区域房屋规制的等级秩序。同日还有长麟堂商号呈文购买省城四平街门牌 159 号坐北完整地皮一块，备价 8 万元请与事宜处订立契约。表面上看清室房产颇受商号青睐，事宜处或将在短时间内增加大宗进项，该处为使房价更具竞争优势而易于出售，亦基本按市值平允议价。盛京旧宫区域地处城市中央，坐落于此的"四平街"也即中街，更是店铺林立的核心商业区，自然便于房屋交易。但事宜处手中位于繁华地段的产业数量有限，一经售卖则业权尽数转移，长远来看反而不如租与商号更能获得稳定且相对有保障的收入。且房屋、地皮售价动辄万元，并非一般商号皆有实力一次性付清全款购买，若拖延分期缴价，于清室速获巨款之愿亦有所违。故而事宜处仅择取部分产业售与备齐全款的商号，以济清室急需，四平街、钟鼓楼大量市房仍自留产权续行出租。

不过清室的房地产业除对富商巨贾颇具吸引力，还引起了军阀的兴趣。8 月，时任东北保安副司令的吴俊升，向清室表达了购买原出租给日本正金银行的地基的意愿，并请酌为减收价款。因清查皇室产业仍需奉系军阀支持，清室自然无法拒绝吴氏的要求，定以市值一半价格奉小洋 4 万元出售。不仅到手款额较预期大为减少，地基承领者为东三省境内实权大员，事宜处又未便时时催交价款，一直拖延到当年 12 月中旬，才最终收得 4 万元汇解总管内务府。② 而彼时逊帝溥仪已于一个月前离开紫禁城，虽被日本公使馆"容留"，但面对迫近的年关与未知的前路，各项开支名目较宫内繁杂更甚。为保障逊帝生活，事宜处只得将租金收入尚属可观的鼓楼南一带官房 14 所，向奉天交通银行抵押借款小洋 25000 元，以三个月为限。但随着奉省据《修正清室优待条件》对辖境

---

① 西华堂商号呈，1924 年 7 月 4 日，JC010-01-005465-000001。

② 内务府皇产事宜处函，1924 年 12 月 23 日，JC010-01-013118-000007。

内清室产业统一接收，事宜处已很难再发挥效用，为天津"行在"里的"小朝廷"续行筹解资金。大概预想到难以赎回房屋的可能性，皇产事宜处在与交通银行订立抵押借款合同时，已写明计划出售房屋并以此款项交存银行抵还借款本息，若期满未能顺利售房，银行有权按季凭折收租并依据公平市价将该房代为出售，[①] 以清双方利益纠葛。

四 奉天旗员的生计困境

（一）主事者舞弊成风

民国初年盛京内务府及其续设办事机构管理者接连牵涉弊案，或可反映出清末官员较为低下的素质，王朝统治早已从内部崩溃。

1. 寿聿彭

英锐辞差后，继任内务府办事处坐办一职的寿聿彭，原名扎拉丰阿，盛京宗室出身。骁骑校王常盛 1915 年向巡按使公署控其不法时，指寿氏有盗卖陵地及贿卖庄田案在身，但在盛京副都统三多经过调查给奉省的咨复中，或因寿聿彭为其三陵衙门下属，对其多有回护。尽管奉省已规定各级官吏如有兼差不准兼薪，但寿聿彭一人身兼三陵衙门协领、军械厂一等科员及内务府办事处坐办三差，各领一份薪金。清室派唐铭盛到奉出任办事处总办后，处内员司原以为寿氏被查实舞弊各情，卸任坐办黯然收场，不想其仍可在三陵衙门以协领职安然任事。每逢三多赴京与清室总管内务府商办奉祀经费事宜，皆委寿聿彭代拆、代行"所有盛京兼金州副都统及三陵承办日行事件"，[②] 对其极为器重。甚至仅半年后，1916 年 4 月 22 日镇安上将军段芝贵为"资劳卓著"旗员请奖，寿聿彭即得总统批令以副都统记名，并授予勋章。[③] 1917 年 6 月，奉天昭陵署副关防尚膳正董书麟呈文外交部，称已赎回昭陵明堂之地再次被租与日人，该陵地于民元被溥丰农场执事人盗押于日人榊原政雄，经财政部由清室优待岁费项下拨款 32 万余元，业已全数赎回。不想榊原收款后却称早将部分陵地以三十年为限转租细梅三郎，方历时二年，仍有二十八年，

---

① 内务府皇产事宜处函，1924 年 12 月 23 日，JC010-01-013118-000007。

② 盛京兼金州副都统三多咨，1915 年 10 月 20 日，JC010-01-021027-000027。

③ 镇安上将军督理奉天军务兼署奉天巡按使段芝贵呈，1916 年 4 月 22 日，《政府公报》1916 年 4 月 23 日第 108 号，第 11 页。

且细梅希望增加租地面积至 1600 亩。作为盛京副都统、陵寝守护大臣，三多并未拒绝日人无理要求，甚至在租约未立时，协领寿荃彭已带日人到地指段，将陵西沙河子民屯之地混指在内，激起公愤。① 正因民国政府将陵寝事务统归清室总管内务府办理，本已经费支绌的清室已在前次用优待岁费赎回陵地时蒙受了不小的损失。即便不考虑贻害主权，出身爱新觉罗一脉的寿荃彭竟放任外人肆行占取祖宗百年之地，而受到清室宠信的"重臣"三多亦玩忽大意并不维护旧主利益，处于奉省政府精心筹划"收归国有"与外人谋夺野心之间的清室奉天产业，想要悉数保全谈何容易。

　　1919 年 8 月总统批令寿荃彭发往黑龙江交该省长酌量任用，一个月后作为俸满协领以副都统记名。② "北京政变"爆发和逊清"小朝廷"的覆灭并未对其产生影响，到 1927 年 8 月安国军总司令部为"历经战役著绩人员"请奖，寿荃彭得以简任职任用。③ 不过这位不受清室信任而被唐铭盛顶替、亦不以逊清宗室自居的"民国官员"，终于还是和溥仪坐在了一条船上。1932 年 6 月 1 日寿荃彭出任伪满洲国民政部土地局局长，1936 年到 1939 年历任伪国务院地籍整理局、恩赏局局长，此后改任伪北安省省长，至 1941 年辞职。④

　　若说弃王朝保身家是旗籍权贵最典型的政治行为，隐忍不发、处之泰然则是他们最典型的政治心态。在革命风暴中，其"不死君"的真正原因，与对大势的基本认知和"家"大于"国"的基本价值取向有关。⑤ 寿荃彭作为清朝陪都盛京远支宗室，并不享有如上层满洲亲贵一般的煊赫权势，这反而或许使其可以较快接受自己民国政府官员的新身份，并在接任内务府办事处坐办后，希求以尽力贯彻改组节费方针向奉省当局"示好"，为此不惜与清室总管内务府划清界限，罔顾旗

---

① 《收奉天昭陵署董书麟呈》（1917 年 6 月 21 日）附件三《抄呈奉天省长禀》，台北"中研院"近代史研究所编印《中日关系史料·东北问题》（一），1989，第 76 页。
② 大总统令，1919 年 8 月 15 日，《政府公报》1919 年 8 月 16 日第 1267 号，第 1 页；大总统令，1919 年 9 月 16 日，《政府公报》1919 年 9 月 17 日第 1299 号，第 5 页。
③ 大元帅指令第 159 号，1927 年 8 月 23 日，《政府公报》1927 年 8 月 24 日第 4073 号，第 2 页。
④ 佟佳江编《民国职官年表外编》，中华书局，2011，第 343、345、370、714 页。
⑤ 孙燕京、周增光：《辛壬之际旗籍权贵集团的政治心态》，《历史研究》2012 年第 5 期。

员生计。然其私支滥借、任人唯亲之举实非新政府忠员应有的表现。当日人要求续行扩租已被清室赎回的昭陵土地时，寿聿彭即便不念陵寝禁地为祖宗之源、赎地或致耗费巨资，尚未订立新租约便将陵地、民地混同指给日人，也有违《清室优待条件》保护陵寝、私产等款，于维护国土主权更属不利。寿聿彭的仕宦生涯在保身家、轻国家的价值取向下，似乎总是能够"顺应大势"做出选择。这些选择无关对前朝的失望与对新制的认同，亦无对旗籍同胞和普通百姓的怜悯之心，所以当曾被"放弃"的清室能再度为其提供庇护时，他同样可以重新成为"皇帝"的"臣子"。而一个才干不甚突出、看重一己私利且走上背叛国家道路的昏吏，长期得到奉省当局任用并受嘉奖，其中或许有彰显满汉融合的考虑，但侧面也可以窥见北洋政府统治的乱象，封建王朝虽已被推翻，但距离真正走出清末吏治腐败的困境却仍有一段曲折历程。

2. 唐铭盛

当 1915 年唐铭盛受命到奉天"整治"内务府办事处时，既清"滥帐"又帮部分员司解决了生计问题，使办事处得以继续稳步运行。或许清室看重其曾任盛京内务府正黄旗佐领的经历，有熟悉奉省地面的优势。他当时充总管内务府三旗护军警察队总办，同时有民国政府少将衔上校军警稽察长职在身，既忠于清室又与新政府关系良好，易于在奉发挥作用。而唐铭盛也确实未负清室希望，不仅节约办事处常年开支以余款解京，每遇三旗护军警察队粮饷支绌，总能迅以办事处经费垫拨。初任办事处总办时，唐铭盛声言因身有兼差故不在处另领薪水津帖，然其屡为三旗护军在办事处提款，亦未必没有便利自身领薪的用心。且每次离奉，不论公私缘由皆在处内动支川资，或以返京查阅总管内务府老档为名报销用款，无怪乎员司指其"表面无薪""假称廉洁"，[①] 在为清室筹解经费的同时谋取私利。

如果说唐铭盛以总办身份赴奉的首要任务，是整顿内务府办事处收支以利清室增加进款，但实则在 1915 年 9 月末，前坐办寿聿彭向其移交

---

① 　内务府科员关恒裕、马万钟、侯锡桐等呈（附保条），1917 年 5 月 30 日，JC010-01-013055-000012。

的三科所管文卷、款项、锁钥各件中，已囊括近年庄地、果园卷宗 70 余件，林地图轴、山场印册、鱼泡图册等各类产业清册亦有收存。[①] 尽管盛京内务府卷档底册多在庚子年间遭兵祸毁损，但凭借从办事处接收的册档，至少可以对各类产业现年征租情况，以及是否有欠缴、混弊待查等情，有一个基本的了解，若筹谋得当甚至可以挖掘出更多增收的空间。然而唐铭盛虽为办事处各项进款指定了用途，却既未着手全面整理产业卷档，亦未及时派员赴各地调查核实册载内容是否有所变动。在其担任总办的近十年时间里，清室坐落奉省境内松子官山、养鹿官山、草豆地、东陵矿地等处的多项产业情况皆全然不明，更不用说留下任何档案记录，以至于当 1924 年三多赴奉接办清室产业事宜、总管内务府为其开列地产清册请彻查时，自前办事处接收的文卷中没有相关资料以凭稽核。可见除利用办事处常年收入款项拨解护军警察队外，唐总办实未在清室奉天事务上花费多少心思。

1917 年 6 月，三多、寿聿彭牵涉违章出租昭陵明堂地亩案，"因唐总办平素热心皇室，人所共知"，"所有皇产现在俱已办清，已失者均能恢复"，为免陵地被日人盗租，昭陵署副关防尚膳正董书麟特向唐铭盛请示办法，甚至得其允诺返京后向总管内务府代为陈诉，终是没有下文。[②] 1920 年 9 月，清室宗人府开始纂修玉牒，总管内务府为此咨文内务部，请转行奉省饬盛京旧居、移居宗室将生卒、男女、嫁娶等事项开列清册，迅即送往北京。至 11 月 3 日，署左翼宗室觉罗总族长正管兼族长德升等为修造玉牒谱册筹款不足，请奉天省长予以资助。修牒经费向由盛京宗室饷银所出，饷银停发后宗室实难措足应用款项，且当时宗室觉罗人等散居各处，远者距奉天省城四五百里，非派员前往难以确实调查，即便从简，核计花销仍在 2000 元以上。该旧居宗室等唯筹得总族长衙门办公官房年租金 300 余元，及前次恭接玉牒购置蟒袍 20 余件出售款 200 余元，不敷之数仍巨。[③] 奉天省长公署为此指令盛京内务府办事处设法筹

①　《寿聿彭给奉天巡按使公署详》（1915 年 9 月），《关于内务府坐办裁并及人员任免等文件》，《民国奉系军阀档案·一九一五年卷》第 3 册，第 60、62、64 页。

②　《收奉天昭陵署董书麟呈》（1917 年 6 月 21 日）附件一《抄第一次由奉邮递世中堂呈文》，《中日关系史料·东北问题》（一），第 75—76 页。

③　《署左翼宗室觉罗总族长正管兼族长德升等为修造玉牒捐资不足恳请筹拨补助事给奉天省长公署呈文》（1920 年 11 月 3 日），《东北边疆档案选辑》第 84 册，第 332—333 页。

拨款项，但此前屡为总管内务府三旗护军营筹解兵食的唐总办，却很快复呈表示自庄地、伍田丈放以后处内收入锐减，早已入不敷出：

> 况所剩之房地租项毫不可恃，一遇水旱灾歉之年，尤为收入寥寥，只得先由商家借垫，勉为支持。因而宫殿岁修工程，尚待修葺甚夥，原拟呈请补助，只以国库支绌未敢率请。①

唐铭盛声称处内进款皆有指定用途，毫无余款，以办事处同样有欲请省署补助而仍自行勉力支撑为由，回绝了赞助牒费的要求，引发宗室各族强烈不满，认为其"不过饰词塞责"，该处经办各款本出自清室产业，"以皇室之款办皇室之牒册，尚无不合"。② 因奉省迭经内务部转来清室咨文请赶速修造牒册，"关系至为重要"，故署理盛京宗室营主事善宝同样为停饷后难筹修牒经费，希求省署拨款接济。奉省由是再令内务府办事处无论如何为难，务必迅即设法筹款，"先行移缓就急"。12 月 28 日唐铭盛呈文省署，首先申明玉牒谱册由两部分组成，其一为皇室帝系支派在京所修玉牒，另一为皇族宗室觉罗在奉造具户口谱系草册，此册不可视同玉牒。继而表示宗室总族长等捐房租、售蟒袍，"以皇族折变之款，预备皇族造册之需"，令人"感佩"。但语意一转，又指宗觉人等世受深恩，其生计困窘者虽多，富有者亦属不少，得知造册一事，"自必激发天良"主动认捐以尽义务。对于宗室等散居各县难行调查的情况，唐总办非常"热心"地提供了解决方案：

> 该总族长等当必知其住址地点，或请饬转令该管警区挨户查传编比，按户按名捐资补助；或将户口单付邮转递，经费既需有限，且杜需索中饱；或迫不得已，以为数无多，该族长等或能自行筹办，

---

① 《总办唐铭盛为修造玉牒实无款可拨事给奉天省长公署呈文》（1920 年 11 月 13 日），《东北边疆档案选辑》第 84 册，第 332—334 页。

② 《署理左翼宗室觉罗总族长关防事务正管长德升为请严饬内务府办事处筹拨修造玉牒经费事给奉天省长公署呈文》（1920 年 12 月 9 日），《东北边疆档案选辑》第 84 册，第 343 页。

而免职处拮据为难。①

内务府办事处经费不裕，将敷员书薪津、办公经费及陵寝岁修工程等款支用，确系实情。然而当同样由他充任总办且与其自身能否顺利领饷密切相关的三旗护军警察队饷糈不足时，唐铭盛便能向总管内务府献以由办事处经费先期借垫之策。而纂修牒册关系皇室支脉延续，即便无法出资赞助，唐总办或亦可为盛京宗室向总管内务府禀明用款难筹情形，请斟酌变通办法。然其明知地方各县连内务府办事处地亩征租都难以妥为派警保护，还让宗室寄望于该管警区代为挨户传查；则此番又提出邮递之议，暗指此法可免宗室总族长等以修牒为名中饱筹款，所言或有落井下石之嫌。更令人不解的是，作为玉牒修纂发起者，清室既知盛京宗室俸饷停发，不能依照前例从饷银中提拨调查户口造册款项，却仍屡咨内务部请代为饬催送册。此前总管内务府专函奉省为唐铭盛澄清拨解三旗护军警察队饷糈事，只为应发兵食落实后众员可尽心守卫内廷；而当下既知奉天宗亲生计无着，不仅毫无济困之意，反而为并不十分紧迫的修牒事宜一再施压。有清室此般态度在前，唐铭盛自不必将盛京宗室所请放在心上，亦有连番坚拒省署筹款指令的底气。

眼见以盛京宗室现有能力，修牒一事短时间内实难推进，1921 年 1 月 25 日奉天财政厅厅长王永江呈文省长，指该事既纯系清室之事，所需费用应由清室款内动支，并提议如蒙清室允准，或可由奉省清丈局收得内务府庄地丈放价款项下，先行拨给以敷应用。因宗室"需款孔亟"，张作霖批以此法变通办理，由清室应得地价内拨给小洋 1000 元，同时咨内务部请转行总管内务府备案。② 2 月 4 日宗室总族长如数领款，终于将盛京旧居宗室 1907 年至 1919 年、移居宗室营 1915 年至 1919 年各户娶妻、所生子女，并盛京、吉林监禁宗室觉罗红带子、紫带子等发往年月、详细原案及生卒日期等情况调查汇总成册计 12 本，③ 请奉天省署咨送清

①　《总办唐铭盛等为声明无法拨解修造玉牒皇族调查造册经费缘由事给奉天省长公署呈文》（1920 年 12 月 28 日），《东北边疆档案选辑》第 84 册，第 356 页。

②　《署左翼宗室觉罗族长德升等为报由清丈局如数领讫修造玉牒经费事给奉天省长公署呈文（附原训令）》（1921 年 2 月 5 日），《东北边疆档案选辑》第 84 册，第 371 页。

③　《署左翼宗室觉罗总族长正管德升等为解送修造玉牒所需各册事给奉天省长公署呈文》（1921 年 2 月 5 日），《东北边疆档案选辑》第 84 册，第 372—373 页。

室宗人府。

在 1924 年三多"受赏"内务府大臣衔以前，唐铭盛已先因牵涉三旗护军分队长等人偷盗药库朱砂、雄精等物一案，① 于 3 月 4 日在京先被革退三旗护军总办职务，并由时任总理内务府大臣郑孝胥奏请以佟济煦署理。② 然而唐氏并未就此死心，反而煽动三旗护军直接致函陆军部，请开复其差事。内务府大臣绍英为此面见北京卫戍司令、靖武上将军王怀庆，请其设法制止，王氏提出可令加中将衔陆军少将富连瑞暗中防范，"如有不法行为，立即惩办，并传人警告唐铭盛，令其安分，免干咎戾也"。③ 或许因复职计划受阻，这位经常擅任自便、在行政程序上多不遵奉省署指令，又以内务府办事处为"清室特别机关"，而请免照财务制度按月造具收支计算书的唐总办，才会特别将三多赴奉成立皇产事宜处一事呈报省署，显示一番唯奉省长为主管长官、只遵省署政令的姿态。尽管彼时已接到总管内务府札文，唐铭盛仍不愿轻易与三多办理交接，或寄希望于借助省署之力保全其在奉地位。

3. 三多、商衍瀛

三多为清末驻库伦办事大臣，民元署盛京副都统兼署金州副都统，1920 年 9 月调任国务院直属侨工事务局局长，一年后改任铨叙局局长，1922—1924 年先后授将军府际威、循威将军。

1912 年 7 月 20 日，三多与宝熙、治格等人同被总统袁世凯委为筹办八旗生计处专员，④ 此后奉天八旗生计总会因其既有办事经验，且孚众望，呈请都督以其为督办丈放旗地事宜兼生计总会正式会长，但三多表示"现处行政地位，未便再负会务"，⑤ 并未同意任职。当年 12 月 29日，福陵筹办总管、关防两署为所辖旗人一万数千余口请立生计会，开列筹办生计章程十八条，其第五条"生计会进行方法"下定拟广开生计之策八项：

---

① 《绍英日记》下册，第 611 页。
② 《郑孝胥日记》第 4 册，第 1988 页。
③ 《绍英日记》下册，第 617—618 页。
④ 内务部呈文并批，1912 年 7 月 20 日，《政府公报》1912 年 7 月 24 日第 85 号，第 3 页。
⑤ 《奉天八旗生计总会为公举庆恕为正式会长事给奉天都督呈文》（1912 年 12 月 9 日），《东北边疆档案选辑》第 82 册，第 94 页。

一、提倡两署旗人认真从事实业，势力有不及者量为补助。

二、保存两署旗人原有之生产。

三、筹办屯垦办法以储禾谷。

四、筹办畜牧以资繁息。

五、沿河沙岸载植柳毛以御风沙而固堤岸，且不减萑苇条桑之利益。

六、春秋两季捡拾内、外山柴草要有限制，生计会有帮同保护之责任。

七、旧有青桩范围以内之利益，广为筹划。

八、附设宣讲所及阅报社，以开通两署人民之智化。①

因食月饷官兵仅三百余名，饷银久经欠发，津贴亦无着落，"官兵既无所仰望，其家室之贫困颠连又将奚似"，② 故而该两署生计会以"筹办两署旗人生计及津助困难兵民"为宗旨，其所拟办法不仅使食饷官兵收入得到保障，而且致力于帮扶家口众多的各户旗人，使家境困窘者生活境遇有所改善。

三多接到章程后对八项办法进行核查并提出意见，其中第三项筹办屯垦原为旗人众户备有口粮计，而三多表示陵寝禁地禁荒正待招佃纳租，以该款作为岁修工程及守护官兵津贴需用，"是无闲地可筹也"；而第四项筹办畜牧，若在红、白桩界内，则因例禁樵采牧放践踏，同样无处可为开办之地；第五项种植柳毛，既已责成福陵官兵与内山一体看守，则可待将来树株长势茂盛后再谋利益；第六项内、外山捡拾柴草，例有陵寝四品官属下千丁夫役办理，为防毁坏树株旁人皆不准擅入，若生计会欲承担帮同保护之责，反恐各该管官兵遇事推诿；第七项青桩界内荒地正值查办私垦之际，认佃收租后亦专用于陵寝官兵津贴及岁修工程，三多表示若该两署认为还有何项利益可筹，"不妨条陈以备采择施行"。然而经三多审核后，原本八项办法中的第三至第七项，皆被批以"侵越守

---

① 《福陵右翼翼长倭什洪阿为两署兵民公举代表拟设旗人生计会事给奉天都督呈文（附章程）》（1912 年 12 月 29 日），《东北边疆档案选辑》第 82 册，第 131—132 页。

② 《福陵右翼翼长倭什洪阿为两署兵民公举代表拟设旗人生计会事给奉天都督呈文（附章程）》（1912 年 12 月 29 日），《东北边疆档案选辑》第 82 册，第 127—128 页。

护权限，非删改另拟碍难立案"；① 而所余第一、第二项又仅为办事大方针，并非立时可行的实策；第八项则非长期投入，难见旗人素质改观。因此生计会定拟办法相当于被三多全行否定。即便陵寝禁地可略行变通招佃征租，其入款在岁修工程外，至多为守护官兵提供津贴。如果说前次拒绝奉天八旗生计总会所请，乃因行政职务在身，出于避嫌考虑不便兼任民间团体职务，但此番其既为直管福陵的三陵承办并守护事务大臣，在处理陵寝事务的同时，或有必要对守卫官兵身后的旗人家庭上万人口生计问题予以关切，甚至于作为奉省在任职衔最高的旗籍大员副都统，备办属地旗员生计本隶其职责范围，似应更为妥慎处理相关事宜。然而三多在守护陵寝的大旗下，只以地有专用或向例不允为由，便将福陵旗员的谋生之道阻绝，全然没有愿变通或另为筹划之意。

可是当1915年8月接奉天巡按使张元奇咨文、调查王常盛等禀控寿聿彭营私舞弊案时，三多却对本为自己三陵衙门下属的寿聿彭多有包庇，表明经查账可以认定所控借公图私尤属误会，指称办事处隶属巡按使管辖，改组无咨清室总管内务府备案的必要。而同样是翻检簿册，唐铭盛却发现了账目不清、滥支经费等问题。此后，在段芝贵为内务部转咨唐铭盛所禀清厘内务府办事处事务办法、请三多查核时，其又不再声言清室对办事处无管辖权，而是很快以各项办法均属实在答复。面对日人提出续租已赎回陵地的无理要求，作为陵寝守护大臣的三多既未维护陵地完整的正当权益，亦在未严订租约前放任寿聿彭带同日人到地指段。应该说三多在清室和民国政府之间居中游走颇为自如，一面为清室办理盛京三陵事宜，一面出仕民国官至铨叙局局长，两边皆不轻易开罪，却未必都十分尽心。

因常年驻奉，三多和奉省高层官员来往颇多，又以诗文之好而与京中遗老时有交游。1924年2月，三多将氏著《可园诗钞》及代理奉天省长王永江所著《铁龛诗草》赠予郑孝胥；② 也正是看重其与王永江之间的联系，郑孝胥方保荐三多赴奉办理清室产业事务。③ 当年5月抵奉后，

① 《署盛京副都统三多为旗人生计会章程有不妥之处碍难立案事给奉天都督咨文》（1913年1月10日），《东北边疆档案选辑》第82册，第164—166页。
② 《郑孝胥日记》第4册，第1986页。
③ 《绍英日记》下册，第621页。

三多即"上奏""谢恩"：

> 伏念臣自惟鸠拙，夙沐鸿慈，幼袭轻车，早膺专阃，复荷朝廷特擢，新叨少府头衔，丰镐重来，曾忝三陵拱卫。人民叹非是，俨归辽海之令威；鱼鸟怪衰残，如返杭州之苏轼。材惭老马，敢负识途，声和鸣莺，尚能求友。①

并沿用宣统年号，以旧历宣统十六年四月记。这一番表白不由让人想到1922年溥仪大婚时，总统府侍从武官长荫昌身穿西式礼服前来致贺，鞠躬后忽然宣布"刚才那是代表民国的，现代表奴才自己给皇上行礼"，言罢就跪在地上磕起头来。② 他们能在民国政府中安然为官，但对清室表起忠心来亦是游刃有余。1924年11月5日溥仪出宫到醇亲王府邸后，萌生出洋念头，拟"先往盛京恭谒陵寝；事竣之日，再谋游学海外"，③并确定具体行动路线为"'北府'—北京城内住所—奉天（沈阳）—外国—紫禁城"，以"复辟"为终极目标。④ 据日方关东厅得到消息，三多于12月15日以整理清室财产为名再度返奉，实际上是为溥仪选择居所。⑤ 对于"危难"之中"把希望放在联络、收买军阀方面"的溥仪而言，三多与奉省上层的关系尤其为他所倚重。至伪满洲国时期，年届七十的三多还代表伪政权，在由日方控制、主营通信广播业务的"满洲电信电话株式会社"里出任副总裁。⑥

而三多内务府皇产事宜处时期的"搭档"商衍瀛，亦在该处裁撤后去天津继续依附溥仪。因其与奉系将领颇有联系，又系东北卍字会名人，

---

① 办理盛京内务府皇产事宜处三多、会办盛京内务府皇产事宜处商衍瀛咨，1924年5月14日，JC010-01-013037-000004。
② 爱新觉罗·溥仪：《我的前半生》全本，第105页。
③ 《郑孝胥日记》第4册，第2029页。
④ 爱新觉罗·溥仪：《我的前半生》全本，第140页。
⑤ JACAR（アジア歴史資料センター）Ref. B03050747600（第241画像）、清室待遇問題、旧清皇室関係雑件（1.6.1.82）（外務省外交史料館）。
⑥ 《伪满洲电信电话株式会社人员一览表》（1940年8月），赵玉明主编《日本侵华广播史料选编》，中国广播影视出版社，2015，第7页。

在策划溥仪出关问题上起了作用。① 1932 年伪满洲国成立后，商衍瀛于当年 12 月出任"执政府"会计审查局局长；1934 年 3 月溥仪"称帝"时，任"宫内府"内务处处长，至 1938 年 9 月 30 日辞职。②

民国初年，为确保《清室优待条件》续行维持，清室有意笼络各路军阀，故而并不介意旧臣出仕民国，反而希望他们能够通过与民国权贵的联系为"小朝廷"稳固地位。但这些在清末即无甚突出能力的官员，在"皇上"与民国总统间游走往往更多考虑的是维护自身利益，难以助清室重建对远在东北的盛京内务府的权威，甚至有意在其鞭长莫及之处"分一杯羹"。清室奉天办事机构的上层管理者无心公务、擅权营私，唐铭盛所委代办郑桂丰私支公款、任用戚友等弊举，几乎与前坐办寿聿彭如出一辙，使办事处在长期过度的内部消耗中恶性循环，行政效率极其低下。而并不能分享更多利益的中下层员司，则只能紧紧抓住手中职位这一最后的"救命稻草"，以至于先向总管内务府恳禀撤换坐办，复行在省署呈控严惩清室所派总办，在清室特别机关与省署直属机关的定位间频繁转换、反复无常。内务府办事处陷入连番禀控的乱局，最后又因维持共同利益的需要相互妥协、达成平衡。

（二）旗员兵丁困苦难堪

北京"小朝廷"虽被拖欠优待岁费，然依靠累世财富尚且能保逊帝安享奢靡生活，盛京内务府（办事处）常年处在民国中央政府、奉省当局与"小朝廷"的夹缝中，亦苟延残喘挣扎十余年，真正困苦不堪的是那些普通旗兵。民元筹办八旗生计载入《清室优待条件》，规定"于未筹定之前，八旗兵弁俸饷仍旧支放"。北京地区旗饷虽在袁世凯死后开始出现拖欠，但仍断续发放到 1924 年。③ 而奉省远离京畿，鲜有人关注，各旗署俸饷自 1913 年起仅能按半数支放，④ 1914 年均已停领，⑤ 旗兵所赖收入仅剩随缺伍田一项。此类地亩虽拨给八旗兵丁耕种收租，性质却

---

① 参见李淑贤供稿，王庆祥整理注释《溥仪日记全本》，天津人民出版社，2009，第 106 页注释③。
② 《民国职官年表外编》，第 265、268、272 页。
③ 刘小萌：《清代北京旗人社会》修订本，中国社会科学出版社，2016，第 666 页。
④ 奉天行政公署训令财三字第四十九号，1913 年 12 月 4 日，《奉天公报》1913 年 12 月 9 日第 619 号，第 1 页。
⑤ 《奉天伍田风潮之函牍》，《旗族》1914 年第 3 期，第 1 页。

属官产,国体变更后奉天临时省议会即议决"随缺伍田各地不能拨作官兵私产,应归国有",① 准备实行丈放,遭到八旗官兵强烈反对。为保证清丈顺利进行,奉省多次修改丈放章程,最终确定从放领地亩地价中提出四成拨给旗兵。随缺伍田原本专作八旗生计补贴之用,奉省先以国有名义尽数收回,再出让部分地价成数以示优恤旗兵,同时动员兵丁在旗制终将裁撤的大势下主动出缺退伍、承领放出地亩,"现出点钱把地领了,便是自己产业,有多痛快"。② 一系列优待操作的结果便是除少数有能力价领的旗兵可以获得随缺伍田所有权外,其余各员在拿到一次性地价后,则与该项地亩再无瓜葛。

内务府办事处作为皇室机关,不同于一般旗署,自与奉省划分经费界限后,处内员司薪俸发放本不会受到省财政限制,但为节省开支,仍于1914年裁撤宫内警卫,发给一个月饷糈、杂支善后。因众员前于巡警教练所学习三个月,在差多年,熟悉警察章程,处事经验亦较为丰富。为使其得到妥善安置,办事处拟造具履历清册请警察厅酌量选录为巡警,同时仍可归于挑练警卫前原属各旗,遇有应升缺出则优先补用。③ 尽管办事处为裁员安排了出路,但挑录巡警并不容易,彼时只有正白旗领催、原任警官的刘会卿得以警务长记名,其余人归旗后皆面临无饷可领的境地。警卫津贴本由内务府伍田租金项下筹补,丈放伍田得分地价便成为众人唯一的指望。然唐铭盛任总办后一面将伍田丈放前所收租金用途指定为办事处薪公,一面以保障旗丁生计为名呈请清室总管内务府转咨内务部缓丈地亩,④ 希望延长伍田收租时限从中获利,以致被裁警卫常年得不到伍田收入补贴,境况较尚能领取四成地价的各旗署普通官兵更为不堪。警卫中渐有传言,若早年三多统管三陵及内务府之请得奉省允准,众人也不会落入如此境地。一边是深知唐铭盛以权谋私各情的办事处留任员司,为维持现有待遇做出妥协并续行依附清室;一边是早在盛京内务府改革中失势的佐领伯良,联合被裁领兵成立伍田生计会,直接向奉

---

① 财政部咨(附章程),1913年6月30日,《政府公报》1913年7月2日第415号,第3页。

② 《丈放随缺伍田之白话布告》,《盛京时报》1914年2月5日,第6版。

③ 《盛京内务府办事处为裁撤宫内警卫并知会善后办法等事给镶黄旗的移》(1914年7月21日),《中国近代社会生活档案·东北卷一》第15册,第298—299页。

④ 内务府三旗领兵代表刘常喜呈,1918年9月4日,JC010-01-013055-000026。

省争取权益保障。清室的无力过问、唐总办的两面矫饰，终致本属盛京内务府三旗"同根生"的办事处员司与被裁领兵陷入自相攻伐的境地，造成亟待相互扶助共谋新生的奉天旗人社会自我分裂。

有清一代掌握皇室东北经济命脉的盛京内务府，管理良田、果园、鱼泡、山场等庞大资产，却也因此在王朝覆灭失去政治庇护后很快沦为俎上鱼肉。虽顶有"皇室机关"名号，实际只是奉天当局手中的提线木偶，作为代收清室在奉产业租项的中转站，以及生计困窘旗员紧抓不放的最后铁饭碗而存在。盛京内务府（办事处）因民国优待清室而存续，却也成为一把衡量优待限度的尺子，反映出旧朝颓势与新政乱象。紫禁城里"小朝廷"这条辫子剪了，可清室的遗留问题却酿成更大祸患。而曾在贪腐、内斗中混沌十几年的内务府办事处员司，也终和那些早已生计无着的旗兵一样，跌跌撞撞迎向新生。

第四章　王产归国有与逊清宗室的没落

中华民国成立以后，逊清宗室难以有效管理奉天省长期被庄头盗典、隐占的庄地，屡遭丁佃抗纳差租。为避免王公私自售地引发纠葛，奉天当局于 1915 年以"正额归府，浮多归国"为总原则，正式推行王庄丈放政策，实现了庄地产权由私有向国有的转移，并获得稳定赋税来源；同时在日人狙獗侵夺中国东北土地资源的背景下，一定程度上维护了国土主权完整。尽管逊清社会上至"皇帝"下到普通旗兵同样经历着家国巨变，但天潢近支仍然固守陈腐的等级秩序，时刻将核心家族利益置于首要地位，对于远支王公、无爵闲散宗室乃至一般八旗兵丁奉天权益的延续维护不甚在意，以致逊清社会内部矛盾重重。而在逊清宗室以主动响应、被动顺势、拖延拒丈等不同方式因应清丈的背后，更体现着在"王朝"向"民国"鼎革的年代中，从"皇族"到"公民""国民"社会身份转换的当事人所历之阵痛与新生。

第一节　宗室待遇空有其名

清朝中叶以降，内忧外患频仍，朝廷的主要精力放在如何稳定摇摇欲坠的统治上；西方列强的掠夺性赔款，使清廷的财政日益拮据；加上宗室、觉罗人口成倍增长，在这种情况下，如果再想像乾隆时那样给予天潢子孙种种经济上恩惠，已无可能。不仅红白事恤赏银大幅削减，就连俸银、俸米亦开始折扣发放。①

---

① 　刘小萌：《爱新觉罗家族史》，第 302—303 页。

表 4-1　光绪三十四年宗室王公爵秩俸银俸米统计

单位：两，石，人

爵秩	俸银		俸米		人数
	额俸	实领	额米	实领	
亲王	10000	5000	2137.5	1496.25	9
郡王	5000	2500	1068.75	748.125	2
郡王衔多罗贝勒	2500	1250	534.375	374.0625	2
多罗贝勒	2500	1250	534.375	374.0625	3
贝勒衔固山贝子	1300	650	277.875	194.5125	1
固山贝子	1300	650	277.875	194.5125	2
贝子衔奉恩镇国公	700	350	149.625	104.7375	1
奉恩镇国公	700	350	149.625	104.7375	10
奉恩辅国公	500	250	106.875	74.8125	10
不入八分镇国公	700	350	149.625	104.7375	4
不入八分辅国公	500	250	106.875	74.8125	8
不入八分辅国公衔一等镇国将军	410	205	80.3	56.21	1
一等镇国将军	410	205	80.3	56.21	3
贝子衔二等镇国将军	385	192.5	75.3	52.71	1
镇国公衔二等镇国将军	385	192.5	75.3	52.71	1
二等镇国将军	385	192.5	75.3	52.71	8
三等镇国将军	360	180	70.5	49.35	4
一等辅国将军	310	186	60.75	42.525	6
二等辅国将军	285	142.5	55.85	39.095	4
三等辅国将军	260	156	50.95	35.665	5
一等奉国将军	210	126	41.2	28.84	4
二等奉国将军	185	111	36.2	25.34	6
三等奉国将军	160	96	31.3	21.91	15
奉恩将军	110	66	21.55	15.085	57

资料来源：国家图书馆古籍馆编《国家图书馆藏近代统计资料丛刊》第 2 册，北京燕山出版社，2007，第 127—146 页。

　　辛亥鼎革之际，《清室优待条件》规定清皇族世爵"概仍其旧"，民国总统承认清室王公继承者的爵位，并为其制造授爵册轴。[1] 在奉天地区，以正蓝旗宗室恩麟为例，其本应承袭父祖之奉恩将军爵位，因国体变更而未袭。1918年盛京左翼宗室觉罗族长为其向奉天省长请袭将军爵位后，奉省将恩麟族系报送国务院铨叙局。该局认为宗室恩麟的家谱"始封暨历次承袭各职名，核与清宗人府爵秩表均属相符"，[2] 请国务总理转呈大总统准予承袭。而盛京宗室族长及宗学正、副管长等缺，亦照旧由宗室子弟补充。

　　然而与顺利袭爵不同的是，尽管民国政府同样表示为王公宗室中生活困窘者设法代筹生计，但自民国初年起，逊清宗室俸糈已出现欠发的情况。1921年1月，礼亲王诚堃因生计不敷、度日艰难，请清室总管内务府咨行内务部，代为向大总统转呈王公等生活困苦情形，并希饬财政部拨款为济：

> 自民国元年以来，历年积欠王公世爵俸糈之数，几及数十万两之巨。不意连年国家多故，终岁遂无一钱之发，荏苒至今，本年春、秋两季均付阙如。当此朔风凄紧、米珠薪桂之时，大半均无以为生，敢乞大总统念世爵等困苦情形，饬部援蒙古王公实行待遇之案，发给俸禄以拯贫困，不胜感激之至。[3]

财政部为此咨复内务部，表示因部库用款支绌，该项八旗王公世爵俸银自1914年起每年仅核发秋季二成，上年应发二成亦已援案发给，或可资维持生计。连有爵王公的待遇都很难得到保证，闲散宗室的处境往往更为艰难。

---

① 阿部由美子：《中华民国北京政府时期清室、宗室、八旗与民国政府的关系——以〈清室优待条件〉为中心》，中国社会科学院近代史研究所政治史研究室编《清代满汉关系研究》，第547页。

② 《铨叙局为准宗室恩麟承袭奉恩将军事给奉天省长公署咨文》（1919年10月25日），《东北边疆档案选辑（清代 民国）》第84册，第243页。

③ 总管内务府咨，1921年1月29日，1917年宪法会议对优待清皇室条件是否议列入宪法之速记录及有关文书，中国第二历史档案馆藏，1001（2）-408。按：本书所引档案以1001开头编号者，均为中国第二历史档案馆藏，以下不另注。

如本书第一章所述，宗室移居盛京后，虽得盛京户部拨给地租银用以充裕生计，但实际上并未确实领有该项地亩，至清末奉省财政负担日渐沉重后，已很难足额拨款，就连宗室营日常办公开支亦仅能勉强维持。据宗室营主事春熙报称："讵庚子变乱，官房均被拆毁，差占亦因之撤销。自彼时以至今日，除小地租年领一千余吊抵租官厅外，所有承充文牍、司书、差役人等薪津伙食，以及煤炭、茶水、添置家具各项办公花费，每月节省支用计需银二百两之谱，均职等由俸饷筹垫。惟职等俸微饷薄，何克久当，况各衙署局处自整顿以来，均月给津贴，而职营独无，未免向隅。"① 民国初年，宗室营额定世职按《清室优待条件》予以保留，计有主事、正族长、副族长、正学长、副学长、委学长各一人，管理移居闲散宗室共72户465名口。彼时主事呈请东三省都督按营内月例银三两及二两宗室名册拨给地亩借资生计，并未获得允准，之后仅按季领取奉省折半发放的饷糈及地租银。其中春、夏、秋三季领款总数皆为1142.527元，唯冬季额外增加一年仅发放一次的地租银款项，领款总数为2562.452元。

表4-2　1915年奉天省宗室营支付预算册

单位：元

支出经常门
（全年度预算共银洋6364元8角1分3厘，均系减半支给实数）

科目	全年预算大洋数	春、夏、秋每季概算数	冬季概算数
第一款　本营经费	6364.813	1142.527	2562.452
第一项　俸饷			
第一目　主事俸	102.678	25.427	
备考	主事一员，俸银二两七钱五分四厘，米豆折银三两六钱三分；署缺一员。二员盐菜银十一两四钱一分五厘，共十七两七钱九分九厘，折核大洋		
第二目　族长俸	27.232	6.745	
备考	族长一员，俸银一两八钱三分五厘，米折银二两八钱八分七厘，二共四两七钱二分二厘，折核大洋		

① 宗室营旗务处呈，宣统二年二月二十七日，奉天旗务处呈文，JC010-01-013044。

续表

支出经常门

（全年度预算共银洋 6364 元 8 角 1 分 3 厘，均系减半支给实数）

第三目 族、学长奖赏	49.446	12.248	
备考	族长二员，每员奖赏银二两四钱五分；学长二员，每员一两八钱三分七厘，共八两五钱七分四厘，折核大洋		
第四目 三两宗室饷	4091.757	956.530	
备考	三两宗室一百三十五人，学长二人在内，每人饷银二两一钱一分五厘七丝，共二百八十五两五钱三分四厘。又一百三十三人，学长二人在内，每人米折银二两八钱八分七厘五毫，共三百八十四两三分七厘，二共六百六十九两五钱七分一厘，折核大洋		
第五目 二两宗室饷	154.485	34.244	
备考	二两宗室十七人，每人饷银一两四钱一分四丝，共二十三两九钱七分一厘，折核大洋		
第六目 二两孀妇饷	362.635	89.838	
备考	二两孀妇十五人，每人饷银一两四钱一分四丝，共二十一两一钱五分，米折银每人二两七钱八分二厘五毫，共四十一两七钱三分七厘，二共六十二两八钱八分七厘，折核大洋		
第七目 一两五钱孀妇饷	7.621	1.888	
备考	一两五钱孀妇一人，饷银一两三钱二分二厘，折核大洋		
第八目 三分之一宗室米	16.500	2.750	
备考	三分之一宗室二人，每人米折银九钱六分二厘五毫，共银一两九钱二分五厘，折核大洋		
第九目 三两宗室地租饷	1489.245		1412.551
备考	仅当年冬季发放一次，三两宗室一百三十四人，学长三人在内，每人地租银七两三钱七分九厘，共九百八十八两七钱八分六厘，折核大洋		
第十目 三分之一地租饷	11.314		7.374
备考	仅当年冬季发放一次，三分之一宗室二人，每人地租银二两五钱八分一厘，共五两一钱六分二厘，折核大洋		
第二项 办公			
第一目 办公纸簿用	51.897	12.857	
备考	每年共银七十二两，此领一季（三个月）减半数，共银九两，折核大洋		

资料来源：《宗室营主事春山等为请领主事族长孀妇学长等本年春季俸饷银米奖赏办公各款事给奉天巡按使公署详文》（1915 年 4 月 16 日）、《宗室营主事春山等为请领主事族长孀妇学长等本年夏季俸饷银米奖赏办公各款事给奉天巡按使公署详文》（1915 年 7 月 26 日）、《宗室营主事春山等为请领主事族长孀妇学长等本年秋季俸饷银米奖赏办公各款事给奉天巡按使公署详文》（1915 年 10 月 21 日）、《宗室营主事春山等为请领主事族长孀妇学长等本年冬季俸饷银米奖赏办公各款事给奉天巡按使公署详文》（1915 年 12 月 13 日），《东北边疆档案选辑（清代 民国）》第 83 册，第 108—109、143—144、166—167、178—180 页。数据为原文。

不过盛京宗室营饷糈的发放同样未能维持太久，到 1920 年清室宗人府为纂修玉牒事请内务部转咨该营造送宗室清册时，署理营主事的善宝表示因营饷久未发放，既无经费以资办公开支，且"生计困难已达极点，闲散者均各自由出外谋生"，[①] 是以一时难行传集速办而须分途调查。此外，上层皇室亲贵虽多在北京居住，却因在陪都拥有大量祖遗及上赏庄园地亩而与奉天联系紧密，八旗王公对这些产业的经营管理，便是北京上层宗室社会生活状况在奉天投射的映像。幸而在饷糈以外，逊清宗室还有大量祖遗庄园、房屋产业坐落于旧朝陪都这片龙兴之地，尚能荫庇落魄的后世子孙。

第二节　丁佃抗租与奉天当局"保护"王产

一　丁佃拒纳前朝差租

清朝初年，通过分领圈地、逼民投充、按爵秩从皇庄内拨赐以及霸占、典买民田等方式，八旗王公宗室凭借政治权力建立了种类繁多的庄园。[②] 作为王朝龙兴故土，奉天王庄数量尤为庞大。清中叶以降，统治集团日益衰朽，壮丁、佃户的反抗斗争不断兴起。汉人地主、王府管事、庄头侵蚀庄地的活动也在加剧。[③] 光绪三十三年（1907）四月，御史俾寿上奏详陈各地王公圈地弊情：

> ……乃佃户承种既久，或转相退兑，或私行租卖，积年愈远，接换愈多。其册据倘是原名承种，已不知易为何姓，驯至遗失地段、亏短租额。而不肖庄头及借不能夺佃一语，故意蒙混拖欠，于民间则倚势增收、百计讹索，收者无厌，受者容忍。又有借水冲沙压为名，蒙报碱荒、豁免租项，暗将肥沃之地影射出卖；所欲不遂，则

---

① 《署理盛京宗室营主事善宝为修撰玉牒派员分赴各地调查请接济大洋嗣后由俸饷项下抵还事给奉天省长公署呈文》（1920 年 11 月 26 日），《东北边疆档案选辑（清代 民国）》第 84 册，第 339 页。

② 杨学琛、周远廉：《清代八旗王公贵族兴衰史》，第 218、221—222 页。

③ 刘小萌：《爱新觉罗家族史》，第 303 页。

又控其私买王产，甚至并非王产，亦复牵扯诬控。①

该御史强调王公圈地亟待整顿，唯有清除积弊方能保全旗产，并请将各处地亩仿照税契章程给发王公佃地执照，由督抚饬各该管州县"将境内老圈旗产通查一次，限两年内一律查明，造具清册详送度支部分行各府备案，以后收租即可按籍调查"。② 或为免庄地利益受损，宣统元年（1909）各王公府纷纷派员赴奉展开清查，东三省总督锡良认为此举与度支部所议"由督抚派员会同各地方官及府员秉公清丈"不符，请部经宗人府转咨各府撤回或停派委员。考虑到王公派员私行清丈或徒生纠葛，度支部要求各府妥慎选任委员，"如有庄佃不服清丈等情，准其报明地方官秉公查勘，不得由该委员专擅"；"地方官亦不得任意敷衍，倘该委员借事生端致滋扰累，即由地方官秉明该督转呈宗人府，该员撤回另派"。③ 然而王庄清丈尚未取得进展，清帝即已逊位，进入民国后，风光不再的王公亲贵虽然在《清室优待条件》的保障下，得以续享世爵并领有俸饷，但政治特权地位丧失，为维持往昔浮华生活，其对奉天庄园地产收入的依赖急剧加强。

1912 年 10 月，直隶都督拟将辖区内全部庄头裁撤，由各州县代收皇庄及各王府庄地租项，为不致千余户庄头之家骤行失业激生变故，特咨行清室总管内务府妥议保全皇室私产办法。该都督的提议表面上看是为惩治恶庄，使王府与佃户利益两全，但清时期庄头的设置实际上是王公亲贵行使管庄特权的体现，裁撤庄头由各该管地方官代为征租，即意味着王公对土地的直接掌控力进一步削弱，王庄或将全行纳入民国土地管理体系中。礼亲王、睿亲王等为此召集各府王公，经讨论拟定变通办法六条，表明遵奉直隶都督取消庄头名目以免地佃再受抑勒讹索之议，更为重要的是提出庄头原领之地承佃纳租后，由各王公选派公正人员前往向佃直接征收，而非经庄地坐落之各该管州县代收转交，民国政府只需承担保护地产之责，并派差役随往，以备弹压不肖抗欠地佃。为不致庄

---

① 裁缺河南道监察御史伅寿折，光绪三十三年四月十五日，军机处录副奏折，03-5745-027。
② 裁缺河南道监察御史伅寿折，光绪三十三年四月十五日，军机处录副奏折，03-5745-027。
③ 致宗人府文，宣统元年九月二十七日，中国第一历史档案馆藏宗人府来文，06-01-001-000356-0035。

头顿失生计，该办法拟将庄头派为承催头目，仍旧看管原领地亩，但不得干预征收租款，其养赡劳金则由王府从租款中酌额拨发。

各王公府拟议变通两相兼顾办法

一、谨遵直隶都督来咨，拟将各庄头名目一律取消，以免地佃再受抑勒讹索之累。所有该庄头原领之地，应承佃纳租。

一、拟将各该庄头裁撤，由本王公遴派公正人员前往征收，由地佃自行赴委员处直接交纳，交清后发给执照、印票作为根据，以免该庄头再行用其伎俩。

一、该庄头既经裁撤，必至失业无依，情殊可悯，拟将庄头派为承催头目，仍着照旧看管原领地亩界址，永不准干预租款。设有不肖佃等盗典、盗卖情弊，应责该头目随时体查。每届租期征齐后，核其成数多寡，再由本府酌给劳金养赡，以免失所冻馁之虞。

一、除裁撤各庄头等原领地亩外，各府间有自置地产，向派催头看管界址，历由各府派员前往征收，拟由各府照旧办理，以归划一而免纷扰。

一、前经民国《优待条件》内开，所有皇室及王公府第原有地产，均由民国一律担任保护。

一、嗣后每属派员往取租项，先期行文赍送该州县，由地方知事悬示，饬派差役二名，会同下乡传佃，由开征日常川在彼弹压。设有不肖地佃肆意搅扰、希图破坏抗欠者，即由原役带案，务祈惩戒，以期保全租款。[①]

清朝末年，部分庄头依恃世袭管庄身份，通过各种手段敛财致富，已成为独霸一方的大地主，不仅与庄佃矛盾日益加深，[②] 其肆行盗典、侵占王庄地亩等情亦使王公饱受其苦。此番庄头既裁，各府又急需庄地租款进项以济日用开销，自然不希望再经各州县转手，既免滋生私吞情弊，又能够以最直接、最有效的方式快速获取大宗收入。

---

① 宗人府咨（附拟议变通办法 6 条清单），1912 年 10 月 24 日，JC002-01-001060-000001。
② 刁书仁：《东北旗地研究》，第 154 页。

　　11月19日，多罗直郡王府即令奉天属界内万家屯催头孙政晓谕丁佃，速将应交并所欠差租呈交；同时清查人丁地亩清册，不准隐匿王庄、以多报少、私种盗典、侵吞差租。佃户如有抗谕不交等情，着催头"会同本地面巡警，呈送该管衙门究办"。[1] 实则为全优待清室之意，早在当年6月，奉天行省公署已奉大总统令通饬保护旗人财产："现在五族共和，已无畛域之分。查关于满蒙回藏待遇条件内载明保护其原有私产，又载先筹八旗生计。我中华民国人民一律平等，方念八旗生计之艰难，岂有复没收其财产之理。除近来选据京外旗人呈报私产被收者已分别饬查外，亟应再行通令声明，凡八旗人民私有财产，统应按照待遇条件仍为该本人所保有，其公有财产应由地方官及公正士绅清查经理，以备筹划八旗生计之用。倘有借端没收侵害者，准由该本人或有关系人按法提起诉讼，地方官吏应即分别查复发还，切实保护，以示廓然大公之至意。此令。等因。奉此，查民国肇建以来，五族已成一家，并无满蒙回藏界限之分，政府之保护如此周至，是汉之于满，既视如同族，则满之于汉，亦并无畛域，更安有民党、宗社党之强分名辞。凡我共和国民，均宜于此等名辞一概化除，俾五族之感情日益融化，免致匪徒借口摇惑，有碍统一之治安。"[2] 12月，民国政府内务部将清室王公拟定的变通办法咨行奉天都督张锡銮，"查前清皇室私产载在优待条件，兹准前因，自应准予备案"，"应由各该地方官切实保护"。[3] 不过奉省除克勤郡王、顺承郡王、裕公府三家稍为变通外，其余各府庄头均行照旧收租。[4] 1913年1月，前清五品衔附贡生刘庚廷因见庄头经管坐落奉天数百万亩王庄假公肥私，且国体变更，"今各旗王公俱已退闲，若使之仍然占据，殊觉非宜"，故禀请都督派员清查此项庄地，并按时值估价，放由商民承领纳税，则"集此巨款，上裕国币，下充军需，庶于财政有小补"。[5] 按照刘

① 《多罗直郡王府晓谕关外丁佃速交差租事》（1912年11月19日），《满族历史档案资料选辑》，第227—228页。

② 东三省都督赵尔巽批（附署法库厅抚民同知国璋呈、奉发化除满汉五族共和告示张贴处所清折），1912年6月21日，JC010-01-000732-000012。

③ 《内务部给奉天都督咨》（1912年12月11日），《关于前清室王公联名拟议整理庄田办法的文件》，《民国奉系军阀档案·一九一二年卷》第9册，第391—392页。

④ 《仪亲王府庄头康庆龄呈请照旧收租案》（1913年1月），《满族历史档案资料选辑》，第237页。

⑤ 河南省开封府祥符县刘庚廷禀，1913年1月27日，JC010-01-004265-000006。

庚廷的估算，即便庄地以极低廉的价格放出，仍可得洋 500 万元，但奉天都督只以保护王公财产为由，批示"应毋庸议"。

　　然而奉天王庄年湮代远久未清厘，又远离京畿，各府鞭长莫及，很多庄头、丁佃隐占庄田、私垦浮多，早已不按时向府纳租。尤其民国成立后，庄佃既与丧失特权地位的清室王公理论上同为普通国民，自然不愿再受前朝旧制盘剥，一时各地抗差、抗租风潮涌动，王公并不能如愿获取庄地进款。克勤郡王府壮丁王振亚等声言，其各户先人所种乃自领册地而非王产，后入王府当差方有"人丁之税"，并提出"今则民国成立，五族人民，同邀幸福，而身等之差徭，理应取消"；[1] 仪亲王府庄头康庆龄前往复州收取 1912 年、1913 年租项时，该处土豪姜学易与佃户联通一气，拒不交纳租款；[2] 全公府本溪县壮丁以公民保产会为名，聚众抵抗纳租。[3] 1913 年初奉天临时省议会通过奎公府壮丁于景瀛等呈请将各王公府壮丁人地差银一律注销案，内务部为此咨商清室总管内务府查核办理。以醇亲王府为代表的各王公府，声明仅有"大内分拨各项庄头闲有地亩坐落奉天等处，历年均系交纳地租差银，并无壮丁差银之名目"。[4] 肃亲王府等袭爵既久、向有壮丁之王公府，则称壮丁均系清朝初年投入各府，"按名拨给地亩，以地养丁、以丁交差，除每年照纳差银外，地产所余概为该丁养赡，上下相安并无嫌衅"；即便近年壮丁时有拖欠差银并移圈换段、盗典盗卖府地等情，"各王公对待该壮丁等素从宽厚，故未忍深究"。[5] 进而指出壮丁履行交差义务的同时，亦享有王庄利权，当下如欲脱离关系，则应撤出承种地亩，而非筹谋占地销差，空享权利却不履行义务：

　　　　惟是从前承领之地，当由民国派员会同各王府清查明白，退交

① 《克勤郡王府壮丁王振亚等呈请取消徭差案》（1912 年 10 月），《满族历史档案资料选辑》，第 236 页。
② 《仪亲王府庄头康庆龄呈请照旧收租案》（1913 年 1 月），《满族历史档案资料选辑》，第 237 页。
③ 奉天行政公署呈，1914 年 2 月，JC011-02-020955。
④ 和硕醇亲王等门上公函，1913 年 5 月 18 日，清宗室王公请依据优待皇族条件将奉天省丁地差银仍旧缴纳的文书，1001（2）-1623。
⑤ 和硕肃亲王等门上公函，1913 年 5 月 18 日，清宗室王公请依据优待皇族条件将奉天省丁地差银仍旧缴纳的文书，1001（2）-1623。

各王公府收执自行核办，方合公理。不然地则彼占，差则注销，有权利而无义务，证之各国，亦无此种办法。奉天省议会为人民代表，具有法定知识，无论如何办法，亦必须双方持平，始可解决。若竟听该壮丁等一面之词，含糊取销，非特法律不合，揆之《优待条件》尤为相背，主权所及，殊难承认。①

肃亲王等府认为奉天省议会通过于景瀛请议一案，实与《优待条件》有违，表示强烈反对。同年12月8日，总统袁世凯指令奉天民政长取消该案，同时命各省民政长通饬辖区，"嗣后凡清皇族私产，应遵照前颁《优待条件》一体认真保护，并严行晓谕各处壮丁人等照旧缴纳丁粮，务期同奠新基、各安旧业"。② 两日后，内务部再据清室宗人府函，指出民元以后各庄佃对王公地产时生野心，"抗租不交者有之，私自税契者有之，听地方团体主使附和观望者有之，甚至有为王公府产已划归国有者，一倡百和，殊与秋收地租大有窒碍"。③ 为此内务部特令奉天民政长将《清室优待条件》有关各条重行布告，俾众周知，以确保各府顺利征租。但王公既无力亲自在奉监管，地方官厅亦不可能为数十余府收租随时调派警力保护，仅凭几条政令实难起到压制庄佃之效。郑亲王后裔兴寿派员赴开原、兴京、抚顺三县收租，仍遭到各处地户聚众阻抗，驱逐征租委员并声言"免纳"；④ 奉恩辅国公意普府上的包衣达朱锡庚因侵吞租款、盗卖庄地被革退，便诬称新任包衣达董庆喜非公府所派，煽动众佃户抗不向其交租。⑤

为保全产业，部分王府开始售卖庄地，以期直接获取价款而免再与丁佃纠葛。早在1912年12月31日，即有宗室德贵为兴京庄头侯志田等报请出户，使其归入民籍，"嗣后永不纳差，并所有房园、地亩、山场，

---

① 和硕肃亲王等门上公函，1913年5月18日，清宗室王公请依据优待皇族条件将奉天省丁地差银仍旧缴纳的文书，1001（2）-1623。

② 《大总统命令》（1913年12月8日），《申报》1913年12月11日，第2版。

③ 奉天行政公署通令，1913年12月15日，《奉天公报》1913年12月18日第628号，第4页。

④ 《奉天巡按使公署为派警保护前往收租之郑亲王府差人事给兴京县知事邹健鹏饬令》（1914年11月17日），《东北边疆档案选辑（清代 民国）》第82册，第483页。

⑤ 《奉恩辅国公意普呈请严办已革包衣达朱锡庚侵吞租款盗卖地亩案》（1915年10月），《满族历史档案资料选辑》，第238—239页。

任其自便，永远为业，以断葛藤"。① 宗室既允该庄头处置祖遗各项产业，双方或已私下达成转卖协议。之后又陆续有宗室以民国成立为免屈壮丁人格等缘由，放丁出户归入民籍。但是对于大多数以耕种庄地为生的普通丁佃而言，接买各府出售地亩价格过重，若王公宗室为获取高价将地产另卖他人，则丁佃生计尽失，自难同意王公的行为。是以当1914年5月，奉恩镇国公毓岐欲出售先祖仪亲王坐落海城、复州两县的8508亩册地时，便计划仍以原佃备价购留原种地亩。宗人府由是将该地四至清册送呈内务部，请转行奉天巡按使饬县核查地段，方可实行清丈。内务部认为此项产业以原佃原留尚属妥当，但为免佃失生计，特别对庄头接买地亩提出要求：

> 查旗产变价，以原佃原留为适当，如卖与原佃以外之人，不得增租夺佃，已成惯例。原函所称原佃备价购留，自无不可。至若卖与庄头，实与原佃购留大有区别，仍不得增租夺佃，以杜流弊。②

获部批准后，毓岐派代表张鸿飞到奉，再禀巡按使公署，请饬县保护售地。经省署核议，提出派员代办此项庄地清丈，并从出售得价中酌提二成作为报效，③ 由此拉开了奉天省大规模推行王庄丈放的序幕。

二　奉天当局清查宗室产业

（一）《王公庄地查丈办法》出台

为从速完成清丈，毓岐对提拨二成报效之议表示赞成，同时恳请省署派员会同代表张鸿飞等出售册地。或见奉省有意介入王庄清厘事务并从中分利，1915年初王公等拟在奉天设立一清理田产处，派委总、会办等员专司庄地勘丈。奉天财政厅核查后呈复巡按使，表明民国成立以后，

① 《兴京府知事忠芳为报宗室德贵甘愿将祖遗庄头侯志田等归入民籍事给奉天都督呈文》（1913年1月2日），《东北边疆档案选辑（清代 民国）》第82册，第150页。
② 《内务部为毓岐呈请派员清丈庄地变价出售事致奉天巡按使的咨文》（1914年11月14日），《满族历史档案资料选辑》，第263页。
③ 《毓岐为恳请派员会同办理出售册地愿以二成资国用致奉天巡按使公署函》（1915年1月22日），辽宁省档案馆编《奉系军阀档案史料汇编》第2册，江苏古籍出版社、香港地平线出版社，1990，第294页。

清室王公宗支多以生计艰难为由擅行向丁佃售地，而各佃因将常年承种地亩视同己产，私自典卖者亦为数不少，双方一旦涉讼，往往是非难断，且其中侵占官荒、隐匿浮多等弊经年未行清厘，今若贸然"以业主集合团体实行勘丈"，于地方行政实有妨害。不过为全优待至意之奉省财政厅做好了代替清室王公"迎难而上"的准备：

> 惟保护王公私产载在约法，民国官吏本负责任，应请宗人府将各王公所有房地各项图册，派员赍送来奉，由钧署（奉天巡按使公署——引者注）派员会同地方官按册查丈，除将原业拨归管业外，如有浮多乃系被占官荒，应收归国有，照庄地浮多章程另行收价放领，其在原额内有私行典卖情事，应临时查核情节酌拟办法清理。以后各王公愿将私产出售者，即亦由省委员会同地方官，按照现在价格代为售卖，惟须酌提地价二成，作为报效公家。至查丈原额应需经费，即由国家代发租照酌收照、册各费，以资办公。似此办理，在王公私产既得清理之实，而举行勘丈一切办法，出自行政机关，地方自无纷扰之虞。①

奉省虽未直接反对王公设立清理田产处，但首先指出勘丈庄地的难度，继而变被动为主动，以民国负有保护清室私产责任的名义，请宗人府汇集各王公府地册，直接派员送到奉省与各地方官会同查丈。甚至在王公毫无"防备"之时，已顺势更进一步提出庄地勘丈后浮多地亩的处理办法，即产权不再属于各府，而应"收归国有"。同时为防止王公仍行私售庄地，一并明定代售提成办法，由此亦使王公处置册载原额地亩的权力受到限制，而日后奉省凡办理代售，皆可从中获取二成利润。

国体既已变更，奉省不可能放任清室王公自行办丈，而务使政令皆出自政府机关，而维护民国权威。然而在王公宗室看来，清帝逊位之际隆裕太后已明确所有皇族房地产业皆系恩赏私产，民国既有优待保全私产之令，各府当然享有产业的"自由处理特权"，"万无强制归官代为买卖之理"。况且在奉一切地产既为上赏，则并不会包套官荒在内，所谓浮

---

① 奉天全省官地清丈局详，1915年，JC010-01-000163-000024。

多归国无疑侵害王庄业权。故此特拟定清厘王庄办法三条：

　　一、查现在奉省因宗室世爵及各府分支宗室等，有在奉假冒业主、勾串庄佃，私行典卖、勘丈等情，案件层见迭出，情词各执，官署实难悬揣其曲直，尤难辨其真伪，须应由宗人府详细查明以昭核实。倘各王公等愿将私产出售者，应归业主自由处理以符优待，但该业主有意出售勘丈者，须先行呈报宗人府查其谱系、册档相符，准其出售，由宗人府派员将其地册等件赍送奉天行政公署查核相符，再行饬交该管地方官妥为保护，以杜假冒而免纷扰。再各王公等有愿将私产请由奉天行政公署保护清查出售，在此案未办以前者，应准仍照旧案办理，不在此例。

　　一、各王公等如册档完全者，应遵照内务部前函，造具详细清册报部立案；倘册档因兵燹遗失不全者，应由该业主先将坐落亩数四至调查详细，呈报宗人府，由府派员将该业主册档赍奉交行政公署清丈时，一并勘丈。如查有庄佃等私垦荒地情事，应照奉省挨边滋生例备价报领、照章升科，但其地仍归原业主管业。

　　一、奉省拟于勘丈时，酌收照、册各费，自应照办，但须勘丈后，由该庄佃将照、册各费筹交该业主，由业主缴纳。[1]

其中最为关键的第一条内容，着重确认了清室宗人府在王庄清查中的地位，既有详查明断府佃纠纷之权，又负王公请丈卖庄地准行机构之责，其核心指向是无论各王府售地与否，皆有不受奉省制约的自由处置权。第二条则主要针对收归浮多之议，表明浮多虽可由庄佃照奉省章程价领升科，但业权仍在王公而非省署。第三条补充规定了勘丈费用的承担者为庄佃，各府只负收缴之责。清室王公意在通过此三条办法，维护包括浮多地亩在内的奉天庄地完整业权，而不承担奉省实施勘丈所产生的任何费用。

　　是时奉恩镇国公毓岐及裕亲王府上已先后派员到奉请省代办庄地丈

---

① 总管内务府咨，1915 年 2 月 14 日，内务部、财政部会核奉天省丈放王公庄地章程及有关文书，1001（2）-1622。

放，奉天全省官地清丈局于 2 月 18 日报呈巡按使公署，由该两府入手先行试办勘丈，同时为便其余各府援案请丈，拟定《王公庄地查丈办法》，共丈放、清查、期限、定价、发照、派员、提价、经费八条，规定无论各府是否愿意丈放，均须呈请清丈局划分庄地正浮，正额归府，可放由地佃承领并收取八成地价，另外二成作为对奉省报效；浮多归国，由奉省统一查核丈放，但不得损害现佃权利。所谓"浮多"，主要是有清一代王公贵族凭借权势侵占官、民田地和庄头、壮丁开垦的荒地、牧场，数量很大。[①] 此次查丈拟以一年为限，各府需派员到地指段与清丈委员接洽，浮多定价为每亩 6—20 元，并收取册、照费用充作办公经费。

王公庄地查丈办法

一、丈放。查王公庄地此次派员代为丈放，查照底册所收正额地价，除报效二成外，拨归各府汇领；其余浮多地亩，应归国有，由本局定价放领。

二、清查。查此项庄地散在内外各城，久与民地相混，蓼轕滋甚，各王公府如有不愿丈放者，亦应声请本局派员清查，划分正浮，正额归府，浮多归国。惟此项浮多，应由本局查核另放，但不得损害现佃权利。

三、期限。查此项庄地无论丈放、清查，若不明定期限，恐多观望。拟以一年为限，如各王公府延不请办，即由本局派员一律查丈，按照第一、二条办理，以利进行。

四、定价。查各王公府庄地经此次清丈之后，划分正浮，所有浮多地亩既归国有，应由本局定价放领，惟每亩至多不得过二十元，至少亦以六元为限。

五、发照。查各王公庄地既经查丈，应由本局委员先发丈单，缴价后再行填给大照，以期一律。

六、派员。查此项查丈委员应由局派，各王公府仍应各派府员一二人到地指段，以资接洽。

七、提价。查毓公、裕王等府此次禀请放地，既称愿提地价二

---

①　杨学琛、周远廉：《清代八旗王公贵族兴衰史》，第 387 页。

成报效归公，此后办理各王公府地亩自应援案，即由所收地价内酌提二成作为报效，如有愿多报效者听。

八、经费。查此次各王公府庄地，本局系属代办，所需经费现拟援照内务府庄地办法，每亩收注册费大洋二角、照费大洋一角，统作办公经费。[①]

无论各府是否有售卖庄地意愿，奉省此番对清丈王庄势在必行，且主要目的便是通过彻底勘查，将册载原额数目以外的一切地亩尽数收归国有。虽王公对正额庄地的部分处置权得以保留，但毓公、裕王报效二成先例已开，此后各府凡由奉省经手代办出售地亩，必得援案抽成作为报效。然而从前述王公所拟三条办法便可看出各府的态度，实际已全行否定奉省代售庄地权，既不愿将售地得价分成报效，更遑论同意浮多地亩收归国有。故而《王公庄地查丈办法》公布后，各府表面上虽派员到地指段协助丈地委员工作，私下却不乏与庄头达成协议偷卖浮多者，"庄头因贪贱价踊跃争买，甚至有上则之地作为下则，数亩之地作为一亩计算，长此不革，是浮多归国徒有虚名，彼等反得从中营私渔利"。[②] 尽管查丈办法已明确规定不得损害现佃权利，但佃户一时无力筹措承领庄地资金，只能任凭大量土地再度落入庄头之手，难免继续遭受盘剥。丈地委员开始勘查毓公府庄地后，王铁屯、四方台、后双台子等处庄佃即聚集数千人"围攻"委员公所，"有携带快枪者，亦有持刀及铁锹木棒者，又在住所四围高冈之处各架抬杆子枪二三十尊，欲将委员等全灭于内，尸骨无存"。[③]

为不致清丈行动流产，奉天全省官地清丈局详禀巡按使张元奇，请将《王公庄地查丈办法》呈明大总统鉴核并分咨内务、财政两部立案，以明确该章程的法律效力。5月18日张元奇咨内务部送呈《办法》一份，表示奉省宣布实行该办法后，"有数处情愿丈放，均已先后派员开

---

① 《王公庄地查丈办法》（1915年3月2日），奉天巡按使公署批（附《王公庄地查丈办法》），JC010-01-000163-000012。

② 奉天全省官地清丈局告示，1915年5月12日，JC012-01-002122-000010。

③ 《清丈局详报毓公府庄地王铁屯等处佃户康梅臣等聚众抗丈事》（1915年4月30日），《满族历史档案资料选辑》，第270页。

办"，而清室王公所拟三条与现章有违之处，碍难允准。同时声明所以定拟报效二成及浮多归国，皆出自毓公、裕王等首倡，方为纳入章程，如此一来奉省办丈经费亦可解决。至31日张氏复直接呈请大总统批示《办法》，6月12日袁世凯批令将该章程交内务部查核办理并交财政部查照，① 接到批示后张元奇便饬清丈局示谕各王公府迅速遵章报丈，同时将办理期限由一年缩短为六个月。财政部审查查丈办法时，提出第四"定价"、第五"发照"两条均关系该部职掌，"凡归国有之地，价值应由部定，执照亦由部给发，庶与官产处分条例相符"。② 奉省据此将条款修订为浮多地价"报部查核放领"；丈地缴价后"填发财政部照"。至8月11日，《奉天全省官地清丈局王公庄地查丈章程》正式出台。

（二）调整补充丈放办法

肃亲王善耆积欠外商德华、汇理等银行款项，且王府管事人声称综计该府坐落各省庄地全年收入，仍不敷抵债。为免善耆以庄地抵偿欠款，致承种地亩庄佃失业徒生纠葛，内务部特别通告声明王公受赏分封庄田多属清初圈占民地，虽业将民变为佃户，但王公"只有收租之利而无转移土地之权"，"只准卖租，不准卖地及增租撤佃"。③ 因该府既无庄地完全处分权，似又不具备处理债务能力，9月9日内务总长朱启钤咨文奉天巡按使，请迅速清查奉省所有肃王府圈租地亩；9月13日再行致电奉天巡按使，称有人报告该府管地委员拟将带地投充地亩偷卖，请奉省详查并妥定办法从速办理。④ 所谓"带地投充"，即指清初民人为防止自己的土地被圈占，或为逃避罪责、赋役，带自己、族人之地甚至冒带他人土地，投靠八旗贵族门下。投充是王公获得劳动力、扩展庄园的重要手段，投充人虽多受胁迫，财产归属主人，但王公设立投充庄基本以带地较多者为庄头，带地投充者以自己原有的生产资料为王公耕种，由庄头负责每年按丁向府纳赋。⑤

---

① 大总统批令，1915年6月12日，《政府公报》1915年6月13日第1113号，第6页。

② 奉天巡按使咨，1915年8月11日，内务部、财政部会核奉天省丈放王公庄地章程及有关文书，1001（2）-1622。

③ 内务部通告，1915年9月5日，《政府公报》1915年9月5日第1196号，第49页。

④ 《内务部致奉天巡按使电》（1915年9月13日），《关于清查肃亲王府庄地的文件》，《民国奉系军阀档案·一九一五年卷》第5册，第265—267页。

⑤ 赵令志：《清前期八旗土地制度研究》，第125、265—266页。

奉天全省官地清丈局认为带地投充一项有别于普通王庄地亩，王府仅有征租之权，"只能售租，不能售地"，且此前已不时接到庄佃禀诉，指各府将本为清朝时期地户先人带地投充之地亩报请丈放，侵害民权。为免王公等"阳乘丈放庄地之机缘，阴行占售民地之伎俩"，同时考虑庄佃亦可能"借词影射"侵损王公产权，恰逢清查肃王府庄地之机，于是在 10 月 6 日，清丈局计划增订带地投充售租办法，[①] 获巡按使批准后，于 25 日送呈《增订清查各王公府带地投充地亩章程》。

增订清查各王公府带地投充地亩章程

第一条　查王公各府庄地，向有带地投充一项。今为丈放租售，免致偏枯起见，特增定章程，俾资遵守。

第二条　王公各府自本章程宣布之日起，对于带地投充之地，收租权仍应照旧，只许售租，不许售地。

第三条　王公各府售租价则，由局规定。售租价则之规定如左：

一、向有一定租价者，准按每亩租价参酌当地情形议定，售价应以原租二十倍以上至百倍为限；

二、向无一定租价者，应照当地情形分别等则议定，售价惟不得过丈放王公庄地章程第四条所规定之数；

三、或虽有一定租价，而租额轻重按之地质肥瘠未能适合，或有特别之地不适用上、中、下三等定价者，均由各绳员于查勘时，参酌当地情形酌中定拟。

第四条　各府带地投充之地，自本章程宣布之日起，由局一律划出另办，并准各庄佃咨行来局首报，首报期限查照丈放王公庄地章程第三条之规定办理。

第五条　此项带地投充之地，援从前丈放锦属官庄成案，以领有前清国初发给龙票、龙牌，或别有证据确系带地投充者为限，否则仍照本局原定丈放王公庄地章程办理。

第六条　此项带地投充之地，由局清丈后，照从前丈放锦属官

---

①　《孙葆瑢、金梁给段芝贵详》（1915 年 10 月 6 日），《关于清查肃亲王府庄地的文件》，《民国奉系军阀档案·一九一五年卷》第 5 册，第 287—288 页。

庄成案，原额免价归庄佃承领，惟每亩仍照章收册、照费；浮多地先尽庄佃报领，按则收价，归公价格照本局丈放王公庄地章程第四条办理。如庄佃无力价领，准具禀结撤地另放，其有换段隐匿情弊，一经查出，撤地另放，并从重惩办。

第七条　各府售租，应先尽原庄佃承受，如原庄佃无力留买，准予另行别售。其地仍归原庄佃承种，买主只准按照原额收租，惟国课应由原庄佃自行赴地方官交纳。

第八条　售租契纸定为四联，正契一联，交买主收执存根一联，留局备案一联，咨送财政厅一联，发交该管县分别存查，其款式应由局预拟，咨送财政厅详部核定颁用。

第九条　此项地租，无论原庄佃或他人承买，均应领用官契，按照民地买契税率一例投税。

第十条　此项售租契纸，每张应缴大洋五角，由卖主、买主各半分任，并由买主向承办登记衙门照章登记。如有不领官契私自立契成交，与不照章登记者，一经查出，除换给官契照章税契补行登记外，仍照应纳税额十倍罚金。

第十一条　此项带地投充之地，非经报局查丈以后，不得私行典售。

第十二条　本章程有未经规定者，得援照丈放王公庄地章程，及丈放官地普通章程办理。

第十三条　本章程如有未尽事宜，得随时增修删改，详请核咨备案。

第十四条　本章程自呈准日施行。①

该章程明确了投充之地的产权归属庄佃，规定地亩清丈后，不仅原额由庄佃免价承领，浮多亦先尽各该地户报领。王公对于该项地亩只有收租权，仅可出售租价而不能售卖地亩产权。租价同样优先庄佃留买，若实无力承受，方准王公另行售卖，但买主不得擅行退佃，需按照原额收租。

---

①　奉天全省官地清丈局详（附修改王公庄地带地投充章程），1915年10月26日，JC010-01-001084-000018。

此项章程的颁布意在缓解各王公府与带地投充庄佃之间的矛盾，尽管王公仍能够通过征租或售租从中获取利润，但庄佃对投充地亩的所有权，也在一定程度上得到保护。

因清丈局最初只限定了丈出浮多定价区间为 6—20 元，遇有各府请丈划定地亩等则后，还需明确各等地价，斗公府即因土地贫瘠、地价 6 元为最低限仍属过高，请予减价。清丈局由此将该府上、中、下三则地亩定为 8 元、6 元、4 元，其余各府亦可援照此标准，"如遇地质极腴或过瘠之处"再行酌情增减，"总以与府产、佃户两无亏损为宜"。① 照理而言，庄地定价愈高则获得的收入愈多，王公似不应有降价之请。然地价若定额过高，又需按章程先尽原佃承领，对于世代以耕田为业、生计不裕的庄佃来说难行负担，他们或阻碍清丈，或无人愿领，或拖延交款，反不利于王公快速获取地价。各府要达到尽快收价的目的，庄佃期以自身所能承受的尽可能低廉价格承领地亩，双方至此才难得站在同一战线上。而清丈局为鼓励王公宗室积极响应清丈，缓解庄佃因价高久不承领给丈放工作推进带来的阻碍，同时确保省财政顺利收取各府报效及浮多地价，自然乐允降价。然而财政部认为王庄丈放收入事关国课，斗公府庄地定价可做一时变通，其余各府仍应遵照定章以最低价不少于 6 元为限。

不过减价先例既开，重行提价无疑给渐有起色的丈放工作以打击，为平衡保障国课与减负庄佃之间的关系，1916 年初清丈局要求绳员勘丈时，如王府自愿减价出售即任便其行，但无论各等地亩定价为何，所应报效二成皆为定数，不得再减，"凡上则地每亩仍提大银元 1 元 6 角，中则地每亩仍提大银元 1 元 2 角，下则及次下则地每亩均提大银元 8 角，以符地价 4 元、6 元、8 元按二成报效之规定"；浮多地亩亦须严格按 4 元、6 元、8 元核收地价，不可再行下调。② 尽管为使庄佃早日报领地亩，清丈局已尽量将地价控制在相对平允的范围内，但兴城县郭家屯等地佃户仍认为裕王府庄地定价过高，恳禀巡按使格外体恤，将上、中、下三则地价减至 3 元、2 元、1 元：

---

① 奉天西路清丈事务所饬，1915 年 11 月 20 日，JC081-01-003403-000001。
② 奉天全省官地清丈局详，1916 年 2 月 9 日，JC012-01-002122-000038。

伏思民等终岁勤劳，丰年仅能糊口，凶岁不免饥寒，即定以下则一元、中则二元、上则三元，民等惜产亦只勉强应命，复责令备重价买原产，势同夺佃，情实困难。然政令难违，与其终难缴价，致于违抗之咎，何如据情请减，伏求体恤之恩。……虽王府少进挥霍之资，下民实获来苏之惠。①

省署对该民等所请并未明确表态，而是指示清丈局与裕王府派委办丈人员会商减价一案。原本浮多收归国有后，王公仅可通过出售正额庄地获取收入，若同意将地价减至最高不过 3 元，按照上述报效二成不得减少的规定，即便裕王府庄地等则皆划定为上则，凡每亩收价 3 元中，即须报效奉省 1 元 6 角，该府实际得价甚至不足定价五成。而眼见庄佃困苦、难行筹措领地价款，中央与奉省仍不愿为之调整定价，转而向王府施压，若王公不允则难免承担置庄佃生计于不顾的恶名，更致各地户心生抗拒、耽延价领地亩，最终府佃两败俱伤、矛盾激化，唯奉省可凭定额报效及浮多地价，坐享稳定收入来源。

在实际勘丈各府庄地的过程中，清丈局发现有些地亩早年已被王公私下转卖，或庄头欺瞒府上盗卖给佃户，佃户自认拥有地权，自不愿再交价承领，如此一来奉省便难以实现收归浮多、统一征课的目标。1916年 10 月 19 日，清丈局呈文兼署奉天省长张作霖，提出如佃户能出示自王府购地实据，则准以所交价款抵扣此番清丈后王府应得地价，差价仍需佃户补齐；若确实难行筹款，准许佃户只缴国家应得之二成报效。如佃户所购之地系庄头隐瞒王府盗卖，则庄头应包纳地价三成，余者由佃户缴纳。至于庄头与佃户间的债务关系，由二者自行处理，唯不得"牵及收价"。②

（三）改订丈放章程

至 1921 年 3 月 26 日，因王庄丈放已开办六年，仍事竣无期，府佃纠葛亦难调解，时任奉天财政厅厅长的王永江认为丈放王庄办法或应做出变通：

---

① 兴城县县民王允执等禀，1916 年 5 月 20 日，JC010-01-006507-000001。
② 奉天全省官地清丈局呈，1916 年 10 月 19 日，JC010-01-000163-000074。

盖王公府地，向以丁佃领名封课，故佃户皆有粮领，往往以领争持赖为己有册地。而府地又有纳差、纳租之别，纳差者，佃户则称系带地投充，以人当差，不承认为府产；纳现租者，虽无异议，其已经多年未能收租者，则又有所借口。且各项府之地，亦有经各府先人得价出售，或由包衣庄头私自典卖，经佃户早即税契，另换民国新契纸者。而王府交丈庄地，由府派员来奉办理者甚少，大抵系委任代表办理，王府预收垫款，迹近包办，亦足为佃户之口实。①

无论是府佃相持不下致领地无期，抑或佃户早就私自接买庄地、自认享有完整业权而不向清丈局呈明，对奉省收地得价的计划来说皆属不利。王厅长为此开列变更清丈旧章建议五条：

一、王公庄地向分三则，上则每亩八元，中则每亩六元，下则每亩四元，今为减轻，每亩减价若干，是否一律酌减，抑仅限于证据不完之地，其证据完备按年收租者，地价仍照旧章。

一、各府地价，向系二成归国，八成归府，今定酌量给与，是否于旧章有所更改，抑系照减轻之价，仍按八成给与。

一、地价减轻之后，各佃自应一律从速领丈，不得再行借词阻挠，有仍旧无理抗丈，应如何办理。

一、自经此次接洽各府庄地，应即均行交册，俾早清丈结束，如再有托故迟延不照章交丈者，应有如何限制。

一、各府代表垫款办法，流弊滋多，不仅贻庄佃之口实，且于各府时因款项纠葛，致成讼累，于清丈进行大有妨碍，可否禁止。②

这些建议主要针对的是因王府图册契据不全，而与庄佃产生纠纷最多的一类庄地。王厅长尝试制定一折中办法，一方面有意以适当下调地价的办法减负庄佃，平息各地户价重难领之怨；另一方面派员赴京与王公宗

---

① 奉天全省官地清丈局签，1921 年 3 月 26 日，JC010-01-004214-000006。
② 奉天全省官地清丈局签，1921 年 3 月 26 日，JC010-01-004214-000006。

室接洽，务使各府早日交册请丈，同时一并撤销代办之代表，以杜其于府佃间两方矫饰致矛盾激化。奉天省长公署行政会议经商讨后，对各项提议均给出相应的处理办法：

第一项　佃户地价宜如何减轻：证据完备者，地价照旧；证据不完者，每则减轻两元。

第二项　各府地价宜如何量与：照旧仍按八成给与。

第三项　佃户再有抗丈如何办理：强制执行。

第四项　各府终不交丈如何限制：为尊重《优待条件》，予限半年，一律交册，逾限无效。

第五项　各府代表垫款办法可否禁止：禁止垫款包办。①

4月18日，清丈局坐办王镜寰携带经张作霖批示"照办"的五条新定办法抵京，其后于宗人府召集的王公会议上逐条进行解说，并在会后收到部分王公交来庄地清册，请带回奉省办理清丈。王永江请议五条恰反映出早年过于简化的八条王庄查丈章程，已很难适用于庄地清丈中出现的种种新情况，与其每遇规定疏漏之处再行事后补救，不如因时因势对旧章进行一个全方位的"升级"。是以清丈局于当年8月10日，向省长呈送《奉天全省官地清丈局改订丈放王公庄地章程》二十一条，对于王公报请丈放做出更为细化且严格的限定，不仅要求六个月内将地册交局，逾期无效，如册据不完备则每亩减收地价2元；而且禁止各府委托代表办理，须亲自或派亲信府员到局接洽，但不许私收地价，而由局统一按月催收，在先行扣拨浮多地价后，如有余数便存入王公名下账簿，各府备具正式印领，取保请领。更为重要的是，不同于旧章所载正额地亩如王公不愿放领仍可自行管业的规定，新制规定无论祭田、庄地一概不许自留，将尽数丈放；各府坐落各县城内街基、房基地亩，亦由局派员查勘情形核定等则。在化解庄佃争领地亩冲突方面，该章程明定庄地勘丈后即查明现承种之户，庄种归庄、佃种归佃承领；如原佃已将地转押、转兑他户，可予限十五日备价赎回，逾期归现佃承领，且现佃接种

---

①　奉天省长公署指令，1921年4月4日，JC010-01-004214-000008。

满十年者原佃不得赎回；无佃或原佃绝嗣未转他户之地，由现种之户承领。在备受各方关切的定价问题上，于上、中、下三则后新增"减则"一等，每亩地价2元，征得王府领段人员同意后方可酌定。

奉天全省官地清丈局改订丈放王公庄地章程

第一条　凡坐落奉省各县属各项王公庄地，均应依照本章程交局丈放。

第二条　各王公府坐落各县属之庄地，除已交局有案勘丈不计外，如未交册请丈者，应遵照行政会议决定办法之日起算，于六个月限内将册交局请丈，逾限无效。

第三条　各王公府对于未勘丈之庄地，如有证据不完备之处，由局随时查核明确，遵照行政会议决定办法酌减地价。

第四条　各王公府请丈庄地，免收勘丈经费，须亲自来局接洽，或派亲信府员办理。至以前委托代表垫款包办一切办法，一律禁止。

第五条　各王公府对于本局，如有商请交丈庄地等事公函并领款印领，均须由原请丈地之各王公亲自署名签章、盖用府印，方为有效。如印、章两歧或不完备者，概作无效。

第六条　各王公府请丈庄地，须将老年地册并收租账簿送局核定后，由局派员到段勘丈，并由府派府员领段，或派庄头指领。

第七条　各府庄地经绳员勘丈后，比较请丈地册原额亩数归府得价，如丈有浮多之地，尽数拨归国有。

第八条　各王公府庄地经局派绳员勘丈后，即由绳员填明丈单，放归庄佃承领。无论祭田、庄地，一概不许各王公府声请自留，以杜争端。

第九条　各王公府庄地经绳员勘丈后，查明承种之户，庄种归庄承领，佃种归佃承领。

第十条　上条所指佃领之地，须先尽原佃户承领，如原佃户已将地转押或转兑他户者，由绳员至段之日起，予限十五日由原佃备价赎回，逾期即放归现佃户承领，原佃不得争执；但现佃接种满十年者，原佃不得抽赎。

第十一条　无庄佃之地，或原有庄佃而绝嗣未转与他佃之地，即按现时实值价格，放与现种之户承领。

第十二条　各项庄地应由绳员到段勘丈时，妥慎查勘土质，酌定上、中、下三则。如地势实有沙石不堪者，应取领段之府员或庄头同意，酌定减则，均须于丈单内注明。

第十三条　各王公府如有坐落县城内之街基、房基地亩，应由绳员查勘情形随时呈局，另行核定等则价值。

第十四条　各绳员丈明庄地，应造具图册表等件呈局核定后，由局另派专员催收地价，不准王公府自行派员私收价款，以杜流弊。

第十五条　各府庄地上则每亩收地价大洋八元，中则每亩收地价大洋六元，下则每亩收地价大洋四元，减则每亩收地价大洋二元，如册据不完备者，遵照行政会议决定办法，按则每亩减收地价大洋二元，但减则应由绳员专案呈请核夺。

第十六条　丈明放领之地，由绳员于填放丈单时，不分等则每亩地应向各户收册、照费奉一二大洋一角五分，如丈单当时因事未能放出者，则由催款员于收价时查明补收。

第十七条　所收庄地、基地价款，以二成拨归国有，以八成收归各王公名下存款账簿专储备领，浮多地价尽数拨归国有。

第十八条　按月催收各项庄、基地八成价款，应先扣拨浮多地价，余数方准给领。如各王公请领地价时，须遵照本章程六条所载，备具正式印领来局取保请领。至未经收入者，不得要求预领，亦不准赴各县收价处私自截留。

第十九条　各王公府请丈之地，如原、现佃各户持有府给确实卖出证据者，须于丈地时由绳员呈局核定，按照证据内所载之款额，照数抵交八成府价，仅收归国二成之款，以昭平允。

第二十条　本章程自呈奉省长核定之日施行。

第二十一条　本章程施行之日，原定丈放王公庄地之八条简章即行废止。①

---

① 奉天全省官地清丈局呈（附改订丈放王公庄地章程），1921 年 8 月 10 日，JC012-01-002122-000049。

省长公署认为章程大致周妥，只对其中三条提出了修订意见：第二条规定各王公府交册期限六个月，由行政会议决定办法之日起算，但彼时已历四个月，考虑到所剩时日无多，应改为"由奉到核准命令之日起算"；由于章程中并无关于发放地照的表述，应于第十五条"减则每亩收地价大洋二元"后，增加"俟地价缴清，一律填给部照"一句，以免疏漏；第十八条"须遵照本章程六条所载"，或将"五"讹写作"六"，应行更正。① 10月，内务、财政两部接到奉省改订丈放章程后，又对第二、第五、第七、第八、第二十条提出修改意见，需要调整之处基本为略行增删字句、疏通文义。但针对该两部核议提出的应在第七条结尾后增加"由局定价放领"六字，代理省长王永江从实际清厘清室各王公府产业过程中，防范庄佃抗丈及安抚王公情绪，从而长久维护区域稳定的角度出发，认为若照所议修改章程，以先丈之正额庄地照原价措缴，后丈之浮多庄地另定价格，或"隐有冲突"，致地户因未享公平同价之利益而起纷争，② 于乡里稳定多有妨害，仍请维持原议一律同价放领。可见在政策的制定与调整过程中，奉天当局更多倾向于妥协与平衡的策略。

唯第八条的改动与遣词无关，而在于对该条规定可行性的探讨：

> 查四年间（指民国4年，即1915年——引者注），奉省所订王公庄地查丈章程内载明，各王公府如有不愿丈放者，亦应声请派员清查，划分正浮，正额归府，浮多归国等语。本条（指第八条——引者注）无论祭田、庄田，一概不许各王公府声请自留，较之旧章，宗旨、办法迥乎不同。究于推行上有无窒碍，应由清丈局详细声复。③

原本浮多归国、正额如欲出售须报效二成地价，已让部分王公因利益受

---

① 奉天省长公署指令，1921年8月19日，JC012-01-002122-000050。
② 《张作霖复咨》（1921年12月23日），《张作霖等关于改订丈放奉天省王公庄地章程案文件》，中国第二历史档案馆编《中华民国史档案资料汇编》第三辑《财政》（二），江苏古籍出版社，1991，第1634页。
③ 《内务、财政两部会咨》（1921年10月28日），《张作霖等关于改订丈放奉天省王公庄地章程案文件》，《中华民国史档案资料汇编》第三辑《财政》（二），第1633页。

损感到不满，第八条规定连各府对正额庄地的自由处置权亦予剥夺，不免令内务部担心王公抗拒而难以顺利推行。12月23日张作霖转述代理省长王永江复咨内务总长，表明第八条如是定拟的原因主要有二：

> 一、以丈放王公各地，含有吸收王产、实行国家划一田赋主义，非第廓清田野而已。
>
> 一、以王公私产经年愈久，鏐镅愈深，准其自留，反启讼争之渐。且自清丈以来，迭经查明各王府举一切庄地、祭田，尽向民佃私行售卖者，不一而足。若仍准自留，不过徒有其名，终不免借端居奇，高抬价格，甚至增租夺佃，苦累佃民。①

无论从撤销"法外之地"特权，以划一制度维护国家政令权威的角度，还是从制止王公私卖庄地与佃户争讼不止、扰累地方的危害角度而言，通过全行丈放王公庄地收回各府对于正额地亩的自行管业权，似乎皆有足够的正当性与必要性，奉省所拟条款终获内务、财政两部允准照办。至1922年5月3日，为进一步调和府佃矛盾，缓解庄佃筹款领地的经济压力，清丈局又对该章程第十九条佃户持有早年向王府购地实据的情况，做出补充规定，凡证据内载明购地四至或亩数者，所载范围免缴八成府价，仅收二成报效；如无四至、亩数仅有款额者，则照额数抵交相应府价。②

二十一条改订章程最初奉到内务、财政两部核准令的时间为1921年12月6日，至1922年6月6日已满所定王公请丈六个月期限，此间虽陆续有府送交地册，但直奉战争爆发后或因交通阻碍"戛然而止"。③ 为不使王公利益受损，清丈局于6月17日请示张作霖展期六个月，再次期满后又于1923年1月15日起续展三个月，但声明各王公府若不送册至奉，期限一到即准许佃户直接请丈。然而截至4月15日，始终未响应清丈的

---

① 《张作霖复咨》（1921年12月23日），《张作霖等关于改订丈放奉天省王公庄地章程案文件》，《中华民国史档案资料汇编》第三辑《财政》（二），第1634页。
② 《咨复内务部奉天改订丈放王公庄地章程十九条应准照改办理会同咨复文》（1922年7月19日），《财政月刊》第9卷第104期，1922年，第26页。
③ 官地清丈局兼屯垦局总办王镜寰等呈，1922年6月17日，奉天巡按使公署文件，JC010-01-000163。

王公仍有数人，清丈局视之为主动放弃收取八成正额地价权利，并呈请省长准各佃于 4 月 16 日至 10 月 16 日六个月限内自行到局请丈，开列现户姓名、册账或地亩段至略图，听候绳员查勘，为资鼓励，仅收册、照费及二成报效归公地价，不收八成府价；如佃户限内并未请丈，他人可在一年检举期内检举，查实即由佃户额外再缴二成地价作为检举人的奖金。[①] 到 10 月 8 日，因限期将至而"各佃自行请丈者仍属寥寥"，清丈局再次重申有意隐匿不报者，经他人检举须多缴二成地价，要求佃户权衡轻重从速请丈，"除普通应纳之册、照费外，只缴二成地价即可领照管业、取得产权，便利实甚"。[②] 与佃户自请丈放冷清局面相反的是，在奖金的诱惑下，进入检举期后，各类检举案层出不穷。由于 1924 年"北京政变"爆发后紫禁城内的"小朝廷"覆灭，奉省决定将清室王公未请丈放的庄地统一收归省有，除佃户仍可随时报请丈放不设期限外，检举办法于 1925 年 12 月底正式废止。[③]

（四）房基产业清厘

在 1921 年出台的《奉天全省官地清丈局改订丈放王公庄地章程》第十三条中，已经规定由绳员查勘王公府坐落各县城内的街基、房基地亩，统一核定等则价值。然而到 1923 年 4 月 15 日清丈局为王公报请丈放递次展限的最后截止日期时，几乎没有王府送交房基图册。与王庄不同的是，由于奉省迟迟没有明定城内房基查勘办法，各府皆长期自由建盖房屋出租抑或直接典卖地皮，而租户亦有垫款起盖房屋则仅纳地皮租、其垫款数额亦可抵扣租金者，则所建房屋产权仍归王公所有。故而如想全面清厘当下租户甚多的房基产业，需同时将地基与建筑物两项之业权划分明晰，否则难免徒生纠葛。

5 月 3 日，奉天市政公所筹备处公布了日后市政公所正式成立首先应当办理的三项要务，其中第三项为修筑新马路以重路政。[④] 此后因市

---

① 《布告为王公请丈庄地展限届满拟订继续办法》（1923 年 4 月 30 日），《奉天公报》1923 年 4 月 30 日第 4004 号，第 14—15 页。

② 《布告为王公庄地归佃请丈限期将满仰速自行来局请丈以免延误》（1923 年 10 月 8 日），《奉天公报》1923 年 10 月 8 日第 4163 号，第 12—13 页。

③ 奉天全省官地清丈局训令，1925 年 4 月 22 日，奉天全省官地清丈局文件，JC085-01-000419。

④ 《市政公所三要务》，《盛京时报》1923 年 5 月 5 日，第 4 版。

内街道太窄，市长曾有翼提出整理旧路丈尺标准，城内、城外干路宽度皆为七丈，即以马路中心起算，两旁应展三丈五尺。该标准于 9 月 21 日起开始施行，由新筑各户让出市道以资展拓而便交通。① 为配合市政展道计划，清丈局决定由省城入手清厘王公房基产业。次年 4 月 21 日，该局向省长呈送所拟《丈放各王公府坐落奉天省城地基办法》十七条，为慎重起见，特请市政公所查照市值确定地基及建筑物放领价格。

丈放各王公府坐落奉天省城地基办法

第一条　凡各王公府坐落奉天省城地基，均应交册或租账、租折，由局核明丈放，收价填发单照，归承领人管业。但确系府有住宅不愿丈放者，听其自便。

第二条　凡地基上有建筑物者，建筑物价格另有规定。惟本局提取二成归公，只按地基得价计算。

第三条　地基分为甲、乙、丙、丁、戊、己六等，地基上有建筑物者，再将建筑物分为上、次两等，按等收价。

（甲）坐落城内繁盛街市者，地基每亩收价奉大洋　　元，其建筑物之优劣分为两等，上等每间大洋　　元，次等每间大洋　元。

（乙）坐落城内街市非繁盛者，地基每亩收价奉大洋　　元，建筑物规定同前。

（丙）坐落城内僻巷非街市者，地基每亩收价奉大洋　　元，建筑物规定同前。

（丁）坐落城外繁盛街市者，地基每亩收价奉大洋　　元，建筑物规定同前。

（戊）坐落城外街市非繁盛者，地基每亩收价奉大洋　　元，建筑物规定同前。

（己）坐落城外僻巷非街市者，地基每亩收价奉大洋　　元，建筑物规定同前。

第四条　凡未盖房之地，归历来向府直接纳地皮租者承领；已

---

① 《市道展宽之办法》，《盛京时报》1923 年 9 月 23 日，第 4 版。

盖房之地，归由出资借地盖房者承领。惟建筑所有权属于王府，不准府留，仍归原租户承领，归府得价。

第五条　各户对于地基，如有转租、私典情事，应从绳员到日起，限十五日内备价抽赎，逾限不赎即归典户承领。但出典逾二十年者，原户不得抽赎，得由典户呈验契据，径行请领。

第六条　领户如无力缴价，应出具退结，听候另放。

第七条　承领人以有中国国籍者为限，其非中国国籍，虽与府订有租约，不能取得承领权。

第八条　地基及建筑物如于早年经府卖出，该买户虽持有卖据，仍不得承领，只准按契据原载四至亩数及现有间数，承领该府应得之价，其地基浮多价款照章归公。倘买户即系原租户，则准按契据所载划抵府价。

第九条　租户如有垫款修理或增盖房间，与府约明按年由租项扣还，现在尚未扣完者，应按原契约截算明白，所有未扣之款，准由府价划抵。

第十条　绳员到段应调验契据或租折，查明所载间数、丈尺相符，方可入手丈放。如有纠葛，须妥为处理。

第十一条　对于地基及建筑物有特别关系者，应由府自行清理，不得临时争领，阻碍丈务进行。

第十二条　丈放之图册丈单，应将地基分别注明甲、乙、丙、丁、戊、己字样。如地基上有建筑物者，应分别注明甲上、甲次字样，余可类推。

第十三条　建筑物之间数，应于地基图册注明，加盖绳员名章。地基之丈单凭照，并应将间数、价目详注，加盖官防，即为取得建筑物所有权之凭证，不另填发建筑物执据。

第十四条　现在市政计划展宽街道，如临街地基，应将展道留出免放。经此次丈放后，市政或另有计划勒令让退，各领户均应遵办，不得以本局丈放借词抵抗，亦不得来局呈请变更单照。

第十五条　地基自丈放办法呈奉核准之日起，由局函达宗人府及各旗衙门转知各府，限于三个月内送册请丈。逾限即认为放弃产权，得由局布告，限各领户于后三个月内直接请丈，免收府价，仅收地基二成归公之价。逾限即准一般人检举，依据本局检举庄地章程办理。

第十六条　凡本办法所未明定者，均按清丈总章及改订丈放王公庄地章程办理。

第十七条　本办法自呈奉省署核准之日施行。[①]

该项办法的基本办事程序与丈放庄地相同，只是因房基上多有王府自盖及租户修缮、加盖建筑物，需分别业权。但房屋所有权是否归属王公，并不影响此番除确系王府自住宅外，地基、建筑物皆须尽数丈放的结果，只是在租户承领时应缴款项数额多寡上有所区别。而对于私买王府房基各户，如非原租户则不准其承领，只能按买契所载地、房数目收取相应价款，既免其亏累，且自此与该项产业划清界限。为尽早完成房基丈放，此次规定送册有效期较丈放庄地时限再缩短一半，仅有三个月时间。由于奉天城内不同区域地皮市值差异较大，房屋价格多随地基行情浮动，如有房建盖年限长短、用料贵贱等分别，即另论增减价格的情况；且以房产交易的时间而言，若于年节急售，定价自比日常缓售更为低廉。个中复杂情形，非详为查考，或难求平衡之理。是以奉天市政公所接省长公署训令后，便招集各城关田房经纪，详细了解不同区域产业市值波动情况，同时参照该公所经办房地买卖成交实例及省财政厅售卖官产价格，核定出各类地段时价区间。

代理省长王永江指令官地清丈局待各王公府将房基册、账等送交后，再根据其产业坐落大略情况，于市政公所拟就各项价格范围内分别定一确数，即以该数目八折为丈放王产的最终承领价格。但清丈局认为收齐各府册据恐耗时甚久，而彼时礼亲王、庄亲王两府早已来函请丈，或应先行拟定价格确数，以利从速勘办，由是将市政公所开列各区域产业市值范围的最低值作为确定值，其八折之数便是领户应缴价格，送册请丈截止日期为当年十二月底。

---

① 奉天全省官地清丈局呈（附拟定《丈放各王公府坐落奉天省城地基办法》清折），1924 年 5 月 13 日，JC010-01-006627-000013。

表 4-3　1924 年所定丈放奉天省城各王公地基及建筑物价格

单位：元/亩，元/间

坐落	地基价格	上等建筑物价格	次等建筑物价格
城内繁盛街市	24000	400	160
城内非繁盛街市	19200	400	160
城内僻巷	10400	400	160
城外繁盛街市	5600	400	160
城外非繁盛街市	4800	400	160
城外僻巷	1600	400	160
说明	地价、建筑物价均按奉大洋核收。 地价、建筑物价均照市政公所所拟最低价格作为确定价格		

资料来源：奉天全省官地清丈局呈（附丈放省城各王公地基及建筑物价格表），1924 年 7 月 24 日，JC010-01-006627-000021。

　　然而丈放价格公布后，各租户大多认为该价与民间私行买卖房基成交价相比几乎超过一半，即以奉天城内最上等地基价格而论，仍未逾 10000 元之数。且租户中不乏百余年来世代承租王府地基者，其间屡屡修盖房屋，耗费之款已负担甚重，特请奉天总商会代为与清丈局商酌降低价格。该局由是拟在该定价基础上，将地基价格下调 25%，但仍不能让租户满意。9 月，32 家租户联名呈文代理省长王永江，请以丈放王公庄地章程之例，平允改议房基丈放价格，而非仅就地基一项单独定此"从来未有之高价"。同和恒商号指出正是由于奉省土地交易市场并不发达，王公庄地丈放才并未按部分地区市值每亩超百元定价，而统分三则以低廉价格放领；且早年代省长主持清丈局事务并办理辽阳城内睿亲王府街基丈放案时，亦未依照时价估算。当下清丈局不循成案续办，反而另请市政公所核定时价，将清初本圈自民产并各府已享租项二百余年的房基产业以高价丈放，罔顾租户历代经营修缮及庚子事变后重建大半被毁房屋所付代价，实为公理所不容。因彼时第二次直奉战争爆发，各商号甚至表示丈放收价仅二成归公而八成巨资归府，行"以奉民脂膏暗输北京"之举，无异于"自杀"行为。[1] 何况礼亲王府曾以 5 万元价格包卖府上大量房基产业，即便不遵丈放王庄章程，似亦应援照此案以该王

---

① 同和恒、卫生塘等呈（附保条），1924 年 9 月 21 日，JC010-01-006627-000029。

公等业已接受的自行售产金额均值定价。同时提出如为增加省财政收入考虑，可另行拟定增收丈费办法，各户皆愿为公尽义务而非肥一家之私。

奉省行政会议评定丈放王公房基价格时，即按官地清丈局所请，在此前公布地基价格基础上核减 25%，即相当于由原拟时价最低值八折调整为六折，确定自城内繁盛街市至城外僻巷各等地基价格为每亩 18000元、14400元、7800元、4200元、3600元、1200元，建筑物价格则细化为上、中、次、下四等，以每间 400元、280元、160元、100元定价。新价格公示后，礼亲王诚堃很快致函省长公署，声言即以八折计价，该王府亏累之数仍在不少，况且作为"久处涸辙，渴盼勺水"的式微之族，只待早日得领丈放价款以解燃眉之急。尽管租户等屡请减价，实于《清室优待条件》所定保护王公私产专条及普通国民的自由处分财产权有所侵害，但王府受情势所困仍将遵章办理，唯望丈竣后各户不再拖延缴价：

> ……是以函请贵省署行知奉天官地清丈局，饬令各领户速行承领，勿再延宕，俾敝府早日得价，即茹苦忍痛亦无不可。各户如再以价昂借口，似亦实出情理之外，请饬伊等即为出具不能承领甘结，照此价格自能另有受主，何必强伊等所难。敝府意欲照章缴纳二成公费，自行出卖，亦不违背定章，庶可早收成效。[①]

为免租户再行拖延拒领，导致房基产业贬值过甚，礼亲王意欲通过清丈局施加压力，迫其主动放弃承领权，甚至为表示对公家利益的维护，愿先行垫付二成丈费，以换取自行寻找可照价付款买主的机会。但省署认为当前定价相对公允，租户自无借口拖延，该王"未免过虑"，且所请有违定章，难以照准。

与王公庄地多被丁佃抗纳差租情形不同的是，各府房基大多为清朝开国初期或受赏或圈占，主要分布在盛京宫殿周边等日后已逐渐成为奉天城核心商业区的繁华地带，租户以商铺为主，房基租金收入较之庄地差租进款更为可观也相对稳定，有意购买临街"旺铺"者亦不

在少数。尽管经年以来租户为便利经营不断修缮房屋，所费不赀，但若清丈局以丈放王庄定价方式议定房基价格，虽租户自认公允，而王公为免损失过重，不仅不会送册请丈，甚有可能加速其私行转卖产业的计划，导致新买主与原租户间纠葛不断。是以清丈局才会特别考虑请市政公所参酌时价确定价格，或相当于推行房基清丈后给予各府的一种变相补偿，希望借此方式吸引王公早日报丈，避免再出现丈放庄地时屡次展期仍不交册的情况。也正是同时考虑到租户对于房屋的维护或多有投入，清丈局才会先后许之以八折、六折的承领价格，总期两相平衡，减少纷争，早日办结。地基、房屋产权尽数转入普通租户手中，既便于配合市政对老城区的改造、划一房屋规制，更能助力省城利用优势区域集中发展商业贸易，由此带来丰厚的商业税收入，推动经济进一步繁荣。

第三节　王公亲贵的因应之道

早在奉天当局正式开办清丈前，有意售卖庄地的王公已为数不少，即连溥仪生父、曾经的摄政王载沣，亦因壮丁联合抗租，而希望将锦县数万晌圈地一律减价出售。[①] 然而，当1915年初奉天全省官地清丈局拟定《王公庄地查丈办法》时，逊清宗室得知不仅正额地亩仅可得价八成，丈出浮多更是尽数收归国有，且为便庄佃有能力承领而定价较低，实与各府通过售地快速获得巨额收入的期待相去甚远。也因此直到1924年"小朝廷"垮台，仍有部分王公未将庄地报请丈放。逊清宗室在前清所处地位、获得待遇及进入民国后生活境遇的差异，影响了其应对在奉产业清厘的态度。

一　主动请丈

第一类是主动请丈型。最早呈请奉省代办售地并同意报效二成的毓公、裕王府明确表示，生计艰迫、庄佃抗租是其愿将庄地清丈的主要原因，此或也代表了此类王公的普遍遭遇。《清室优待条件》虽规定"清

---

① 《清室亲王变卖私产》，《盛京时报》1914年1月31日，第6版。

王公世爵概仍其旧",但自 1914 年起,各王公每年只得财政部核发秋季二成俸糈,政治特权地位丧失后其他进款渠道随之大幅减少,从事生产经营的经验亦极度缺乏,甚至"一辈子不知道米面多少钱一斤、油醋多少钱一瓶",①生活却仍如从前撑着很大局面、排场,②在王府保留太监、护卫、仆从等整套差役班子,"除了给吃饭,还得给津贴,不能不给"。③而王庄丁佃见国体变更王公式微,大兴抗租之举,各府收租困难,遂欲直接售卖庄地以断绝与丁佃纠葛。想法或许不错,但售地也需先期投入人力查明四至、亩数,若无奉省派警保护,又被丁佃知晓地将出售,只会徒增变故。部分王公正是担心拖延愈久损失愈大,为免纠纷快速收价,只能主动请丈。

1915 年 6 月,贝勒毓朗函请国务卿徐世昌代为联络奉天巡按使张元奇,表示府中用度支绌,恳饬官地清丈局早日办理庄地变价事宜:

> 近阅公报,知奉省已有定章,想不日必可实行。敝府进款日减,出款日多,大有不济之势。敢乞吾兄饬局早日办结,无任心感。④

经查贝勒府计有庄头戴洪镇名下承领坐落辽中县属鲇鱼泡村在册庄地 6878 亩 8 分,抚顺县属新屯处庄地 1182 亩 6 分;庄头刘庆玺名下承领坐落北镇县属沟帮子处在册庄地 1161 亩 9 分,锦县属陈林堡处庄地 1363 亩 5 分,锦西县属万家屯处庄地 1774 亩 7 分、吴金塘处庄地 1527 亩 2 分、史家窝棚处庄地 390 亩 4 分。⑤因各该处庄地于清末经时任奉天民政使的张元奇派员进行逐段勘丈,毓朗看到奉省公布的《王公庄地查丈办法》第四条有"所有浮多地亩既归国有,应由本局定价放领"一说,认为此项规定或仅针对章程公布后由清丈局办理查勘的庄地,而对此前已

---

① 爱新觉罗·启运:《清朝皇族后裔的故事:末代怡亲王和他的长子长孙》,新华出版社,2009,第 62 页。

② 金启孮:《金启孮谈北京的满族》,中华书局,2009,第 251 页。

③ 郭招金:《逊清最后一名王爷——记末代顺承郡王文葵》,《末代皇朝的子孙》,团结出版社,1991,第 274 页。

④ 毓朗函,1915 年 6 月 26 日,政事堂公所所长吴笈孙呈(附毓朗函),JC010-01-006282-000002。

⑤ 朗贝勒府函,1916 年 11 月 10 日,JC010-01-006282-000035。

丈明确数的该府地亩并不适用，无论多少皆可全部放出由庄佃承领，收价尽数归府所有。张元奇接函后，复称巡按使署并无该府查勘地亩前案可稽，应请派员携带文册赴奉省清丈局当面核办，仍由局按照地册所载段落勘丈，若丈出额定数目以外地亩，皆须依定章收归国有；其正额地亩如欲放领，得价亦须报效二成。

　　毓朗曾任清末军机大臣、军谘府大臣，照理而言家底应较为丰厚。但据其侄恒如馨回忆，朗贝勒在花销账目上颇为糊涂，弄不清银元和铜钱之间的换算率，"辛亥革命后，按照优待条件，各王府还可以领到俸银，随着时局的变化，俸银没有了保证，家庭经济来源主要靠五伯（指毓朗——引者注）的积蓄和地租，朗贝勒府在京畿、河北每年能收入七八千元"，[①] 但这笔款项并不足以支撑阖府亲眷数十口及续用仆从的开支。1913 年 3 月，因府中祠堂丢失仿制三爪宣德明炉四只、黄绫幔帐一架、黄布包袱一块，毓朗致函京师警察厅总监详析案情，并请早日破案：

　　　　无论是否外贼（祠在东阿斯哈门外，四周短垣，且东临礼邸荒废院落者有之）抑或家贼（墙上只有一处足痕，别无踪迹，乃寻府中食饷之人，当此时代，大半贫困交加，亦难保其行规步矩也），总乞大力早为破获，感且不朽。所失虽非贵重之件，事关先王寝室，且火烛堪虞。[②]

　　曾经叱咤政坛的亲贵重臣，为几件祭器失窃亲笔呈文恳请彻查，其虽有言"事关先王寝室"不可疏忽，但王府尊崇地位不再、府员得力者无多却可窥知一二。此种境况下想要长久维持奉天收租并非易事。是以尽管巡按使并未如朗贝勒所愿，允准该府浮多地亩免行归公，毓朗仍派出府上正蓝旗包衣佐领吕履福即刻赴奉送呈地册 7 本、地图 6 张，再函"珍午尊兄大人"张元奇，"倘变价之举早得善价而沽，俾此后敝府衣食

　　① 恒如馨：《定慎郡王·毓朗·定王府》，中国人民政治协商会议北京市委员会文史资料研究委员会编《文史资料选编》第 22 辑，北京出版社，1984，第 63、65 页。
　　② 毓朗函，1913 年 3 月 29 日，毓朗呈文，北京市档案馆藏，J181-018-00792。

有赖，皆出兄始终保全之力也"。① 接巡按使饬令与吕佐领接洽"从速核办"后，清丈局便着手对该府庄地展开清查。

得知府地即将丈放，9 月辽中县东路庄头戴洪镇领名下鲇鱼泡村 70 余名佃户联名上书巡按使，恳请缓办清丈，指出该地原为戴姓先人垦占，后投充编入盛京内务府会计司所管纳差仓粮地，于乾隆年间将此项差银拨归朗贝勒先祖定郡王府作为恩赏，后于宣统元年春季经东三省总督徐世昌派员，将"河底沙脊不堪耕种之地"尽行查勘，共丈出浮多地 1530 余亩，已令各垦户注册，以备将来定有章程，补契报领。继而表示朗贝勒府对该项投充地亩本无业权，既然庄地差银系由盛京内务府拨归王府，则若确行丈放，亦应按照内务府庄地定价标准，以上则 7 元、中则 5 元、下则 3 元为限，而非清丈局当下所拟查丈王庄每亩 6—20 元之承领重价。且该庄位于河水泛滥之区，连年遭受洪涝灾害，"有颗无粒，所获之粮实不足一乡之用，加以国课、警学、保卫逐项花销，均有束手无策之虞，啼饥号寒，即在目前"。② 该地户等声称已将灾情禀明王府，得朗贝勒批示"从宽暂缓"，故而禀请巡按使公署体恤民艰，饬清丈局缓丈，以免饥寒之苦。

不过丈地委员 10 月 9 日赴鲇鱼泡村地段查勘时，却发现"其村南禄字、村西寿字、村北喜字地势甚平，并无水潦之患。惟村东福字迤西，乃细河流域所经，其河东岸因水势涨发，虽禾稼被浸，亦属寥寥"。③ 该村地户饰情捏报既被证实，清丈局认为确未受灾各地段仍当赶速勘放，其略遭水患之地或可稍行从缓。然而众佃对此处理结果不甚满意，表示并非不愿领地，只是希望"收价从缓""定价从轻"。是以 28 日村民戴鸿勋等集结一百余人赶赴省城巡按使公署，以求面陈缓价、减价之请。段芝贵饬令各户回去，听候绳员勘丈，并批示如再行借词抗阻，定将纠众为首之人严办，以儆效尤。④ 至当年 12 月 1 日，朗贝勒府鲇鱼泡村庄地全行丈竣，各地户皆遵章认领，不再有异词。次年 3 月，朗贝勒府派

① 毓朗函，1915 年 7 月 20 日，奉天巡按使张元奇函，JC010-01-006282-000005。
② 辽中会首戴鸿宾、戴鸿勋、于济川等禀（附保条），1915 年 9 月 20 日，JC010-01-006282-000015。
③ 奉天全省官地清丈局详，1915 年 11 月 5 日，JC010-01-006282-000022。
④ 奉天巡按使公署批，1915 年 11 月 16 日，JC010-01-006282-000025。

委接洽丈放事宜的吕佐领便接到通知，赴清丈局领取第一笔地价款项小洋 4000 元。

　　然而当庄地丈尽，变价款项总有领结的一天，贝勒府生活每况愈下的窘境实难改变。1922 年朗贝勒病笃之际，府务无人主持，几陷于混乱，被人撬开铁柜盗去正金银行存款 18000 元、友华银行存款 12000 余元，以及取款图章。[①] 因气塞胸痹、痰喘大作医治无效，[②] 朗贝勒于当年 12 月 14 日逝世。发丧时，民国政府派遣大礼官黄开文祭奠，步军统领江朝宗、卫戍司令王怀庆及警察总监吴炳湘等人亦前来致哀，出殡当日警察厅、保安队出动五百人，各衙门还设立了路祭棚。[③] 然而直到次年初，嫌犯诺穆欢等三人才归案，其家属又为行因病保释事而多番到府上搅扰。[④] 溥仪为表示笃念荩臣之意，将承袭固山贝子爵位的毓朗次子恒馪挑在乾清门"行走"，[⑤] 却终不免收得地价及各项存款消耗殆尽后，曾风光一时的贝勒府走上变卖家产的道路。1928 年，恒馪及恒如馨将府宅以 15 万洋元的价格出售给华比银行。[⑥]

二　被动顺势

　　第二类是被动顺势型。清丈王庄虽可获取一时地价，却致王公永远失去赖以维持特权地位的经济基础，所以各府中犹疑不决迟未交丈者仍是大多数。1916 年 10 月，因《王公庄地查丈办法》中定拟请丈期限已过，根据该章程第三条如各府延不请办将由清丈局派员一律查丈的规定，该局计划采取"干涉主义"，即令绳员前往醇亲王、恭亲王、庆亲王等十余府庄地，同时函知各府要求迅速派员到地领段。但一个月后除庆王府回函表示已派定四品典卫儒业、护军校郝平不日至奉领段外，其余各府皆无答复。[⑦] 考虑到事非王公本愿，又恐庄头以未奉有业主明文为由不与绳员配合，清丈局便呈请省长代为

---

① 朗贝勒府函，1923 年 1 月 16 日，朗贝勒府案卷，北京市档案馆藏，J181-018-15528。
② 秦国经：《贝勒毓朗遗折》，《逊清皇室秘闻》，第 223 页。
③ 恒如馨：《定慎郡王·毓朗·定王府》，《文史资料选编》第 22 辑，第 66—67 页。
④ 朗贝勒府函，1923 年 3 月 26 日，朗贝勒府案卷，北京市档案馆藏，J181-018-15532。
⑤ 秦国经：《溥仪"谕旨"》，《逊清皇室秘闻》，第 223 页。
⑥ 恒如馨：《定慎郡王·毓朗·定王府》，《文史资料选编》第 22 辑，第 70 页。
⑦ 奉天全省官地清丈局呈，1916 年 11 月，奉天全省官地清丈局文件，JC012-01-001315。

转咨清室宗人府，期由该府预先做好与王公沟通工作，以利清丈早日开办。

不过宗人府宗令载涛贝勒接咨后却并未如清丈局所愿，反认为奉省推行王庄清丈以后，函请丈放各府"或因地亩卖价缪辖，或因各佃无力留买，以致徒有丈放之名，而难收得价之实效"，慎重起见未便如奉省咨文强令王公派员至奉。不仅如此，载涛还为醇亲王、惠亲王、钟郡王三府面见国务总理段祺瑞，表示自国体变更以后，"各王公生计艰窘情形已达极点，所恃者惟有多年收入地租，故一时未便率然放卖"，而若不放卖则依照奉省章程清丈此项地亩应缴册、照各费亦无从措筹，[①] 是以唯有恳请总理饬清丈局从缓查丈。11 月 15 日段祺瑞将清室开具节略转函张作霖，请妥为保护三府庄地、缓行清丈，"以示优惠前朝之意"。[②] 张作霖由是指令清丈局暂作变通，将醇、惠、钟王府地亩从绳员应行查勘王庄清单上撤出不录，缓为办理。

表 4-4　总管内务府拨给各王府庄地

单位：亩

府别	坐落县境	原额亩数	庄头姓名	说明
惇亲王府	盖平县	1158	徐之清领徐良弼名下	
		1799.9		
	岫岩县	504.4		
	辽阳县	100	徐之清领边马六名下	
	海城县	2175	徐之清领徐士勋名下	
		120	徐之清领吴显名下	
		910	徐之清领徐章名下	
		30	徐之清领徐良臣名下	
		657	徐之清领程士英名下	
		16960.934	徐之清领徐良弼名下	
		3097		余租地，归内务府

---

① 清室宗人府宗令载涛呈，1916 年 11 月，奉天全省官地清丈局文件，JC012-01-001315。

② 段祺瑞函，1916 年 11 月 15 日，奉天全省官地清丈局文件，JC012-01-001315。

府别	坐落县境	原额亩数	庄头姓名	说明
成亲王府	北镇县	20295.1	郭廷宣领郭廷成名下	
		60	郭廷宣领郭文登名下	
		150	郭廷宣领郭文举名下	
		1224		余租地，归内务府
恭亲王府	北镇县	35855.2	谢润芝领谢文奎名下	除水冲沙刷外，实剩28579.65亩
		2916		余租地，归内务府
		405.7		草甸地，归内务府
醇亲王府	北镇县	11196	高奎领高克滕名下	醇王府不录
		4905.1	高奎领高文奎名下	
		556		余租地，归内务府，已交丈
惠亲王府	铁岭县	10362.8	李万仓领李二子名下	惠王府不录除水冲沙刷外，实剩9162.8亩
		1399.2		草甸地，归内务府，已交丈
孚郡王府	辽阳县	600	翟恩锡领翟五小子名下	
		6373	翟恩锡领莫天保名下	
钟郡王府	海城县	5400	汇升阿领王进孝名下	钟王府不录
		180	汇升阿领王有斌名下	
		180	汇升阿领王有恒名下	
	盖平县	90	汇升阿领王有林名下	
		908.6		余租地，归内务府，已交丈
荣郡王府	北镇县	10930.4	陈定成领陈刚名下	
治贝勒府	海城县	390	张凤翙领张朝贵名下	
		340.9		余租地，归内务府
		300		草甸地，归内务府
	北镇县	205.9	张凤翙领曹士英名下	
		15395		除水冲沙刷外，实剩12421.9亩
绵德贝勒府	岫岩县	2013.1	闵章领闵六有名下	除水冲沙刷外，实剩1767.7亩。绵德贝勒后裔系何人尚待查明

府别	坐落县境	原额亩数	庄头姓名	说明
绵德公府	海城县	555	蒋国保领方应举名下	
	北镇县	14053.7	蒋国保领蒋孔寅名下	
	铁岭县	210	蒋国保领杨三名下	

资料来源：内务府清单，1916 年 11 月，奉天全省官地清丈局文件，JC012-01-001315。

至 1917 年 8 月末，除较早派员的庆王府外，仅有成王府办事员到清丈局接洽，其余如惇亲王等府始终未派员赴奉，该局虽仍令绳员陆续到地行丈，但皆赖庄头带段指领，"非由各府遴派亲信熟悉人员会同查丈"，实无法保证无换段、隐匿流弊。① 因秋收过后乃最为适合查勘地亩的时节，清丈局只得再请省长咨催宗人府敦促王公派员领段。实则王庄清丈开办以后，虽有一些因无力拖延最终送呈地册的王府，但它们并非真心配合清丈局工作，不过是筹谋好了快速收价的对策。早在当年 2 月，清丈局即已发现部分王公于庄地清丈后，往往不安心等待地价汇交到局并听候安排领款，而是直接派出府员至该局设在各地的催款处要求支领八成地价，由此明令催款员务须先将收到地价尽数统一交局，扣除二成报效后如有余数，方准各府备具正式印领赴局领款。② 结果又导致了各府转以预收经费名目，在绳员甫一清丈出地亩确数后，便私自联络佃户抢先索取地价。

为早日办结王庄丈放事宜，1921 年 3 月张作霖派出清丈局坐办王镜寰赴京直接与清室王公接洽。王坐办 4 月 18 日抵京后，先行同宗人府宗令载涛贝勒会面，向其阐释奉省新拟王庄丈放变通办法，得其赞成后，商定于 4 月 24 日召集王公谈话会。会上该坐办当众宣读五条办法，特别申明如再遇庄佃抗丈，定由清丈局强制执行，请各府放心请丈；同时表示奉省始终尊重《优待条件》，将免除王公预缴清丈押金。③ 众人见坐办做此诚恳表态，亦纷纷同意遵照执行，认为五条办法中免预缴丈费及禁止代表两项，解决了困扰各府多年的实际问题：

---

① 奉天全省官地清丈局呈，1917 年 8 月 31 日，奉天全省官地清丈局文件，JC012-01-001315。

② 官地清丈局训令，1917 年 3 月 9 日，奉天全省官地清丈局文件，JC012-01-000625。

③ 奉天全省官地清丈局呈，1921 年 5 月 18 日，JC010-01-004214-000010。

　　　　盖近年王公各府，经济艰窘，预缴丈费，实有为难。而各府代
　　表府员等在奉办事领款，对于京府向不据实以闻，故王公对于奉省
　　实在情形，不甚明了。其所领之款交于府者，犹十不得五，被其隔
　　阂欺朦，无可如何。[①]

　　王公等既悔于前此委托代表以致耽延数年久不能将庄地丈竣，更声明愿
与清丈局直接接洽办理，唯请日后将应得地价径行汇往京中各府。王坐
办见谈话会颇得实效，遂向王公再行叮嘱六个月交册报丈限期，务请严
格遵守，不致自弃权利。

　　会后即有载涛、载润贝勒等把地册交予王坐办带回清丈，部分与会
王公则声明尽快送册到奉，礼亲王、郑亲王、睿亲王等府亦函请将代表
取消。这一类王公的主体是以醇亲王载沣为代表的逊清"小朝廷"核心
成员，作为逊帝近亲，他们的待遇较一般亲贵宗室得到了更为长久的保
障。即如醇亲王 1912 年岁俸为 36000 两，1919 年、1920 年两年均为
46800 两，1921 年稍为减少，亦有 42480 两。[②] 丰厚的俸银加之经年累积
的财富或可使王府在刚进入民国时仍维持着仆从环绕的安乐生活，对庄
地价款的依赖程度亦相对较小，但对于嫌持家麻烦的醇王而言，只依靠
府中信任的当差人照管一切，长此以往便在其蒙蔽下过上了专靠当卖书
画、古董乃至房屋、园林的坐吃山空生活。[③] 为"在下坡路上支持残
局"，仅仅是请托多方疏通关系以求缓丈庄地四年后，醇王府便主动请
丈，只待从速得价。

　　而洵贝勒此番所以最速向王坐办交册请予丈放，实因其于 1914 年派
委包衣佐领常兴赴奉，办理出售府上坐落广宁、锦县、宁远三境庄地计
3900 余日，但至 1921 年，已拖延八年之久，除初时向府解交银洋 50 元
外再无进款，每询详情皆以地未售完搪塞。迨清丈局坐办赴京，洵贝勒
为免再受该佐领蒙蔽，方有交册之举，不仅请局早日代售地亩以期顺利

----

① 奉天全省官地清丈局呈，1921 年 5 月 18 日，JC010-01-004214-000010。
② 《宣统七年放过款项及近三年比较》，爱新觉罗·溥仪：《我的前半生》全本，第 41 页。
③ 溥杰：《回忆醇亲王府的生活》，中国人民政治协商会议全国委员会文史资料委员会编
　《晚清宫廷生活见闻》，中国文史出版社，2000，第 190、223—224 页。

获取地价，同时希望该局予以助力就近查明常兴售地实情，以保尚未清丈放领各地业权仍归王府，不致将来应得地价有所损失。

至于其他诸府，虽在王坐办面前表示追悔于委托代表包办售地，实际上最初正是由于担心庄地利权受清丈局侵损，或如洵贝勒般派遣府员至奉省私行寻找买主出售地亩，或于奉省境内托一熟悉地面妥员作为代表，到地指段并疏通领户早日交价，以免王公宗室京奉两地往来奔波。因代表与王府多无主仆关系，虽为府先行垫缴丈费，但待庄地价款收到清丈局后，亦要从中抽成作为报酬。如礼亲王、郑亲王、成亲王、克勤郡王等府诸位代表即认为奉省推行王公庄地丈放以后，成效显著，实离不开代表辅助维持之付出，拥护王府、清丈局出于至诚：

> 且历来丈地，均须由代表派员领段，不得由该各府一方面单独监绳；历来领款，均须由代表会同盖章，不得由该府一方面单独钤领。是清丈局当日之倚重代表，直认为与该各府有地款连带之关系，所以该代表等均肯信仰清丈局，而始敢与该各府等缔结垫款契约，或订交酬劳合同。此固出于该各府等之甘心让与权利，然亦实固该各代表等之出资先尽义务，而后有此双方一致之融洽。其名义虽假之于府，其事权实操之自局。①

按照众位代表的说法，不仅王府依赖于代表办理丈务，清丈局亦因代表报酬皆出自地价，乃最希望早日办结丈放之人，而准许其介入王庄事务中，一面从速到地领段不误行绳，一面联络丁佃促其交价领地，则最终于府、局、代表三方尽可早获实利。由于当下代表手中多有已代王府预缴清丈押金而尚未放竣地亩，若骤行取消身份，改以收到地价皆由清丈局直接汇寄北京各府，或致代表等已垫各款及应于地价中分得报酬皆行损失。尤其自清丈局王坐办由京返奉之日起，即概不允见代表，亦不接受呈递公文，更不受理代表请予索回应得款项各案。凡有王府致函取消

---

① 石伯府代表汪子身、郭景阳呈（附汪子身、郭景阳保条），1921 年 5 月 24 日，JC010-01-004214-000016。

代表、请向京汇寄地价，皆行批准；若仍欲留款在奉、以备随时应用，概予批驳。代表等认为尽管五条变通办法业已宣告实施，但对于新章发布前已经代办丈务各地，应准清算账目并收付两讫后，正式由各府与代表解除契约，而免其利用增订新章之机，借口取消代表便不履行前约，终达"卷款自私之目的"。

1921 年 6 月 7 日，成王府后裔恒燕偕同代表凌文阁赴清丈局，领取收存 20000 余元地价，依照旧定契约将代表应得分成款项付讫，自此再无瓜葛。当月 13 日，礼亲王府代表李根盘向局呈明垫款未清情形，由局转函北京，请该府迅速派员至奉清算相关账目。同时规定其余尚未在局收存地价王府，如因垫款事与代表产生纠葛，亦应派员到局，共同核算代表所呈垫款详细账目，既不致其前期垫款无着，费用结清后双方自可永免纠葛。

三　拖延拒丈

第三类是拖延拒丈型。尽管降低定价颇能激发庄佃领地的积极性，只待丈放完成，奉省便有了稳定的田赋收入来源，自然不甚在意一时放领价格过低；而王公收取八成府价后，却是永失业权，再没有固定资产进项。故而这部分王公并非因为仍能顺利收取庄租而拒绝请丈，只是希望采取拖延战术待价而沽，为庄地觅得更好的买主，以避免丈放报效二成地价及浮多收归国有带来的损失。且这种损失又往往被各府派往奉省清查庄地的府员夸大，如和亲王府管事各员即意图私行联络买主出售庄地，中饱价款。而坐落于新民县的炤公、德公、履王各府庄地，以及锦西县德公府庄地、辽中县恒公府庄地亦均未交册请丈，据庄佃至清丈局报称，同样是因为各该府员与管地庄头包衣达等私下勾连，隐瞒在京王公府暗中寻觅买家包卖庄地渔利。为打消王府向清丈局送册请丈的念头，禀以"交局丈放，则钱地皆空"等语蒙蔽府上，以致长久未行请丈。[①]

由于王公庄地多为庄头、壮丁领名，在官府册籍、纳粮票据上，只

---

① 《清丈局长张之焕致省议会函稿》(1919 年 4 月)，《满族历史档案资料选辑》，第 277 页。

载明庄头、壮丁承领，交纳钱粮等项，[①] 并无王公地亩字样。有的王府便抓住这一漏洞，将王庄捏作民产备具粮领执照，即行私自向丁佃售卖、更名税契，若承办员书不细心查验则极易蒙混办成，"近查各处王产，私卖税契更名者，尚不能免，与局章显有违反。其弊由于王公庄地，多另有领名，而征册及粮领执照上，均无王公地亩字样，捏作民产粘连粮领，便可税契，似此取巧朦混，与清丈前途大有妨碍"。[②] 清丈局发现弊端后，于1918年4月要求各县在王庄征册内原领名一项下，特别注明"王公庄地"字样；日后发给新粮领时，除填写原领名外，亦须标注"某王公府庄地"字样。有以旧式粮领税契者，如经核对征册查实该项地亩为府产，则立即扣押其所呈材料，务使遵照定章尽快送册交丈。[③] 尽管清丈局对私售王庄的情况查处日严，但仍然有无所顾忌者拒不向局报丈。1921年初，辅国广公府后裔、时任兴京副都统德裕，在庄地未经清丈局勘丈以前，即欲违反壮丁带地投充地亩只许售租、不许售地定章，自行将地出售。为此主动联系丁佃人等，要求其自愿接买。当丁佃询问德裕不向清丈局报丈是否违章时，该副都统答以"何须官厅假手乎"，更表示"虽尔先人领名带地投充，若否认价买，定必转售与某大要人，悔之晚矣"。[④] 该丁佃等既恐德裕将先人祖产转卖，而有尽快接买之心，又恐庄地未经送册请丈、违反清丈局定章以致立契无效，且德裕亦未提供地亩图册等管业凭据并出具同意杜卖甘结，是以呈请省长准予丁佃留买，以防副都统骤行撤佃转卖，致众佃权利尽失。

至当年8月《奉天全省官地清丈局改订丈放王公庄地章程》出台后，利用第十九条佃户如持有早年向王府购地实据且写明四至或亩数者，可免缴八成府价的规定，有王府为期一次性快速获取大笔价款，便私下与佃户达成协议，以低于应缴八成府价的优惠价格将地售卖给佃，由佃持伪造旧日买卖地亩契约作为凭据呈报清丈局，则此后佃户只需再交二成

---

① 刁书仁：《东北旗地研究》，第106页。
② 奉天全省官地清丈局训令，1918年4月16日，JC085-01-008035-000001。
③ 奉天全省官地清丈局训令，1918年4月，《奉天公报》1918年4月15日第2192期，第7页。
④ 陈德润、陈贵荣、陈德麟等呈（附商号中和店执事人李贵卿保条），1921年1月18日，JC010-01-004352-000001。

报效，便可以低廉的价格获得土地。尽管清丈局屡次申令严禁府佃私相授受，但久不能绝。而自清丈局王坐办赴京后，礼亲王府虽已致函请予取消代表，亦表示将遵章送册报丈，但以地册"均系各该旧户先人名字，即四至亩数代远年湮，亦不能毫无变更之处理"为由，提出在请丈前先派府员根据旧册重新调查现领地各户姓名、地亩段落四至，另造妥实地册交局实行丈放。"一为清理地段，不致有隐地漏税之弊；一为保护王室财产，以符约法与行政之会议"，[1] 并请清丈局通令王庄坐落各该管县，为府员前往调查提供保护。实际上清丈局绳员到地勘查时，皆会要求府员指领段落，并逐一核对领户姓名，而厘清地段四至亦为清丈本来目的，礼亲王府所请实属多此一举。但该府既不惧周折耗时，仍有意先期自查另造清册，或也反映出一部分延不交丈王公的心理，即担心绳员为多划浮多收归国有，而有意短报正额庄地实际亩数，以致王府不明不白蒙受损失。不过清丈局前已向各府声明应于六个月期限内请丈，自不会允准礼亲王府借口拖延，表示各项信息凡有变更，"将来由局勘丈，自能随时查明核办"，[2] 为免王府自造新册致与庄佃纠葛涉讼，只需派员将旧册送交到局，听候清丈即可。

四 图谋复辟

此外还有一种较为特殊的情况，即如前所述，1915 年肃亲王善耆因积欠外商银行款项欲以庄地作抵，事关国土主权，为免启交涉，内务部致电奉省迅即清查该府在奉庄地。但在清丈局无地册可凭不知从何处着手办理的前一年，长期与肃王交好的川岛浪速已经协助该王进行了一次粮庄、山园、房屋等各类地产的全面调查。川岛指肃王府家传巨额不动产"在王公中位居一二"，而奉省庄地坐落在铁岭、承德、盖平、海城、辽阳等十一府县交通便利、土质肥沃的地方，共计 74191.024 亩。

---

① 和硕礼亲王府公函，1921 年 11 月 13 日，奉天省长公署文件，JC010-01-004214。

② 《奉天省长公署为各王公坐落奉省各县地亩一律由清丈局勘丈复北京礼亲王府函》（1921 年 11 月 18 日），《奉系军阀档案史料汇编》第 3 册，第 645 页。

表 4-5　1914 年 6 月奉天省内肃亲王所有地调查

单位：亩，人

庄地调查表

府州县名	面积	催头人员数	庄头人员数
铁岭县	16231.109	8	7
承德县	3620.17	9	20
盖平县	7618.13	7	7
海城县	5513.195	4	4
辽阳县	332.86	2	1
兴仁县	309.31	2	2
绥中县	1576.05	1	1
宁远州	12731.9	1	1
锦州府	21193.7	0	0
法库厅	3851	1	1
新民府	1213.6	1	1
总计	74191.024	36	45

山地调查表

府州县名	地名	面积	庄头人员数
承德县	马圈子山场	800.690	1
海城县	果园山场	1 处	本府
	果园山场	327.445	
	大沟山	1 处	
	茨沟、小女寨山场	2 处	
开原县	东山	1 处	本府
辽阳县	摩云山场	1 处	1
	果园山场	26953.400（长 4674 弓，宽 2076 弓）	
总计		9 处	2

建筑物及其附属土地调查表

府州县名	地名	建筑物种类	附属土地	经管人员数
承德县	奉天大西门里肃亲王府	房 19 间，铺面房、住房 183 间	房基空地 1 块、府后身莲花泡空地 1 亩 8 分 8 厘 3 毫	本府
	白衣连宗寺	庙一座，计大殿 5 楹、前殿 3 楹、伽盖东西各 3 楹、小门 3 间、禅堂 5 间		1

建筑物及其附属土地调查表				
绥中县	罗家屯附近	庙一座，山门3间、大殿3间、群房20余间		1
锦州府	大张良堡	庙一座，房21间		本府
总计		4处		2

资料来源：《奉天省（今辽宁）内肃亲王所有地调查表》（1914年6月），川岛浪速《肃亲王》，胡永弘译，章开沅、罗福惠、严昌洪主编《辛亥革命史资料新编》第2册，湖北人民出版社，2006，第391—392、408—409页。

早在1912年初，善耆即在川岛浪速的帮助下潜逃至旅顺，途中写下"幽燕非故国，长啸返辽东，回首看烽火，中原落照红"[1] 以抒胸臆，此后勾结川岛开始策动第一次"满蒙独立运动"，于奉省多地收编马贼组建军队。为快速壮大队伍，辽阳有自称宗社党人者许官利诱草寇流民各色人等，"能招五十人者授以尉官，招百人者授以佐官，且偕赴旅顺，引见肃邸"。[2] 当年秋间，探员即于东三省境内查获宗社党为招兵而散布的肃亲王示谕。[3] 欲行大规模招兵买马，则需筹以充足的经费，因善耆长居租借地，分散于奉省各处的王庄地亩只能继续由庄头经管，而该庄头等见府上鲜有派员到地监察，不免层层克扣所征差租，"最后归到王家手中之份额不知是几分之一"。然而正如川岛浪速所言，这"几分之一"却"历来充作肃王费用之重要收入"。[4] 为应对奉省清丈局的核查，肃王府向清室总管内务府报称，王府庄地被庄头张成德等图赖隐匿，"清丈局拟由本府派员携带凭据，赴奉对质等因，本府应即照办。第无须由京派员，奉省老府原有包衣达、副办各职员，承办府务。可由清丈局通知奉府职员，就近前往，以资便捷"，[5] 借此表明王府并无将庄地产业抵押外人之心。

1915年内田良平向日本首相兼外相大隈重信提出对华政策的建议，

---

[1]　溥杰：《回忆醇亲王府的生活》，《晚清宫廷生活见闻》，第270页。

[2]　《于冲汉致赵尔巽函》（1912年7月7日），《宗社党史料》，中国第一历史档案馆编《清代档案史料丛编》第8辑，中华书局，1982，第324页。

[3]　国务院咨（附抄肃亲王善耆谕），1912年9月10日，JC010-01-000996-000003。

[4]　川岛浪速：《肃亲王》，《辛亥革命史资料新编》第2册，第387页。

[5]　内务部咨（附内务府咨），1916年9月21日，JC010-01-004379-000214。

其中一个方案便是立爱新觉罗氏的后裔为"满蒙王",置于日本保护之下,"中国本部"独立,日本取得政治指导权。① 大隈采纳内田的建议后,当年夏间川岛浪速便开始在东北酝酿第二次"满蒙独立运动",其目的是联络蒙古马队首领巴布扎布,联合以肃亲王善耆为中心的宗社党人举事,以实现"满蒙独立"。② 次年当东三省及内蒙古地区反对洪宪帝制的情势高涨之际,日本政府决定利用时局变化,为民间"有志之士"的反袁行动提供金钱、物资援助。通过川岛与内田联络并从中牵线,是年3月,善耆同日本财阀大仓喜八郎签订了借款100万日元的合同,该借款正是以其奉天、察哈尔及热河的土地、山林、牧场、矿山、住宅、水利等产业作为担保。③ 而此前川岛积极襄助善耆清厘奉天等各处产业形成的不动产调查书,便在其时发挥了作用,被以附件形式列于合同正式文本后。在善耆的希望中,获得了日方的鼎力支持,来日自可实现自己的目标。④

不过这笔以全部产业作抵换取的借款并未一次性交到其手中,仅先给付二十万元作为与川岛等人运动起事的经费,另外八十万元由日本陆军参谋本部某氏代为保管,委托主计部门具体掌握。⑤ 经费有着落后,宗社党招募"马贼"二千八百人集结于大连,此外还在安东县、貔子窝各募一千人进行训练,⑥ 同时调运步枪五千支、野战炮八门,以武装"勤王军"。⑦ 4月,川岛浪速所派代表青柳胜敏与肃王第七子宪奎前往巴布扎布大本营,双方会面后青柳速返旅顺与善耆等人密议举事。然而不仅日本驻东三省各领事对是否支持宗社党行动未能取得统一意见,随着袁世凯去世与镇安上将军段芝贵在奉天的失势,日本政府亦改变对华政策,转而扶持继段氏之后主政奉省的张作霖。8月初,日本陆军参谋本

① 车维汉、朱虹、王秀华:《奉系对外关系》,辽海出版社,2000,第64页。
② 胡平生:《民国初期的复辟派》,第113页。
③ 《借款合同》(1916年3月),章伯锋译,邹念兹校《日本与宗社党的关系》,《近代史资料》总35号,中华书局,1965,第159页。
④ 《拟铙歌》,爱新觉罗·善耆:《肃忠亲王遗集》,1928,第14页。
⑤ 《西原龟三关于日本利用宗社党及巴布扎布的报告书》,《日本与宗社党的关系》,《近代史资料》总35号,第167页。
⑥ 葛生能久:《东亚先觉志士记传》中卷,东京黑龙会,1933,第634页,转引自胡平生《民国初期的复辟派》,第114页。
⑦ 车维汉、朱虹、王秀华:《奉系对外关系》,第65页。

部次长田中义一致电关东都督府参谋长西川虎次郎，要求迅速解散"满洲举事团"。① 川岛浪速虽不愿放弃行动，但最终仍只能接受修正后的处理方案，遣散所募人员。该方案第四款中特别提到肃亲王善耆所借 100 万日元，在扣除川岛已使用的 25 万元后，所存余款将全部交给其本人。② 8 月 30 日，川岛至长春附近的郭家店安排巴布扎布所部撤退事宜，会面中川岛递交了肃亲王的感谢信，并以肃王及其本人名义对巴布扎布部众予以犒赏。巴布扎布表示其部系属蒙古族，"愿同心戮〔勠〕力，为复兴清朝而效命"，③ 仍希望继续接受日本方面及宗社党的指导和援助，并就所获厚赏感谢肃亲王等。

　　寺内正毅的私人幕僚西原龟三认为，肃王善耆所以联合川岛浪速策动第二次"满蒙独立运动"，起因于袁世凯下令没收清室在东北和蒙古地区所占有的庄田。善耆希望依靠日本力量将庄田作为私有财产保存下来，并在复辟清朝后使独立的"满蒙地区"置于日本保护之下。④ 由本章前节所述可知，民国政府下令清查全国官产后，奉天省虽不至于直接"没收"王公庄田，各府仍可收取八成府价作为相应补偿，但土地所有权确实发生了转移，尽数归于国有。而肃王因积欠外商银行款项，又长居旅顺，与日人往来密切，为防国土流失，该府处置庄地的举动自是特别受到民国政府及奉天当局关注。然而依赖日人亦不能实现其永保祖产的愿望，当抵押产业获取大仓的借款后，善耆为示感谢曾与其约定来日宗社党事成，"愿以满洲吉林、奉天省内松花江及其支流流域，不属民间所有之森林采伐权益，以及对江上流放木材征收租厘等各项事宜，作为与大仓男爵或其继承人的合办事业，而将其一切经营之权，委与大仓男爵"。⑤ 在这一罔顾国家利益肆行出卖主权的协议下，善耆力图保全的私产也将永远与日方捆绑并受其控制，实无益于自主的经营管理。日本政

---

① 《田中参谋次长致西川少将电》（1916 年 8 月 1 日），《日本与宗社党的关系》，《近代史资料》总 35 号，第 163 页。

② 《白仁民政长官致石井外务大臣电》（1916 年 8 月 21 日），《日本与宗社党的关系》，《近代史资料》总 35 号，第 165 页。

③ 《驻长春领事山田四郎致石井外务大臣报告》（1916 年 9 月 1 日），《日本与宗社党的关系》，《近代史资料》总 35 号，第 160 页。

④ 《西原龟三关于日本利用宗社党及巴布扎布的报告书》，《日本与宗社党的关系》，《近代史资料》总 35 号，第 166—167 页。

⑤ 《备忘录》（1916 年 3 月），《日本与宗社党的关系》，《近代史资料》总 35 号，第 163 页。

府停止扶持宗社党后，川岛筹谋起事所耗经费及借款利息皆须由肃王府承担，也即在此番运动中善耆不仅未如愿实现复辟，还背上了数额不小的债务，两年内若无法清偿欠款，原有奉天等地不动产亦有被日人侵占的风险。反而是分文未出的川岛使用以肃王家产作抵换取的借款颇为自如，于各处打赏招募人员时皆以同善耆联名的名义，似有意笼络人心，为日后再有图谋累积资本。

在 1914 年调查肃王府各项不动产时，川岛声称清厘产业可保该王一家将来生活"毫无忧虑"，但运动的失败无疑使一切流于空谈。善耆家族人口甚众，有 1 正妃、4 侧妃及子女 30 余人，京中王府管家、侍从、婢女、杂役各员总计在 200 人以上，饲养马匹 60 匹，世袭罔替"铁帽子王"的往昔风光体面可见一斑。不过仓皇逃离北京时，善耆随身并未携带大量金银，王妃众人趁袁世凯所派围守府邸士兵换岗之际从后门遁出后，亦担心成为袁之人质而不愿再返回，此后即在川岛浪速护送下前往旅顺，并未预先备足家用经费。尽管川岛对善耆家族旅顺生活的描述或有过分渲染之处，但彼时"确实是极度之寂寥与不自由替代了昔日之荣华"。为安置庞大的家族，不免需要四五人共居一室；除几名厨役外，亦不再添设仆从：

> 昨天还是万事皆有人操办地过日子，今天却要自己应付各自身边的一切，其他幼儿之照料、衣服之洗涤，母亲或姐姐都要亲自动手。……一般必要之贴身内衣及袜子等，只能运用女眷在北京时向木村女士学到之技术，手工缝制，以节省不必要之开支。[①]

组建复辟武装、购备军火本已开销巨大，即便王府亲眷较之昔日竭力俭省，阖家日常应用开销亦是不小的数目。在逐渐失去对庄地征款的有效控制后，善耆同样别无他法选择了出售庄地，甚至为尽快成交早日变现，不惜折价贱卖。恭亲王溥伟之子毓嶦就曾听闻肃王府把土地都卖给了承租的佃户，"卖的很便宜，但由于卖的土地非常多，也卖了相当一

---

① 川岛浪速：《肃亲王》，《辛亥革命史资料新编》第 2 册，第 385 页。

笔钱"。① 即以奉省王庄减则地价每亩 2 元计,假如善耆确将坐落奉境庄地全行出售而把经费投入"复国大业",无疑给国家造成极大危害。是以当有民报称该府管地委员欲偷卖庄地时,内务部才会高度重视并要求奉省强制启动对肃王府地产的清查。

第四节 下层宗室的家产纠葛

当特权地位骤然丧失,曾经的王公贵胄之家维持浮华生活已实属勉强,何况家底并不甚丰厚的普通宗室家庭。由于国体变更,曾世代耕种英亲王奉天家庙八王寺庙产庄地的香火壮丁,拒绝继续向寺交租,试图割裂王府与庙地的关系,由此引发和该王后裔逊清宗室的纠葛。八王寺庙产经理权迭次在英亲王子孙不同支派间流转,住持庙僧栋桢管理香火租项使用,却牵涉盗典护庙田园案,英亲王诸后人不仅与庙僧,甚至彼此间亦纷争不断,几致庙产流入日商之手。逊清宗室由保全私产到守护国土,既揭示了清季八旗生计恶化引发的宗室社会内部矛盾,也反映了民国中央政府、奉天当局、外国列强等多方力量对这一失势群体生活境遇施加的影响。

一 宗室产业保卫战:八王寺庙产经理权归属

1915 年 1 月,奉天巡按使公署收到清宗室隆隽②、润辅请派警保护家庙大法寺田产的禀文,二人自称系清朝英亲王阿济格后裔,在奉天城大北关有家庙大法寺一座,俗称八王寺。寺有护庙田园四百余亩,壮丁李如松、王文功等领名册地 967 日,③ 每日地年纳小租东钱三吊,所得租

---

① 毓君固:《恭王府和恭王府典卖房产、土地之经过》,中国人民政治协商会议全国委员会文史资料委员会《文史资料选辑》编辑部编《文史资料选辑》第 20 辑,中国文史出版社,1990,第 177 页。

② 隆隽之名,在《爱新觉罗宗谱》中写作隆寯,隆隽族侄存耀文中写作隆寯。为便行文统一,本节正文以 1915 年 1 月 16 日隆隽、润辅首次呈给奉天巡按使公署的禀文中具禀人姓名为准,写作隆隽。

③ 八王寺汪大人屯正蓝旗界香火地系王文功领名;下水泉正白旗界香火地系文文举领名;上水泉正白旗界香火地系国进忠领名;排山屯镶红旗界香火地系李如松领名;马房屯正白旗界香火地系左子玉领名。

款发给庙僧作为日用香火之费。① 然而民元国体变更后，先有各壮丁合谋抗租，又有分种王文功领名册地的董、杨、许、方、霍五姓壮丁串通庙僧慧启，借庙产换民国新契纸之机谎报王姓后人，欲分割地亩据为己有。而在八王寺的管理方面，受战火所累，庙祠在光绪年间廊殿房屋已损毁严重，庙僧不仅没有利用香火之资修缮庙宇，长期以来反而盗典护庙田园肆意挥霍。隆隽、润辅作为英亲王后裔，为奉祀祖先香火计，希望将庙僧逐出寺外，收回壮丁分种地亩，由族人亲自经营，于是有恳禀派警保护祭产之请。

　　据康熙《盛京通志》记载，八王寺为"国初，亲王建置"；② 民国《沈阳县志》则明确指该寺为"清英亲王之家祠"。③ 追溯八王寺的历史，其前身实为始建于明永乐十三年（1415）的大法寺，清崇德三年（1638）努尔哈赤第十二子阿济格见当时寺院已破旧不堪，便重修庙宇，塑佛金身，大法寺由此成为阿济格家庙。④ 其时阿济格仅受封多罗武英郡王，之所以有八王寺之称，乃因阿济格"与睿亲王、豫亲王皆大福晋乌喇那拉氏所出，当时睿曰九王，豫曰十王，而（阿济格）齿长称曰八王"。⑤ 阿济格初置粮庄地5861亩，壮丁57名，并护庙田园402亩，作为寺僧香火洒扫之用。寺院、护庙田园、粮庄地亩共同构成了八王寺庙产，寺院用以奉祀先人，护庙田园可种植菜蔬供应寺僧，粮庄地亩也即香火地则由壮丁领名分种交纳香火小租。顺治元年阿济格晋位英亲王，

① 隆隽、润辅禀，1915年1月16日，奉天巡按使公署文件，JC010-01-012648。
② 康熙《盛京通志》卷20《祠祀志》。
③ 民国《沈阳县志》卷10《古迹（古祠祀）》，《中国方志丛书·东北地方》第10号，台北：成文出版社，1974，第484页。
④ 参见现今沈阳市大东区大法寺内《大法寺重建缘起碑记》，2010年。实则阿济格重修大法寺时，并未在寺中设立家祠。英亲王家祠正式设立于乾隆五十年，由阿济格后人、时任盛京礼部侍郎的宜兴在寺东南角创修。但大法寺重建后，即由英亲王招派僧人住持管理，渐有八王寺别号传出。阿济格第二子傅勒赫于顺治十八年恢复宗籍，康熙元年又被追封为镇国公，其子孙便将英亲王木主神位供奉于寺内，该寺由此成为英王后裔奉祀先祖的场所。
⑤ 参见原封和硕英亲王祠堂碑记，转引自何莉、姜陆军《沙俄对八王寺的破坏》，《兰台世界》2003年第6期，第43页。据郑天挺考证，"清太祖时尚无王爵称号，惟贝勒最尊，国人往往依其爵秩仿汉法称之曰王"，且"当日之序列，不以太祖之子为限，亦不专依长幼，惟就同一爵秩者以年齿定其先后之序"。阿济格序列第八，即八贝勒，称八王。详见郑天挺《多尔衮与九王爷》，《清史探微》第2版，北京大学出版社，2011，第76、77页。

后欲借多尔衮病死之机夺权摄政，被削爵幽禁终至赐死，亦牵连诸子黜为庶人。直到乾隆四十三年（1778），英亲王阿济格之裔才全部恢复宗籍。

　　清代王公宗室的奉祀事务，一般由家族中爵位高者主持，然而顺治元年从龙入关后，英亲王一脉几经波折，管理盛京八王寺或有未便之处。隆隽、润辅在禀文中提到，"嘉庆十八年，润辅曾祖满贵奉旨移居盛京，主祭王祠、管理田地事宜。至光绪十九年，庙僧鲁相泉因不守僧规被逐出庙。润辅故父舒玉染患疯症，遂将家庙让与隆隽家兄隆煦经理，由京另招僧人慧启看守"。① 由此可见八王寺主理权曾经变动，本由润辅先人经理，后因其父染病无法主事，遂转移至族人隆隽家兄奉恩将军隆煦手中。清末奉省清查王公圈地之际，该将军曾派员至奉点验宗祠下属产业并有意清丈八王寺粮庄地，后逢辛亥鼎革事遂中止。随着民国成立，或因国体变更，世代耕种庙产粮庄地亩的夏德荣等五姓香火壮丁，声称所种地亩系由祖遗，所纳香火之钱实为施舍善举，试图割裂英亲王府与庙地的关系。此时隆煦已故，继承其奉恩将军爵位的儿子存耀因年纪尚幼无力办理庙产事宜，只得在其母隆富氏带同下来奉起诉侵吞庙地的壮丁，并以查点祭田为名查验庙产地亩。大理院据乾隆五十年（1785）时任盛京礼部侍郎的英亲王第二子傅勒赫玄孙宜兴修茸八王寺所立之碑碑文记载，以及寺内所供历代神主，确认八王寺为英亲王家庙，该管寺僧人向来亦由王府派充；又查寺庙户口丁册，坐实夏德荣等五姓香火壮丁身份，其各家为寺交纳香火小租历时二百余年，从无缺欠。经大理院判决，存耀作为英亲王后人的管理庙产之权被以法律形式确定下来。而对于隆富氏将庙产香火地统作祭田查点，因宜兴所立之碑碑文中未述及祭田名目，但明确记载的英亲王所置粮庄地亩数恰与八王寺壮丁领名册地数相符，大理院由此判定该粮庄地亩即系壮丁分种之庙产香火地，并非祭田。如此看来存耀虽有管理庙产之权，实际仅限于派驻管寺僧人、听取事务汇报，分种领名册地的香火壮丁只需按时向寺纳租，即享永佃之权，存耀不能无故撤佃，所得租项亦尽归八王寺香火之用。相反，原本应受命于存耀的八王寺住持，既负维护寺庙日常运行之责，更直接收取壮丁交纳

---

　　①　隆隽、润辅禀，1915年1月16日，奉天巡按使公署文件，JC010-01-012648。

租项，俨然庙产真正的主理者。

英亲王当年重修前代古刹，为后世长久奉祀计，以粮庄地亩租项供养香火，意求国运永祚、泽被后世。然虽有专用香火之资，仍无法挽回八王寺庙宇倾颓、庙地被盗的衰败态势。面对空耗香资的庙僧和虎视眈眈的壮丁，保护庙产成为存耀面临的首要难题。然存耀虽承袭奉恩将军爵位，此时不过一个十六岁的少年，孤儿寡母实难常来往于京奉两地查验庙产并与庙僧、壮丁周旋，遂有存耀叔祖父之子隆隽仗义相助。润辅亦属英亲王后裔，乃隆隽同辈族兄，因久居盛京，且父祖曾长期主祭王祠，对八王寺庙产情况熟悉，故特来襄助守护家庙事宜。实则早在1912年，各王公府即拟议整理庄田办法，将上瞒王府盗典庄地、下欺佃户压榨血汗的庄头裁撤。然不仅存耀这般爵位较低的宗室家庭在奉产业受到威胁，即如亲王贝勒的庄园良田亦屡遭壮丁抗租。由是方有1913年12月8日袁世凯颁布大总统令，要求各地遵照《优待条件》一体保护清宗室私产，并严行晓谕各处壮丁人等，照旧缴纳丁粮。[①] 庙僧盗典寺产、勾串壮丁侵吞地亩均与现行法令有违，于是奉天巡按使张元奇批示隆隽、润辅禀文"该宗室等遵照院判经理庙地，事属正当"，庙僧与壮丁如有不服，则由该管地方官查核办理。

二　日人测地引恐慌：从保全私产到守护国土

1. 报请庙产丈放

面对隆隽、润辅禀文中挥霍香资未专款修缮庙宇、盗典护庙田园、勾串壮丁侵占香火地等多项指控，八王寺住持栋桢[②]很快于1915年2月3日做出反击，直指发遣宗室罪人后代润辅，勾串族人隆隽来奉谎称受命于家嫂隆富氏，意欲变卖王文功领名项下八王寺香火地。为保护庙产，

---

① 　大总统令，《内务公报》1914年1月15日，第3页。

② 　隆隽、润辅1915年1月16日呈奉天巡按使禀文称，光绪十九年隆煦由京招来僧人慧启看守八王寺。但据八王寺前任住持僧鲁相泉所言，其被逐出庙后隆煦即从北京招来僧人栋桢，帮同鲁相泉徒弟本法代理住持。本法去世后，八王寺住持由栋桢一人担任。栋桢有徒弟玺川、正川、旺川三名，徒孙佛喜、佛慈两名，寺中并无僧人慧启。且"慧启"之名仅在1月16日的禀文中出现过，此后隆、润二人控告庙僧恶意吞霸庙产，皆直指栋桢，双方争讼不断。笔者由此推断慧启即八王寺住持僧栋桢，或因其由京至奉法号变更，亦可能是隆、润禀文中出现讹误。

栋桢禀明奉天巡按使，恳请转饬财政厅，若润辅、隆隽确有交易庙地行为，应即刻查办。据栋桢所言，隆富氏前次来奉，所以将香火地统作祭田查点，乃因祭田由存耀府上包衣达王纯喜经管，"收租交府"，用于在京园寝、祠堂奉祀所需并可养赡族人；而香火地则由栋桢经管，"派人收租以为本寺香火费用"，[①] 存耀无权挪作他用。是以只有将香火地统作祭田处理，英亲王后人才可能获取这部分地租收入。但庙产香火地的性质已经大理院判定，润辅见无利可图，遂又生一计，勾串隆隽盗卖庙地直接获取地价。栋桢声称接到隆富氏及存耀之信，"令打听安子义（润辅别名——引者注）与隆隽，如有搅扰本府祭田并僧人庙中香火地情事，即着由本寺出具名义，控请地方官核办"，[②] 至此方才确定变卖地亩并非出自隆富氏意愿。

　　情况出现如此反转令人始料未及，隆、润二人与栋桢皆指对方觊觎庙产，一时何人真心护产、何人心怀不轨难以分辨。就在此事真相未明之际，5 月 17 日有两名三井洋行的日本人带同三名中国人，到沈阳县东一区汪大人屯，声称查验和尚栋桢出售的王文功领名地段。眼见赖以为生的八王寺庙地被私自卖与外人，不仅各香火壮丁，就连耕种毗邻地亩的佃户亦恐慌不已，隆隽、润辅及汪大人屯四十余地户由是先后上书奉天巡按使陈情。为筹集经费重修王祠，隆、润二人本与香火壮丁商议此项册地由庄佃接买，庄佃既可保永佃之权，修祠余款又可作奉祀之用，日后祭祀事宜由英亲王后人自主，不需假手庙僧。恰在此时生出日人测地事端，栋桢自然被认为乃自知"不能久享香资"，遂行"胆大蔑法、背恩忘主"之举。

　　因王公宗室向丁佃售卖庄地的情况时有发生，奉省财政厅"拟将各项庄地图册，由宗人府查送来奉，会同地方官按册查丈原额，核归管业，浮多收为国有，于各王公私产既得清理之实，于地方亦无纷扰之虞"。[③] 同年 5 月 18 日，奉天巡按使张元奇向内务部报呈奉天官地清丈局所拟

① 大法寺住持栋桢禀（附恒聚园执事人李广明保条），1915 年 2 月 3 日，JC010-01-012648-000003。

② 大法寺住持栋桢禀（附恒聚园执事人李广明保条），1915 年 2 月 3 日，JC010-01-012648-000003。

③ 《奉天官地清丈局为订立丈放王公庄地办法详请报部立案事》（1915 年 5 月 26 日），《满族历史档案资料选辑》，第 265 页。

《丈放王公庄地章程》，土地清丈后，王公宗室可以按庄地图册获取相应正额地价八成，而浮多地亩放领地价及各府报效二成地价则尽归奉省财政收入。尽管该章程声明不损害现佃权利，但庄佃必须按规定交纳地价，才能确实承领原本甚至不需纳租即可耕种的土地，由此一时在各地引发庄佃抗丈风潮。不过对于前称已与壮丁商议妥当的隆隽、润辅而言，若八王寺香火地能顺利丈放，获取地价重修王祠指日可待；庄佃则不需背负私买庄地的风险，通过正规渠道承领地亩可使永佃权有所保障。

得知润辅已报请清丈局丈放土地，八王寺住持栋桢再呈禀文，指汪大人屯乡正董万春捏称英亲王后嗣诚斌持寺地档册作抵，向日人借钱，这是该禀文唯一一次提及日人与庙产地亩可能存在的联系。不论董万春所言真伪，却又牵扯出另一位英亲王后裔诚斌。但对于日人何以声称栋桢售卖庄地，禀文中却未给出合理解释。栋桢又言润辅与董万春勾结，买通清丈局东路监绳委员于青苗，强行勘丈庙地，遭到除汪大人屯外分种其余四屯香火地壮丁的反对。同时强调寺产虽多，但每年收租所得不过现洋 300 余元，并且"非僧一人之用，除香火之需，余均普通供养过往僧道之困"。对于庙产地亩的性质，栋桢认为有别于王产，"本与民产无二，焉能列在清丈发照条例之内"，"殊不知地产入寺为佛教所有，他人不得攘而夺之，早经中央政府屡为通令各省行政、司法各官厅照约保护"。① 庙产地亩早经大理院判定为香火地，栋桢不提八王寺与英亲王的关系，只从保护佛教产业角度援引相关政令否定清丈的合法性。

沈阳县知事赵恭寅查核隆隽、润辅二人与栋桢双方的互相指控时，认为关键在于"隆隽之变卖该寺香火地，是否得隆富氏母子同意"，存耀拥有官方认可的庙产经理权，而"（大理）院判寺地归存耀经理，并未提及隆隽，隆隽对于寺地是否有权经理，尚不可知"。② 一方面，仅凭隆隽手中持有的大理院判词，并不能证明其受到隆富氏母子委托来奉处理庙产，即便确有委托凭据，也应持有宗人府公文行知到县方能办理；另一方面，栋桢出示隆富氏及存耀由北京来信三封，信中虽有"安子义、隆四爷勾串卖地，本府绝不承认""勿得听信"等语，但信之真伪须待

　① 　大法寺住持栋桢禀（附恒聚园执事人李广明保条），1915 年 11 月 1 日，JC010-01-012648-000009。

　② 　沈阳县公署为详，1915 年 11 月 15 日，JC010-01-012648-000011。

内务部转行宗人府查问隆富氏母子后才可分辨。由于《王公庄地查丈办法》公布后，隆隽、润辅已由最初的与壮丁商议卖地转而走正规清丈程序，故存耀对于八王寺香火地的处理意见直接关系到隆隽、润辅是否有权报请丈放，也即清丈的合法性。然而本该对清厘庙产最为上心的隆富氏母子，其身影却只出现在隆、润二人与庙僧栋桢往来"交战"的禀文中，连三井洋行日人前来测地时都未发声，甚至"挺身相助"寡嫂幼侄的隆隽也慢慢淡出"战场"，一时连番与栋桢针锋相对的润辅成为影响庙产清厘的关键人物。

2. 守护国土主权

1915 年 12 月，汪大人屯庙地完成清丈发给地照，归原耕种地亩各地户管业。此间润辅控称栋桢和其徒孙佛盈以护庙田园、房屋及庙产地亩先后在奉天城大西关日本仓库株式会社、大北门里日商严松洋行抵押借款，不久佛盈又在日商光明洋行、狩野洋行抵押借款。由于未能按时清偿欠款，1916 年 2 月 25 日"有严松洋行日人数名，率领苦力将王祠东南顾家园子地段埋立木桩四个，上书'严松洋行折卖'六字"，仓库株式会社及各洋行亦声称"要将栋桢与佛盈所押园地，尽数埋立木桩，变为管业"。[①] 栋桢为摆脱干系，在警署查办案情时推说已被逐出寺的佛盈并非其徒孙，只是游方和尚，"不知于何日私将契据盗出"。为保护被日人查封的护庙园地，润辅在沈阳地方审判厅起诉栋桢、佛盈及保人天利公司、裕盛长商号。因事涉外人，镇安上将军督理奉天军务兼署巡按使段芝贵"责令设法取消押契，以保主权"。4 月 19 日，沈阳地方审判厅民庭判决佛盈应于十日内"将押给株式会社、严松洋行之房地坐落头台子八十亩，坐落李家园子地一百二十亩、正房三间，坐落顾家园子一百余亩如数抽回，仍归英亲王祠即八王寺所有。如其逾限无力履行，由天利公司、裕盛长两铺负偿还之责"。[②] 5 月 31 日，刑庭以佛盈侵占庙产触犯刑律第三百九十一条，判处其三等有期徒刑三年、褫夺全部公权十年；栋桢虽有将罪责全部推脱于佛盈之情节，念其"年老昏聩，受佛盈之怂恿"，判处五等有期徒刑两个月。

---

① 前清宗室润辅禀（附赵玉山保券），1916 年 3 月 6 日，JC010-01-012648-000020。

② 沈阳地方审判厅民事判决诉字第三百零三号，1916 年 4 月 19 日，奉天巡按使公署文件，JC010-01-012648。

　　然而润辅没有时间享受赢得诉讼的喜悦，就在刑庭对栋桢、佛盈宣判的前四天，汪大人屯村会接到辽阳立井洋行信函，内云该洋行购得北京英亲王府转卖汪大人屯地亩，将来查明地亩四至照册钉桩。遂有日人20余名，其中持枪械者数名，在村中埋立木桩合地4000余亩，"该日人不与村民接言，村民亦不敢进前诘问"。[①] 汪大人屯中八王寺香火地早经润辅请丈，已由原庄佃承领，现突遭日人埋桩圈占，又声称系英亲王府转卖，村民不免责问润辅将清丈放照国土盗卖外人是何人所为。也正是在此期间，存耀呈请奉天官地清丈局查核各府丈放之地，"直接者是否真正业主，间接者是否经业主认可"。更指润辅"冒充英亲王之后裔"，勾串隆隽"假名售卖此地"，因隆富氏"实无委派隆隽赴奉查办此项地亩之事"，[②] 故而存耀请自行清厘地亩暂不出售。7月5日，存耀再禀奉天巡按使，由于润辅冒请丈放汪大人屯一带庄地，"上年租项因此一举未得催收，今仍派包衣达王纯喜前往各处催收上年地租，诚恐各地户等妄生阻碍"，[③] 督理奉天军务兼代理巡按使张作霖批示沈阳县保护收租。两日后存耀又称将出售包括汪大人屯在内庄地13处，以所得地价修理王祠，仍请保护以防承领丈放地亩各地户阻碍。

　　润辅为保全庙产四处奔走，本来最尽心力，现不仅由其报请清丈的土地被转卖日人，清丈的合法性，被存耀质疑，甚至英亲王后裔身份亦遭到否认。为自证清白，润辅详陈家世：

　　　　润辅系前清太祖高皇帝第十二子英亲王嫡出之子孙，于嘉庆十八年曾祖满贵同移居盛京，宗室七十户，奉旨命盛京将军和瑛[④]于小东边门外择地建房八十区，俗曰皇城，即宗室营是也。聚族而居，肆文习武勤务正业，有玉牒编载《御制移居盛京诸宗室训》可考。当宗室移居之时，英亲王后裔仅曾祖满贵一支，遂任曾祖奉祀

---

① 汪大人屯村民董万忠、安亮等禀，1916年6月，奉天巡按使公署文件，JC010-01-012648。

② 《内务总长王揖唐为查报宗室存耀并未委派隆隽变卖庙产事给奉天巡按使咨文》（1916年5月24日），《东北边疆档案选辑（清代 民国）》第83册，第268—270页。

③ 存耀禀，1916年7月5日，奉天巡按使公署文件，JC010-01-012648。

④ 原名和宁，为避清宣宗旻宁讳改为和瑛。

王祠。①

英亲王一脉属镶红旗第六族，查《爱新觉罗宗谱》② 载，其后裔中，确有满贵一人，在其父卓善三子中行三，仅其一人携父亲及妻儿移居盛京，也是英亲王后裔中唯一移居盛京的一支。满贵长孙舒玉正是润辅的父亲，③ 润辅系满贵曾孙无疑。而在嘉庆十八年（1813）六月初九日宗人府宗令绵课进呈的七十户移居宗室户口清单中，恰可找到满贵的名字列于"厢红旗"项下："满贵，父卓喜，妻石氏，子二名，女二口。"④ 满贵之父生于乾隆十三年（1748），乾隆三十二年皇帝有旨调查英亲王阿济格子孙情况，在满贵父所属行辈阿济格四世孙中，名字里有"卓"字者仅卓喜一人，⑤ 正与移居宗室户口清单所载满贵父名一致，二者似应为同一人，而《宗谱》记满贵父为"卓善"恐系讹误。⑥ 另据《宗谱》，有清一代爱新觉罗家族名满贵者还有明泰之子一人，明泰是清太祖长子褚英后裔，属镶红旗第一族，其家于明泰曾祖喀朗阿时已移居盛京，⑦ 且其子满贵咸丰四年（1854）才出生，实无可能出现在嘉庆十八

---

① 前清宗室润辅禀（附长顺德记保条），1916 年 9 月 15 日，JC010-01-012648-000045。

② 《爱新觉罗宗谱》于 1936 年由伪满洲国"皇帝"溥仪下令修纂，主要参照光绪三十三年（1907）所修玉牒及 1922 年续修玉牒，并利用了汇总普查及各宗支原修家谱等资料。详见韩朴、冯其利《影印〈爱新觉罗宗谱〉序》，宗谱编纂处编《爱新觉罗宗谱》甲 1 册，学苑出版社，1998，第 1—13 页。

③ 满贵共有三子，嘉庆十八年移居盛京前长子成伦、次子成元已出生，第三子成济为移居盛京后嘉庆二十一年出生。舒玉系成伦之长子，生有八子，润辅行五。

④ 宗人府呈移居宗室户口清单，嘉庆十八年六月初九日，军机处录副奏折，03-1635-017。

⑤ 具奏人不详，乾隆三十二年，军机处录副奏折，03-0298-061。

⑥ 查《宗谱》，除记满贵父为卓善外，还有一人名卓善，系清太祖二弟穆尔哈齐之玄孙，属正蓝旗。《宗谱》中仅有名卓喜者一人，系清太祖第二子代善后裔，属正红旗。此二人皆非英亲王之裔，与满贵不存在父子或承继关系。由于 1936 年修纂《宗谱》时，远在长春的溥仪对宗室觉罗号召力有限，且民国以后清室财力不济，无法对宗室家庭逐一调查，笔者推断《宗谱》中可能将满贵父名".卓喜"讹写为"卓善"。此外，《宗谱》载满贵妻为"施佳氏"，与户口清单中"石氏"亦有出入。嘉庆十八年六月初九日有上谕查移居宗室户口单内妻室氏族"张氏、李氏、白氏、陈氏是否汉军抑系汉人"，"其关氏或系瓜尔佳氏，童氏或系佟佳氏，亦当照本姓书写，不应讹为汉姓"，有与汉人联姻之宗室觉罗还将受到处分。满贵妻石氏或为避免被视作汉人而改写姓氏，加入"佳"字，"石"与"施"则可能因谐音而变化。

⑦ 喀朗阿移居盛京具体时间不详，因其卒于嘉庆七年（1802）四月十四日，移居时间不会晚于嘉庆七年。

年的移居户口清单上。由此基本可以确认户口清单所载正是英亲王后裔，也即润辅的曾祖满贵。

作为移居盛京宗室，满贵等人住所乃经钦定，又有上赏地租银以保生计，本与获罪发遣宗室并无干系。然而道光八年，其却因开场聚赌受到惩处：

> 宗室满贵开场聚赌已历二年之久，实属经旬累月。应革去学长并四品顶带，照例拟杖一百、徒三年。初次犯，徒折圈一年，加责二十五板，其杖一百罪者，折罚养赡银一年。①

时任盛京将军奉恩镇国公宗室奕颢、盛京户部侍郎兼管奉天府府尹事务常文、盛京兵部侍郎宗室惠端亦受牵连，因身负管辖宗室营之责却漫无觉察而自请议处，被罚俸一年。满贵或许由此背负了"罪人"之名，但此时距移居盛京已过十五年，栋桢指润辅为"发遣宗室之后"并无道理，即便存耀否认，亦无法改变润辅英亲王后裔的身份。

阿济格诸子受父牵连被黜为庶人后，直到顺治十八年（1661）其第二子傅勒赫②才恢复宗籍，康熙元年（1662）被追封为镇国公，此后爵位一直由傅勒赫裔承袭。傅勒赫之子绰克托曾任盛京将军，绰克托曾孙宜兴也先后任盛京礼部侍郎、盛京户部侍郎等职，或可就近管理家庙，但解职即须归京。满贵为阿济格第十子鄂拜之裔，虽无爵位，然系英亲王家族唯一移居盛京的一支，为便利奉祀计，主持八王寺事务亦在情理之中。每年二月、八月、十二月等月，由盛京礼部支领王祠祭地银35两已成定例。至光绪十九年（1893）因润辅父舒玉染患疯症，其时承袭奉恩将军的存耀父隆煦并未再委托盛京其他族亲，而是亲自管理八王寺奉祀事务并招僧人栋桢到寺看守。润辅先人虽曾主祭王祠，实则更多出于便宜行事考虑，且1912年存耀的庙产经理权已经大理院判决确认。或许出于久居盛京更熟悉情况而不愿看家庙败落的心理，润辅有意报请清丈

---

① 兵部尚书玉麟、王宗诚等题，道光八年十月二十九日，中国第一历史档案馆藏内阁兵科题本，02-01-006-004547-0020。

② 傅勒赫为阿济格继妻科尔沁博尔济吉特氏所出，由于阿济格长子固山贝子和度于顺治三年逝世且无嗣，傅勒赫实际上相当于嫡长子。

庙地，但在未经存耀许可的情况下，其并没有这样的权力。然而香火地毕竟经壮丁领名耕种二百余年，各地户所以同意润辅呈请清丈，是为承领土地后与英亲王之裔断绝纠葛，以防土地被盗卖外人，由此永佃之权可保。庙地完成清丈后，不期仍有日本辽阳立井洋行到汪大人屯测地埋桩，而恰在此时存耀又指润辅冒请清丈无效、意欲出售庄地，加之立井洋行执事人立井三藏声称以地册抵押借款之张儒臣、诚斌系受北京英亲王府隆太太委托，一时存耀、隆富氏及包衣达王纯喜皆被各地户认为有盗卖地亩给日人的嫌疑。

经过调查，存耀于 1916 年 9 月 15 日上书奉天省长，称去年 12 月有李汉秋、王松岩、张儒臣等串通族人诚斌，假造地册抵押日商立井洋行，借洋五千元后即四散各处，日商因收款无着，遂有测地埋桩之举。因诚斌在奉天并没有地产，存耀表明"此事既非本府委派，地册又非真实，当然由诚斌等负完全责任，日商在本府土地上无论施何种行为，均难承认"，对诚斌等人应"严行究办，以儆奸邪"，并请"照会驻奉日本领事，将已栽木桩速为撤去，庶全私产，而维主权"。①

八王寺庙僧栋桢在 1915 年呈奉天巡按使的禀文中，提及汪大人屯乡正捏称英亲王后嗣诚斌持有寺地档册，向日人作抵借钱，这是诚斌的名字第一次出现在"八王寺庙产事件"中，当时却未有下文。而此次存耀呈奉天省长的禀文，似乎揭开了诚斌与日人测地埋桩的联系。诚斌亦系宗室，为阿济格第二子傅勒赫后裔，在北京居住，经京师警察厅问讯供称其伯母②收存有家庙八王寺在奉天城外汪大人屯、上水泉、下水泉、马房等处地亩地册，因家贫遂同意相熟之王松岩、赵运经抄走地亩四至，帮忙打听地价以求得财度日，后屡次追问，二人皆言并未办有头绪。为厘清牵涉在案众人与立井洋行之关系，又不致引发与外人交涉，沈阳县知事以私人名义赴日本驻奉总领事署栗原总领事官处，请阅备案之隆太太给诚斌、张儒臣代办押地借款的委任状，然状内仅写明诚斌出名委托张儒臣、马明福代为办理，并未出现立井洋行执事人所言隆太太委托字样：

---

① 存耀禀，1916 年 9 月 15 日，奉天巡按使公署文件，JC010-01-012648。
② 实际为诚斌亲生母亲，诚斌被过继给三叔绰振为子，故称亲生母亲为伯母。

　　细验委任状，盖有印章，其文为英亲王后裔五字，与县存英亲王府所交之地册印世袭奉恩将军等字样亦属歧异。查英亲王后裔，继承嫡派实系存耀，袭有封爵，其用印章当然以封爵为名，断不能将英亲王后裔之空名词而刻印章，是可证立井交存日署之委任状印信非真。①

　　因委任状印信出自伪造，可知诚斌、张儒臣押地借款应与隆富氏、存耀母子无关。经问讯张儒臣此前居住之奉天城西关皇寺喇嘛汪喜，后者供称诚斌曾和张儒臣、文书田等近十人"集合团体，议将英亲王府地出售，有辽阳立井洋行日人守山（信吉）借垫经费，俟出地得利均分，系张儒臣托文书田介绍，先后共用立井洋行小银元5000元"，"后因诚斌等互生意见，办事不成各自走散，日人不依，将张儒臣、文书田在洋行内扣留"。② 诚斌究系仅有卖地打算，办不成即作罢，还是被张儒臣等人蒙蔽签下委托书，抑或直接参与了抵押地亩并分得借款，因张儒臣等人逃遁，一时并无其他确据。而诚斌妻子诚桂氏在丈夫被京师警察厅拿获后则很快上书喊冤，称其夫确有奉天租地，因家寒，并无托人之事，族人垂涎此地遂向诚斌伯母讨要地亩凭据，"因未给而结仇，族人恃众，手眼灵通互相勾串，设种种毒计陷害氏夫以图霸占地产，大家分肥"。③ 至于诚斌伯母持有八王寺庙产地亩地册的原因，或与诚斌先人宜兴有关。诚斌为清朝时步军统领宜兴玄孙，乾隆年间宜兴任盛京礼部侍郎时曾重修家庙八王寺，或在当时清点庙产香火地，地册亦留存于其嫡支子孙手中。且不论诚斌是否有抵押甚至出卖八王寺庙产地亩的权力，原以为其被卷入日人测地埋桩案，至多因遭相熟之人蒙骗抄走地亩四至，抑或所托非人为欲押地借款之张儒臣等所利用，却不想诚斌妻子将矛头指向了族人，直言其夫乃被夺地不成怀恨在心的族人陷害。

　　当诚斌由京师警察厅被沈阳县传讯到案后，经喇嘛汪喜辨认，此诚斌并非其所识"身材肥胖，号曰松岩"的诚斌，至此才知诚斌被抄走地

① 铁岭县公署呈，1916年12月8日，JC010-01-012648-000075。该呈文中述及沈阳县知事赴日总领事署查验委任状经过。
② 铁岭县公署呈，1916年12月8日，JC010-01-012648-000075。
③ 诚桂氏禀，1916年10月2日，奉天巡按使公署文件，JC010-01-012648。

亩四至的王松岩假冒姓名，后者伙同赵运经来奉卖地，因地未卖出又无力清偿旅费，遂向日商立井洋行借洋 5000 元，由张儒臣、喇嘛汪喜等人作保。诚斌并无罪责，准许取保释放，而王松岩、赵运经拿到借款后即行逃走，张儒臣等其他保人亦未到案，喇嘛汪喜被日人追讨欠款苦不堪言。

三　庙产纠葛罗生门：家国变局下的逊清宗室

清初英亲王重修大法寺，本为祈国运昌隆、泽被后世。不想一座在战火中衰败的家庙，却见证了王朝的覆灭和子孙的落魄。八王寺庙产之争从最初的壮丁抗租、庙僧盗典护庙田园，到日人测地埋桩险致国土流失，风波不断。表面上看，庙产地亩性质复杂，国体变更催动了壮丁与庙僧的占产之心；但更深层则暴露了清末民初变革时代下没落宗室社会内部的矛盾冲突，亦反映了中央政府、奉省当局、列强势力对逊清宗室生活施加的影响。

首先，从庙产地亩性质来看，因八王寺香火地及壮丁皆为清初英亲王阿济格置办，该寺系属家庙，自然可视同王产。但寺庙毕竟不是世俗之地，庙产事务通常由王府派僧主持，故而香火地租项并不同于一般王庄地亩租项直接交王府管理，而是交由僧人作为寺庙日常事务经费。有清一代英亲王后裔可依恃天潢宗支身份，通过选派驻庙僧人达到对庙产的控制，至少保证庙地租项为奉祀所用。但清朝覆灭后，八王寺住持栋桢眼见宗室失去了昔日特权，徒生不轨之心勾串壮丁抗租，甚至私典护庙田园。英亲王后人庙产经理权虽经大理院认可，其却既不能支配香火地租使用，亦无力驱逐庙僧，唯有以修理家庙名义丈放庙地获取地价，才可能扭转局面。所以此事最大的矛盾并不在于王府与庄佃，最不希望香火地清丈的人并非壮丁而是庙僧，最大的争执亦发生在依靠香火地租生活的庙僧与有权将庙地报请丈放的英亲王后裔之间。反观汪大人屯等处香火壮丁，虽于民国初年聚众抗租，但当得知庙地清丈后可先尽原佃承领，又可永绝与英亲王后人纠葛时，便很快同意了润辅以放领地价作为重修八王寺经费的方案。

其次，英亲王后裔与八王寺庙僧间争讼不断，既投射出这个旧王朝宗室家族内部族人间对庙产管理与处置存在的积年分歧，更凸显了晚清以后筹办宗室生计制度的困境。从隆煦、隆富氏、存耀一家，到隆隽、润辅，再到诚斌一家，甚至牵涉宜兴、满贵等先人，英亲王后裔相继被卷入八王寺庙产的纠葛中，族人彼此间对庙产的管理与处置始终存在分歧。康熙元年傅勒赫被追封为镇国公后，爵位虽一直由该支裔承袭，却在其各子支中频繁辗转。不仅庙产地册由多家持有，曾长期主持祭祀事务的移居盛京族人，与名义上拥有庙产经理权的袭爵族人亦非出自同支。光绪年间承袭奉恩将军的隆煦从润辅父舒玉手中接得庙产经理权后，为便于管理远在盛京之家庙，由北京招僧人栋桢到庙看守。然栋桢盗典地亩的恶行不仅引发其和久居盛京之润辅的矛盾，亦令隆煦堂弟隆润不满，[①] 甚至令壮丁认为隆煦有利用栋桢出卖庙产谋利之心，进而引发1912年隆富氏、存耀母子与香火壮丁关于庙产经理权的诉讼。此后润辅因将地亩报请清丈，其英亲王后裔的身份遭存耀质疑，继而在日人测地过程中又牵扯出看似与庙产毫无关涉的诚斌。到1919年，英亲王后裔镶红旗第六族祥林佐领下合族五房隆隽、瑞芝、成贵、寿春、文志等人，公推祥林为总代表，清厘全族在奉一切遗产。据存耀所言其仍在派人清理八王寺庙产，更申明族中在奉遗产"向系随爵，年入租项专为京奉园寝、祠堂祭祀之需"，"普通族人既无干预之理，实亦无分享财产之权"，[②] 族人间的纠葛还在继续。

表4-6　八王寺庙产之争牵涉英亲王后裔世系

行辈	齿序/名字		
	清太祖努尔哈赤第十二子阿济格		
	第二子傅勒赫		第十子鄂拜
	第三子绰克托		第一子云岱
胤	第六子瑚图礼	第八子普照	第六子占兴
弘	第三子额尔赫宜	第一子恒新	第二子双玉
永	第三子硕臣	第三子宜兴	第一子卓喜

---

① 宣统二年三月，盛京城内承德地方厅曾审讯隆润呈控僧人慧启典卖庙地等情一案，详见隆隽、润辅禀（附大理院判词），1915年1月16日，奉天巡按使公署文件，JC010-01-012648。

② 存耀禀，1919年4月3日，奉天省长公署文件，JC010-01-005464。

续表

行辈	齿序/名字				
绵	第一子华德			第二子明绪	第三子满贵
奕	第一子秀平			第一子纯玺	第一子成伦
载	第二子良喆	第三子良贵	第四子良善	第二子傅聚	第一子舒玉
溥	第二子隆煦	第一子隆润	第二子隆隽	第四子诚斌	第五子润辅
毓	第一子存耀			第二子锡麟	

资料来源：《爱新觉罗宗谱》丙 3 册，第 5562—5728 页。《宗谱》将傅勒赫第三子"绰克都"之名写作"绰克托"，参见《清实录》第 5 册，康熙三十七年十一月癸巳条，第 1023 页；将双玉第一子"卓善"之名写作"卓喜"，参见具奏人不详，乾隆三十二年，军机处录副奏折，03-0298-061；呈移居宗室户口清单，嘉庆十八年六月初九日，军机处录副奏折，03-1635-017。

八王寺实际上是将英亲王家庙与原大法寺合而为一，有和尚当住持①，同时便于族中祭祀和一般性宗教事务的管理。如果说隆煦因对八王寺庙产存有私心，才由京招来僧人栋桢并纵容其恶行，然而居住盛京的舒玉将庙产经理权交给隆煦以前，亦是请僧人驻庙管理，还出现过庙僧鲁相泉不守僧规被逐出庙的情况。另外清代对宗室告假出关的规定严格，须"由族出具图结报（宗人）府，由府具奏请旨赏假，奉旨后由府行文兵部发给路引并行知该将军，假满回京后由府注册"，②且过十年后才可再行告假，故而隆煦想时时亲身参与庙产管理实无可能。若不愿将经理权假手其他盛京族人，无非挑选可靠僧人到八王寺主持事务。虽有《清室优待条件》保护私产条款在前，但庙产不同于一般私产，内务部《寺院管理暂行规则》第六条规定"一家或一姓独力建立之寺院，其管理及财产处分权依其习惯行之"。③英亲王重修大法寺后即招僧人来寺住持，地租由寺僧专用于寺庙日常事务管理，该制已存续两百余年，栋桢不希望润辅、存耀等人打破旧制或有合理之处。即便住持出现违反僧规甚至侵害家庙主人权益的行为，至多不过送交法办另招僧人，奉天省当局亦不支持佛教场所产业由俗世之人管理。但在清末以后生计负担日渐

---

① 关于清代宗室家庙与寺庙合而为一、有和尚当住持的论述，详见赖惠敏《天潢贵胄：清皇族的阶层结构与经济生活》，第 132 页。

② 《钦定宗人府则例二种》第 2 册，《故宫珍本丛刊》第 279 册，第 263 页。

③ 中国第二历史档案馆编《中华民国史档案资料汇编》第三辑《文化》，江苏古籍出版社，1991，第 692 页。

沉重的英亲王后人眼中，品性恶劣且并未尽心管理寺庙的僧人可坐享香火租项，而族中子孙连为家庙庄地报请清丈都颇费周折，如何能不对庙僧心生不满？这也是栋桢和其继任者徒孙佛喜、佛慈，与英亲王后人争执不休的原因所在。

再次，《清室优待条件》关于清"皇族"待遇之条件虽规定了清王公世爵"概仍其旧"，清"皇族"私产"一体保护"，由此构成逊清宗室维护祖遗私产的法律基础，但宗室是否能够维持相对稳定的生活，根本上还是仰赖于为《优待条件》提供制度保障的民国中央政府，以及为清室在奉天遗留大量房地产业提供实际保护的奉省当局。由于民国财政连年支绌，自1914年起各王公世爵每年只得财政部核发秋季二成俸糈，无爵之闲散宗室俸饷更是无从着落，以至于他们对奉天祖遗地产租项收入的依赖较从前更甚。即便有袁世凯晓谕各处壮丁人等照旧缴纳丁粮的大总统令在前，此时宗室亦大多无力对庄地进行严密管理。虽然部分上层王公因旧年薪俸优厚、在外国银行存款充盈而不急于清丈王庄，但通过丈放土地收取正额地价，仍然是大多数失势宗室避免财产流失的唯一选择。

奉天官地清丈局成立后，相继制定了一系列清厘王产的规定，在庄佃抗丈风潮中对宗室权益给予保护，但这种优待更多倾向于上层宗室。为早日领取丈放地价，避免与佃户纠葛，亲王贝勒往往直接致信私交密切的奉天当局官员；奉天官地清丈局亦曾为征求王公对庄地丈放办法的意见，派专员赴京办理。虽然清室内务府也将存耀报呈庙产被恶僧霸占的情况转咨民国政府内务部，请部代咨奉天省长，由存耀委派包衣达暂行接收庙产、另择僧人住持，但奉省只答复庙产不可收回，若僧人确有不法准许另择。[①] 时值张作霖主政东北，中央政府对东北事务并没有绝对的话语权，存耀既无能力结识奉省高官，不仅接收庙产难以办成，即连其于1916年报请丈放的各处庄地，待五年时间过去，仍是"已丈之地，款未收齐，未丈之地，尚待清查"。[②]

---

① 溥仪退位后，主管清室事务总机关的"小朝廷"内务府，成为清室与北京政府内务部对接的机构。为防与民国政府产生摩擦，宗人府仍未完全放松对下层宗室的管理。当内务部为诚斌抄录地册出售在奉地亩一案咨清室内务府时，宗人府马上传唤诚斌到府问讯，查明其并无售地意愿、地册亦系他人伪造后，即抄录甘结连带原地册二本交内务府转咨内务部查照办理。

② 存耀禀，1921年12月9日，奉天巡按使公署文件，JC010-01-012648。

由于《清室优待条件》规定"清皇族对于中华民国国家之公权及私权与国民同等",而英亲王后裔自奉恩将军存耀以下皆闲散宗室,故凡因庙产事与庙僧及香火壮丁等平民争讼时,其不再享有任何法律特权,皆须按正规程序递交文书,等候当地审判厅宣判。然而宗室毕竟长期处于有稳定保障的生活中,一朝遭遇变故,且对平民社会日常事务不甚通晓,更易受骗上当。即如诚斌遭"熟人"抄走祖遗地册,润辅受胁迫借高利贷,致本就困窘的生活雪上加霜。奉天王公庄地丈放后,宗室虽一时获得八成正额地价,却永久丧失了赖以为生的经济基础,奉省反而在收取浮多地亩地价和各府报效后缓解了财政紧张。当旧王朝统治覆灭,清室一面尽力维护与中央政府的关系以期巩固优待,一面积极结交地方实力派军阀寻求更多支持,此恰反映了其对自身处境的认知。纵有《优待条件》在前,失去政治力量庇护的逊清宗室,终归不可能成为新政权制定政策的真正获益方。

对曾经的"天潢贵胄"而言,走出一条自立之路颇为艰难。1923年,诚斌之子锡麟又以修缮庙宇为由呈请丈放庙地,并指存耀手中本无地册,系抄自其家。到1930年,存耀已由京迁家至改名为沈阳的"奉天",依附家庙而居,仍与寺僧佛喜争讼不断。"至栋桢故后,其徒众佛喜、佛慈等陡起不良,赖称该寺为谓募化兴修,因而纠纷不息。前经内务部咨行奉天省公署转饬沈阳县及警察厅查明具复,该寺实为清英亲王所建,园地亦系施为香火,不得为僧人私有,英王后裔亦不得收归己有。如果僧人不法,准民另行招僧各等因。有案可查。近年来,佛喜等任意妄为,将香火地亩私自典押、挥霍无度,宿娼、吸烟无恶不为,实系丧失僧人之资格。甚且招集远方僧俗多人,在寺内昼夜盘踞,行迹颇为诡密,未悉是何用意。民恐将来发生意外事件,对于大法寺有莫大影响,因此请求援据查案,饬警协同将佛喜、佛慈等驱逐出寺,准民另行招纳良善僧人主持寺产,以保香火,实为功德两便。"[①] 倒是八王寺比受其庇佑的英亲王子孙更快适应了近代社会生活,因寺中井泉甘冽,"八王寺啤酒汽水有限公司"租用护庙园地设立生产作坊,此后周围相继建起制革厂仓库、陆军小学堂。倾颓了二十余年的八王寺,也经各界人士捐资终

① 存耀呈,1930年1月14日,奉天省长公署文件,JC010-01-012679。

于得以在 1928 重建。

第五节　逊清宗室群体的分化

前清官员李钟豫虑及宗室"苟失根据，虚爵亦危"，曾禀请载沣勿同意奉省清丈局代办售地，为子孙万世计应当"陆续增置东三省产业，立定满洲脚跟"。[①] 实则尽管王公应对丈放态度、请丈时间早晚有所差异，但本质上体现出的却是他们进入民国后远非天潢贵胄尊崇地位的相同境遇；更进一步而言，清宗室社会的等级秩序在民国初年仍未被完全打破，但已呈现出逊清宗室内部日渐分裂瓦解的状态。因清初分藩各府除世袭罔替的"铁帽子王"外普遍经历代降袭，庄地虽传之后裔但主要为爵位相对较低的将军甚至远支无爵闲散所有，其势力多较晚清以降受赏封王加之天子近亲的诸府大为不及。是以当 1912 年礼亲王等召集逊清宗室会议，筹拟保全各府私产办法时，便仅限不入八分辅国公以上拥有较高爵位者参加。若以光绪三十四年王公爵秩规模而言，有爵位者共 168 人，不入八分辅国公衔一等镇国将军以下至奉恩将军各等级总计有 115 人，无爵闲散更是不计其数。然而作为宗室中最为庞大的群体，将军及闲散的私产权益如何保障，或未被仍自恃宗令、宗正、宗人身份而续行管理族人的上层王公考虑在内。

表 4-7　1912 年礼亲王召集拟议王产变通办法王公名单

爵位	参会人员	人数
和硕亲王	礼亲王、睿亲王、郑亲王、豫亲王、肃亲王、庄亲王、恭亲王、醇亲王、庆亲王、怡亲王	10
多罗郡王	克勤郡王、顺承郡王	2

① 奕譞档存李钟豫呈醇王爷函，2 月 15 日，虞和平主编《近代史所藏清代名人稿本抄本》第一辑第 83 册，大象出版社，2011，第 417—419 页。此函开篇作者自报家门"昔官兵部"，查光绪二十四年（1898）冬《缙绅全书》兵部额外司员有名"李钟豫"者一人，字毓如，江苏江都人，时为四品衔郎中武库司兼职方司行走。详见清华大学图书馆、科技史暨古文献研究所编《清代缙绅录集成》第 64 册，大象出版社，2008，第 48 页。函件系年不明，因有"昨闻一可惊可骇之事，乃张作霖忽有丈放王公田产之举""趁此南北纷争"之语，时间似应在护国运动及 1916 年 4 月 23 日张作霖署督理奉天军务兼代理巡按使以后，或为 1917 年。

爵位	参会人员	人数
郡王衔多罗贝勒	载洵、载涛	5
多罗贝勒	载瀛、载润、毓朗	
贝勒衔固山贝子	溥伦	3
固山贝子	溥忻、毓橚	
贝子衔奉恩镇国公	载泽	
奉恩镇国公	溥霱、溥植、溥堃、溥佶、毓亨、毓岐、毓璋、全荣、魁璋、恒煦	11
奉恩辅国公	载帛、奎瑛、寿全、意普、溥葵、溥闳、溥钊、毓炤、增培、广寿	10
不入八分镇国公	载岐、载铠、溥多、德茂	4
不入八分辅国公	溥元、毓森、毓祥、诚厚、联宽、溥绪、宪章、宪德	8
总计		53

资料来源：宗人府咨（附拟议变通办法6条清单），1912年10月24日，JC002-01-001060-000001。

　　1913年末内务部查问清室王公有无出售庄地情形时，宗人府复函予以否认，表示将来如各府有售地所请，宗人府会先期转咨庄地坐落该管省行政公署备案，更指称"现在各省闻有出售地亩者，大多系闲散宗室，或借各王公名义以彰声势，实与各王公府无涉"，[①] 好似闲散宗室并非清室中人一般，只要将售地之举推诸其身，便可为王公撇清干系。即便到1921年清丈局王坐办赴京时，宗人府亦仅召集40余府王公开谈话会，会后便直接将讨论结果印刷成单，分传各散族宗支遵照办理，而未查问中下层宗室持有奉天地产情形，抑或了解其送册交丈的实际困难。十余年间，奉天省虽然对丈放王庄制定了更加严密的系列政策，但在实际办理过程中亦采取变通方式。清丈局本已明定章程要求王公庄地一律限期清丈，经宗人府宗令载涛请托国务总理段祺瑞直接致函其时已主政奉省的张作霖后，该局便可缓丈醇亲王、惠亲王等府地亩。

　　贝勒毓朗在清末即与徐世昌结成把兄弟，其在东城煤渣胡同陆军贵胄学堂听课时，因家住西城缸瓦市，不便往返，每日便至东四牌楼北面

---

① 内务部指令，1913年12月8日，奉天行政公署文件，JC011-02-025685。

的徐世昌家中用饭。① 徐世昌任东三省总督期间，凡朗贝勒府奉省庄地
清厘事务，皆由督署秘书吴笈孙代为接洽办理。1914 年 5 月徐世昌出任
国务卿后，政事堂司务所所长即由吴笈孙担任。1915 年奉省推行王庄丈
放政策后，为早日获取地价，毓朗谒请徐世昌予以助力，徐氏便仍将此
事交吴笈孙办理，着其致函奉省预为联络，并准许使用机要通信专门邮
政渠道，向奉天巡按使张元奇转寄毓朗请丈放庄地函件。② 得知庄地遭
受水患或恐耽延清丈，且彼时张元奇已离奉赴京升任，朗贝勒又再度托
请徐世昌，希其代为与镇安上将军兼署奉天巡按使段芝贵疏通，务求丈
地变价顺利推进。10 月 2 日吴笈孙致函段芝贵：

> 兹有毓月华贝勒朗，在奉地亩亟待清理，前将图册专送张珍午
> 巡按。因水灾未及着手，原冀秋间举办，现张已交卸，前途甚为焦
> 急。来函切恳相座介绍我帅，请为照拂，谨代奉达，祗希垂察。③

至月底，段氏复函表示已严饬禀请缓丈庄头人等，阻力既除，清丈局自
当从速办理。当年 12 月朗贝勒府坐落辽中县庄地丈放完毕，由原佃各户
承领，适逢袁世凯复辟帝制改元"洪宪"，毓朗便致函"登极大典筹备
处"成员、北京步军统领江朝宗，托其催请段芝贵饬清丈局早日拨发庄
地价款。1916 年初江朝宗致函段芝贵：

> 朗府刻因进款毫无，爵俸无期，甲米停止，数年以来水穷山尽，
> 全赖地租为活，近更不支，不得不思变产以维生计。兹因派原办佐
> 领吕履福赴奉承领地价，拟求我公逾格维持，饬局早日拨发，俾资
> 接济。用特函恳麾下，务祈推情关照，不啻借润西江，饬将该府地
> 价早日发下。④

---

① 　恒如馨：《定慎郡王・毓朗・定王府》，《文史资料选编》第 22 辑，第 63 页。
② 　政事堂司务所所长吴笈孙呈（附朗贝勒府函），1915 年 6 月 28 日，JC010-01-006282-000002。
③ 　吴笈孙函，1915 年 10 月 2 日，奉天巡按使段芝贵函，JC010-01-006282-000018。
④ 　江朝宗函，1916 年 1 月，奉天巡按使公署文件，JC010-01-006282。

段芝贵接函后，不仅饬清丈局尽快办理收价拨发事宜，同时要求将朗贝勒府坐落锦西、北镇、抚顺、锦县等处庄地亦速予勘丈，早日变价。2月11日江朝宗再函段芝贵，称贝勒府已派吕佐领赴奉与清丈局接洽，并将前往公署拜谒，"务祈我公训示，俾有遵循，早日承领，则厚谊隆情，感深无既矣"。① 朗贝勒此番所以派府员谒见段芝贵，一方面是对其给予的关照表示谢意，更为重要的是希望通过江朝宗的引荐，能够当面向其陈明府中艰难情形，请予格外体谅，并由此直接建立长期的联系，以利来日庄地丈放尽早办结。只是朗贝勒费尽周折方完成前期铺垫工作，奉省却在不久后更换了主政者。

虽然彼时贝勒府各处庄地已全部开始清丈，但清丈局仅在当年3月6日准领北镇沟帮子处地价项下小洋4000元，6月22日准领辽中鲇鱼泡处地价项下小洋3428元5角6分，此后再未得其余各处地亩收入。朗贝勒为此查阅《奉天全省官地清丈局章程》，发现其中第二十四条对领地缴价时限有详细规定：

　　　　凡领地须先赴局注册报领，即将册费按亩缴清，填发丈单。初限两个月缴地价一半，二限两个月将价缴清，换给部照，派绳员赴地拨段，给领管业。如逾初限未缴价，即将册费充公，追回丈单，撤地另放；如逾二限价未缴清，即移请该管地方官转令巡警暨村长，按户传催款项，即由地方官代收转解来局。如该领户屡催罔应、延宕又逾两个月者，除将册费充公外，即尽其所缴之银数，由局指拨地段给领完结。如该领户于二限不能缴价，实有不得已情形，须先期赴局告明，以凭核办。②

朗贝勒府部分庄地丈放始于上年，到当年11月已逾缴价二限，为免领户因不了解章程规定，将缴纳册费领取丈单视同于已享有土地业权而延不完缴地价，朗贝勒于10日致函清末曾任奉天旗务处总办的奉省政务厅厅长金梁，请转恳省长张作霖饬清丈局依照定章催缴全价，甚至希望于年

① 江朝宗函，1916年2月11日，奉天巡按使公署文件，JC010-01-006282。

② 《奉天全省官地清丈局章程》（1915年5月22日），《奉天全省官地清丈局详送章程及奉天巡按使署批》，《民国奉系军阀档案·一九一五年卷》第13册，第292—293页。

内办结，"庶不致固有产权无形销灭"。① 16 日，张作霖即训令清丈局勒限严催延不缴价各领户，虽仍未能如朗贝勒当年竣事之愿，但到 1917 年 1 月该局终于又收到鲇鱼泡地价 6411 元 8 角 4 分，扣除二成报效后由该府领取 5129 元 4 角 7 分 2 厘。② 朗贝勒表示，"敝府经济赖以少苏，惟食指众多，用费浩繁，更兼海宇沸腾、米珠薪桂之时，弗克持久。查全体地价除报效二成外，应得价款四万五千余元，其未经收入给领者，尚有五分之二之谱。若不源源接济，将有涸辙之虞"。此后，张作霖再令清丈局督饬各员"认真催收，毋任延宕"，如收有成数，即随时拨解。

1918 年徐世昌当选总统时，醇亲王载沣寄望其维持皇室，③ 自清丈局开始丈放内务府庄地后，醇亲王通常作为清室代表致函奉省，请予早日汇解地价，并在该局寄款到府后再行转交内廷，由此其与张作霖的联系密切起来。较之毓朗为催解府地价款、辗转请托数人耗费诸多精力，载沣则要轻松许多，只需在陈明清室需款情形后，于函件结尾处附上"府价亦有急用"的简短字句，即可直接请张氏饬清丈局速为解款。且该府地价亦不需醇亲王听候清丈局通知、派员赴奉具领，而是与内务府地价享有由局经官银号汇寄到京的同等待遇，可保证收款时效性，亦免去府员两地奔波。1920 年初，因醇王府"需用甚迫"，清丈局在该府北镇县庄地价款尚未收有成数时，即预为垫解小洋 1000 元，而后再于别项收款内增拨 1000 元。④ 5 月，因见当年迟迟未收到清丈局汇寄款项，载沣遂给张作霖去函一封：

> 雨亭巡阅使阁下敬启者，去岁多荷关垂，将内务府地价及鄙府地价陆续饬拨，深致铭感。今春以来，尚未再续收到，现值宫廷用款颇难，焦盼实甚。谨肃专函，奉达钧听，即希格外关照，迅饬清丈局等处从速妥筹，直送本府，以便转交入宫廷为盼。⑤

---

① 朗贝勒府函，1916 年 11 月 10 日，JC010-01-006282-000035。
② 奉天全省官地清丈局呈，1917 年 1 月 15 日，JC010-01-006282-000040。
③ 《徐世昌日记》第 2 册，第 525 页。
④ 奕譞档存奉天全省官地清丈局致醇亲王府函，1920 年 2 月 16 日，《近代史所藏清代名人稿本抄本》第一辑第 83 册，第 404 页。
⑤ 醇亲王府函，1920 年 5 月 26 日，JC010-01-004313-000011。

待收到汇款后，除清室总管内务府例行向清丈局回函外，载沣亦多复函张作霖开列得款确数，以示郑重之意。至当年 11 月底，醇王府共收到奉省汇寄八成府价款 12751.04 元；12 月至次年 6 月再得近 2 万元。[①]尽管张作霖自任东三省保安总司令后，载沣或恐其事务繁多未便叨扰，而逐渐改为仅向奉天省长公署致以公函，但双方的"默契"并未受到影响，作为代理省长的王永江亦续行对醇王府予以关照，至 1924 年 1 月该府再因用款支绌请提前汇解地价时，仍能于当月内收到款项。因清室未经内务部转咨奉省办理丈务，违反了《清皇室善后办法》的规定，该部特函达总管内务府告诫王公"欲谋安全巩固之方，宜知远嫌慎微之义"，首应尊重中华民国主权。[②]

原本清室王公宗室大多在奉省境内拥有房地产业，清丈局出台一系列王产清厘政策后，各府皆面临限期交册听候丈放、派员领款先扣报效的局面。而部分上层王公所以能让清丈局为其破例，从而享有延长报丈期限、从速赶办早拨地价、不需赴奉即得汇价的种种优待，乃较大程度上依赖其清朝时凭借显赫权势所构建的庞大人际关系网络。然而总体而言，进入民国后，因自身政治地位的急剧下降，为确保奉天产业权益不受损失，哪怕上层王公之间，也往往不愿共享如此珍贵的"人脉"资源，而是各自为战，各凭本事，务求自保。是以即便作为逊帝生父、曾经的摄政王、现任宗令载涛的嫡亲兄长，载沣在通过张作霖饬催清丈局向内务府及醇王府汇寄款项外，亦鲜少襄助其他王公早获地价，更遑论为维护中下层宗室群体在奉利益倡言。对于既不具备雄厚财力，又缺乏打通与奉省高层联系重要人脉资源的普通宗室而言，缓丈基本不可能，领取地价更是遥遥无期。

---

① 奕譞档存章京奕元开奉天清丈局汇解款项数目清单，5 月 9 日，《近代史所藏清代名人稿本抄本》第一辑第 83 册，第 422 页。此清单系年不明，因开列款目截至 1921 年 6 月底，文件形成时间当在此之后。

② 《内务部与清室往来函件》，《申报》1924 年 7 月 26 日，第 10 版。

表 4-8　沈阳属境内王公庄地面积

单位：亩

坐落县址	王公府别	庄地面积	王公府别	庄地面积
承德县	豫王府	77340.1	郑亲王分支文关氏府	489.8
	英王府	28958.2	庄王分支宁和公府	413.6
	睿王府	40368.79	大公王府	9453.3
	庄王府	63275.02	谦襄郡王府	2347
	克勤王府	1233.1	意公府	4570
	信王府	671.6	勇勤公府	33785.13
	敬谨王府	19171.89	奉义公府	51139.6
	简王府	15017.88	焰公府	33052.7
	郑简图王府	6319.4	全公府	15459.3
	博王府	598.4	辅公府	1283
	果亲王府	4320	溥公府	12092
	裕王府	16102.2	延龄公府	1388
	和硕亲王后裔	671.6	鄂色公府	8193
	郑亲王分支文楢府	3354.8	直义公府	2683
	郑亲王分支瑞熏府	24416	弼公府	1893
	礼亲王府	73128.14	范公府	4269
	肃王府	95570.51	勇壮贝勒府	5384
	豫通王府	35.8	霈公府	4269
	郑亲王分支玉构府	2165	广略贝勒府	432.6
	郑亲王分支重援府	8548.9	恒公府	1680
	郑亲王（荣泰）府	10415	固山贝子达赉府	2165.4
	郑亲王（照煦）府	16102.2	固山贝子府	2000
	郑亲王分支吴氏府	7952.3	石伯府	51139.6
小计	46 府		770790.92	
新民县	郑亲王府	85659.65	德公府德芳府	6187.3
	庄亲王府	3431.2	奉义公府	1050
	毓王府	29305.9	植公府	2228.6
	德王府	67063.62	玛侯府	30000
小计	8 府		224926.27	
辽中县	佟伯府	36598.7		
合计	55 府		1032315.89	

资料来源：沈阳市民委民族志编纂办公室编《沈阳满族志》，辽宁民族出版社，1991，第209—210 页。原表未标明时间，数据为原文。

　　从《沈阳满族志》对该地区各王公府应行丈放庄地数目进行的粗略统计来看，很多王府实际上仅有一个非常模糊的代称，如"和硕亲王后裔""固山贝子府"等皆无法准确对应到当时享有庄地管业权的具体宗室。况且部分土地虽仍保有"某王府庄地"之名，其管业者爵位通常早经历代降袭至将军；抑或如郑亲王般宗支过多，除袭爵者外其余闲散各裔亦分有土地；再如部分家庭因家主早逝、继承者年幼，则由女性家长代亡夫幼子掌管产业。上述各类人等大多并未享有高位，仅仅是逊清宗室社会中的普通一员，然而其数量却远多于作为逊帝溥仪近亲的天潢贵胄，且往往因俸饷停领，别无生计来源，而对清丈庄地、早日领价的需求较之上层王公更为迫切。是以当家族庄地册据同时收存于多支裔手中时，众人难免为争夺产业的归属权发生纠葛。尤其当牵涉各支裔中既有久居京师的袭爵者，亦有早年移居奉省，虽无爵职但因就近之便常行办理产业事宜的事实管理者时，个中纷争之情更为复杂。在奉天八王寺庙产纠纷案中，下层宗室谋求产业保全的不易即得到了较为充分的体现。

　　1924 年"小朝廷"覆灭之际，奉省财政因第二次直奉战争的爆发而完全转入为军事服务的轨道。战前奉军议定筹饷 5000 万元，已属支出过量，加之次年赈济直鲁等地灾民，东三省金融顿形困难。[①] 为支撑巨额消耗，1925 年 3 月张作霖派员赴津面见溥仪，接洽庄田丈放未竣事宜，"请饬经手官员立即交出底册，逐段清丈以免遗漏，将来筹出地款如何分配，亦必由省署详定办法"。[②] 据张学良回忆，彼时奉省处置清室产业曾得款 100 万元，当局留下 50 万元，另一半则送解天津。[③] 而王公地产由于散处各县，且多与庄佃纠葛未清，丈放收价过程较之内务府庄地更为漫长。加之奉省习惯对下层宗室产业既不速催缴价，亦不及时通知领款，以至于 1930 年清丈局结束办事时，仍积压早经请丈而未及清查旧案数件，其已丈而收价不全者犹多。[④] 惟末代睿亲王中铨 1929 年 5 月 1 日致函曾以内务府大臣衔办理奉天清室产业事宜的三多，请代为疏通领款，

————————

①　张友坤、钱进、李学群编著《张学良年谱》修订版，社会科学文献出版社，2009，第64、75 页。

②　镇威上将军张作霖函（附抄函 2 件），1925 年 4 月 8 日，JC010-01-013092-000001。

③　唐德刚撰写《张学良口述历史》，中国档案出版社，2007，第 137 页。

④　郑简亲王三公府呈璧等呈，1931 年 1 月 29 日，JC010-01-004337-000003。

"敝府奉省地亩价款，由十三年（1924）至今未曾具领，特请分神在清丈局将所存价款代为领下"。[1] 经三多与改称辽宁官地清丈局的该管机构联系，睿王府终于在 6 月 8 日领到拖欠五年之久的八成地价奉大洋4061.36 元。

1931 年初，郑简亲王等三府因清丈局已结束办事，转而向辽宁省政府控诉财政厅拖延办事情状，要求领取积欠十余年的丈放庄地价款：

> 该厅掌办要需，管辖全境，应办则办，自有权衡。何至以积案未清拖累借架互推似此。各府裔呼号无门，迫逼情急，不揣冒昧会集联名，参考妥议。与其在厅再请，定遭哈斥批驳，往返空劳。惟我省宪明镜高悬，洞鉴下情，决不使少纵蓄私多留酿弊。况民等虽系王公府裔，国朝变更，忝列黎庶，应受国典裁培。此时正是多艰之际，国款如洗，为民者应生图报之心，大凡食毛践土之人，弗明此理者少。查各府产未清者，应有需款虽系甚巨，内除府价外公款亦弗〔复?〕不少，何至积押延置高阁，佃户产权未定，公家钱粮无从清赋。再该局全案卷宗移交到厅，无论如何应即照章陆续进行，方为正理。焉有以积案延搁推委，特期置而不理，未闻有此说也。况清理者自当清理，丈放者应即丈放，双方并行，似无不可。又兼各府案件均系积案，若不续行开绳，何有清理之期。伏思各府裔仰赖列祖列宗遗产养赡生活，不惟不得，反遭缠累，实难认忍。案无终止，守候无期，凭业产而不得价，生活无着，沉冤已极。[2]

溥仪离京后，逊清宗室真切感受到"脚根为之不稳"。[3] 除少数投资商业获利如末代庆王载振般，阖家迁津仍居于中西合璧式三层楼房并拥有用人、厨师、花匠等仆役百余人外，[4] 恭王溥伟抵押不动产借款，积

---

① 睿亲王府代表三多函，1929 年 5 月 25 日，JC012-01-009169-000068。
② 郑简亲王三公府呈璧等呈（附保条），1931 年 1 月 29 日，JC010-01-004337-000003。
③ 《清室王公之产业》，《益世报》1925 年 5 月 6 日，第 7 版。
④ 爱新觉罗·溥铨：《我父庆亲王载振事略》，中国人民政治协商会议天津市委员会文史资料研究委员会编《天津文史资料选辑》第 44 辑，天津人民出版社，1988，第 206、209 页。

欠北京西什库天主教堂牧师现洋 16.4 万元，被控至地方法院宣告破产；[1]面黄肌瘦的克勤郡王宴森，在西四牌楼一带拉洋车；[2] 贝勒载涛到德胜门摆地摊，变卖纯水晶佛像、石头玛瑙等器物补贴家用；[3] 英亲王后裔奉恩将军存耀卖尽祖产无以为生，殒命于大车店[4]……祖宗基业终于再也无法为后世子孙提供荫庇。

第六节　日本侵华势力对奉天王产的觊觎

在民国中央政府与奉天当局的"夹缝"中，逊清宗室或可尽力周旋谋求生计，但面对清末以后列强入侵东北的局面，抵御外侮备加艰难，个体利益维护更是举步维艰。虽然英亲王后裔对八王寺庙产的实际经理权有限，但当寺庙利益真正受到威胁时，他们还是能够为保全庙产做出努力。日俄战争期间，俄军士兵将八王寺内紫檀雕花、香炉、珍珠等各物抢夺一空，连大佛身上的金饰也被剥掉，大殿五楹、东西配殿六间、僧房三间陷于火海。[5] 日俄双方议和时，奉恩将军隆煦命包衣达侯鸿业向驻京俄使索赔，并在奉天公署呈递向俄国索赔清单，开列各款计值200 余万两，[6] 但直到三年后的光绪三十四年（1908），赔偿仍没有落实。驻奉俄领事在照会中称："八王寺被毁，是否俄兵所焚毫无证据。该寺主既指称俄兵所焚，必能指明俄营之名称，或马队，或步队、炮队，及武员之姓氏。若以笼统之词请求赔偿，断难承认。"[7] 面对如此无赖之态度，侯鸿业回京向外务部及俄国公使署呈明聘请精通俄语的外国律师为代表，在赴奉勘验八王寺损毁情况的同时与驻奉俄领事展开谈判。经多次谈判俄领事虽初步同意赔偿，却认为数额过大，而在日俄战争中遭受损失的普通百姓听闻俄人允赔八王寺损失，亦纷纷开列清单要求赔偿，

---

[1] 《前清亲贵末路》，《大公报》1930 年 7 月 10 日，第 5 版。

[2] 爱新觉罗·启运：《清朝皇族后裔的故事：末代怡亲王和他的长子长孙》，第 53 页。

[3] 金从政：《平淡天真：我的父亲爱新觉罗·载涛》，文物出版社，2020，第 49 页。

[4] 定宜庄：《老北京人的口述历史》上册，中国社会科学出版社，2009，第 178—179 页。

[5] 张涛、张志强、张龙海主编，张志强分卷主编《沈阳通史·近代卷》，沈阳出版社，2014，第 116—117 页。

[6] 《八王寺赔款问题》，《盛京时报》1909 年 2 月 9 日，第 5 版。

[7] 《八王寺交涉案近情》，《申报》1909 年 7 月 29 日，第 2 张第 2 版。

结果皆不了了之。

此后1916年沈阳地方审判厅虽判决栋桢徒孙佛盈盗押之庙产田园仍归寺所有，但须保人天利公司、裕盛长商号向日商株式会社及严松洋行清偿押款。然天利公司因欠债俄商已被官府查封，裕盛长又迭次上诉并不执行赔款，日商便转向原告人润辅追讨欠款。润辅别无他法，本欲变卖一半护庙园地清偿外债，却不慎被售地中间人假托其名向日商借高利贷，其分文未得，再遭借贷经办日人索要酬金。为免寺产田园被日人侵占，润辅恳禀奉天巡按使公署将五块园地归官拍卖，所得款项清还日商之债；驱逐栋桢及其徒弟，另招本分僧人看守庙宇；出水甘美之八王寺井泉亦归官经理，立一甜水公司专卖所，收益除拨给庙僧若干以作香火日用之费外，余皆归官办公，如此既使王祠香火绵长，亦可绝外人觊觎之心。[①] 可以说八王寺的衰落，与列强入侵东北有密切关系。外务部虽曾函请东三省总督徐世昌详查八王寺损毁情况，以备向俄使交涉赔偿事宜，终是没有下文。民国初年，沈阳县知事明知日人埋桩圈占八王寺已清丈庙地，却因事关外人恐启交涉，只得以私人名义赴日本驻奉总领事署查办。即如向日商盗押护庙田园之祸乃由栋桢、佛盈而起，但润辅为保护家庙不落日人之手，亦只得尽力筹款偿还债务。

实际上不仅费心谋夺八王寺一处产业，日人对于奉天王公庄地的觊觎由来已久，且侵占土地的野心越来越大。1915年奉省刚开始推行王庄清丈，内务部即接密探报有王公代表利用"二十一条"签署之机在东京接洽售卖庄地，随即密饬京兆尹传知各府办事人员严切开导，同时要求清室宗人府详询王公"有无公派代表将南满所有王府田地，或佃种或未垦者，一律售与外人情事"。[②] 虽得一众亲王、郡王、贝勒、贝子、公等府上陆续声复"并无其事"，然而国体变更以后，王公因丁佃抗租，已多生"弃产得钱之意"，惠王府锦州庄地、延龄公府铁岭庄地、五太王府开原庄地地册，均押于日人之手，久经交涉未能了结。[③] 故而当1915年8月财政部审定《王公庄地查丈办法》时，特别要求在第五条"发

---

① 　前清宗室润辅禀，1917年2月19日，JC010-01-012648-000077。

② 　内务部咨，1915年9月8日，奉天巡按使公署文件，JC010-01-000163。

③ 　《清丈局长张之汉致省议会函稿》（1919年4月），《满族历史档案资料选辑》，第276页。

照"中明定收归国有之地执照"由部给发",此要求即出于确定土地主权的考虑,从而防止丈放缴价过程中地册再被别有用心者盗押外人,以致地亩归国归私性质不明而遭到侵损。

正如八王寺庙产纷争中所显示的那样,日商非常乐意接受几无偿还能力的逊清宗室抵押地册借款,甚至在收到地册后并不查验抵押者是土地业主,还是持有正式委托文书的代办者,即放出款项。一旦超过还款期限,洋行便派人到地埋立木桩宣示所有权。当沈阳县知事赴日本驻奉总领事署请阅所谓英亲王府委任状时,很快便发现所用印信出自伪造。抵押地亩图册亦系由与英王府毫无干系之市井流民,蒙混从该王后裔手中抄去,押得款项后即逃无所踪。洋行、领馆皆未详查委托凭据,借款到期后不向代办人甚至业主追讨欠款,却立行到地圈占,可见其用意本不在计较金银而直指庄地。

因在京各府往往派委亲信府员全权办理奉天产业清查事宜,甚至从未到过奉境,故对庄地实际情况了解甚少,而较易为办事府员所蒙蔽。1919年初德茂公府所派朱参领,即在中间人的联络下,将该府兴城庄地6万余亩尽数押予日人。① 铁岭县延公府亦因庄地抵押借款到期无法清偿,地亩除为日人所侵夺。为免国土流失,清丈局只得从速丈放该府庄地,勒限饬催各领户迅即缴价,以为该府偿还外债而保主权。如所欠款项过巨,清丈局甚至无法仅依照地亩等则对应价款向领户收价,而是直接以王府应还款项数目,按丁佃领地份额多寡摊派缴局金额,不仅丁佃负担沉重,清丈局或亦需将应扣二成报效一并交予日人,方敷了结外债之数。是以当年6月,为免增公府、五太王府办事员再行私将该两府已报请丈放庄地抵押外人借款,铁岭县知事呈请官地清丈局局长张之汉通令严禁此等情形:

> 王公希图重价,并不请局丈放,率皆任令经理人对户直接处理。需索一有不遂,非与言包卖,即暗借外债。债一披露,交涉立起,清结交涉,势必丈地。轻则遵照局章,量地纳价;重则统照价额,

---
① 《清丈局长张之汉致省议会函稿》(1919年4月),《满族历史档案资料选辑》,第277页。

按地摊款。民间所出几何，焉能担此重累？本县延公府地以外债关系，所有应收地价尽还债务，国家毫无所得，于民受累，于国何益。现在增公府地与五太王府地已经请准钧局委员清丈，而民户否认庄地迭次聚抗，两造相持不下，知事力予维持。当此争执不休之际，诚恐王公府之经理人不识大体，再有押借外债情事，自非预请通令严禁，不足以杜交涉于未来。①

但张作霖接到清丈局转铁岭县知事呈文后，认为仅仅禁止王公府员抵押庄地，并不能根绝乱象，还应同时照会日本领事严禁侨奉商民滥予收受王庄地契作抵放款。然而日领却"装聋作哑"，只答复称"王公庄地系属如何性质，其所在地点、面积及地照之形式，及地租之负担方法并奉省对于此种土地之清理方针等，均不甚明了。兹为取缔上有欲知底细之必要，请详示一切"，② 要求交涉员详示各项底细，方知如何取缔，实际上则是借此机会进一步打探王公庄地清丈情况。张作霖由是令清丈局按照该领事开列各节予以答复，"能指明者指明之，不能者须说明理由"。故而清丈局在起草说明节略时，只述及该项王公庄地坐落奉天省界以内辽中、铁岭、盖县等处，分布极广，数量尤多，散杂于民田之间，大小不等，实难逐一详细列举。此外特别强调各府持有历代相传地册，只能作为其征取差租的依据，并不具备与民田正式管业执照同等的法律效力，"非比民人田产有正式管业执照，可以押抵债款"。另有狡诈之徒常以庄头、壮丁纳粮之执据，抑或私相串卖地亩之白契作为管业权凭证抵押庄地，实则亦不受法律保护。③ 由此提示日人应辨明抵押文书效力而非任行借款，以致受到蒙蔽而徒生纠葛。

---

① 铁岭县知事廖彭呈，1919 年 6 月 27 日，奉天全省官地清丈局文件，JC012-01-009096。
② 奉天省长公署训令，1919 年 7 月 26 日，奉天全省官地清丈局文件，JC012-01-009096。
③ 奉天全省官地清丈局呈，1919 年 7 月 31 日，奉天全省官地清丈局文件，JC012-01-009096。

表 4-9　奉天省长公署照会日本驻奉天总领事清室王府庄地情形说明书

事项	说明
庄地性质	凡庄地均系清初各王公或恩赏圈占，或因功赐田，世代相承，传之后裔。各府均设庄头或总管及包衣达经理之，名称为某王府地，其实均系各壮丁、佃户世代承业，佃权重于府权。故该地必须由清丈局丈放，又必照章归丁佃价领，王府不得自由处分
庄地地点面积	各王公庄地坐落地点，奉天省界以内，旧有各县分所在多有，而以辽、铁、盖、复、锦、义、兴、绥各县为尤多。每府地额以亩计算有数千亩，亦有数万亩者，散杂民田之间，段落大小不等。其面积以地册所列之四至为标准，但已交丈者，地点面积甚繁，碍难列举
庄地地照形式	各府之地，均以历代相传册簿为凭。然此能为征取差租之证据，非比民人田产，有正式管业执照，可以押抵债款也。其对于丁佃有发租照者，有不发租照者，亦无一定形式。其纳粮之领名，非王府之家丁，即庄头或壮丁之先人，王府不自出名。但此项粮领，只为纳粮之执据，并非管业权之凭证。狡诈之徒或以此项粮领及私相串卖之白契，私相借款押债，倘不明底蕴，即受欺朦，致生纠葛
庄地地租负担	王公庄地本分两种征收办法，有按丁拨地计丁收差银者，有出地招丁按地收租银者，各府对于庄地，其权利不过如此。近年以来王府式微，承种府地之人，每抗不交差租，甚至捏称己产，私押盗卖酿成讼案，其弊患亟应清理而预防之，所以有丈放府地悉为民产之举
庄地清理方针	各王公庄地已于民国四年规定章程，一律由清丈局丈放，其办法由府呈送印册，经局核明分别交绳勘丈，统归原丁佃承领，以断绝各府之租权。将地丈明放领后，领地各丁佃照章缴价，由局以八成归府、二成归公，发给领户部照管业。计丈过者已有数十府，计地百余万亩。尚有多数府地未丈，现正在进行期间，纯为化府产为民地，以正经界而一田赋

资料来源：《交涉员照会日领知照说明节略》（1919 年 8 月 13 日），奉天全省官地清丈局文件，JC012-01-009096。

至 1921 年 5 月，驻京日本公使更是越过民国政府外交部而直接致函内务部，请"代为调查"旗人地产事宜并"从速函复"。其开列三项调查内容如下：

一、满清宗室赏给旗人祭田、圈地之性质如何，是有完全所有权否。

二、前项旗人之民国以后纳税，领有左右翼牲税征收局执照，暨验契执照之效力如何。

三、旗人祭田、圈地内多年耕地之农民中，民国以来领有地方官发给之红契者，对于旗人所有权关系如何。[①]

所谓赏给旗人祭田、圈地，实际上或有王公宗室确实恩给过府上包衣地亩，但绝大多数的恐怕还是由庄头及壮丁领名，被其或管事府员隐占、盗典、私卖的王公庄地；而耕地之农民领有红契，即为佃户交价承领庄地后所得官发纳税执照。日本公使对进入民国后王庄产权归属、税契执照效力等问题的特别关注，实在很难不令人怀疑其真实用意。或待该公使确认缴价领地丁佃具有土地的完整业权后，日人就将大举收夺该项地亩。内务部为此致函外交部，表示无与日本公使直接通函先例，其请查各项事关旗民地产"显系别有用意"，"似无答复之必要"，请外交部代为声明。[②] 尽管日使的无理要求遭到内务部拒绝，但已可见日方早不满足于在奉零星地产的获得。从避免国土流失的角度看，彼时英亲王后裔润辅虽贫病交加，却能够放下对八王寺庙产利益的争夺，呈请护庙田园及井泉一律归官，不仅出于保障家族奉祀经费的考虑，亦为守护国土做出了积极贡献。只是时事多艰，上至国家维护主权，下到一个失势的前朝宗室保全祖业，都颇为不易。

1924 年奉省所以于短时间内将省城王公地基、房屋丈放提上日程，虽有推行市政展街计划的考虑，但更为重要的原因是接到顺盛号茶叶铺东家王兴垣举报，指礼亲王府府员孟子嘉声称已包买各商户现租房基，并准备将其中市房五间及院内全部房间私租与日商协盛洋行、大岛洋行。当日商闻知奉省于 1921 年出台的《奉天全省官地清丈局改订丈放王公庄地章程》中，已规定有清丈房基专条时，或恐租金有失而不敢与孟子嘉私立契约。然孟氏竟向日商表示如将来确行丈放，只需如数予其价款，房基尽可归两洋行承领，双方由此于 1923 年 12 月订立租约。顺盛号财东为此特向省长陈明该王府府员明租暗卖房基之危害：

---

① 《驻京日本帝国公使馆致内务部函》（1921 年 5 月 17 日），《徐祝平密呈日本人侵夺清皇室在东三省官庄情形案》，中国第二历史档案馆藏，档案号：1001（2）-1651。

② 《内务部致外交部函》（1921 年 5 月 21 日），《徐祝平密呈日本人侵夺清皇室在东三省官庄情形案》，中国第二历史档案馆藏，档案号：1001（2）-1651。

（一）查孟子嘉前在北京包买礼亲王府房基等情不讳，业经各佃商民呈请于钧署，蒙批第十三条各王公坐落城内街基房基应由绳员查勘另定等则价值，坐落钟楼南市等处房基竟由孟子嘉直接价买，如果属实，殊违定章云云等批之下，而各佃有口皆碑，转蒙清丈局正在遵批进行中。而孟子嘉顿生奸贪，乘此未丈放之时，率敢隙与日商私结租房契约，得价入手。如许该日人等承领，明系私租暗卖，是否违章，请求金批，以儆奸贪，而保公安。

（二）查孟子嘉与外人结约，委无近邻之保，又非依法商租，纯系妨害商号：（1）有界墙不清之关系；（2）查日商等非建筑楼房不可（三层、二层不等），则商号永远不得光照。加之界限不清，万难与强邻交涉，而孟子嘉容心倾佃，故不用邻保，对于国税、警察均有损失：（1）不纳清洁费，不纳电灯费；（2）不纳商捐。何得偏租与外人、妨害邻佑，显系反抗命令，否则业有成批，何得私租利国巨价肥饱，不顾妨害公益。

（三）查孟子嘉前假王府之余威，则蒙金批丈放，今又巧借日商交涉之势，计果抵制原佃丈领，伊易得包买大段，自由私租盗卖。为此具情恳乞钧恩金批孟子嘉应否私租，究应该日商有无承领权。则商既系近邻关键，曷敢坐观，只得冒昧预先声请，谨呈省长宪公鉴迅批，则感保护之至矣。[①]

正因此情在前，为防止房基业权落入日商之手，纠葛不清难行交涉，清丈局一方面饬孟子嘉严禁私租并责令日商停止营业，另一方面在制定王公地基丈放办法时，有针对性地于第七条中加入承领人须为中华民国公民的限定，如租户非中国人，即便与王府订有租约亦无权承领。如王公早年已将房基售予外人，则按照第八条规定亦不得由买户承领，其仅能得到原租户领地后所缴相应价款，而不与房基业权发生关系。奉省意欲早日办结王产清丈，切实将地权转移到当局和普通承租国民手中，才会在定拟价格时并未遵照丈放庄地前章，而是希望

---

① 丰润县民王兴垣呈（附保条），1923 年 12 月 27 日，JC010-01-006627-000005。

通过相对优厚的价款收入消除王公对丈放侵损利权的顾虑，并适当在时价基础上下调定价以调动各户报领王产的积极性。在日本侵华势力猖獗于东三省的背景下，王产清厘政策的推行，对于维护国家领土主权完整有十分重要的意义。

第五章　清室禁地门户大开与皇权象征的瓦解

自日俄战争起，奉天地区的宫殿、陵寝即无一幸免于外国势力的入侵与劫掠。民初奉天故宫与陵寝由盛京内务府、三陵衙门分别管理，因经费支绌出现年久失修、藏品流失种种状况。清室宫苑屡经奉系军队及社会团体占用，陵区风脉山林禁地亦遭盗伐、私押。而清室仍将奉天视为"根本之地"，为维持宫苑、陵寝仪制以延续王朝余威，尽力疏通民国与清朝新旧联结中的各方关系，1924年"小朝廷"覆灭后，溥仪即有移居"陪都"的打算。

与此同时，以日本为代表的列强不断利用清室奉天特权策动复辟起事、开展军事演习。为遏制"满铁"奉天附属地的扩张态势，奉天当局自1913年起陆续在清室陵区周边修建军用操场、学校，1925年接收清室在奉全部田房产业并启动城区改造，次年陆续将盛京旧宫、帝陵分别开放为博物馆、公园等城市公共空间。诸端并举既突破了侵略势力的限制，亦令帝制遗存的政治属性消解，并由此不断扩大在自主城市建设中的对日竞争优势，使奉天城更为适应近代化发展的需要。

第一节　奉天宫藏流失与奉军进驻前朝宫苑

一　外宾"瞻仰"奉天旧宫与珍稀藏品流失

民国初年，盛京旧宫虽名义上划归清室"私产"，仍由盛京内务府管理，承担修缮、守卫之责，实际上已远非清时期宫禁森严的皇家大内，而成为备受外国人士青睐的"游览胜地"。不过盛京内务府对于有意到访的参观者，并没有自主准行或禁入的权力，每奉东三省总督指令，皆须预为筹备接待事宜。1912年4月11日，外交部为意大利侯爵嘎洛阿一行欲赴奉天瞻仰"皇宫"及陈设宝物一事致电东三省总督赵尔巽，请派员妥为照料，赵氏饬奉天交涉司专为办理。① 10 月 18 日，外交部再为意大利驻日本大使维彻理及夫人发放护照，请其时改称奉天都督的赵尔巽待该大使等到奉时特别优予照料，导引瞻仰宫殿。② 1913 年 2 月 19 日意大利驻日本大使馆头等参赞阿厘洼贝尼伯爵即将抵奉时，又提出除议政区域外，还望到宫内各寝殿瞻仰，外交部亦为其开具介绍信。③ 西方使节、官员如欲赴奉观览盛京旧宫，通常需要先致函外交部，请发给护照一类凭证，待部咨行奉省由交涉司缮具瞻仰执照并预备接待后，即可顺利成行。

此外，一些在华游历人士也通过本国驻华使领馆，与奉省接洽"入宫"参观事宜。1912 年 6 月 18 日，赵尔巽接到奥地利驻京公使讷色恩来电，称该国著名绘画博士、曾任大学教员的欧礼克希望前往奉天观览宫内陈设物品，讷使为此特函请都督"准其参观一切"，赵尔巽三日后复电表示"从优接待，并带领参观"。④ 1913 年 1 月 4 日，因一"平素酷好古玩及铜磁等物，亟欲瞻视宫殿及椟藏一切宝器"的普通美国绅士，将携同两友人至奉，"又恐尽一日之瞻仰，属未能普及"，该人特请美国驻奉天总领事麦迩思致函都督张锡銮，商以发给该三人"从下星期一起使用数日、听便观览之凭照一纸"。⑤ 张氏虽以"该项凭照向未定有专式，无凭缮发"答复，但表示可自三人到奉后的星期一起，"定每日下午二时，准予入内瞻视"，由交涉司派员招待一切。⑥ 按照常规的接待程序，交涉司会选派翻译人员陪同外籍"游客"进入宫殿区域，便宜与盛

---

① 《外交部为意大利侯爵欲观览故宫事给东三省总督赵尔巽电》（1912 年 4 月 11 日），《中国近代社会生活档案·东北卷一》第 15 册，第 281 页。
② 《外交部为意大利驻日本大使维彻理欲观览故宫事咨奉天都督》（1912 年 10 月 8 日），杨丰陌、赵焕林、佟悦主编《盛京皇宫和关外三陵档案》，辽宁民族出版社，2003，第 196 页。
③ 《外交部为意大利驻日本大使馆头等参赞阿厘洼贝尼伯爵瞻仰前清皇宫事给奉天都督张锡銮的函》（1913 年 2 月 19 日），《中国近代社会生活档案·东北卷一》第 15 册，第 290 页。
④ 《东三省总督赵尔巽为奥国博士欧礼克观览故宫事给奥国驻京公使讷色恩复电》（1912 年 6 月 21 日），《中国近代社会生活档案·东北卷一》第 15 册，第 282—283 页。
⑤ 《美国驻奉天总领事麦迩思为美国绅士欲观览故宫事咨奉天都督张锡銮》（1913 年 1 月 4 日），《盛京皇宫和关外三陵档案》，第 197 页。
⑥ 《奉天都督张锡銮为美国绅士欲观览故宫事给美国驻奉天总领事麦迩思咨》（1913 年 1 月 5 日），《中国近代社会生活档案·东北卷一》第 15 册，第 284—285 页。

京内务府办事处接洽。办事处派委掌六库所储清时御用军器、冠服、金玉珍器、书画墨刻等物保管的广储司库使，承担引导访客入库详为观瞻的具体事宜。按照省公署秘书厅的最初估计，美国绅士三人此番行程，至多不过三四日即可完竣，但1月6日三人抵达后，并未按奉省规定于每日下午入宫参观，而是自上午十时进入广储司内库后，直至下午五时方才出来：

> 当至翔凤阁库物，逐一按件搬出细看，并将各名目样式写画上簿，该库业已察视完毕，计今七八日之久，始至瓷器库。若照伊等挨柜写画，共瓷器八十余柜，连飞龙阁铜器等，为数极多，不知何日了期。[1]

美国访客以痴迷古物为名，竭力搜集盛京旧宫贮藏珍品数量、形制等详细信息的行为，并未引起盛京内务府及省署派委陪同人员的重视，反而由于广储司管库职员须待美绅离宫后方能解差，耽延日晚而"必得在街从俭吃饭一次，以免枵腹，每日约需洋3元左右"，内务府办事处坐办英锐以此款无所筹抵，"时值严寒，该员役等终日在内膺差，晨集暮散，尚无贻误，若令其从公枵腹，殊非体恤之道"，[2] 呈请都督按照去岁11月民国政府教育部派美术调查处齐宗颐等人赴奉实地考察宫内与美术相关的收藏物品时所定用餐标准，[3] 发放饭食经费，以示鼓励。尽管盛京内务府难以违背省署接待外宾的指令，但最为关切的却并非内宫禁区任外国人频繁出入、宫藏珍品信息泄露等情况可能给盛京旧宫保护工作带来隐患，而是较为在意在导引参观过程中产生的额外费用是否可由省署负担，以避免增加更大的经济压力。

宫殿区域为数不多停止外人参观的时间段，便是在当年2月22日隆裕太后逝世之际，因奉省遵照中央电令要求各官署、营署自该日起至3

---

[1] 《内务府办事处坐办英锐为美国绅士详览故宫库储各物事给奉天都督张锡銮禀》（1913年1月21日），《中国近代社会生活档案·东北卷一》第15册，第288页。

[2] 《内务府办事处坐办英锐为美国绅士详览故宫库储各物事给奉天都督张锡銮禀》（1913年1月21日），《中国近代社会生活档案·东北卷一》第15册，第288—289页。

[3] 《教育部电派<派>齐宗颐等到奉天考察宫内物品》（1912年11月8日），《民国奉系军阀档案·一九一二年卷》第7册，第185页。

月 20 日止的 27 日内，"下半旗以志哀忱"，盛京内务府以自系"皇室范围"内，时值国服，自应暂行停止普通外人入宫参观库存宝器，便由办事处呈请都督"令行交涉司转知驻奉各领事馆一体遵照，免发瞻览券"，待 27 日服期过后再行办理。[①] 可见该府并非没有意识到，无论到访的西方官员，抑或打着普通古物爱好者名义搜集信息的各路来客，吸引其入宫的最主要因素，便是盛京旧宫内库收藏的大量名贵书画器具；其流连既久不愿离开，也往往是为尽可能多地观览珍品。

实则庚子年间这座陪都宫殿的珍稀藏品已经遭到外人的觊觎和劫掠，1900 年 10 月沙俄军队入侵盛京城后，便在宫内开始了长达两年半的占领和破坏，其间丢失和损毁的藏品达一万件以上。其中翔凤阁因所藏大多是金、银、玉、瓷所制御用珍品和库储金银，而损失最重，缺失各类器物 3000 余件；大小银锭 8000 个，计重 6000 两。此外，宫内"供奉"和尊藏的清历朝帝后玉册、玉宝、玉牒、实录等亦有丢失，各库无一幸免，由此更进一步反映出清朝末期统治者对故土旧宫的保护早已力不从心。[②]

1905 年 4 月时值日俄战争期间，大阪《朝日新闻》评论记者内藤湖南作为较早进入盛京皇宫的日本人，在崇谟阁和西七间楼阅览了《满洲实录图》《满文老档》《汉文旧档》以及《蒙古源流》《五体清文鉴》等盛京内务府特藏皇家秘籍，并将《汉文旧档》全部制版带出。当年 8 月、9 月间，其又多次出入皇宫观览珍宝、遍阅册籍，抄录并拍摄了《满文蒙古源流》《钦定西域同文志》《旧清语》《满文长白山图》《盛京全图》等内容。至 1912 年民国成立不久，内藤从日本京都出发，3 月 23 日到达奉天城后向当局提出了拍摄《满文老档》的请求，因未获东三省都督赵尔巽允准，改为请拍《五体清文鉴》，共拍摄图片五千余张，同时并未放弃对《满文老档》的拍摄计划，亦抓住机会偷拍下照片四千余张。除此之外，其还雇用中国人，在文溯阁有选择性地抄录了四库全书中的部分珍本。[③] 至 1924 年 7 月，日本满铁工业专门学校助教伊藤清造以研究中国古建筑及装饰为由，率领建筑专业学生九人，要求进入盛京旧宫绘

---

① 《内务府办事处为国服期间停止外人参观故宫事给奉天都督张锡銮的呈》（1913 年 2 月 24 日），《中国近代社会生活档案·东北卷一》第 15 册，第 291—292 页。
② 沈阳故宫博物院编《盛京皇宫》，紫禁城出版社，1987，第 378—380 页。
③ 邓庆：《清末民国沈阳故宫史事钩沉》，第 33、36—37、44 页。

图拍照。伊藤一行人的考察持续了三个星期，他们对各主要宫殿皆进行了测量，并绘制平面图和细部结构图，又拍摄照片百余张，获取了大量关于宫殿建筑的资料和数据。① 盛京旧宫内王朝密档、宫闱内苑图片资料的外流，使其作为清代陪都禁地的庄严性与神秘性被打破，其原本的样貌逐渐展露于世人眼前。

　　除外人以种种目的和手段进行窥视、入侵、掠夺外，这座珍稀文物宝库还面临国人对藏品不加限制地提取、赠予、变卖。光绪三十四年夏季，奉天巡抚唐绍仪为美国退还庚子赔款事宜作为专使前往华盛顿前，即宣称奉有太后懿旨，于盛京皇宫内提取数件珍贵瓷器以为馈赠国礼。宣统元年，嗜瓷如命的英国将军希吉纳来华，获谕旨准其游览盛京皇宫，并可挑选两件内藏瓷器作为礼品。奉天旗务处总办金梁因恐任其自行挑选或致大器重宝有失，遂于其入宫参观前先行拣选百余件珍贵器物移贮别处。但出乎金梁意料的是，希吉纳观览完毕后竟直接拿出瓷器照片指问该物收存于何处，照片中所示大多为此前被金梁提前转移的名贵瓷器，足见该将军此行早有非常明确的目标，虽以参观为名，实为获取盛京皇宫顶级尊藏而来。得到金梁"不知"的答复后，该将军失望之余欲在原定相赠两件瓷器之外另行多选四件带出，最终获时任东三省总督锡良准赠康熙年间制小花瓶、小花樽各两对。② 不过让金梁感到庆幸的是那批精美重器免遭外人谋夺，"否则如康熙窑大花缸，高数尺，上绘万里江山一统图，倘竟任之流海外，岂不为人笑哉"。③ 由此或可看出，清末的部分官员已经意识到了珍稀文物对于国家历史文化积淀的重要价值。

　　1914 年内务部呈准大总统，计划于紫禁城乾清门以南区域建立古物陈列所，面向社会公众开放售票参观。该所于当年 10 月 10 日国庆日正式开幕。据其前一日发布的通启可知，陈列展品主要来自盛京旧宫及承德避暑山庄等地：

　　　　奉天、热河等处陈设，类多历史上有名古物，为全国精华所萃。

---

①　沈阳故宫博物院编《盛京皇宫》，第 388—389 页。

②　《盛京大内恭存磁器提赠英将片》（宣统元年九月初八日），《锡良遗稿·奏稿》第 2 册，第 974 页。

③　金梁：《希吉纳》，《光宣小记》，第 218 页。

幸承前清皇室之嘉意，允运来京，由政府特加提倡，设立古物陈列所，以资珍护。谨就武英殿重加修葺，择要罗列，分别部居。刻下筹备粗具规模，适逢国庆之期，恭请大总统亲临开幕，以光盛典。①

在盛京旧宫典藏各物中，首推古铜器八百件；其次为瓷陶器十余万件，皆为宋、明各朝及康熙、乾隆时期古物；再次为书画约千件。另有战时用品，"甲胄弧矢均足，为一朝兴废之纪念，如清太祖之盔、嵌钻石之刀及黄金钟、珍珠袍等，允为光彩眩目"，② 凡其中重要者皆在此次运往北京之列，计藏品115199件。次年文溯阁藏四库全书亦运至北京古物陈列所，直到十年后的1925年8月才经内务、教育两部清查，将全书6144函全部与奉天教育会会长冯广民当面点交，以专车运送回奉。③ 但其他近12万件珍贵藏品的命运却非常坎坷，几经辗转，分处数地，再未回归。④

二　奉天陆军借占宫廷殿宇

民国成立以后，在屡向外人开放参观及藏品大量流失的危机中，盛京旧宫跌跌撞撞走过了多年。由于清室饱受财务问题困扰自顾不暇，内务府办事处宫殿岁修经费常常被总管内务府借拨北京以济急需，故而宫殿区域难以得到有效管理和妥善维护，日渐破败。

1914年为节约经费起见，盛京内务府办事处将宫内警卫裁撤，此后由警察厅在东、西华门设岗护卫，除日常除草、扫雪并进行殿宇零星修补工程的办事处差役外，盛京旧宫区域内鲜少有人员往来。为与日本在辽东半岛构建的电报通信网抗衡，1923年2月奉天无线电分台创办，第一台马可尼式无线电报收发报机架设在大政殿前的奏乐亭里，可与长春、哈尔滨、营口等各大商埠传递官电。一年后大政殿内又装设一套较为完备的收发机，可直接接收欧美等国电报，古老的宫殿甚

---

① 《古物陈列所开幕》，《新闻报》1914年10月13日，第2张第1版。
② 王华隆：《沈阳古迹名胜纪略》，《东北文物展览会集刊》，张研、孙燕京主编《民国史料丛刊》第1122册，大象出版社，2009，第399页。
③ 《文溯阁四库全书运回奉天》，《时报》1925年8月8日，第1张第2版。
④ 邓庆：《清末民国沈阳故宫史事钩沉》，第71页。

至一时享有"世界收信处"之"美称"。① 然而殿顶天花板处钉满电缆，盘龙贴金的立柱上亦被钉设电线，② 此无不给脆弱的文明造成了无可逆转的伤害。

同年，宫殿区域的"闲置"亦为驻军所看中，1923 年 12 月陆军第二旅向内务府办事处借占数处殿宇，九间殿、文溯阁、嘉荫堂、戏楼、仰熙斋、阿哥所、迪光殿、保极宫、崇谟阁、协中斋、颐和殿等各处进驻了该旅第一营营部、第一连、第二连、第三连、第四连、机关枪连，第三营，③ 俨然成为军队的营区。双方为办理交接共同验看房屋时，发现多殿门窗已有损坏甚至缺失，可见并非一时造成而是常年未能得到及时修缮。1924 年北京逊清"小朝廷"覆灭后，清室虽于奉省留一驻奉办事处，但对已为省署所接收的皇宫更无权置喙，该"营区"内进驻军队不断增加。1925 年 9 月 2 日，东北陆军步兵第六十四团致函省署，表示因房间不敷应用，该团现住宫内的第二营第七、第八连仍有两个排的士兵，在殿前旷地上搭帐篷居住，枪弹亦无处存放，由是希望另借当下尚属空闲的翔凤楼等地，作为士兵居所。④ 几日后省署虽复函拒绝，却并非考虑到兵员聚集、枪械磕碰可能给宫殿带来损坏，只是因为翔凤楼已另定为图书馆、公园之用，必欲腾出以便利修缮。

次年 1 月，镇威第三方面军后方留守司令部亦致函省署，表示部属卫兵连成立后一直难觅营房，而散置各处又不利于教练、管束，因闻知前为第六十四团占用的崇谟阁底层业已空闲，且与该部址距离不远、交通便利，拟请暂借作为营房。彼时崇谟阁已被规划为图书馆用地，但省署仍允准卫兵连暂行使用，唯须负责保护阁内收存物品，并在图书馆将行成立时即刻迁出。⑤ 或许在各军队长官看来，盛京旧宫内有宽阔之广

① 民国《奉天通志》第 4 册，东北文史丛书编辑委员会，1983，第 3873 页。

② 温淑萍、王艳春编著《盛京遗珍》，沈阳出版社，2017，第 218 页。

③ 《陆军第二旅借占宫殿等处所造具清册》（1923 年 12 月），《中国近代社会生活档案·东北卷一》第 15 册，第 322—330 页。

④ 《东北陆军步兵第六十四团为借用沈阳故宫翔凤楼做兵营事给奉天省长公署的函》（1925 年 9 月 2 日），《中国近代社会生活档案·东北卷一》第 15 册，第 331 页。

⑤ 《镇威第三方面军后方留守司令部为借用故宫崇谟阁做兵营事给奉天省公署政务厅的函》（1926 年 1 月 27 日），《中国近代社会生活档案·东北卷一》第 15 册，第 332 页。

场便于教练士兵，其空闲各处殿宇理应随时恭候士兵进驻，故而当3月初卫兵连移驻他处，且原在宫内居住的宪兵第五、第六营亦奉令遣散后，镇威第三、第四方面联合军团司令部近乎"无缝衔接"来函，请将凤凰楼全院30余间房屋皆行拨借，以作卫队歇宿之所并装械库房。此番省署明确表示整个旧宫区域将筹建图书馆，且彼时四库全书业已运回奉省，须分置各处宫殿，"兹事关系本省文化甚大，（旧宫）碍难拨借"。①

然而宫内即将设立图书馆的计划并没能让军方停止借占殿宇，1927年2月，镇威第三、第四方面联合军团司令部修械司处员奉命寻觅卫兵住处，查得金銮殿库房东原盛京内务府公房2间及库房中间3间或可使用。该部军械处长认为金銮殿既属官产，应由省署饬居于库房中间3间的旗户迁出，以资卫兵就近驻扎守备武库。② 彼时盛京旧宫区域已开办东三省博物馆，但因该馆暂未使用所请房屋，省署准予暂借，唯日后博物馆用房时即须迁出。

除军队之外，此前在四库全书回奉一事上尽力奔走的奉天省教育会，亦因现有开会场所仅能容纳60—70人，较为拥挤，于1926年6月24日请将宫内西部戏场作为集会地点，并拨崇谟阁全院房舍作为办公地点。至9月初，原占用崇谟阁的宪兵教练所陆续外迁后，该会计划将殿阁进行修葺。又因阁前东厢3间、迪光殿前西厢3间均已倾塌，残余木料、瓦片等尚有积存，教育会为此呈请省署拨给该项用料，在节省经费的同时依照原有规制重修厢房，以期恢复旧观。③ 考虑到崇谟阁上层仍存有实录、圣训30余柜，不便迁移他处，省署仅同意将底层拨用，并准该会依式重修。

---

① 《奉天省长公署为借用沈阳故宫做卫队营所事给镇威第三、四方面联合军团司令部的函》（1926年3月29日），《中国近代社会生活档案·东北卷一》第15册，第337—338页。

② 《镇威第三、四方面联合军团司令部为借用金銮殿东房间事给奉天省长公署的函》（1927年2月8日），《中国近代社会生活档案·东北卷一》第15册，第358页。

③ 《奉天省教育会为请将崇谟阁腾出以便修理事给奉天省长公署的呈》（1926年9月7日），《中国近代社会生活档案·东北卷一》第15册，第345—346页。

第二节　民国政府践行清室陵寝"永远奉祀"

一　皇陵禁地大开

顺治初年清朝入主中原迁都北京，将旧京奉天尊为王朝陪都，保留宫殿，后置盛京内务府，管理皇室在故地的庄园、果园、山场、牧场等产业，为宫廷输送大量祭、贡品物。有清一代，康熙、乾隆、嘉庆、道光四帝先后十度东巡，拜谒作为祖源精神象征的兴京永陵[①]及盛京福、昭两陵，并以旧宫为驻跸之所，彰显出对陪都的重视。

作为陪都龙兴之地精神象征的盛京三陵，在日俄战争时期的命运与盛京皇宫一样，同样经历了外人的闯入、劫掠、破坏。光绪三十年初，盛京将军增祺与俄方议定日俄两军交战区时，担心福陵虽在界外但距离较近，或不免受战祸波及。果然日俄双方开战后，9月俄军侵入福陵，在陵区内驻扎，砸毁大量石碑、墓坊，[②]经增祺致电外务部与驻京俄使交涉，虽令其短暂撤出，但未及两月复又入陵，拆毁陵寝守卫官兵房舍，改作养马场，[③]同时于陵内囤积大量粮草，派驻守护兵丁5000余人，运粮车达4万—5万辆。由于俄军逐渐在战局中处于劣势，为免粮草落入日人之手，甚至有直接将陵寝付之一炬的打算，然其最终得以保全。[④]因奉天冬季严寒，俄军亦分派200—300人占据昭陵陵区，滥行砍伐百年古木用以烧火取暖。[⑤]次年3月，日军追击在奉天会战中溃败的俄国士兵来到昭陵隆恩门，时值昭陵举行春祭典仪，六品尚香梅文衡、梅玉林兄弟上前阻拦40—50名无理闯入的日兵，均被其枪杀。[⑥]

清季关外三陵守护事务由盛京将军统摄，盛京副都统、兴京副都统

---

① 清永陵与昭陵、福陵并称关外三陵、盛京三陵，为努尔哈赤父塔克世、祖父觉昌安及曾祖、六世祖等人陵寝，位于今辽宁省新宾满族自治县。

② 《福陵被占述函》，《新闻报》1904年9月27日，第2版。

③ 《福陵又被占据》，《新闻报》1904年11月13日，第4版。

④ 《奉省情形可危》，《大公报》1905年2月27日，第2版；金梁：《奉天古迹考》，徐光荣、孙丕任校注，沈阳出版社，2013，第5页。

⑤ 《俄兵侵害陵地》，《申报》1905年3月8日，第3版。

⑥ 刘振超编著《盛京胜景》第2版，沈阳出版社，2017，第65页。

分充福昭两陵守护大臣、永陵守护大臣。因三陵事务实由盛京副都统兼管，清廷于 1905 年任命其为三陵承办事务衙门大臣。[①] 1912 年清帝溥仪逊位时，《清室优待条件》专款规定了清朝"宗庙陵寝永远奉祀，由中华民国酌设卫兵妥慎保护"，但经费及兵士来源等问题皆待进一步落实。因陵寝向来系属皇室禁地，民元以后虽多有中外人等前往瞻仰，本应心存诚敬，但却时时发生本国人在陵区各处肆意游逛，外国人于山林内放枪捕鸟、饮酒喧闹等事。[②] 是年 6 月 3 日，盛京副都统德裕咨东三省都督赵尔巽，请出示告示查禁失敬各案，并照会各国领事，如外人再有不法行为，将拘送交涉司严行惩处。6 月 8 日，袁世凯发布保护皇室宗庙陵寝的临时大总统令，"盛京、兴京两副都统，马兰、泰宁两镇总兵，向系守护陵寝之官，在官制未经更定以前，该副都统、总兵等仍照旧日职权，督率原设各职官及兵丁等，妥慎保护，毋任弛玩"。[③] 至此，该副都统等在保留清室陵寝大臣身份的同时，亦与守陵旗兵进入民国陆军序列，履行中华民国保护前朝陵庙之责。尽管德裕一再表示凡关禁地事宜，皆应严肃办理，不得任便外人游览，但当次年 9 月俄国总参谋处交通司司长、中将多勃雷兴提出前往奉天游历并参观陵寝时，[④] 三陵衙门亦只得妥为接待。

在皇室禁地被迫开放的同时，陵寝事务经费也面临无着境地。按照《优待条件》字面意思的理解，"永远奉祀"或应指民国政府为陵寝的祭享、修缮等常行事宜提供款项。不过 1912 年 10 月，北京政府内务部咨文奉天都督赵尔巽表示：

> 土木司案呈本部官制已经公布，所有关于盛京三陵，东、西两陵岁修工程等项事宜，系属皇室范围以内，应改隶内务府承办。[⑤]

---

① 《清实录》第 59 册，光绪三十一年九月庚寅条，第 293 页。

② 《盛京副都统给赵尔巽的咨》（1912 年 6 月 3 日），《关于禁止外国人游览福陵、昭陵的文件》，《民国奉系军阀档案·一九一二年卷》第 6 册，第 41 页。

③ 《临时大总统令》，《政府公报分类汇编》1915 年第 38 期，"优待"第 1 页。

④ 《哈尔滨交涉员为俄国总参谋处交通司长中将多勃雷兴参观清皇陵事电奉天都督张锡銮》（1913 年 9 月 27 日），《盛京皇宫和关外三陵档案》，第 400 页。

⑤ 《内务部给奉天都督的咨》（1912 年 10 月 12 日），《关于三陵岁修工程改归内务府承办的文件》，《民国奉系军阀档案·一九一二年卷》第 7 册，第 52—53 页。

内务部认为，政府既已向清室拨发 400 万两优待岁费，则相当于为皇室各项事务提供了经济保障，而没有义务在岁费定额以外，另行分项再予清室补贴。原本宣统三年试办全国预算暂行章程时，东、西两陵及盛京三陵经费皆由度支部统管开支。[①] 按照清末三陵衙门所拟宣统四年（1912）预算计，该衙门常年支出有祭牛、祭羊、祭用各品、祭祀临时活支、岁修、办公夫役经费、官兵薪饷、办事衙门各员薪公、办事长官津贴等九项，共需银 33640 两，彼时虽年收入款项计有 100461 两，但由度支司额定拨发的俸饷、祭品、修缮等费即达 79449 两，若民国成立后该司不再续行拨款，则综计三陵官兵随缺地租、丁差征款、园地招租收入至多不过 21012 两，较年支 3 万余两实不敷用。但从那一刻开始，无论中央还是地方皆不再为清室陵寝岁修动支经费，三陵衙门须自筹款项，或由清室总管内务府从优待岁费中直接拨发。

表 5-1　三陵承办事务衙门所属各处常年收入款目

单位：两

项目	度支司额支收入	官兵随缺地租收入	丁差征款收入	园地招租收入
三陵衙门	4451	1202		
永陵总管	6909	1871		
永陵关防	1701	382		
福陵总管	7864	1101		
福陵关防	2744	494		
福陵四品官	1638	6	3215	
昭陵总管	6929	1323		
昭陵关防	2719	305	209	

---

① 《度支部尚书载泽等奏试办全国预算拟暂行章程并主管预算各衙门事项折》附清单三《主管预算衙门所管京外预算经费事项清单》（宣统三年正月十四日），《清末筹备立宪档案史料》下册，第 1050 页。

项目	度支司额支收入	官兵随缺地租收入	丁差征款收入	园地招租收入
昭陵四品官	239	9	2766	1829
三陵衙门户股	1512			
三陵衙门礼股	7725		674	772
三陵衙门工股	10848		4854	
三陵衙门官庄	5413			
三陵衙门官牛场	11199			
三陵衙门鹿角、泊岸工程	7558			
总计	79449	6693	11718	2601
备考	此表系查照宣统四年预算分列，所有各款数目以两为止，所有俸饷、祭品、修缮等费均列度支司额支款内			

资料来源：《三陵筹办事务衙门所属各处常年收入款目简明表》（1913 年 2 月 25 日），JC011-02-022773-000004。

　　昔日清王朝为保护皇家禁地曾"树桩以为界"，福、昭陵周围由近及远环绕着红、白、青三色木桩隔离带，[①] 青桩外立有界牌。实则早在1912 年 5 月，陵寝守护大臣、盛京副都统兼署金州副都统德裕即呈请于福陵前鸡心滩处禁地栽种果树，既可护卫风脉，又增经济价值。赵尔巽批示青桩界内附属禁地与陵寝距离尚远，可查丈闲荒数段分给该处守护八旗官兵领佃垦种，以所纳租价作为开办果树种植经费，不敷之款再由公家补助。经该副都统派员查丈，共勘得荒甸 12 段，计 2100 余亩。[②] 7月，赵氏再批以福、昭两陵禁地余荒既属清室产业，则每年所获利润可充作岁修经费，并为陵寝守护官兵酌拨津贴。[③] 盛京副都统由是传集荒甸附近村屯乡正，详议招佃耕种陵地事宜，"拟定上地三年每亩纳租洋三元五角，下地三年每亩纳租洋八角五分，以租三年为满，上期交租，三

---

① 清福陵周围设红桩木 271 根，十余丈外设白桩木 261 根，十里外设青桩木 36 根；清昭陵周围设红桩木 128 根，十余丈外设白桩木 90 根，十里外设青桩木 36 根。详见嘉庆《钦定大清会典》卷 48。

② 《盛京副都统衙门为勘丈福陵闲荒栽种果树事给东三省都督赵尔巽咨文》（1912 年 7 月 9 日），《东北边疆档案选辑（清代 民国）》第 81 册，第 205 页。

③ 《东三省都督赵尔巽为福陵余荒招佃收租用以陵寝修缮津贴守护官兵事晓谕》（1912 年 7 月 9 日），《东北边疆档案选辑（清代 民国）》第 81 册，第 320 页。

年后另议租价"。① 然而佃户虽有意承领土地，却因定价较高负担过重，将三陵衙门官兵控至省署，双方争讼不断。部分守陵官兵为避免纠葛、尽早获取收入，便表明自备应纳租款以期顺利承领陵地。

原本赵尔巽采取的举措，一方面显示出对北京"小朝廷"的亲近并为清室减轻财政负担，另一方面也在一定程度上兑现了《优待条件》中筹办八旗生计的承诺。但值得注意的是，即便维持陵寝衙门运转及岁修工程属于清室自行承担经费的范畴，其能够以垦种陵地的方式垫补亏空，但守陵旗兵却因归于中华民国统管而应由民国政府发给薪水津贴，更何况"八旗兵弁俸饷仍旧支放"明文载于《优待条件》。用清室产业租项补贴民国卫兵，赵尔巽此举模糊了清室陵寝大臣与民国副都统之间的界限，反映出共和政权无力落实八旗生计筹办的财政窘境。实则当年盛京三陵守护官兵俸饷已遭欠发，仅发放一次够八十余天之用，加之国体变更后原本应纳陵属官庄供差的丁户亦多抗欠，仅赖招垦进款实难维持备办祭祀、修缮陵寝及贴补旗兵等多项开支。

然而这位以"心系旧主"形象示人的都督却用化名"赵辉堂"成立了专事陵地承租的溥丰模范农场，② 享有清昭陵余地无限期的土地使用权。此后农场执事人崔洵生更以向日人借款 2 万日元的形式将陵地转租榊原政雄三十年，③ 险些酿成交涉案。有学者注意到赵尔巽使用官僚与民间人士"两张脸"，通过溥丰农场这一"纸上公司"牟取陵区利益；并指出 1915 年代表清室及农场与日方交涉归还陵地的张焕柏出身盛京三陵衙门官宦世家，该家族既实际支配陵区土地管理丁佃，更可能与奉天当局达成交易，在收回土地后将其有偿出让为民地。④ 而且吊诡的是，在清室筹措逾租价十倍的 236000 日元赎回全部约 15000 公顷陵地后，继任陵寝大臣署盛京副都统兼署金州副都统的三多却又允将 100 公顷陵区

---

①　东三省总督赵尔巽札（附盛京副都统德裕咨），1912 年 6 月 19 日，JC011-02-015686-000002。

②　南满洲铁道株式会社总务部事务局调查课编『满洲旧惯调查报告书前篇ノ内・皇产』、大同印书馆、1915、第 247 页。

③　JACAR（アジア歴史資料センター）Ref. B04011164800（第 30 画像）、満洲ニ於ケル農場経営関係雑件/榊原溥豊農園 第一巻（1.7.7.11-1_001）（外務省外交史料館）。

④　详见江夏由树《近代中国东北土地利权关系中的中日官民关系——以旧奉天皇产为中心》，张永江、牧仁译，《东北史地》2011 年第 3 期。

水田租予日方榊原农场。① 当然，由于民国政府自 1913 年起仅能拨发五到六成优待岁费，② 清室几乎陷于破产境地，故此赎地款实由财政部拨发，并从积欠清室款项中抵扣。而留租部分水田虽作为榊原返还陵地的交换条件，且奉天巡按使公署碍于"二十一条"日本臣民在辽东半岛地区经营农业"得商租其需用地亩"③ 的条款，为避免纠葛没有提出异议，然陵寝衙门官员非但不维护清室反行侵损其利益之举，使逊清社会内部的分裂态势暴露无遗。

二　陵寝衙门难以为继

民元溥丰农场与三陵衙门签订租地合同时，集股规约写明先尽三陵衙门入股，每年以一成五红利作为皇室地租，另外还可按股参与收益分配。此文件经东三省都督立案转咨清室查照，由北京总管内务府具保，说明开放陵区余荒筹办奉祀经费的方式最初得到了"小朝廷"认可。

溥丰模范农场租地集股开办规约

一、溥丰模范农场系皇室以昭陵余地，与倡办稻田及种植果木为奉省农人模范。

二、农场照股份有限公司章程集股开办，每一千元为一股，计十六股。先尽三陵衙门入股，余白登记人承认，呈明东三省都督立案，转咨北京内务府查照，并出示保护。

三、本农场区划农地时，应于白桥以外，由三陵衙门派员指界，并将明堂正面勘定宽度，留为空场，由场栽植树株以为界限。其余地亩由农场随便种植，惟所留明堂附近不许穿井、盖房、取土等事。

四、昭陵界内从前私垦地亩，一律由东三省都督查明禁止，全归农场使用。惟陵户、壮丁人等，如诣耕种之事，农场得酌量雇用。

五、农场由股东中公举理事一人，经理一切事务。年终结算，

---

① 《收奉天昭陵署董书麟呈》（1917 年 6 月 21 日），《中日关系史料·东北问题》（一），第 76 页。

② 《致徐大总统公函》（1920 年 3 月 17 日），《清内务府档案文献汇编》第 9 册，第 3614 页。

③ 《关于南满洲及东部内蒙古之条约》（1915 年 5 月 25 日），王铁崖编《中外旧约章汇编》第 2 册，生活·读书·新知三联书店，1957，第 1101 页。

由股东中公推监查二人，稽勘帐目，编制报告，报明业务情形，分布各股东。遇有关系营业重大之事，股东二人以上，可以召集全体股东商议。

六、股东平时无息，每年收入除开支外，红利作为十成，以一成五为皇室地租。每年年终结算账时，由守护大臣派员同监查人稽勘账目，以一成为办事人花红，其余七成五按股分配。

七、本规约由三陵守护大臣及农场发起人签字押印，彼此永远遵守。

八、本规约营业方面，有未尽或窒碍，得开股东会议另行增改。关于承租地亩方面，非双方愿意，不得更改。

> 三陵守护大臣德裕
> 中华民国元年四月十四日
> 姜（文程）、聂（海澄）、周（松林）、
> 赵（辉堂）、陈（蓝勋）、崔（洵生）[①]

但此后农场执事人崔洵生与榊原政雄签署转租陵地合同时，却并未预先报请清室允准，也没有订定如上述集股规约中酌量雇用陵户壮丁保障旗兵利益的条款。[②] 榊原农场以陵区为基地，先是不断向周边地区推展侵占民田，复在收取清室赎地款后仍坚持留租水田，更于近陵墙处扩展神道、挖掘长沟。[③] 张焕柏代表清室赎地时，明确表示自地价款项结清后农场与榊原再不相涉，双方为此详定七条细则：（1）自立合同签字实行之日起，榊原政雄所有管理田地权永久抛弃之；（2）榊原政雄接租溥丰地段，名曰榊原第一农场并第二农场，所有溥丰公司范围以内，统归张焕柏接收，自行清厘处分，永不与榊原政雄相涉；（3）合同签字后，所有崔潮原交各项文件，及与榊原农场原订各种契据全数交回，其契据当面烧弃，倘或有遗漏未交文据，日后发现概作无效；（4）合同签字后，

---

① JACAR（アジア歴史資料センター）Ref. B04011164800（第22—23画像）、満洲ニ於ケル農場経営関係雑件/榊原溥豊農園　第一巻（1.7.7.11-1_001）（外務省外交史料館）。

② JACAR（アジア歴史資料センター）Ref. B04011164800（第26—27画像）、満洲ニ於ケル農場経営関係雑件/榊原溥豊農園　第一巻（1.7.7.11-1_001）（外務省外交史料館）。

③ 《收奉天昭陵署董书麟呈》（1917年6月21日）附件一《抄第一次由奉邮递世中堂呈文》，《中日关系史料·东北问题》（一），第75页。

双方分别呈明政府,并由日总领事、沈阳县知事盖印;(5)合同签字后,榊原政雄于三十日内,即将地段内租户并雇用中外人等一律迁出农场,有立会人担负责任,至迟不得逾四十日;(6)榊原农场将租户迁出,并将榊原农场原接崔潮所交之溥丰公司各种文卷及原订各种契约交清点收后,并农场租户人等迁出,即将此项地价如数交清;(7)此次契约文字以中文为凭,契约照缮二份,由双方各执一份,有立会人证明之。①

　　然而陵寝大臣三多不仅未阻日人侵毁陵区,反欲与之订立每年奉洋600元的租约,②委派协领寿聿彭带领日人前往水田地段,甚至连陵西沙河子民屯地亩亦混指在内,致日人将民户殴伤,③亦激起昭陵总管、关防两署300余名官兵向北京总管内务府大臣世续呈文抗议。照理而言,即便不虑贻害民国主权,曾任清朝库伦办事大臣又颇与京中遗老交好的三多,似不应如此枉顾清室利益,但陵寝经费支绌早令其感到棘手而萌生退意。尽管1913年接任陵寝大臣后,三多便将经费预算压缩为6万元,但拟请奉省财政厅及总管内务府分别拨发的兵饷、陵工费各2万元久无着落,仅以佃地租金自筹2万元勉强维持。④是年2月,其咨文奉天行政公署,请将原由奉天度支司代征转解的官庄及官牛场款项,改归三陵衙门统一派员征收。同时提出改组衙署计划,希望将尚能征得之清室在奉庄园、房屋等产业租款,连同从前掌备办祭、贡各品及典仪事务的盛京内务府,归入三陵一体管理,以达清厘清室产业减少靡费之效。后因遭盛京内务府官兵强烈反对,归并一议不了了之。

---

① 沈阳县知事赵恭寅详(附正副合同),1916年3月7日,JC010-01-017103-000038。
② 《收奉天省长张作霖咨》(1918年6月5日)附件《清折》,《中日关系史料·东北问题》(一),第204页。
③ 《收奉天昭陵署董书麟呈》(1917年6月21日)附件三《抄呈奉天省长禀》,《中日关系史料·东北问题》(一),第76页。
④ 《昭陵最近之状况》,《大公报》1914年12月7日,第9版。

表 5-2　1913 年三陵办事衙门拟改组办法

单位：人

三陵办事衙门组织		
职务	员额	职掌
长官	1	统筹三陵一切事务
典守科　科长	1	备办三陵典礼祭品，稽核守陵官兵勤惰事宜
典守科　分办祭品科员	3	
典守科　巡山差遣员	3	
典守科　尚膳员	3	
典守科　尚香员	3	
典守科　尚茶员	3	
典守科　赞礼员	3	
典守科　读祝员	3	
文牍科　科长	1	三陵户、礼、工股档案，及一切文牍事宜
文牍科　书记员	3（事烦得以加员办理）	
出纳科　科长	1	出纳款目，及稽核征收各款事宜
出纳科　征收员	4（事烦得以加员办理）	
三陵守卫组织		
管理正官	3（每陵设一员）	督率兵丁巡山，看守工程、树木等事
管理副官	6（每陵设二员）	帮同正官办理各事
守卫兵	150（每陵设五十名）	巡山、守夜、拔草、打扫等事
总计	191	

资料来源：三陵事务衙门筹拟组织办法清单，1913 年 2 月 25 日，JC011-02-022773-000003。

　　1912 年底继任都督张锡銮向总统呈送丈放兴京永陵龙岗官山章程十三条，拟派员勘查、丈放陵寝禁山以外余地，由佃户价领，"查兴京龙岗官山，久经封禁，其正脉外余地甚多，废弃可惜。此次先行派员勘明，将禁山以外余地实与陵寝毫无关碍者，始准丈放，以保护陵脉、便民垦植为宗旨"。[1] 而属于龙岗正脉应照旧封留的区域，将重新设立桩牌，以明确陵寝区域边界。因禁山向为永陵守护官兵管理，此次丈放后拟由收

---

[1]　奉天都督张锡銮呈文并批（附清折），1912 年 12 月 16 日，《政府公报》1912 年 12 月 22 日第 235 号，第 10 页。

到地价项下酌拨若干成，作为修理陵寝及津贴官兵经费。待该地亩升科后，再于所征课赋内按年拨解相应款项。次年初，当张锡銮为福陵隆恩殿并丹墀等处工程修竣造具清册咨内务部核销时，该部明确表示陵寝事宜既已划归清室总管内务府办理，嗣后自应直接咨送内务府核办，"以清权限"。① 此后4月、5月间，奉省议会正式议决不再将盛京内务府及三陵守护衙门等清室机关应用经费列入省财政计划之内，清室总管内务府为此致函国务院，表示400万两优待经费尚不足以资清室开支，如再行将盛京各该衙门用款划入岁费项下，"则不敷甚巨"。

　　奉省由是援照赵尔巽前批清丈福、昭陵禁地余荒，以招佃纳租款项充作陵工及津贴的成案，着手派员勘查盛京三陵及内务府现有应隶清室财产范围内尚未清厘之各项产业，向丁佃各户发放执、租各照，则册、照费及日后陆续收入租项，可资办公开支并有余款汇解清室总管内务府，为"小朝廷"提供资金支持。与此同时，因国体变更，清室若仍向壮丁征纳差徭，或不合宜，张锡銮议停免供应陵寝祭品等项丁差，则在官庄产业尚未清厘明晰的情形下，三陵衙门又将损失丁差征款收入。但因是年奎公府壮丁于景瀛呈请注销壮丁人地差银一案被总统袁世凯指令奉省取消，并发布命令严行晓谕各处壮丁人等照旧缴纳丁粮，故而次年4月20日，总统以"皇族壮丁既不能任其取销，而皇室丁差更无一律停免之理"再行指令奉省，② 免予取消丁差，仍按旧制办理。

　　由于三陵户股官庄地亩积年未行清厘，庄头、壮丁私典盗押、隐匿换段各弊，与盛京内务府及王公府庄地同样严重。自1914年2月起，三陵协领、"清查皇产委员长"寿聿彭等开始对户股官庄进行清丈，共丈得土地277121亩2分1厘，工、礼二股官山园地亦陆续进行清厘。此外彰武县牛羊牧场经派员会同该管知县勘查，已核明由牧丁纳租领地约30万亩。③ 不过自奉天旗务处裁并盛京内务府办事处后，陵属各项地亩差租皆由财政厅代征转解，若统行改归各该管副都统办理，仍须进一步详

---

① 《内务部给奉天都督的咨》（1913年1月26日），《关于三陵岁修工程改归内务府承办的文件》，《民国奉系军阀档案·一九一二年卷》第7册，第68页。
② 《令奉天民政长准内务府函奉天各项丁差仍照章办理转令奉天民政长查照文》（1914年4月20日），《内务公报》1914年第8期，第42页。
③ 《咨奉天巡按使将奉天三陵皇产地亩并经征租项原案调齐送部查核文》（1915年4月6日），《内务公报》1915年第20期，第28页。

定征租办法。根据此前财政部下发经内务部修正的奉省 1913 年度预算案，"兴京副都统、永陵关防、三陵档房、内务府牛场、财政司支出祭品等项典礼费，事关皇室，自应由皇室经费四百万项下开支，未便列入奉省预算"。① 因锦州官庄自光绪三十一年（1905）丈放后，该衙门应解祭、贡品折色银皆由度支司在征存房税盈余款及官庄新升科地粮项下动支，② 张锡銮认为该地既经丈放，业权便发生转移，不在清室而归属民户，且升科本为国家正赋，亦不应再行拨解清室。不过内务、财政两部议复时提出以庄地升科拨解清室总管内务府上驷院充公应进鹅只、小菜等项折色业有成案，民元既由时任都督赵尔巽确认，仍自官庄升科地粮项下拨款，此际未便擅行停解，应设法筹交清室，得总统批令"照章拨解，以符优待"。③ 由是在奉省未明确丈放三陵官庄收取地价及征租办法时，清室总管内务府与三多议定每年由该项折色银中拨出 12000 两，作为三陵官兵俸饷及备办典礼经费。④ 然而到 1916 年初财政部修正奉省四年度下半年预算时，却将此项庄粮折银删除，三多只得匆忙进京与总管内务府商议解决方案，并委协领寿聿彭代拆、代行"所有盛京兼金州副都统及三陵承办日行事件"。⑤

其时寿聿彭已因在盛京内务府办事处被查实任人唯亲、私借滥支舞弊情形而离任，1919 年 5 月其赴黑龙江上任前，与榊原农场签订了商租昭陵水田 1670 亩、旱田 30 亩及房屋 7 间的合同，写明日人每年 2 月前应交水田租 600 元与旱田房屋租 100 元。⑥ 不过，这份合同并未给办理陵务增加稳定的收入来源，自 1920 年起，榊原农场连续两年拖欠租款，未缴分文，声言三陵衙门如欲收款，需先行增补出租地亩数额。经奉天交

① 《兴京副都统衙门为祭品典礼各费应由皇室经费项下开支事令永陵关防》（1914 年 3 月 28 日），《盛京皇宫和关外三陵档案》，第 318 页。
② 《奉天省例解祭、贡品一律停止分别呈咨饬遵文》，《奉天公报》1912 年 11 月 12 日第 233 期，第 8 页。
③ 内务总长朱启钤、财政总长周自齐呈文并批令，1914 年 7 月 12 日，《政府公报》1914 年 7 月 15 日第 787 号，第 12 页。
④ 署盛京兼金州副都统三多咨，1916 年 2 月 19 日，JC010-01-021027-000029。
⑤ 署盛京兼金州副都统三多咨，1915 年 10 月 20 日，JC010-01-021027-000027。
⑥ 《三陵承办盛京兼金州副都统公署致奉天交涉署的函》（1921 年 7 月 9 日），《关于榊原政雄等人强租北陵农场拒不交租的文件》，辽宁省档案馆《日本侵华罪行档案新辑》第 5 册，广西师范大学出版社，1999，第 306—307 页。

涉署致函日本驻奉代理总领事赤塚正助协商，得其回复表示榊原农场并无欠租之意，唯因"张罗款项不易"，恳请宽限至 1921 年底缴纳。[①] 结果便是日人仅于次年经日领转交奉小洋 500 元，此后七八年间不出分毫，强霸陵地拒不退租。[②]

因已丈余荒常年遭到佃户抗租，未丈地亩数量亦在不少，数年来陵寝失修、树株残毁、禁荒遗失、官田押典种种弊端不胜枚举，甚至出现持棍匪徒闯入昭陵办事衙署殴伤员司、抢劫尚未分发完毕之守陵官兵俸饷的恶行。冯德麟接任盛京副都统兼署金州副都统、掌三陵衙门事后，于 1920 年末向逊帝溥仪"请旨"，拟在副都统署内改组该衙门，设立四处以革除积弊，原有三陵各总管、关防、官庄衙门及户、礼、工各股档房，兴京官牛场等机关与各员司、旗兵等一律裁撤，新制自 1921 年 1 月起正式实施。然而福、昭两陵总管、关防等署员司，仍希望援照清室东、西两陵而维持旧制，"现经守护大臣认真整顿，意至良美。惟改用新人，何如旧人之娴熟典礼、深明掌故。若云有不肖之人，似宜易其人，不必去其缺。陵差夙称清苦，旗人生计久劳宪台筹划，何若留此机关，既可为两陵旗人尽报效君上之忧，又可为旗人留此生机之一线"。[③] 副都统冯德麟为显示整顿三陵衙门弊病的决心，严行督查守陵官兵办事情况，发现福、昭陵原本应各自统兵 50 名的两位卫队长王士忠、陶长春，皆有"吃空饷"的行为，"该队长等自去岁 10 月间编置卫队以后，即逐月克扣旷饷，侵蚀兵额，该王士忠每月得饷八九名，该陶长春每月得饷七八名，虽空额有多寡之分，然不过以五十步笑百步耳，其侵蚀克扣则一也。综计迄今已历八个月<份>之久，每一兵额月饷洋十元，该队长等每人侵蚀入己之饷，核洋均在六七百元有奇。现经本公署详查明确，俱已花用无存，毫无疑义"。[④] 冯德麟认为侵蚀兵饷五百元以上实为军法难容，应

---

① 《赤塚正助致关海清的函》（1921 年 7 月 26 日），《关于榊原政雄等人强租北陵农场拒不交租的文件》，《日本侵华罪行档案新辑》第 5 册，第 331 页。

② 《辽宁交涉员王镜寰致日本驻奉天总领事的照会稿》（1929 年 4 月 22 日），《关于日本榊原农场欠租不交并阻碍中国修建铁路事的文件》，《日本侵华罪行档案新辑》第 6 册，第 386—387 页。中日双方关于榊原农场欠租问题的交涉情况，详见赵伟《榊原农场事件研究》，辽宁大学硕士学位论文，2013，第 21—29 页。

③ 昭陵右翼翼长文敬禀，1920 年 12 月，JC010-01-027926-000001。

④ 盛京金州副都统公署咨，1921 年 7 月 11 日，JC010-01-021764-000001。

入刑事案件范围予以惩治，并以三陵衙门作为清室机关"所有目兵系看陵卫队，与其他陆防军队不同，无从组织军法会审，且案经查讯明确，未便繁增手续，徒添案牍之劳"为由，咨明奉天省长公署直接将王、陶两卫队长枪决，以儆其他留任办事人员。

表 5-3　1921 年三陵办事衙门改组方案

部门		员额	职掌
总务处	文牍科	处长 1 员，科员 2 员	一切文卷及官庄纠葛词讼
	司法科		
典礼处	司礼科	处长 1 员，科员 2 员	大祭、常祭及恭备祭品
	司祭科		
庶务处	庶务科	处长 1 员，科员 2 员	陵寝一切杂务及工程
	工程科		
会计处	官产科	处长 1 员，科员 2 员	官产、官庄收入支出
	官庄科		
守卫组织		连长 1 员，排长 3 员，旗兵 100 名	陵寝守护
总计		116 人	

资料来源：奉天省长公署通令，1921 年 1 月 28 日，《奉天公报》1921 年第 3198 号，第 2 页。

针对三陵田房产业久丈未竣、难行征款，此次改组特设官产、官庄科催拨、经管各项收支，并由司法科处理庄地涉讼事宜，力求早日完丈。而员司额数较前仅保留三分之一，则俸饷开支可进一步节约，总以"陵寝有兴修之期，官产无遗失之虑"为盼。此后冯德麟致函兴京副都统德裕，请援案一体改组永陵办事机构。8 月 30 日，德裕将改组计划咨行省长张作霖，拟设总务科，计科长 1 员，文牍、会计各 1 员；典制科，计科长 1 员，典礼、庶务、司祭各 1 员。另择守护旗兵 50 名，设队长、副队长各 1 员。[1] 因三陵丁差一项历由盛京副都统一体催收，永陵各祭用品仍由该副都统署供给，唯岁修工程款项系属自办，且与福、昭陵不同的是，永陵禁山余荒并非招佃征租，而是早经丈放由地户价领，遇有兴修事宜即须咨请省署催拨地价。但当 1922 年 10 月德裕咨陈永陵年久失修

---

[1]　《兴京副都统给奉天省长的咨文》（1921 年 8 月 30 日），《兴京副都统德裕为永陵援案改组事的文件》，《盛京皇宫和关外三陵档案》，第 402 页。

已有坍塌之情，而工程款项尚无从筹措，请省署饬催未收齐龙岗余地价款酌拨，并援1919年成例由兴京县就近给领已升科地款时，奉省复称该副都统署署员既有盗卖陵寝禁地树木恶行在前，则应以树价充作修陵经费，"所请拨款断难照办"。①

实际上民元以后三陵官兵俸饷长期欠发，生计困顿，守护陵寝各员私砍出售官山果树的监守自盗行为时有发生，甚至连永陵总管祥征亦因利用职务便利盗卖陵株而被解职。此外，由于陵寝地段较为偏僻，不乏抗租佃户心生怨怼，抑或铤而走险纯系牟利，盗伐树木屡禁难绝。然而在陵寝工程亟待开办之际，奉省以盗株事为由拒绝拨款，显与丈放陵地之初所议拨款岁修定章不符，无疑致款绌甚巨的陵寝衙门负担更重。1925年3月奉省接收清室产业后，盛京副都统兼署金州副都统、兴京副都统衙门裁撤，三陵事务改归清室驻奉办事处办理。

第三节   "小朝廷"覆灭与奉系接收清室产业

一   列强阴影下的两次"出逃"

早在1917年张勋复辟之际，冯玉祥即发表取消《清室优待条件》、废除帝号、驱逐溥仪出宫的通电。② 1924年发动"北京政变"后，其授意代理内阁总理黄郛召集临时国务会议，商定修改《优待条件》事宜。11月5日上午，鹿钟麟率军警进入紫禁城，向清室总管内务府大臣绍英递交改定后的五项优待条件，限逊帝于当日下午三时前出宫。见此情形，溥仪只得答允接受该项条件，在鹿钟麟的"护送"下，偕同婉容、文绣等离开了紫禁城，乘车到达其父醇亲王载沣居住的北府。摄政内阁随即以"大总统令"的形式正式公布了《修正清室优待条件》的内容：

今因大清皇帝欲贯彻五族共和之精神，不愿违反民国之各种制度仍存于今日，特将《清室优待条件》修正如左：

---

① 《奉天省长公署为永陵请由龙岗地价等项下酌拨修理陵寝费用事咨复兴京副都统公署》（1922年10月20日），《盛京皇宫和关外三陵档案》，第336页。

② 鹿钟麟：《驱逐溥仪出宫始末》，《天津文史资料选辑》第4辑，第100页。

第一条　大清宣统帝从即日起，永远废除皇帝尊号，与中华民国国民在法律上享有同等一切之权利。

第二条　自本条件修正后，民国政府每年补助清室家用五十万元，并特支出二百万元开办北京贫民工厂，尽先收容旗籍贫民。

第三条　清室应按照原《优待条件》第三条，即日移出宫禁，以后得自由选择住居，但民国政府仍负保护责任。

第四条　清室之宗庙陵寝永远奉祀，由民国酌设卫兵妥为保护。

第五条　清宫私产归清室完全享有，民国政府当为特别保护，其一切公产应归民国政府所有。①

实际上在冯氏国民军进城之初，有感于时局纷扰，溥仪的老师陈宝琛至郑孝胥处商议宫中保全之策，郑提出的方案便是借助列强力量，"试求英、日二国，得数十人驻神武门，足矣"。② 然此际"扫除帝制余孽"风声渐起，统属于京师卫戍总部的清宫守卫队亦被冯军缴械调防，清室自危更甚。溥仪召其英籍教师庄士敦、岳父荣源与郑孝胥入宫商讨对策，荣、郑认为冯玉祥正打算发动另一场针对"皇上"的政变，③ 尽管彼时进入紫禁城的各宫门皆被严密监视，但当日众人仍初步计划送溥仪乔装出宫，入外方驻华使团首席公使欧登科所在的东交民巷荷兰使馆"避祸"。清室与外界的联系引起了鹿钟麟的注意，正是由于担心列强介入向国民军施压，冯玉祥在听其汇报后，方指令摄政内阁从速议改《优待条件》，并行"雷霆之举"，不予逊帝联络各方机会，"非逐清室出宫不可"。④

除荷兰公使馆，清室亦与日本公使馆取得联系，该公使馆守备队队长竹本多吉曾向陈宝琛表示，"如宫中有警，可遣兵入卫"。⑤ 是以"逼宫"发生的前一日，溥仪命郑孝胥与竹本妥为接洽。不想翌日正在与竹本商谈时，郑氏便得报宫中或生变故，迨至地安门，正遇一车队，车中

①　大总统令，1924 年 11 月 6 日，《政府公报》1924 年 11 月 6 日第 3097 号，第 6 页。
②　《郑孝胥日记》第 4 册，第 2022 页。
③　庄士敦：《紫禁城的黄昏》，第 297 页。
④　中国第二历史档案馆编《冯玉祥日记》第 1 册，江苏古籍出版社，1992，第 647 页。
⑤　《郑孝胥日记》第 4 册，第 2025 页。

人即为"帝后"。为"救出"被鹿钟麟押送至北府的溥仪,郑孝胥甚至与竹本谋划带同日本医生前往北府,谎称溥仪患病需入医院治疗,或可摆脱困境。郑氏还请竹本代为向亲日的段祺瑞发电陈情,以期段在日方的施压下能够尽力为保全清室与冯玉祥交涉。

与此同时,庄士敦亦接到溥仪七叔载涛贝勒的电话,得知冯军开进紫禁城。在入城遭拒后,庄士敦首先想到的便是"请求外国公使们尽可能地设法保护皇上",[①] 于是二人直奔荷兰公使馆,与偶遇的英国公使麻克类一道前往荷公使处。最终商定由两国公使把紫禁城受到"侵犯"的消息告诉日本公使芳泽谦吉,荷、英、日三国公使一同前往拜会摄政内阁外交总长王正廷,王总长表示修改《优待条件》是顺从"人民的意愿",但保证溥仪不会因此被限制自由并身处危险之中,只是通过民国与清室的新协议完成出皇帝到普通公民的身份转变。庄士敦来到北府向溥仪通报三国公使访外交部的结果,溥仪仍希望其回到使馆区,以便与各国公使保持密切联系。但由于驻守北府的冯军士兵接到严禁外国人入内的命令,直到三个星期后两人才再次见面。

这段时间内,尽管溥仪一直处于国民军的监视之下,但形势已渐渐发生了一些令为其奔走的"股肱之臣"欣喜的变化。段祺瑞、张作霖相继进入北京,黄郛摄政内阁宣告辞职,在冯玉祥、张作霖、卢永祥等人的推举下,11月24日段祺瑞就任中华民国临时执政,冯同时通电下野并前往西山。而当时溥仪则面临三岔口上的抉择,是放弃帝王尊号,做个仍然拥有大量财产的"平民";还是恢复民元《清室优待条件》,"复号回宫";抑或出走海外,以图来日回归紫禁城复辟帝制。[②] 当国民军的警卫从北府撤走后,原本即主张溥仪避居使馆区的郑孝胥、庄士敦等人希望其立即出洋,而以溥仪之父载沣为首的王公大臣及陈宝琛等"帝师"们则坚持"皇上"应留居北府,争取恢复修正前的《优待条件》。不过即使在出洋派中,关于目的地的选择亦有日、英两种不同意见。郑孝胥、罗振玉等人因与日方互动颇多,而主张溥仪到日本。罗氏甚至已与柯劭忞同访芳泽公使,商以"皇上"入使馆事,该公使当时表示若清

---

① 庄士敦:《紫禁城的黄昏》,第300页。
② 爱新觉罗·溥仪:《我的前半生》全本,第137—138页。

室众臣能护卫溥仪顺利到馆，"当竭诚保卫"。① 庄士敦则因其英籍身份的关系，有意请溥仪前往欧洲，这一计划得到了曾任清室总管内务府大臣的金梁的支持。溥仪出宫的第二日，金梁亦至使馆区联络友人，并起草《满蒙回藏人宣言书》一份，拟交予公使团，据此对当局提出正式质问。当北府门禁略为松动可入见溥仪时，金梁进呈了《请速发宣言疏》，还向溥仪表示"虚名上之帝号不可要，人心中之帝号不可不要"，并提出应向中外昭示"天下为公"之心，以换取普通公民之自由，方可谋游学海外：

> 倘能发表宣言，昭示中外，使人人皆知天下为公，别无他意，然后复我自由，再谋游学，托内事于忠贞之士，图其大者远者，一旦有机，立即回国。臣意乱极必治，其端已见，必不远也。②

在出洋目的地的选择上，金梁认为"赴英为宜"，尽管周遭不免有载沣等人带来的阻力，但"左右唯在独断"。

当冯玉祥出城后，因感到气氛缓和，溥仪开始考虑先离开北府这个"变相的紫禁城"，在北京城内另觅一居所。此际郑孝胥带来一份刊载有《赤化运动之平民自治歌》内容的《顺天时报》，经其一番添油加醋的解释，溥仪陷入了惊惧之中。而罗振玉也表示听说冯玉祥及"过激主义"将对"皇上"不利，提出到东交民巷"躲避"。此后最为溥仪倚信的庄士敦，带来外国报纸上的消息，同样显示冯玉祥要第三次对北京采取行动，③ 尽管庄士敦表示各国公使馆仍持乐观态度，认为近期不会出现问题，④ 但连一向最为沉稳持重的陈宝琛，亦因担心"皇帝"当前的处境，转而站在了支持溥仪离开北府、寻求使馆区庇护的一方。甚至由于听闻冯玉祥对国民军高级将领的调集，众人原议溥仪迁往紧邻使馆区东口苏州胡同宅院的计划紧急作废，改为直接将其送入使馆区，置于某一外国

---

① 《集蓼编》，罗继祖主编《罗振玉学术论著集》第 11 集，上海古籍出版社，2010，第 73 页。
② 金梁：《遇变日记》，中国人民政治协商会议全国委员会文史资料研究委员会编《文史资料选辑》第 13 辑，中华书局，1961，第 100 页。
③ 爱新觉罗·溥仪：《我的前半生》全本，第 141 页。
④ 庄士敦：《紫禁城的黄昏》，第 323 页。

公使的保护之下。为免走漏消息以致事败，此次行动对载沣、婉容一干人等全部保密。

11月29日溥仪以至苏州胡同看房为名，在陈宝琛、庄士敦两位师傅，以及或为达"监视"目的要求随行的载沣大管家张文治的陪同下，乘车前往东交民巷德国医院。趁张文治回北府报信时，庄士敦紧急前往使馆交涉。因认为日本公使是当时所有外国公使中最愿意接纳溥仪并提供有效保护的人，是以其首往日本使馆，但芳泽公使并不在馆中。其后他前往荷兰使馆，公使欧登科亦不在。由于对英国公使馆"一向坚决反对任何英国公民卷入有关中国内部政治的任何行动中去"的政策有所了解，庄士敦最后方面见麻克类公使，表示若日使愿为溥仪提供保护，将是最好的选择，麻克类亦赞同其所议。① 荷使、英使为免于军阀、南北各方力量相争之形势未明之际率然牵涉进中国内政之中，而变相拒绝了接纳逊帝的请求。庄士敦别无选择下再返日本使馆，终于得见芳泽公使，该使经慎重考虑，同意迎接溥仪进该使馆。

此际郑孝胥亦赶至德国医院，并向久候庄士敦不见归的溥仪建议前往日本使馆，溥仪允其先行接洽。郑氏至使馆向竹本多吉说明溥仪已在德国医院，经竹本将情况汇报日本公使芳泽谦吉，芳泽即决定行使对外国政治犯的"庇护权"，"请皇帝速来"。不过按照庄士敦的说法，其取得芳泽许可回到德国医院时溥仪已经离开，复返至日本使馆才在竹本的司令部内见到郑孝胥伴侧的"皇上"，而竹本因自身本有接待逊帝的意愿，不希望贵宾被芳泽夺走，是以直到这一刻才向公使报告溥仪到来的消息，② 芳泽方在庄士敦的见证下与"皇上"会面并表示欢迎。然而在郑孝胥当天的日记中，却并未留下庄士敦先行与芳泽公使接洽妥当的记述。在其看来，正是由于初到德国医院时，溥仪即明确告知庄士敦"已往荷兰、英吉利使馆"然长久未归，为免拖延生变，他才向溥仪提出了联络日本使馆的第三个选择。

至少从庄、郑二人的记录里，我们可以发现，他们皆认为自己在为溥仪寻求列强庇护的过程中，发挥了举足轻重的作用。尽管这一行为使

---

① 庄士敦：《紫禁城的黄昏》，第326页。
② 爱新觉罗·溥仪：《我的前半生》全本，第144页。

溥仪遭段祺瑞、张作霖的不满与舆论界的抨击，以载沣为首的王公大臣亦力劝其回到北府，但在芳泽公使的斡旋下，段祺瑞最终予以谅解，表示"溥仪既属中华民国人民，行动、居住各有自由，无所用其干预"，[①]由此也让溥仪再一次见识到了日本于军阀混战中掌控局势的能力。溥仪在使馆中受到热情的接待，并度过二十岁"整寿"，在这般殷勤照拂下，在遗老们的忠诚信誓和来自社会的抗议中，其野心和仇恨也渐渐滋长，并有意实施出洋计划，更致函彼时的日本摄政皇太子裕仁表明"欲以私人资格早日东渡"。[②]

　　由于郑孝胥曾向溥仪拍胸脯保证利用同段祺瑞的私交恢复优待条件，最终却并未实现，一时溥仪与其略有疏远，而和积极支持出洋的罗振玉日渐走近。但当芳泽公使听闻其欲往日本时，却碍于与民国政府之邦交而未便明确答复，只表示"兹事体大"，应从长计议。罗振玉入使馆随侍后，和使馆书记官池部政次交往甚密，池部待罗不可谓不"推心置腹"，表示中国当日之乱局，唯有溥仪早日出洋以谋宏图，方可天下大定。故而溥仪遣柯劭忞携池部一同往见段祺瑞商议出洋事，段虽未提出反对意见，却称应等待一合适的时机，"妥为保护乃可，幸勿造次"。[③]在罗振玉等人眼中，段不过是因不愿溥仪移徙他处而以此说法敷衍搪塞。实际上当时段祺瑞考虑更多的是贸然放溥仪出洋可能招来国人更为猛烈的抨击，而前朝皇帝与经年不断扩张在华势力的日本结合，无疑将使执政府更受日方掣肘，所以段想要先与溥仪议定允其出洋的条件。而日使芳泽最大的顾虑是溥仪赴日可能影响日本与在华各主要列强之间的关系，且帮助已被中方取消尊号的逊帝离境，或不免酿成交涉案。是以芳泽亦将此事告知英、荷两国公使，该使等自不愿溥仪从此落入日本手中，成为其在华进一步扩张的资本，[④]当即通过芳泽向溥仪转达了暂勿妄动的"忠告"。

　　然而溥仪出洋的心已经热切起来，欲在不知会芳泽公使的情况下自行离开使馆远赴日本。罗振玉却提出定要取得公使的许可，才能够在出

---

①　《溥仪避居日使馆》，《清华周刊》第 330 期，1924 年。

②　《溥仪致日本摄政皇太子裕仁的信》（1924 年 12 月），《溥仪文存》，第 66 页。

③　《集蓼编》，《罗振玉学术论著集》第 11 集，第 74 页。

④　周明之：《近代中国的文化危机：清遗老的精神世界》，第 146 页。

京后继续谋求日方保护，并请池部政次与芳泽妥议办法：

> 池部至，极赞同，亦谓非得公使同意不可，但非解除邦交困难，不能得同意，知必有以处此。予谓但有以权辞告公使，谓上自动出京事已密商段，段默认，亦请公使默认。如是公使或不至为难。池部君称善，乃由渠商之公使，公使诺焉。①

二人认为在天津筹备出洋最为适宜，溥仪便派"南书房行走"朱汝珍往津门日租界寻找合适的住房，最终选定清末陆军第八镇统制张彪的宅院。1925 年 2 月 23 日晚八时，芳泽公使派池部和便衣警察护送溥仪至前门火车站登车赴津，罗振玉父子亦同车前往。火车到站后，日本驻天津总领事吉田茂将溥仪接下车，2 月 25 日芳泽公使以此前议定的方案发表声明书，将溥仪此次赴津描述为在其出洋游历意愿驱使下且早已得到执政府默许而日本方面并未与闻的私人行动：

> 原宣统皇帝怀有离京之意，早为执政府所熟知，而无何等干涉之意，又为本馆所了解。但豫想迄实行之日，当尚有多少时日，不意今竟急遽离开北京，想因昨今一二新闻，频载不稳之记事，致促其行。②

此声明书一出，则任便溥仪离开的后果将全部由执政府承担。自此以后，由逊帝回归国民身份的溥仪，在天津开始了七年的"寓公"生活。

二　清室与军阀的离合

在寻求列强庇护的同时，清室中人在溥仪出宫前后还与各派系军阀多番联络。冯玉祥未入北京城以前，京畿警备副司令孙岳已命炮兵在紫禁城外驻扎；冯军进城当日，该炮兵等更在景山架设炮台直指宫禁内苑，为免徒生变故，罗振玉提议尽早防备。彼时总管内务府大臣绍英认为曹

---

① 《集蓼编》，《罗振玉学术论著集》第 11 集，第 75 页。
② 《清逊帝离京昨晨抵津》，《顺天时报》1925 年 2 月 25 日，第 7 版。

锟遭禁，则冯玉祥目的已经达到，不会祸及清室。即便城内确有骚乱，用土袋抵塞神武门亦可阻挡。因早在1917年张勋复辟时，冯玉祥已有废帝号、驱溥仪之议，罗振玉始终备感惶恐，遂通过日本公使馆渠道乘坐列车前往天津，欲请段祺瑞电告冯玉祥勿行危害清室事。罗于11月5日离京，当日中午郑孝胥及陈宝琛的外甥刘骧业即得知鹿钟麟入宫并紧闭神武门，二人急往日本使馆卫队司令部，于司令官竹本多吉处同时致电段祺瑞、张作霖求援，由日本天津驻屯军司令部参谋亲送段阅。彼时冯玉祥所派迎段入京的崇文门监督刘之龙亦在段祺瑞处，段接到电文后，即当着刘的面摔破茶杯，怒而表示"《优待条件》我所手订，且各国使馆均有案，岂容一手撕破乎？今要我入京，何以京城闹到如此地步"。①当日下午三时段氏电冯玉祥、胡景翼、孙岳欲阻其行，但彼时溥仪已在鹿钟麟的限令下乘车出宫。

　　而甫入津门的罗振玉亦听闻京中生变，便请驻屯军司令官代为引荐段祺瑞，希望能够由其出面与冯交涉，力保溥仪安全。段氏虽允再为发电，但并没有面见罗振玉。而郑孝胥等人同样因北府受冯军士兵监视而担心溥仪安慰，再请竹本代为向段发电：

> 昨午后三点钟，冯军押皇上出宫，送至醇王府，派兵监禁。现在只求自由居住，勿视同罪人，以伤忠义之气。望公再致电冯等，许上移居东交民巷，暂避意外危险。实为万幸！②

两日后竹本通知郑孝胥接到复电：

> 皇室事，余全力维持保护，并保全财产，但宣统皇帝入交民巷之意宜中止。已命冯玉祥代表进京，适宜处置。③

段氏显然不愿列强介入清室事务，但其手中无兵权，而溥仪既遭冯军驱

---

①　李景铭：《一个北洋政府官员的生活实录》，《近代史资料》总67号，中国社会科学出版社，1987，第132页。
②　《郑孝胥日记》第4册，第2026页。
③　《郑孝胥日记》第4册，第2026页。

逐出宫，对于以冯之力保全清室自然不会做任何期待。几日前绍英在筹谋应对时局之策时，除外交疏通、请冯军保持和平外，还寄望于张作霖主持公论。[①] 而郑孝胥在日人与段祺瑞联络的同时，亦想到可由张作霖要求冯军撤去北府守卫。听闻冯玉祥逼宫"噩耗"，清末曾任直隶总督兼北洋大臣的陈夔龙于11月8日联合上海遗老致电段、张，指出《清室优待条件》为民国成立的"公据"，不可为人所任意推翻，当永远恪守：

> 芝公（指段祺瑞——引者注）群伦属望，综领机钤；雨公（指张作霖——引者注）倡义兴师，奠安畿辅。必先坚守盟约，俾天下信其可恃，大局方易维持。切盼先行电京，速复优待皇室原状，免致根本动摇，人心疑惧。全国幸甚。[②]

面对遗老们的厚望，一日后张作霖复电时却颇有搪塞之意，表示正行军讨贼而不愿干政，并未事先闻知冯军有此动作，虽无从置喙但可期来日国民会议召开，"海内明达群集论政之时"，为清室"主持公道"。[③] 没有得到张作霖竭力保全清室、恢复优待的答复，陈夔龙颇感失望，而段祺瑞方则没有给其回电，只向天津遗老表示会尽力保护。

段祺瑞11月15日被张作霖、冯玉祥、卢永祥推举为中华民国临时执政后，于22日下午三时乘列车抵京，郑孝胥往车站迎接。次日段意欲任命郑为内阁成员，邀其入府商谈，郑因不能复辟而不愿前往。至24日段正式就任执政，载涛贝勒亦得与其会面，请将北府守卫撤去。次日郑孝胥赴吉兆胡同段宅与之长谈，到26日，冯玉祥自请免职而守卫终于撤离。[④] 北府不再处于被监控的状态，这仿佛向社会释放了一个信号，即向来声言保护清室的段祺瑞，很有可能恢复修正前的《优待条件》，甚有传闻指段将于第一次阁议中，提请讨论不予承认《修正清室优待条件》一案。[⑤] 段就任执政当日，张作霖亦入京为贺，因北府管家张文治

① 《绍英日记》下册，第654页。
② 陈夔龙：《梦蕉亭杂记》，中华书局，2007，第125页。
③ 陈夔龙：《梦蕉亭杂记》，第125页。
④ 《郑孝胥日记》第4册，第2029页。
⑤ 《清室优待条件发生问题》，《晨报》1924年11月29日，第3版。

以张作霖为盟兄，便特地往访以求庇护。实则早在溥仪初入北府时，张作霖便是清室中人议定的重要求援对象。彼时载泽因与奉系将领杨宇霆、常荫槐颇为熟识，常在一起打牌、吃饭，便拟转托杨、常代为向张作霖寻求帮助。① 待张文治终与张作霖会面后，带回张作霖对庄士敦的邀请，溥仪便将一张自己的签名照片及一只镶宝石的黄玉戒指交给庄士敦，请转送给张作霖。

据庄士敦回忆，其与张大帅初次见面即进行了数小时的谈话，其间房门始终紧闭。张氏收下溥仪的照片而退回戒指，并详细说明了对冯玉祥等人"逼宫"事件的看法：

> 他（指张作霖——引者注）打算帮助皇上并挽回残局，但又说他只能采取一些不致引起共和派猜疑的行动，当然他仍把复辟帝制当做自己的目标。他接着讲述了他的计划，使皇上既可恢复他所失去的权力，又使这复辟看上去完全是满族人支持的而不带任何其他色彩。②

张作霖表示希望由蒙古族人、满族人采取最初的行动，而为使计划引起反响，庄士敦或可成为将部分消息传递给各"友好国家"公使的带信人。事实上这次会面双方的目的皆非常明确，张作霖"想通过庄士敦探一探东交民巷对他的态度"，而北府则希望庄士敦探一探张对溥仪的态度。③ 是以张与庄士敦约定了第二次会面，请庄士敦将在使馆区活动的情况详告。

溥仪为老师与张作霖的后续见面准备了一份由郑孝胥草拟的"赐张作霖诏"，内中述及出洋计划：

> 予数年以来，困守宫中，囿于闻见，乘此时会，拟为出洋之行。惟筹备尚须时日，日内欲择暂驻之所，即行移出醇邸。俟料理粗定，

---

① 爱新觉罗·溥佳：《溥仪出宫的前前后后》，全国政协文史和学习委员会编《回忆溥仪》，中国文史出版社，2017，第12—13页。
② 庄士敦：《紫禁城的黄昏》，第321页。
③ 爱新觉罗·溥仪：《我的前半生》全本，第136页。

先往盛京恭谒陵寝；事竣之日，再谋游学海外，以补不足。①

尽管溥仪预备将甚至不能向其父载沣详述并得到理解的心中所愿，透露给张作霖，但仍然控制着北京的冯军就像一团始终笼罩在北府上空的阴云，倾盆骤雨随时将至。在此期间，金梁亦拜访了张作霖，并就当时形势与其拟定五条续行维持优待清室办法，但金梁并不相信段、张二人能够担负起挽救清室之重任：

盖自段、张到京后，皆空言示好，实无办法，众为所欺，以为恢复即在目前，于是事实未见，而意见已生。②

是以当闻知溥仪避入日使馆后，陈夔龙反庆幸"皇上"终于"脱险难而入坦途"，"此后惟祈各友邦之共同保护而已"。③

正如此前载沣及各王公大臣反对溥仪进入使馆区时所预料的那样，溥仪的突然"出走"，无疑是向段、张表示"既不相信他们统治的稳固性，也不相信他们的诚意"，④ 势必引起对方不满。是以当 11 月 30 日庄士敦再与张作霖会面时，张一改前次的热情态度而首先表达了对信任被辜负的强烈愤怒，在一间开放的大厅里质问庄士敦，"只要他张作霖不离开北京，皇上在北府到底会有什么灾难降临"；⑤ 继而对溥仪最终选择进入日使馆斥责甚厉，"他使馆犹可，何故独往日馆！"⑥ 由此或可看出尽管张作霖称霸东北，并在刚刚过去不久的第二次直奉战争中得到日本的扶助，但其对日人巩固"满蒙"利益的掠夺政策有最直接的体会，故而亦十分警惕当下日方接纳这位于满族、蒙古族人士有着特殊意义的前朝皇帝的真实意图。

此时段祺瑞为避免将溥仪入日使馆上升为外交事件并与日方产生摩擦，欲将溥仪劝回北府，还特意派陆军中将曲同丰至竹本多吉处，申明

① 《郑孝胥日记》第 4 册，第 2029 页。
② 金梁：《遇变日记》，《文史资料选辑》第 13 辑，第 104 页。
③ 陈夔龙：《梦蕉亭杂记》，第 126 页。
④ 庄士敦：《紫禁城的黄昏》，第 323 页。
⑤ 庄士敦：《紫禁城的黄昏》，第 329 页。
⑥ 《郑孝胥日记》第 4 册，第 2031 页。

"执政府极愿尊重逊帝的自由意志，并于可能范围内，保护其生命财产及其关系者之安全"。[1] 但溥仪出洋"成就大业"的主意既定，又通过罗振玉与使馆书记官池部政次的筹谋获得公使芳泽谦吉支持，不仅未能如段祺瑞所期回到北府，甚至为帮芳泽撇清干涉内政嫌疑，将私行赴津的原因归结为段祺瑞预先知晓却未加拦阻的"默认"，实际上他则由日本军警护送至日本驻天津总领事吉田茂迎候的天津站。

三　奉天当局接收清室产业

(一)　张作霖提议接收

1924 年第二次直奉战争开始后，经王永江几年中持续推进改革而日渐充裕的奉省财政，完全转入为军事服务的轨道。战前奉票兑现洋比价为 1.5：1，1924 年底跌至 2：1；1925 年底郭松龄倒戈后，更跌至 2.81：1；甚至反奉平息后亦没有任何好转，1926 年 7 月恶化为 5.64：1。[2] 1926 年 3 月，奉天财政厅厅长兼代理省长王永江向张作霖提出辞职，指出奉省金融紊乱的根源皆在军事之繁费，希望其能够缩减军备，发展生产：

> 若将军能幡然改计，以兵足自卫为度，而将兵工厂缩小一半，作生产事业，汰粮秣处之冗费，撤骈枝之机关，裁冗滥之亲员，节用爱民，省财力以救金融，均度支以兴庶政，永江虽竭尽驽钝，死而后已，又何所辞。[3]

张作霖慰留王氏不成，次年于北京就任陆海军大元帅后，又需奉省财政支撑军政府巨额消耗，别无他法，只得加印奉票，以致东北地区金融业陷入极困深渊。

1925 年 3 月，原本因溥仪擅行离开北府进入日使馆而对其颇感不满的张作霖，与清室驻津办事处取得了联系。然其并非如遗老曾经期望的

---

① 爱新觉罗·溥仪：《我的前半生》全本，第 146 页。

② 魏福祥：《论奉票毛荒及其衰落》，《社会科学战线》1986 年第 3 期。

③ 王永江：《十五年（1926 年）三月五日致张作霖》，政协大连市金州区文史资料委员会、大连市文物管理委员会编《王永江纪念文集》，大连出版社，1993，第 155 页。

那般，助力清室恢复修正前的优待条件，而是致函溥仪表示为免令奉天清室机关所管各项事务荒废，拟由奉省接收盛京宫殿、陵寝，并全行丈放各项地亩产业。实则在张氏意欲彻底清查这批产业前，有感于奉省推行丈放庄地以后，大量浮多地亩皆被收归国有，而应得地价时遭拖欠，清末曾任奉天旗务处总办且颇悉清室产业事务、被溥仪评价为有"一腔热血"并赐少保衔的金梁，[①] 已在 1924 年 1 月向溥仪上"条陈三事折"（此即溥仪出宫后清室善后委员会公布的清室密谋复辟文证之一），折中提出清厘地产办法宜从北京及东三省入手，而东三省产业尤多，若整顿得宜自将收入不菲：

> 东三省如奉天之盐滩、鱼泡、果园、三陵庄地、内务府庄地、官山、林地，吉林、黑龙江之贡品各产地，旺清楔楛林，汤原雕棚地，其中包有煤铁宝石等矿，但得其一已足富国。是皆皇室财产得人而理，皆可收回或派专员放地招垦，或设公司合资兴业，酌看情形随时拟办。……其后丈放庄地收价尤非少数，不早自办，遂为人夺，及今已迟，讵容更缓。[②]

金梁所陈或有不确之处，东三省清室产业丰饶人所共知，进入民国后清室并非不想早日清查产业，妥谋经营之策，以期长久获利，盛京内务府也曾主动要求续办庄地清丈，但终因缺乏强权威慑、政策支持，且人、物两力空虚而难行推进，被奉省借分别皇室、国有产业之名顺势夺取清丈权。尽管仍有部分产业奉省未及清查，但根本上只是时间问题，而金梁所议回收产业、派员丈放、开设公司各策，若不经奉省允准无异于空谈。不过彼时溥仪为改革积弊，任郑孝胥为总管内务府大臣，又以金梁为其助手，在金梁清厘清室产业的思路下，三多赴奉时便以查明各项未被奉省"染指"的产业为首任，希望赶在当局动议前率先提出清厘办法，务求实现清室于各项产业获利最大化。然而一方面清室对此次清查的难度缺乏准确判断，高估了数年间孤悬于"小朝廷"体系外的盛京

---

① 《溥仪赏赐金梁的手书》（1924 年 4 月），《溥仪文存》，第 58 页。
② 《镶红旗蒙古副都统金梁条陈三事折》（1924 年 1 月），清室善后委员会编印《故宫丛刊之二·甲子清室密谋复辟文证》，1925。

内务府办事处的规范程度及行政效率，以致多项产业坐落地段无册档可为稽核，且现有收支各款账册数目混乱；另一方面，奉省在丈放内务府及王公宗室房地产业外，虽对其他各项零星产业并未特别关注，但每当清室有清查之请时，便乘机介入议定收入分配办法，是以三多本欲在勘查山场、果园后提高租额、增加收入，却在禀明当局后不得不面对浮多同样被收归国有的结果。

　　溥仪出宫赴津后，较从前更为不利的是其连外国君主之礼遇地位亦行丧失，帝号取消后，奉天的内务府皇产事宜处已名实不符，而《修正清室优待条件》业将划分清室私产与民国公产明定在列，则产业清查事宜非交托奉天当局实难办理，清室产业甚至有被当局一体收归公有的风险。尽管天津"行在"办事处仍设有总务、收支、交涉、庶务四处，但仅运转了不到一年半的时间便行裁撤，京津两地办事人员亦因经费支绌暂停领取薪水，[①] 故而当张作霖主动提出接收产业，表示愿与清室议定来日得款分配办法时，急需经费维持"行在"活动的溥仪，只得同意张氏的方案。

　　1925 年 3 月 20 日，奉天省长公署派委第二科主任富维骥，与内务府皇产事宜处大臣三多接洽办理相关事宜。24 日，富主任开始点查事宜处及宫内存储各物，三日后三多致函奉天代理省长王永江，指省署开列应行接收物品清单上，并无太庙收存爱新觉罗家族历代册宝一项，则册宝或仍应由清室派员管理，"以便子孙奉祀"，得到省署允准。4 月初，清室驻津办事处派出万绳栻、温肃二人携溥仪"手谕"赴奉，与三多、商衍瀛及三陵衙门大臣、盛京副都统兼署金州副都统冯德麟会商移交事宜。4 月 18 日起，冯德麟陆续开列经管新旧卷宗、应缴销关防图记、陵祭器皿等各项物品，及排牧地、陵寝禁荒地、祭果官山地、窑柴官地等各处房地产业清单，省署第二科于 23 日开始派员前往该副都统公署办理接收。彼时皇产事宜处虽已裁撤，但清室决定继续在奉天保留一与地方政府联络的办事机构，指定三多接办陵寝奉祀事务，并保管暂行收存于前内务府皇产事宜处瓷器库的銮驾等件。

---

①　《溥仪颁发改组天津"行在"与北京清室办事处的谕旨》（1926 年 9 月 27 日），《溥仪文存》，第 72 页。

表 5-4　1925 年清查时所列盛京清室三陵、内务府祭田私产、官山围地、
房间等项暨每年收入租款各数目

产业类别	数量	每年租款收入
永陵红桩界外禁荒熟地	35000 余亩	小洋 14000—15000 元
福陵红桩界外禁荒熟地	4000 余亩	小洋 10000 元
福陵窑柴官地	8000 余亩	小洋 6000 余元
福陵柴炭官山熟地	1000 余亩	小洋 4000 余元
昭陵红桩界外禁荒熟地	3000 余亩	小洋 6000 余元
昭陵窑柴官地	3000 余亩	小洋 5000 余元
福昭陵祭果官山	4000 余亩	小洋 2000 元
福昭陵青桩界内	亩数不详	小洋 2000 余元（以课代租）
永福昭陵官房		小洋 1000 元
福昭陵随缺官地	70000 余亩	小洋 35000 余元
三陵户股官庄官地	250000 余亩	小洋 120000 余元
三陵彰武县牧地	300000 余亩	小洋 30000 余元
锦州庄粮折银		小洋 19000 余元
永陵官兵随缺官地	30000 余亩	小洋 15000 余元
内务府官山、官房、官地、鱼泡围地	50000 余亩	小洋 10000 余元
永福昭陵官房	15 处	
内务府官房	17 处	
三陵官庄衙门官房	2 处	
盛京兴京副都统衙门	2 处	
盛京兴京官牛场	2 处	
兴京松子官山	4 处	
铁岭野鸡官山	1 处	
说明	以上共地约七八十万亩，每年收入租款小洋约二十七八万元，官房三十八处，官山五处，于民国十四年四月准驻津办事处函开奉谕如数将三陵、内务府财产交由张上将军代为清理丈放。嗣经省长公署派员接收清楚，令清丈局一律丈放。原议三陵红桩界内有树地点不在丈放之列，均为保留，仍为陵地。嗣经清丈局将红桩界内有树陵地亦为丈放，殊与原案不符，合并声明	

资料来源：清室驻奉办事处函（附祭田私产官山园地房间等项暨每年收入租款各数目清单、地亩历年收租若干清单），1929 年 6 月，JC010-01-004459-000001。

5月13日，奉省与驻奉办事处议定盛京旧宫内敬典阁所存帝系玉牒、红黄各档，崇谟阁、清宁宫所存实录、圣训，翔凤阁所存各项祭器，崇政殿所存宝座，3个藏书库所存满文圣训及满文各项书籍等，均行移入太庙，由办事处总负责保管。[①] 为便就近典守太庙，三多致函省署商以留用宫内西华门路北官房10间，并警兵住宿所2间。此后复函请发还陵祭案卷及祭品、祭器，以备筹办奉祀事宜；至7月，再以节约经费为由，请饬相应经管人员拨交暂存于前三陵衙门礼股的香帛、蜡烛等物。驻奉办事处在经管事项大幅减少的同时，又因清室房地产业均为奉省接收而缺乏办公经费收入来源，在与奉省行政体系内各部门接洽时，并不十分受重视。1926年9月三多辞差后，该处西华门办公所在地亦被奉省教育会占用，只得另觅新址。当月14日魁升查得盛京旧宫大清门外西院、前内务府办事处旧所共有正厢瓦房12间，唯东厢房3间用作守卫巡警居所，由是向省署商以饬令警卫腾出房屋，以便重新修葺后早日迁入该地续行办公。[②] 25日省署批复警卫已用3间碍难照拨，其余空闲9间准予拨给。10月7日驻奉办事处迁至新办公地点后，仍希望警卫能够对遗留原址官房予以看守护卫，但皇宫警察分驻所巡长高瑞璋表示，宫内凤凰楼、文溯阁等区域20余处院落，"房间最多、门口极广"，"住居部分复杂，保存重要古库数座"，[③] 仅凭一名巡长带同警卫四人实难周全。第二科为此呈请省长酌为添派警员，获张作霖允准。

至1926年底，为编纂"列圣"事略及宗支谱牒，溥仪"谕令"驻奉办事处速将收存于奉天的红、黄档并圣训、实录运往天津。此项册档在三多最初与奉省商洽接收事宜时，虽定拟移存于太庙，由驻奉办事处保管，但彼时因太庙房间较少难行尽数存放，大多仍分存于宫内各殿阁中，并以封条贴门。[④] 1927年1月20日，驻奉办事处函请省署派员启封开门，照数点交以便装箱起运。虽然相关册籍集中收存于敬典、崇谟二阁，但数量过于庞大且运输路程较远，为免散失，需另置木箱装配起运，[⑤] 此对

---

① 清室驻奉办事处函，1927年1月20日，JC010-01-011484-000038。
② 清室驻奉办事处函，1926年9月14日，JC010-01-011484-000030。
③ 皇宫分驻所呈，1926年10月12日，JC010-01-011484-000036。
④ 清室驻奉办事处，1927年1月20日，JC010-01-011484-000038。
⑤ 清室驻奉办事处函，1927年4月26日，JC010-01-011484-000040。

经费、人员不足的驻奉办事处而言无疑是巨大工程。直至 4 月 26 日，该办事处仍向省署表示，全部完成装运颇需时日，请将尚未包装册档续行存放于阁中，以妥善暂存而免损失。

（二）奉天当局续行援助清室

1924 年"小朝廷"覆灭以前，奉天全省官地清丈局最后一次为清室总管内务府拨解地价，是在 6 月 4 日端午节前夕，汇寄款项奉小洋 3 万元。[①] 9 月，三多又因中秋节将至请拨地价，只得省长公署函复"尚有六万余元实欠在民，未经催收到局，现在实无存款，俟收有成数，再行汇寄"。[②] 1925 年 1 月农历新年以前，三多接连致函奉天省署与时任代省长王永江，再一次为留守北京的清室内务府办事处请汇地价时，清丈局以仍未收到价款，此前为济清室急需曾以别款垫汇 5 万余元尚待回补为由，拒绝了三多的请求。原本在《清室优待条件》的保障下，内务府庄地丈放地价尚有大笔难行催缴的积欠，溥仪离开紫禁城后，"皇室机关"特殊地位不再的内务府皇产事宜处，想要尽快催得庄地余款或许更多阻碍。不过当年 3 月，张作霖既已与溥仪商定丈地分价事宜，即便为奉省早日增加财政收入以满足奉系扩充军备的需要，对清室在奉所余地产的清丈，也很快开始推进。至 8 月初，因庄地尾款仍未有一笔续拨到津，省署斥清丈局"何允因循不催"，命速缴转解清室。[③] 但正如同该局此前先留足应归省有浮多价款，若有余数再行拨付清室正额地价的方式，当时办理清丈仍是以保障奉省收入为要，加之领户长久拖延缴价，清室可切实收取款项之日仍是遥遥无期。

到 1929 年 1 月，清丈局清点历届陆续催到丈放内务府庄地价款，积存有奉大洋 97551.12 元，然因皇产事宜处裁撤后，清丈局已数年未与清室奉天办事机构取得联系并拨发价款，已不知该笔款项应解往何处，便呈文省长翟文选请示是否仍由局保管清室地款。翟文选对清室留存办理产业事务的机构亦不甚清楚，便指示该局暂存款项，听候指拨。管理清室驻奉办事处的魁升听闻此事后即致函翟省长，表示清室仍于从前盛京

---

①　此项奉小洋 3 万元交奉天东北银行，按市行 1 元 6 角 8 分汇水在内，折作现大洋 17857 元 1 角 4 分汇往北京。详见总管内务府函，1924 年 7 月 8 日，JC010-01-004313-000112。

②　奉天省长公署函，1924 年 9 月 29 日，JC010-01-013118-000006。

③　奉天省长公署函，1925 年 8 月 2 日，JC010-01-011484-000028。

内务府办公旧地留有办事处，可代为转解地价至驻津办事处，同时有意提醒此项地价尾数仍有"若干未解"，务望奉省续行办理。[①] 可见张作霖虽有从速为清室拨解价款指令在前，但数年间奉军连番征战消耗甚巨，其既无心力盯解清室款项，而省财政为平抑物价、稳定金融，于丈放清室产业中所获款项自会尽先用于经济建设，而非履行与清室的约定。驻奉办事处数年间已难与奉天当局有效互动，无法保障清室在彼处的利益。

表 5-5　1929 年辽宁省境内清室内务府庄地丈放情况调查

地亩等则	丈放庄地亩数	已收价亩数
上则	45853 亩 9 分 5 厘	44433 亩 6 分 5 厘
中则	111133 亩 6 分	108920 亩 2 分
下则	295251 亩 8 分	291360 亩 2 分
减则	121012 亩 6 分	115936 亩
总计亩数	573251 亩 9 分 5 厘	560650 亩 5 厘
总计地价		正额地价 1525491 元 1 角 2 分，浮多地价早经解交省库
说明		未收地价 4 万元有零，积欠年久，能否催齐尚在不可知之数

表 5-6　1925 年至 1929 年 3 月收归省有清室三陵、内务府房地财产丈放情况调查

地亩数	已丈项下	865700 余亩	未丈项下	60200 余亩
地价	已收项下	54073145 元 4 角 5 分	未收项下	3853570 元 1 角 7 厘
说明		谨按未收价款，以本溪之祭果官山、兴京之青桩地、开原茶山地、彰武排牧地欠数为最多。虽经一再呈准减价收数，仍不踊跃。推厥原因，或苦则高价重，或虑承领之后收益过少，不足完纳课赋、亩捐及其他杂费之用，贻累子孙。是以催者虽谆谆，而听者仍藐藐。将来收至何种程度，现在实难逆料。合并声明		

资料来源：清室驻奉办事处魁升函（附清室驻奉办事处函、内务府原案清折、辽宁全省官地清丈局复查清单），1929 年 6 月 2 日，JC010-01-013118-000048。

对于内务府皇产事宜处原管奉天城各处征租房基产业，除 1924 年三多赴奉后业已出售四处、收价奉小洋 27200 元，由其汇解清室不计外，1925

---

①　清室驻奉办事处长官魁升函，1929 年 1 月，奉天省长公署文件，JC010-01-013118。

年1月起清丈局便要求该皇产事宜处将剩余房基全数造册送局清丈。彼时张作霖尚未与溥仪议定清查产业事,该事宜处亦未裁撤,三多便请截留数处房屋仍备租用,得款可作为事宜处办公经费,其余房基皆交局清丈。[①]况且部分房屋仍有押债未清,事缘上年总管内务府用款支绌,三多为解京困,将奉天城鼓楼南一带官房31间、租折14扣抵押奉天交通银行借款25000元,但三个月借期过后仍无力如数还款。经与该行经理商洽,定由银行代为将房屋出售以清本息,若有余款则仍解清室。[②] 种种原因,以致清丈局一时未便将省城清室房产收归丈放。但到3月明确由奉省接收各项产业后,三多亦再无理由要求留存出租房基,省署第二科将抵偿交通银行债务后所余售房款15550.2元汇解天津,[③] 其余各处房基皆由清丈局丈放。

第四节　从王朝旧宫到东三省博物馆

作为承载王朝历史文明的重要文化象征,如何让盛京旧宫向近代化文教场所顺利转型,在住宿、储物之外发挥更大的价值,同时能够得到更为妥善的保护而免军队连番进驻造成殿宇损坏,奉省各界人士对此有着将其改造为图书馆、公园、博物馆等的设想。

最早提出清厘盛京宫内尊藏古物、设立博物馆的人是奉天旗务处总办金梁,其所议为总督锡良采纳。宣统二年八月二十日,锡良奏请建设盛京大内博物馆,并详陈缘由:

> 窃我朝肇兴东土,盛京大内为列圣陟降之地,宫墙美富,禁御森严,飞龙、翔凤二阁恭储御用器物、珍宝、图籍,尊藏齐整,而文溯阁四库全书尤为完善。内府禁地,封镝守护,向称严肃。迩以交通便利,外宾来游,神丽阙廷,咸殷瞻仰。圣朝方欲慰海内观光之望,示王者无外之义,灵台、灵沼与众同乐,正足以广皇仁而昭盛概。[④]

---

① 内务府皇产事宜处函(附汇款收条),1925年1月7日,JC010-01-013118-000015。
② 内务府皇产事宜处与奉天交通银行订立借款合同,1925年1月8日,奉天省长公署文件,JC010-01-013118。
③ 清室驻奉办事处函,1925年7月,JC010-01-011484-000024。
④ 《盛京大内文溯阁前建设博览馆折》(宣统二年八月二十日),《锡良遗稿·奏稿》第2册,第1210页。

因有新建京师图书馆、西湖行宫文澜阁旁图书馆等成案在前，锡良奏以援例于盛京大内文溯阁前空地上建设博览馆，将殿阁现存器物分置其中，向游人开放观览。其根本用意则在于专储皇室传用物件，以示皇室之尊严。八日后奉到朱批，允将藏品整齐陈列，以供瞻仰，但毋庸设博览馆名目。此后一直到 1924 年"小朝廷"覆灭，以旧宫作为博物馆的构想都未能实现。

1925 年 10 月，由于民国政府接收紫禁城后将内廷区域开辟为"故宫博物院"，盛京旧宫的保护与利用问题也开始受到奉天当局的重视。一年后经时任省长莫德惠提议，奉省议会正式决议于旧宫内成立东三省博物馆。1926 年 10 月 20 日，省署委任仇玉珽开始筹办博物馆事宜。① 因彼时宫内东、西两路和中路的东、西宫分别为外界所占用，大清门以南房区和太庙亦不属博物馆管理，故而虽名为以故宫立新馆，实际上馆址只有大清门至清宁宫一线的几座宫殿。② 筹办伊始，为使常年有失修缮的殿宇一改残破旧貌，省长莫德惠要求仇馆长从速开工裱糊宫内各处房屋。经查崇政殿、翔凤阁、飞龙阁等十七处需裱糊房间计有 87 间，③ 自 10 月 29 日开工，至次年 1 月 25 日全部工程皆行完竣。

1928 年 12 月 5 日，在张学良的建议下，时任奉天省长的翟文选聘金梁为东三省博物馆筹备委员长。金梁计划组织清查古物，改造陈列设施，从点查、修理、陈列、开放、编审、调查等六项措施入手，实现早年提倡组建公立博物馆的夙愿。④ 当月 15 日经金梁提案，奉天省议会决定将原拟"历史博物馆"改称"奉天博物院"⑤，拟具筹办章程十条，⑥ 下设古物、图书二部，先在库存古物中拣选以为陈列，于崇政殿、清宁宫、永福宫、衍庆宫、关雎宫、麟趾宫分设銮驾、祭器、乐器、文苑、武备等陈列馆，为便参观者深入了解而非泛泛游览，每件陈列物品均制作标

---

① 《委任》，《奉天公报》1926 年 10 月 20 日第 5229 号，第 1 页。
② 沈阳故宫博物院编《盛京皇宫》，第 395 页。
③ 《东三省博物馆筹办处仇玉珽为请派员验收皇宫各房间裱糊竣工工程事给奉天省长的呈》（1927 年 1 月 25 日），《中国近代社会生活档案·东北卷一》第 15 册，第 356 页。
④ 沈广杰编著《金梁年谱新编》，现代出版社，2012，第 408 页。
⑤ "东北易帜"后，恢复东三省博物院旧称。本书正文为方便起见，一律称东三省博物馆。
⑥ 《博物馆拟章》，东三省博物馆编《东三省博物馆古物陈列册》，1928，第 35—36 页。

签加以解说。

博物馆有了张学良的支持，经与军方多次交涉，终于使久据宫殿不出的军队相继撤离，还古建筑区域一份清静。1929 年 4 月各馆布置就绪，除特定休息日外，定于每日上午 9 时至下午 4 时开放，收取观览券金额每人大洋 4 角，观览者不得手动陈列品，不得于陈列室内吸烟及吐痰，不得于馆内照相、"模写"、"模造"，不得携带畜类及危险物入场。[①]博物馆一经开放，普通游客及中外团体要求特别参观者极多。

表 5-7　1929 年 4 月至 1930 年 6 月东三省博物馆参观人数

时间	普通	军人/儿童/学生	特别	合计
1929 年 4 月	3316	1061	1288	5665
1929 年 5 月	4006	880	265	5151
1929 年 6 月	3905	806	131	4842
1929 年 7 月	2324	435	182	2941
1929 年 8 月	1596	276	238	2110
1929 年 9 月	3208	770	140	4118
1929 年 10 月	4116	956	102	5174
1929 年 11 月	1789	403	1864	4056
1929 年 12 月	822	92	15	929
1930 年 1 月	2079	365	26	2470
1930 年 2 月	6625	832	42	7499
1930 年 3 月	5946	1333	68	7347
1930 年 4 月	4668	729	137	5534
1930 年 5 月	4729	827	403	5959
1930 年 6 月	4262	697	92	5051
总计	53391	10462	4993	68846
备考	特别参观人系由各机关介绍中外要人及学校团体			

资料来源：民国《奉天通志》第 4 册，第 3551 页。

---

① 《博物馆观览规则》，奉天故宫博物馆编印《奉天故宫博物馆要览》，1932，第 71—73 页。

与此同时，沈阳老城区的改造也推动着盛京旧宫的发展。在1929年的城门改造工程中，宫殿外的怀远门正门洞被拆除，城门上方原有内额怀远门汉文三字、外额满文城门名，砖额皆被卸下送往博物馆保存。[1]1931年，沈阳市政公所因皇宫大街过于狭窄，为利交通而壮观瞻，计划开展临街建筑拆退并翻修马路工程，拟将道路拓宽至7丈，则自马路中心起两侧各须退足3丈5尺。因太庙距离街道较近，属应行拆退范围，而施工经费又需各户自行承担，清室驻奉办事处为此致函辽宁省政府，请以保护特别建筑物为虑免行拆退工程：

> 今若照该公所所定办法，不但拆修经费甚巨，无此财力，实与太庙体制损坏实多。应准陈为难情形，请为酌改原定计划，将路线向南稍稍挪移，不至侵及庙门，保全最大。函复前来。敝处伏思皇宫大街虽稍狭隘，惟以太庙建筑于附近，若果视如普通之街巷，轻于拆毁而宽展道路，似与中央政府暨东北行政长官公署保存历代金石遗迹、维持前代各种国粹之宗旨向不相符。[2]

当是时，因市面经济困难，省委会从减负街户、保存古迹的角度出发，原定暂缓拆修旧宫大街，然市政公所为使旧宫街市面貌早日焕新，已将旧路开掘，若不推进工程而仅恢复道路原貌，反致空耗经费。是以省政府指令市政公所为太庙进行特别变通，拆至殿前台阶处即止，殿外八面石则移至附近小公园妥为保护。[3]考虑到清室经费不裕，所有拆除及迁移费用皆由市政公所开支，以利工程早日完竣。随着旧宫区域城门改建，钟、鼓楼拆除等工程的推进，以及街道的展宽平整，不仅宫殿外街市的商贸活动更为繁盛，便利的交通也让前来参观的游人络绎不绝，昔日的皇家禁地真正成为具有独特魅力的城市文化象征。

---

① 《东北政务委员会为沈阳市大西城门满文怀远门三字如何处理事给辽宁省政府的训令》（1929年10月5日），《中国近代社会生活档案·东北卷一》第15册，第362页。

② 清室驻奉办事处函，1931年6月9日，JC010-01-019846-000030。

③ 清室驻奉办事处函，1931年8月14日，JC010-01-019846-000047。

第五节　对抗"满铁"附属地与开办陵寝公园

尽管张作霖奉系政权在崛起的过程中对日态度暧昧，但奉天城区始终面临"满铁"附属地的最直接威胁，即连榊原政雄最初商租清昭陵余地的资金亦来自"满铁"，[①]在其奉天附属地加速发展的同时，榊原农场据陵地以进占奉天城北部地区，阻碍了城市近代化建设的脚步。

日俄战争俄国战败后，美方介入调停，交战双方代表于1905年8月开始在美国朴茨茅斯展开和谈。因甲午战争后，不甘于日本扩大在中国东北势力的俄国，于1896年胁迫中方签署《御敌互相援助条约》，通过其中第四款"今俄国为将来转运俄兵御敌并接济军火、粮食，以期妥速起见，中国国家允于中国黑龙江、吉林地方接造铁路，以达海参崴"，[②]攫取了修筑中东铁路的权利；两年后又在《旅大租地条约》中，确定了由中东路干路至辽东半岛营口、鸭绿江中间沿海较便地方修筑支路的条款。[③]日本为取得东北路权，最终在《朴茨茅斯条约》第六条中与俄方议定，"俄国政府允将由长春（宽城子）至旅顺口之铁路及一切支路，并在该地方铁道内所附属之一切权利财产，以及在该处铁道内附属之一切煤矿，或为铁道利益起见所经营之一切煤矿，不受补偿，且以清国政府允许者，均移让于日本政府"。[④]同年12月22日，日方通过与清政府订立《会议东三省事宜正约》，正式取得清廷对俄方将中东路南满支线路权转让日本的允可。

1906年6月7日，日本政府发布设立南满洲铁道株式会社的饬令，由该机构专门负责经营中国"满洲地方"铁路运输事业。[⑤]因1896年9月中俄《合办东省铁路公司合同章程》第六款规定"凡该公司建造、经

---

① JACAR（アジア歴史資料センター）Ref. B04011164800（第17画像）、満洲ニ於ケル農場経営関係雑件/榊原溥豊農園 第一巻（1.7.7.11-1_001）（外務省外交史料館）。
② 《御敌互相援助条约》（1896年6月3日），《中外旧约章汇编》第1册，第650页。
③ 《旅大租地条约》（1898年3月27日），《中外旧约章汇编》第1册，第742页。
④ 《朴茨茅斯条约正约》（1905年9月5日），步平等编著《东北国际约章汇释（1689—1919）》，黑龙江人民出版社，1987，第279页。
⑤ 《关于设立满铁的敕令》（1906年6月7日），解学诗、苏崇民主编《满铁档案资料汇编》第1卷《日本的大陆政策与满铁》，社会科学文献出版社，2011，第127页。

营、防护铁路所必需之地，又于铁路附近开采沙土、石块、石灰等项所需之地"，既不纳地税，而由该公司"一手经理"，① 俄方便将此项对于铁路附属用地的经理权限强行解释为"行政权"，而"满铁"获得"南满支线"路权后亦自认享有与俄方同等的"行政权"。"满铁"提出的附属地经营方略，即为使该区域成为确保其在华利权、扶植其在华势力的基础；同时将附属地行政权视为在中国东北发展的根本条件，因而"必须死守"。② 尽管到 1909 年 5 月，俄方在《东省铁路公议会大纲》中，已承认中国对铁路界内区域的主权，③ 但"满铁"却依然故我积极建设并持续扩张附属地面积。

奉天附属地以"满铁"奉天站为中心，因看重该城东北军事、政治、经济中枢的特殊地位，为增加附属地竞争力，"满铁"在土木、卫生、给水排水设施以及公园等方面进行了周密的规划，并对定居附属地的人员采取奖励措施。④ 20 世纪 20 年代初，因奉天附属地早期规划用地已基本建设完成，"满铁"认为有必要购买临近区域由奉天当局规划的商埠用地：

> 现在该地（指"满铁"奉天附属地——引者注）所剩土地面积只不过 10 多万坪，正在以日新月异之势向前发展的该地，因系满蒙的中心地，将来仅供作各种公共设施之用的地皮，估计也约需 20 万坪的面积，所以上述些许剩余土地，的确就连作为公共设施之用的地皮均大感不足，至于日本人想占据经济地位的工商业和住宅用地，现在早已到了不得不严格限制租用的窘境。⑤

1907 年"满铁"奉天用地面积为 592.8 万坪，到 1931 年时已增至 798.7

---

① 《合办东省铁路公司合同章程》（1896 年 9 月 8 日），《中外旧约章汇编》第 1 册，第 673 页。

② 《满铁附属地经营沿革全史》，《满铁档案资料汇编》第 13 卷《满铁附属地与九一八事变》，第 3 页。

③ 《东省铁路公议会大纲》（1909 年 5 月 10 日），《中外旧约章汇编》第 2 册，第 565 页。

④ 王鹤、吕海平：《近代沈阳城市形态研究》，中国建筑工业出版社，2015，第 192 页。

⑤ 《满铁社长川村竹治致关东厅事务总长土歧嘉平函》（1922 年 12 月 23 日），《满铁档案资料汇编》第 13 卷《满铁附属地与九一八事变》，第 135 页。

万坪。①

与"满铁"附属地相比，以盛京旧宫为中心的奉天老城区近代化公共事业因起步较晚而发展相对滞后。但随着奉天市政公所的成立，旧城改造步伐加快，交通、水利、卫生、电力等各项近代化事业都有了较为明显的进步。商埠区域的繁荣，亦在老城区与"满铁"附属地之间构筑了一道保护屏障，一定程度上遏制了"满铁"附属地的扩张趋势。与此同时，奉天当局也开始重视对铁路沿线地区的经营，并迈出自主建设铁路步伐。因修筑于光绪年间且中国拥有路权的京奉铁路，于民初以在"南满铁路"下方架设桥梁并从桥洞中通过的方式穿越了该日方铁路，一直延伸到奉天小西边门，并在1927年实现与奉系自主修建的第一条干路奉海铁路联运，京奉铁路沿线奉天西北城区的城市化进程得以大举推进，"形成了以车站为中心的本土新型城区"。②

正是由于清室陵寝处于"南满铁路"沿线，早在民初"满铁"支持榊原农场介入昭陵事务时，奉天当局即有意通过开发陵区抵拒外部势力对前朝禁地的侵蚀。彼刻虽没有明确规划将皇陵纳入城区建设范围，却也无可避免地削夺了清室的权益。1913年继任奉天都督张锡銮便以保全皇室为由，主张取消前督赵尔巽参股的溥丰农场经理陵地之权，将佃地租金直接收归现任政府管理，再行转交三陵衙门，以期从中获取利益。驻扎奉天城北的张作霖第二十七师马、步军队十数营也开拔至陵区进行演习，以致"农民惊惧，不识究占面积若干，群来要求起诉"；此后更将陵区开辟为军用操场，平毁在地青苗。③因部分昭陵余地转租日商榊原农场，1915年"满铁"有意与三陵衙门协商修建一茶亭，以备中外人士往来休憩之用。④不过奉省未允补贴建筑经费，暂无完善公共设施便利游人的打算，且尤其不愿外人频繁出入陵区，连美国驻奉总领事为奉天中国青年会学生函请借用福陵房屋避暑，在保证严肃陵寝秩序并支付管理人员酬劳的前提下，亦遭到省署拒绝。⑤自1916年张作霖督理奉天

---

①　《满铁占用土地统计表（1907年）》《满铁占用土地统计表（1931年）》，《满铁档案资料汇编》第13卷《满铁附属地与九一八事变》，第107—108页。

②　王鹤、吕海平：《近代沈阳城市形态研究》，第98页。

③　溥丰农场公司呈，1913年12月3日，JC010-01-013150-000011。

④　奉天财政厅详，1915年3月31日，JC011-02-022660-000007。

⑤　奉天巡按使公署函，1916年6月27日，JC010-01-023828-000002。

军务并任省长起，奉天城市发展重心进一步向北、向东转移，昭陵、福陵周边区域随着东北大学、东大营、北大营等教育、军事设施的建设，日趋有了清晰规划，逐渐发展成新的市区。[①] 1922 年第一次直奉战争失败后，奉天当局大力推进教育及军工业的发展，建立综合性的高等学府东北大学。为缓解城内大南关校区校舍紧张的问题，同时开辟校办工厂作为工学院学生实习、实验之所，[②] 东北大学选址于清室昭陵附近并陆续收买周边民产房地，[③] 准备增设北陵校区，一时奉省新办学校皆将目光投向了开阔平整、景致宜人的陵区土地。但当奉天教育厅经三陵衙门转商清室予拨昭陵东侧 50 亩土地兴建省立第三高级中学校舍时，北京总管内务府以所请界址与初议不符且距离明堂较近有碍陵界为由，明确答复拒绝。[④]

迨 1924 年第二次直奉战争爆发，奉省金融几有崩溃之虞。张作霖为解经济之困，于 1925 年 3 月主动联络溥仪致以问候，实则希望通过彻底丈放清室奉境内各处地亩、房屋产业，快速获取大笔价款，为军事行动提供支持。彼时急需经费维持天津"行在"活动的溥仪并未表示异议，但特别声明"陵寝行桩以内，须查明划出若干顷，不能丈放"。[⑤] 1925 年夏季奉天城外三陵所属计 60 余万亩土地以"清室祭田"名目勘查完毕，正式开始丈放。[⑥] 为早日收取地价款项，省署训令清丈局、财政厅严定缴价时限，各绳员丈竣土地后须立行赶造图册呈局，催款员接册翌日，即应开单按户严催，"限一个月缴齐价款，逾限一个月以上加价二成，二个月以上加价四成，三个月以上加价六成，四个月以上加价八成，五个月以上加价一倍，六个月后仍不缴价，即行撤地另放"。[⑦] 前朝皇陵封禁之地逐步开放后，省立农业学校、第三高级中学等皆报请将昭陵建筑外围地段拨为校址，奉天教育厅因陆续开办之学校选址用地较为紧张，且

① 孙鸿金：《近代沈阳城市发展研究（1898—1945）》，吉林大学出版社，2015，第 176 页。
② 中国教育报刊社组编，东北大学撰稿《东北大学》，重庆大学出版社，2008，第 13 页。
③ 东北大学函，1923 年 11 月 27 日，JC010-01-022750-000014。
④ 三陵承办兼守卫事务盛京金州副都统公署咨，1924 年 10 月 24 日，JC019-01-000873-000028。
⑤ 清室驻津办事处、清室内务府办事处函，1925 年 3 月 12 日，JC010-01-013092-000002。
⑥ 《东三省短简》，《时报》1925 年 8 月 10 日，第 1 张第 4 版。
⑦ 奉天省长公署训令，1926 年 8 月 21 日，《奉天公报》1926 年第 5172 号，第 1 页。

城内地基价格昂贵，遂计划在北陵附近寻觅合适地点，"勘得北陵地一段，东西宽六十丈，东面南北长八十五丈，西面南北长六十丈，面积约七十亩，东邻老爷庙，西北距东北大学二里余，地势高敞，用作校址尚为适宜。又勘得北陵地一段，南面东西宽一百二十丈，西面南北长一百四十丈，东北两面成半圆形，面积约一百七十亩，西界明堂东封堆、东北距东北大学二里余，地势平坦，亦堪作校址之用。前者面积适中，正敷中学之用，后者面积稍大，足供农校之需"。① 慈善机构同善堂闻知东北大学等处均免价领用陵地，亦请拨建筑医院用地，"本堂自红十字会并入以来，建房生租均属当务之急，兹拟请援例由昭陵迤南打球场左近，拨给10亩用作将来建筑医院，或建民房契租之用"。② 张学良任总办的东北航空处，则希望勘辟陵地为航空人员居住区。③

按照张作霖与溥仪的约定，奉天当局仍有义务保护清陵并协助清室驻奉办事处维持奉祀事务，但如何让陵寝建筑区域与周边不同性质的机构协调发展，并满足城市新区公共空间建设的需要，成为奉天市政公所亟须考虑的问题。早在1910年，"满铁"奉天附属地即以西式造园理念建成一座春日公园，景观、游艺、公共服务设施齐备。到1926年规模更大的千代田公园初步建成，规划有游览区、运动区、安静休息区，并专设儿童活动区和动物观赏区。④ 或受到附属地公园建立的影响，奉天市政公所开始考虑以开辟清昭陵为北陵公园的方式建构公共文化空间、丰富市民休闲娱乐生活。为给清陵公园的开放造势，同年春夏间奉天当局邀请各界名流游览昭陵，前国务总理靳云鹏题咏"昭陵礼罢频回首，更有何人嗣伟踪"；辽宁女子师范学校校长梁兆璜带领四百余名学生参观，"仰瞻陵寝森严地，如鲦游人逐队来"。⑤

时任奉天市政总办的张学良由是授意市长李德新筹议公园管理方案，次年5月14日李市长提出开办公园的思路，明确指出该区域包含原有陵地与新辟公园"两种性质"。因北陵本系清室陵寝禁地，原有奉祀及修

① 奉天教育厅呈（附地形草图），1925年7月20日，JC010-01-022625-000001。
② 奉天同善堂堂长王有壹呈，1925年8月4日，JC010-01-028078-000001。
③ 沈阳县公署呈，1925年10月5日，JC010-01-008591-000001。
④ 张健、李竞翔：《近代沈阳城市公共园林》，中国建材工业出版社，2017，第60—64页。
⑤ 苗文华编《北陵志略》，北陵公园管理处，1929，"名人题咏"第1、3页。

缮等陵务仍归清室驻奉办事处管理，不受开设公园影响；陵前地新办公园之处，则由市政公所分别制定各项制度，派委看管陵寝之视察员苗文华兼充北陵公园管理员。为便于车辆进入、游人观览，拟进行园区内道路修整，并于路两旁安立标示，辟出行人通道；园内同时还设有茶社及部分摊位，面向公众招商，按月纳租。此番公园正式开放后，将收取门票，成人须购买普通票，每张奉小洋 1 元；10 人以上 30 人以下购买团体票，享八折优惠，30 人以上六折优惠；儿童购买半票；军人身穿制服可免票。为保护园区内自然风貌及公共秩序，特制定《北陵公园禁止损坏园物暂行办法》：（1）园内不准携带猎枪；（2）禁止折毁园内花木；（3）禁止打鱼捕鸟；（4）禁止在园内口角喧哗；（5）注意烟火；（6）自高处不准抛弃物品，以免伤及行人；（7）禁止祖腹赤背，随处便溺。[①] 省署认为各项办法尚属可行，指令公园成立之初，皆可按半价核收门票，并于禁损园物规定最后加入惩罚措施，"违反上述规定者，应由管理员酌量情节轻重，处以 5 元以上 50 元以下之罚金"，以行约束。

尽管市政公所已表明清室陵务不因开办公园而取消，但在筹备公园事宜的过程中，无论奉省抑或该公所皆未与清室事先沟通。1927 年 5 月 17 日，清室驻奉办事处庶务科科长文启至昭陵承办大祭时，发现陵内果房中已由市政公所添派巡官 1 员、巡长 1 名、巡警 9 名，以备开园售票。21 日，办事处致函省长公署，强调不应将由清室永远奉祀的私家陵寝视同公产，请取消开放公园，以符对清室之优待：

> 昭陵乃清室先陵，与公共坛庙大有区别。即以平等视之，与民间有主坟茔无异，自应归其后人保守，焉得目为公产。昭陵现有人承奉祭祀，以有主之坟茔改作公园，似觉于理不顺。关内各省历代帝王陵寝，自入民国以来，均视为古迹加以保护，只任人瞻仰，并未闻有改作公园之议。昭陵本先朝陵寝，为沈阳古迹，亦当与历代帝王一律看待，加以保护，不应改为公共娱乐场所。[②]

---

① 《奉天市市长李德新为管理北陵公园各项办法及预算事给奉天省长呈》（1927 年 5 月 14 日），辽宁省档案馆编《中国近代社会生活档案·东北卷一》第 17 册，第 428 页。

② 《清室驻奉办事处为请取消昭陵开放为公园等事函奉天省长公署》（1927 年 5 月 21 日），《盛京皇宫和关外三陵档案》，第 341—342 页。

办事处认为陵寝若改为公园,占用房屋,不仅备办祭品无处存放,承祭人每有出入,再请公家启闭门户,多有不便。且陵内树木繁茂,又与木质殿宇相连,公园内各摊位如售卖食物、安置炉灶,恐有疏忽,致百年工程毁于一旦。为减小开办公园的阻力,打消清室顾虑,6月13日省署函复表示前划昭陵保留地段及红墙以内所有殿宇房屋,仍归驻奉办事处自行管理以便奉祀,同时将各门锁钥及祭器一并交还。但如有游客欲入内参观,仍请该处随时开门接待。① 四日后再函办事处陈明创设公园的用意原在于"保护陵寝",并称业已指令市政公所禁止在陵内及神道两侧设置茶社、摊位,"以示尊崇"。② 此间陵内破败有年的蛇神庙、钟楼等处,亦经沈阳县筹款修竣。虽然其后市政公所因公园难行全权有效管理,而并未将各门锁钥交还清室驻奉办事处,但后者每年所需奉祀经费,尚盼奉省早日拨发丈放陵地价款,实没有与对方往来拉锯的筹码,便也再未提出反对意见。但当奉省不愿为陵务追加拨款时,驻奉办事处亦会从陵寝修缮不及有碍游客观感、或致门票收入减少的角度,请省署考虑允准所议。

为维护"清室祖宗丘垄"秩序,溥仪原本与张作霖商定三陵行桩以内,须明确划清界址,将其保留为不能丈放的"风水地"。适逢公园开办,人流渐增,清室驻奉办事处提出会同奉省清丈局划分陵区界限,埋立标桩以示区分,避免游人误入禁区。经清丈绳员与办事处科长至昭陵区域按地段丈量,"连同陵前拨留三台形式,南至已丈禁荒地,北至民地,东至航空铁路,西至民地,划拨清楚,树立标桩,计共地三千五百一十七亩三分九厘,备文绘图呈送到局,复核无异",昭陵陵寝范围由此明确下来。此外,关于福陵分界,清室驻奉办事处特请留出明堂神道,便利备办祭祀往来之用。"福陵宫门前禁荒之温字一、二、三号,七至十四号,十六号至十九号,三十三号至三十五号,均留为军用地,并未留有明堂通行神路,出入无由。又东、西两红门外,各留地八号,过于逼窄,敢请贵省长商之张军团长,可否另踩相宜地点,让出宫门前十八号地段,俾留为明堂神路,用承祀事,而示优待。"关

① 奉天省长公署训令,1927年6月13日,JC010-01-013069-000049。
② 奉天省长公署函,1927年6月17日,JC010-01-013069-000054。

于永陵分界，因该区域附近佃户声称陵区原图有遗漏地段，驻奉办事处请清丈局详细查核："至永陵原送保留详图，北至古城岗起，西顺半截沟至龙头，南至玉带河，东至火道，凡启运山、泉眼沟，均包在内，大半岭岗膏腴无几。乃领户犹有谓漏段者，但彼等所谓漏段，不过指东火道及泉眼沟之地而言，按照原图均在保留范围之内，又何漏段之有。且幸领户虽报漏段，尚未丈放，应请并饬清丈局按照原图分清界限，界限一清，混淆立免，敝处庶可会同埋立标桩，以资信守。"①

10月3日，奉天市市长李德新拟具《北陵公园十年分期计划说明书》，这份长远的发展规划有志于将昭陵地区建设成为"东亚唯一之公园"。该说明书提出了经营公园的总体方案：

> 一、树木草卉，以陵内之自生者为主。
>
> 二、建筑物之形式，须按中国古式者行之。
>
> 三、各种运动场，须设备于无害园内风致之处。
>
> 四、园内之通路与实用路不同，务期简易而防雨雪之泥泞，以天然之风景为主体。
>
> 五、风致之设备，总以东省故有之风景为主体。
>
> 六、动物园之鸟兽，类以东省产者为主，以供学术上之参考。
>
> 七、植物园内之植物与动物园同。
>
> 八、温室内之植物，搜集热带产生者，以供学术上之参考，更用以装饰园内之花坛。②

这份方案的核心思想为以东北地区特有之风物景致，辅以近代化的便捷公共设施，打造集文化教育、休闲娱乐等功能为一体的综合性公共园林。其公园管理处额定园长1人，下置总务、财务、博物、园艺、警备5股。除统一规划修建道路外，园区内还将设立乐音堂，旅馆，露天商贩用地，

---

① 奉天全省官地清丈局呈（附永陵、福陵、昭陵陵寝范围图说5纸），1928年3月6日，JC010-01-013069-000074。

② 《奉天市市长李德新为呈送北陵公园十年分期计划说明书事给奉天省长禀与省长指令》（1927年10月3日），《中国近代社会生活档案·东北卷一》第17册，第435—436页。

圆形运动场、滑冰场、游泳池、高尔夫球场、橄榄球场、儿童运动场等体育场所,并开凿人工湖以供泛舟、养鱼、栽植水生植物,另添花坛及喷泉、小瀑布作为装饰。可作休憩之用的小亭、长椅,以及电灯、公共卫生间等必要设施亦将一体配备。此外,公园内还附设植物园、动物园、苗圃及温室,开展生物学研究。市政公所计划用十年时间完成全部建设,署奉天省长刘尚清指出公园管理机构不宜太过铺张,总务、财务、警备应并为一股,博物、园艺并为一股,以减少糜费。所呈计划较为周详,但须分别各年开办事项轻重缓急,"如休息所、便溺所为供游园者所不可少之设备,应归第一年度办理",① 而乐音堂、旅馆等可待基本设施齐备后再行建筑。

因陵寝区域古木繁盛,殿宇皆为木质结构建筑,为免火警之虞,1928年4月21日,市政公所为公园拨款架设电线杆、安装电灯,当月接待游客计6000人,次月更迎来全年客流量的峰值,月内售票逾两万张。除天气较为寒冷的10月至次年2月,其余各月游客数量皆在千人以上。② 到1930年5月,沈阳市市长李德新又提出收买陵前丈放地皮四百余亩开办跑马场,并拟在陵后茶厅前树木较少、游人较多的空闲区域购备滑梯等器械十件,设立一小型儿童游戏场,③ 以期进一步完善公园的休闲娱乐功能。

由于奉天地区冬季较长,天寒草枯之际,驻防于福陵附近的军队官兵常私入陵山砍伐树木,烧柴取暖。为保护陵区风貌,1929年6月25日,李市长向辽宁省政府呈请于福陵区域设立东陵公园,委孙振扬为管理员,于9月完成与公安管理处东陵监视员的交接。12月23日,市政公所为公园拨下安装电灯经费。次年6月,两陵再各设电话一架。与北陵公园相较,东陵公园距离市区更远,治安不佳,狼患时有发生,由此给稽查偷伐陵木带来了极大的困难。辽宁省政府为此发布禁止东陵公园樵采训令,经沈阳市市长与省会、沈阳县两级公安局核议,确定园区保护

---

① 《奉天省长刘尚清给市政公所的指令》(1927年11月4日),《奉天市市长李德新为拟送北陵公园十年分期计划说明书及图纸事禀奉天省长》,《盛京皇宫和关外三陵档案》,第357页。

② 《沈阳市北陵公园民国十七年度(1928年)游客数目统计图》,《沈阳市政统计汇刊》1930年第2期。

③ 《沈阳市政公所为拟在北陵公园设置儿童游戏器具事呈辽宁省政府》(1930年5月29日),《盛京皇宫和关外三陵档案》,第376页。

办法为"红墙以内由省会公安局负责，仿北陵成案，派警 10 名、局员 1
名常川驻守；红墙以外，由沈阳县公安局负责，派公安队 20 名、队长 1
名常川驻守"。①

第六节　日军干扰陵区市政建设与溥仪祭祖"梦碎"

一　日军侵犯陵区路权

因"南满铁路"支线从清福陵与清昭陵之间穿过，在距奉天老城北
约三公里处方折向西南绕行，② 且奉军驻扎的北大营亦在该段铁路沿线，
故随着奉天当局新城建设的北向铺展，陵寝区域更难得整肃清静，常年
处于日方以护卫铁路为名屯驻各部队的军事演习范围内。

表 5-8　九一八事变前日军在清室奉天陵区演习情况

年份	次数	部队番号	演习内容	涉及陵寝
1913	4	奉天驻屯步兵第五十八联队第二大队	夜间演习、野外演习、空包发火演习	昭陵、福陵
1914	1	抚顺守备队	夜行军	福陵
1915	1	奉天驻屯步兵一部	夜间空包演习、行军	
1921	8	辽阳第九联队第二大队、奉天独立守备步兵第三大队、奉天驻屯步兵第六十七联队第三大队、连山关独立守备步兵第四大队、铁岭步兵第三十四联队第一大队	大队演习、空包发火演习、射击演习、行军宿营、视察战迹研究战术	昭陵、福陵
1922	7	奉天驻屯步兵第六十七联队第三大队、铁岭步兵第三十四联队第三大队、奉天独立守备步兵第三大队第三中队	联队演习、小队战斗射击演习、野外演习、行军宿营、战迹见学	
1923	1	奉天独立守备步兵第三大队	耐热行军	昭陵

① 《沈阳市政公所为请派军警驻守保护东陵公园花木事呈辽宁省政府》（1930 年 4 月 14
日），《盛京皇宫和关外三陵档案》，第 375 页。
② 王鹤、吕海平：《近代沈阳城市形态研究》，第 90 页。

年份	次数	部队番号	演习内容	涉及陵寝
1924	2	铁岭步兵第六十四联队、"满洲"驻屯陆军各部队	秋季联合演习、耐寒行军宿营	
1925	9	开原独立守备第二大队第一中队、奉天驻屯步兵第三十九联队第一大队第一及第三中队、奉天独立守备队步兵第二大队第三中队、铁岭驻屯步兵第八旅团、辽阳工兵第六大队第二中队	战迹见学、宿营、空包演习、中队战斗教练、秋季联合演习、耐寒行军	昭陵、福陵
1926	4	海城驻屯野炮兵第十联队、奉天独立守备队虎石台守备队、奉天独立守备步兵第二大队	现地战术教育、行军演习、参观	昭陵
1927	3	奉天独立守备步兵第二大队第二及第三中队	空包发火演习、行军演习	
1928	9	奉天驻屯步兵各部队、奉天独立守备步兵第二大队第三及第四中队、奉天驻屯步兵第十九及第五十九联队、奉天驻屯临时通信队	空包演习、联合演习、野外演习、耐寒行军、视察	
1929	11	奉天驻屯步兵第三十三及第五十九联队、奉天独立守备步兵第二大队虎石台守备队	耐寒行军、空包演习、野外演习、战迹见学	昭陵、福陵
1930	11	奉天驻屯步兵第三十三联队、奉天独立守备步兵第二大队	行军空包演习、夜间演习	
1931	12	奉天驻屯步兵第二十九及第三十三联队、奉天独立守备步兵第二大队第四中队及第六大队	行军空包演习、夜间演习、战史教育、宿营	

注：日军常年于"南满铁路"沿线往来，频繁途径陵寝区域，本表仅据现有资料对明确标注陵区为演习范围的军事活动进行统计。

资料来源：沈阳市档案馆编《九一八事变前日本在奉天的侵略活动档案汇编》第3、4册，沈阳出版社，2018；《日本侵华罪行档案新辑》第8、9册。

可以说，在九一八事变爆发前，关东军已经为军事侵略制定了多种预案，奉天独立守备步兵第二大队更是对途径陵区进攻北大营的路线进行了耐寒行军、空包演习、联合演习、夜间演习等多次演练。1918年9月25日清晨，日方铁道监视兵发现有中国军人于铁轨上放置石块，欲行制止，附近中方军营又来五十余人开炮相援，后被日军守备队步兵一小队压制。① "满铁" 将双方冲突报告 "关东都督府" 后，当晚铁轨上再被放置枕木，推测亦系中国军人所为。② 类似诬指中方侵损铁路沿线权益的交涉案层出不穷。到 1928 年 6 月，于北陵一带演习的日军士兵甚至因看到中国小孩向铁路投石而紧追不舍。③ 凡此日人眼中带有抗日意图的行为，在九一八事变当夜一次稍大规模破坏列车运行的事故发生后，成了关东军突然采取军事行动的借口。④ 彼时日军频繁演习并调集重炮引起了外交部奉天交涉署的警惕，该署以未按定例提前十日函报演习计划为由，要求奉天驻屯军推迟北陵周边地区的演习。⑤ 为淡化演习的军事指向性，使中方放松警惕，奉天独立守备步兵第二大队着意进行了几次日俄战争战史教育活动，特别申明行军以 "参观研究" 为主要目的，路线远离城区街市、兵营工厂及北陵等地点。⑥

故而奉天当局在回收陵地后，更多着眼于开放公园由点及面带动临近村市改造的整体性规划，1926 年 10 月即拟将昭陵旁沙河子、御花园两村合并创设模范村，统筹水旱田及房屋、道路用地，设医院、立学校、开工厂，并栽植各类花木，营造 "城市山林之乐"。此后凡游览公园者皆可感沐模范村的新风尚：

> 况东西文明各国，倡办模范村制，逐渐推行，均有成效，而在德国为尤著。奉省试办区村制于今数年，人民泥于旧习，无大进展，非法制之不善，实由观感无自故也。该处有沙河子、御花

---

① 《外电·奉天电》，《申报》1918 年 9 月 27 日，第 2 版。
② 《外电·奉天电》，《申报》1918 年 9 月 28 日，第 3 版。
③ 《沈阳县警察所为调查日军体罚中国工人及日人调派兵炮进入商埠地一事给监督大人的报告及监督大人的批示》（1928 年 6 月 22 日），《九一八事变前日本在奉天的侵略活动档案汇编》第 3 册，第 471 页。
④ 《城野宏笔供》（1954 年），解学诗主编《关东军满铁与伪满洲国的建立》，社会科学文献出版社，2015，第 80—81 页。
⑤ 《外交部奉天交涉署关于日本关东军拟于六月二十六日至七月二十五日实行行军演习一事给沈阳县知事的训令并附演习实施地域要图一份》（1928 年 6 月 27 日），《九一八事变前日本在奉天的侵略活动档案汇编》第 3 册，第 480 页。
⑥ 《外交部驻辽宁特派员办事处关于日独立守备步兵第二大队拟于四月二日实施行军演习一事给沈阳县政府的训令》（1931 年 3 月 28 日）、《辽宁省政府关于日独立守备步兵第二大队拟于四月十日实行演习一事给沈阳县政府的训令并附虎石台守备队行军计划要图一份》（1931 年 4 月 17 日），《九一八事变前日本在奉天的侵略活动档案汇编》第 4 册，第 464—465、473 页。

园两村，相距密迩，均附近北陵。现暨〔既〕开放北陵为公园，如将两村合并为一，加以改进，作为全县各村模范。再于村外田地，何者宜种旱田，何者宜种水田妥为筹划，水田宜如何使之扩充，旱田宜如何使之改良，皆须注意。住房建筑务使朴实以崇节俭，道路修理务使平坦以利交通，人民起居务使清洁以重卫生。设医院以保健康，立学校以兴教育，开工厂以讲实业，种树株以造森林。如桑柘果树等类均行栽植，务期桃红柳绿，景物宜人，鸟啼花笑辟人间世外之地，犬吠鸡鸣有城市山林之乐。村内居民均令出作入息，勤俭操持，无或怠荒。如此于公园外别开一境，相距既近，则凡游览公园者，将并以此为快游之地，或专为参观，或偶然经过，均于全省区村改良有关。缘各县人民来省，凡睹模范村组设者，必感其本村旧习为不良，于观游之中生企及之心。一时触目所欣羡者，即为他日改进之起源，默化潜移，互相竞进，由一村推行于一县，由一县遍及于全省。作始虽简，收效则巨，实较科条文告之功远胜倍蓰。[①]

与此同时，修筑奉天城西北工业区至北陵公园全长八里余的马路也被提上日程。为与北陵公园气势相称，并满足游人如织、车马络绎往来的需要，马路设计宽16丈，"以期坚久而壮观瞻"。"马路既修，模范村将益臻发达，他日民治进化，实业改观，地方于以振兴，民生于以富庶，树一时宏远之规，启万世无疆之利。"

其后1927年3月8日，奉天市市长李德新提出扩张市区范围"南至南市区南端，西至商埠地东界边，东至大东新市区东界，北以北陵北边为界"，尤其注重陵前地段改造对于交通网络建设的作用：

> 北门外之居住区及居住区与北陵前中间之地，因该地东连奉海路，西连工业区，南满、京奉两铁路亦紧相衔接，且有北陵公园为之点缀，将来之发达成意中事。如不加以整理，一任人民自由经营，将来居住区、北陵公园以及通北陵马路桥梁修筑整齐之后，必将有

---

① 沈阳县公署呈，1926年10月17日，JC010-01-009027-000001。

极不整齐秩序杂然之街市一块，横于中间。如果发生此种现象，殊
为遗憾。[①]

李市长请将北陵前官地划归市政公所管辖，以利统一规划改造公园，同
时推动回收阻碍拓宽筑路的英国人所办之万国球场。"惟在北陵前面，英
人设有球场一处，地居要冲。职所派员勘丈，该英人抗不认可。查该处
初容英人设立球场，究竟何所根据，职所无案可稽。长此以往不加过问，
无异市区之内多一租界，良深慨然。该球场所占地基，适在计划修筑马
路丈数之内，若不设法收回，非特妨及国土主权，且阻害路政之进
行。"[②] 该球场自 1914 年经盛京副都统出借场地给万国公会后，已设立
数年，在奉外国人以无处游乐等原因不愿将其废置，奉天市政公所为顺
利收回球场，计划另行设立公共娱乐场所，面向外国人士开放。

　　由于陵区与城区间颇有一段距离，据游陵的女学生回忆，"从前逛北
陵，交通上太感困难，虽然游陵时觉得精神上很愉快，当我们分乘两部
洋车，回来的时候，风沙满目，尘土飞扬，大有行不得也哥哥之叹"。[③]
为便利更多市民及外来游客体验蓊郁苍翠的陵间风光，1929 年 4 月东陵
公园正式开放前，沈海铁路公司率先决定于奉天至东陵车站间发售往复
游览票，每逢星期日再由大北边门临时车站加开游览专车往返各一次，
并将二等、三等客票价格核减三成，[④] 以助力游园增加收入。沈海车站
至东陵之间的半永久公路也在进行修筑，为维护道路使用安全，负责筑
路工程的工兵训练监还禀请省政府派员保护路段："该路远在城外，维护
困难，若不指定负责机关予以保管，日久难免不有车马踏毁及雨水冲蚀
之虞。兹谨为顾该路之长久保存起见，拟请驻山嘴子之讲武堂及驻东陵
之炮兵研究班，就近分段妥为保管，不时派员查验，以重省路而利交通
等因。准此，查该路构筑弗易，若不妥加保管，实难免不有车马踏毁之
虞。除令讲武堂及炮兵研究班接洽分段保护，不时派员巡查外，相应咨

---

① 《奉天市市长李德新为拟具扩张市区范围及清丈局陵前官地处置方法并北陵公园管理
　　权限事给奉天省长呈与省长训令》（1927 年 3 月 8 日），《中国近代社会生活档案·东
　　北卷一》第 17 册，第 408 页。
② 奉天市市长李德新呈，1929 年 3 月 16 日，JC010-01-002607-000001。
③ 《明年怎样逛北陵》，《沈海铁路月刊》1929 年第 1 卷第 5 期。
④ 沈海铁路公司呈，1929 年 4 月 24 日，JC010-01-008169-000001。

请贵政府查照转饬公安管理处，饬该方公安局派主管人，不时巡视并禁止大车通行，以资永固而利交通。"[1]

与此同时，京奉铁路局更利用东北大学工厂道岔延展增修了作为旅游专线的北陵支线，于 1929 年 5 月 5 日正式通车，每日发车四班。是日列车组挂头等车厢 2 节、三等车厢 10 节、餐车 1 节，向旅客赠送乘车优待券。[2] 乘火车前往北陵可免除路途颠簸疲劳，直达目的地入园参观，行程用时的缩短拉近了陵寝区域独特文化风貌与市民休闲生活、商贸经营间的距离，使昔日孤悬于市郊的前朝禁地，加快融入城市建设发展进程中。而即将于 5 月 29 日在东北大学北陵校区新落成运动场开幕的第十四届华北运动会，也让陵寝区域再度受到关注。28 日，平津晋绥运动员专列经皇姑屯车站站长接洽直接驶向北陵，到站后即可步行进入学校歇宿。[3] 6 月 4 日的闭幕式张学良夫妇携子出席，会后又于北陵别墅宴请各校运动员及工作人员逾千人，并致辞勉励青年"应知一切救国建国之责任，胥当自己担任不可瞩望他人""苟中国自强，列强非必强"。[4]

然而在学生为国强健体魄之热情甫被鼓舞、市民商旅刚刚享受到旅游专线带来的便利时，6 月 27 日凌晨四时，忽有日警率榊原农场雇用之朝鲜人掘毁该线路铁轨数段，而此榊原农场之主人，正是民初侵夺昭陵明堂地亩的榊原政雄。当北陵支线修建时，因铁路从其农场经过，榊原提出抗议，彼时经奉天交涉署与之协商后，业已将地赎回。然而榊原却如民元收到清室赎回昭陵明堂地亩价款后复行抵赖般故技重施，拒不履行协议，驱动日警为其助力。当日手持枪械之日本守备队 30 余名，率领工人 30 余名至北陵站，拆毁一处铁轨长约 5 丈，另一处长约 3 丈，将枕木横堆在路上。日人自带木架阻断交通，上竖红旗一面，写有"榊原农场，禁止通行"木牌一个，并将铁路旁中方岗楼推倒。[5] 日方严重侵害奉天当局自主路权的恶劣行径，激起了东北各界民众的强烈愤慨。辽宁省交涉署照会日本驻奉总领事林久治郎，提出严正抗议，要求从严处分

① 辽宁全省公安管理处呈，1929 年 9 月 14 日，JC010-01-003751-000025。
② 《游览北陵客车》，《大公报》1929 年 5 月 8 日，第 7 版。
③ 《华北运动会今晨开幕》，《大公报》1929 年 5 月 29 日，第 5 版。
④ 《华北运动会闭幕盛况》，《大公报》1929 年 6 月 7 日，第 5 版。
⑤ 《金石安为报日人拆毁北陵铁道情形事给沈阳县长呈》（1929 年 6 月 28 日），辽宁省档案馆编《"九·一八"事变档案史料精编》，辽宁人民出版社，1991，第 30 页。

参与行动的军警，责令榊原修复拆毁路段，赔偿损失，并依法予以其处罚。①

　　实际上日方有此毁路之举，并非仅为维护榊原权益而偶然挑衅。张作霖平息郭松龄反奉之举后，于1926年初再度挥师入关，当年底出任安国军总司令，更加背离了日本政府"力图缓和满蒙政情的不安，且尽可能充实其内容，并解决日方悬案"的对华方针，是以日本驻奉总领事吉田茂曾对张作霖发出警告，表示东三省近年军费负担过重，应以整顿财政、保养民力为第一要务，不可再行卷入国内战乱旋涡：

　　　　现在日本与东三省接壤，认为双方共存共荣之关系，极为重大。是以我国朝野，咸对该地区之和平，特为关切。因此，帝国政府在此情势之下，一如曩昔之尝告知总司令者，不得不期望能举偃武修文之实，专事努力整顿庶政，开发产业，借资休养民力，避免骨肉相残之惨祸。省内时局之能否安定，全系于总司令之一转念之间。②

　　然而张作霖不仅未如日方所愿，还于1927年6月16日建立安国军政府，就任陆海军大元帅。为能在北京站稳脚跟，张氏亦流露出与英、美等列强加强联系的意图，以牵制日本的贪得无厌，至此张作霖与日本的矛盾逐渐激化。③而在路权方面，奉海路开筑后，奉系自主的吉海、呼海、打通等铁路陆续开建，洮昂、吉敦等路线也已开工，奉系铁路网计划由线向网铺开，加强对辽西和"北满"的控制，亦将冲击长期窥伺这些区域的日本的利益。④6月底，日本首相兼外相田中义一召开"东方会议"后，日方通过"满铁"继续推进"满蒙铁道网计划"，并与张作霖签订"满蒙新五路"合同，取得敦老、长大、吉五、延海、洮索五条铁路的包工权。但在张学良主政后东北当局的抵制，以及易帜以后回收利权浪潮高涨的情势下，这些铁路均未能动工，而与之相对的却是奉系

① 《辽宁全省公安管理处为抄发交涉署抗议日兵警拆毁北陵铁道照会的训令》（1929年7月17日），《"九·一八"事变档案史料精编》，第31页。
② 东亚同文会编《对华回忆录》，胡锡年译，商务印书馆，1959，第395页。
③ 车维汉、朱虹、王秀华：《奉系对外关系》，第224页。
④ 易丙兰：《奉系与东北铁路》，社会科学文献出版社，2018，第182页。

自建、合办铁路相继竣工投入运营,由此日本与东北当局的矛盾进一步加深。①恰在此际开通的北陵支线,虽然仅仅是北宁铁路上一小段连接沈阳城区与陵寝公园的旅游专线,却迅速将沈阳的城市化趋势延伸至陵区,更使"南满支线"该路段有被中方铁路包围之感。而"维护被北陵支线损害之日侨的利益",则成为日方公然毁路、侵犯路权最冠冕堂皇的理由。

《申报》评论指出"当此东省路权国脉濒危之际,所可恃以外抗侵略而内策发展者,惟有北宁一路",正是因为该条线路带动了辽宁地区经济的发展,方遭日人忌恨,行此武力毁路暴举,"是日人之觊觎我东省各路,而欲一网打尽,其野心已昭然若揭"。② 由沈阳市工商业界发起的国民外交协会为早日解决路案,甚至提出"与日本经济绝交"。1929 年 7月 12 日,国民政府外交部长王正廷亦致函日本驻华公使芳泽谦吉,就日人擅拆北陵路轨问题提出抗议。③ 然而日方态度极其强硬,始则拒不承认军警受官方指使,复竟表示派警于领馆范围外保护侨民生命财产安全"行为正当",且榊原所以有拆路之举,乃民国"蹂躏其商租所致"。④ 尽管中方将继续交涉的步骤定为先于榊原手中收回农场,再由日领事书面答复,并对惩办肇事者、赔偿损失等负完全责任,⑤ 但直到 11 月底该案仍悬而未决,沈阳市政公所因修筑新开河拱桥工程与榊原农场地界毗邻,又遭其阻拦。为解决铁路拆毁至北陵通行不便的问题,市政公所计划新修一条由老城区通往公园的汽车道路,再遭榊原阻挠。而其私自扩张农场用地,至 1930 年 7 月更将界外官地侵占,却仍能逍遥法外,未受任何惩处。

为使初有起色的陵寝公园平稳运转,以最有活力、喜交游的年轻人带动陵区新建设施使用,1930 年元旦张学良召集东北大学、同泽中学学生,于北陵别墅举办联欢大会,鼓励青年刻苦学习,锻炼身体,建设好

---

① 易丙兰:《奉系与东北铁路》,第 308—309 页。
② 《日人拆毁北宁路北陵支线》,《申报》1929 年 7 月 3 日,第 3 张第 10 版。
③ 《王正廷对日抗议北陵案》,《新闻报》1929 年 7 月 13 日,第 2 张第 8 版。
④ 《日本对北陵拆路之二次复牒》,《新闻报》1929 年 7 月 18 日,第 3 张第 9 版。
⑤ 《北陵路案交涉预定步骤》,《新闻报》1929 年 8 月 11 日,第 3 张第 9 版。

国家。① 市政公所亦从教育团体入手，向定期有研学出游活动需要的各
学校提供便利，在爱护花木公物的前提下即可免费游览东陵公园，北陵
公园由公所财务课提前填发游园函证，便能够顺利参观。② 到陵区的山
间花林踏青野餐、摄影采风，一时在高校学生中流行起来；③ 辽宁省立
女子师范学校、第一初级中学校等也因东陵景物宜人，将该处作为举办
修学旅行的地点，让学生通过实地观察"启发知识、活泼精神"，④ 甚至
需要避开星期日，以免节假日游玩者数量庞大，难以顺利开展教研活动。
同时，公园亲近自然的特点亦得到更充分利用，植被种类繁多的北陵林
区成为辽宁省立第一农科高级中学备采林木种子的基地，⑤ 为农业实验
提供了丰富的林产资源。至 11 月，沈阳市政公所拟进一步扩大北陵公园
范围，将已收回丈放昭陵陵地一体纳入规划，筹建北陵"伟大公园"，
打造东北模范市区。彼时规划范围南至"南满铁路"，东至南界居住区，
北部界法库大道，西至南起保合堡，经蓝家窝棚、御花园而达北陵西界
边，北至北陵前，东北大学、东北大学工厂、第三中学、司令长官别墅、
卫队营房、粮秣厂、军草厂等皆在区域内。市政公所计划以北陵为中心
全面整顿道路：

> 该全区域之道路，以北陵大马路为干路，计宽十丈。次为纵横
> 两八丈路，一则南接工业区、三马路，北越稻田而通东北大学；一
> 则西通皇姑屯而接御路，东越居住区而通沈海路站。其余道路或为
> 四丈，或为二丈，衔接联贯，如纲〔网〕在纲，今后该区域无论发
> 展至若何地步，交通方便当无阻碍，即一切设施均有所依据矣。⑥

从最初将昭陵开辟为北陵公园，到推行十年分期计划，再到以公园为中

---

① 刘振操：《张学良和北陵别墅》，《皇姑文史资料》第 5 辑，中国人民政治协商会议沈
　阳市皇姑区委员会文史资料委员会，1992，第 2 页。
② 辽宁省教育厅训令，1930 年 5 月 10 日，JC020-01-000003-000011。
③ 《到昭陵去》，《大公报》1931 年 3 月 12 日，第 9 版。
④ 辽宁省立第一初级中学校呈，1930 年 5 月 6 日，JC019-01-000812-000007。
⑤ 辽宁省立第一农科高级中学校呈，1930 年 9 月 12 日，JC019-01-000753-000132。
⑥ 《沈阳市政公所为报规划北陵道路缘由事呈辽宁省政府》（1930 年 11 月 25 日），《盛京
　皇宫和关外三陵档案》，第 381 页。

心带动区域交通网建设的"伟大公园"规划,每实施一步都需要巨大的资金投入,这对于先后历经两次直奉战争、郭松龄倒戈、组建安国军政府、皇姑屯事件,又在宣布易帜后牵涉中原大战而连年不得喘息的奉天当局而言,应该是不小的负担。但之所以改建陵寝公园规划的体系不断扩大,省政府几年间持续助力市政公所推进实施,根本原因并不是要恪守"永远奉祀"清室宗庙陵寝的《优待条款》,而是要通过扩大城区范围、规划近代化新区建设,"形成对日本在奉殖民空间满铁附属地的有力竞争和遏制"。① 奉天市政公所考虑开辟北陵公园的最重要原因便是该区域处在"南满铁路"沿线重要位置,且作为前朝陵寝禁地,周边土地面积广大而尚未得到有效开发利用,是以既能满足城市区域面积扩展所需要的大量用地,又因"北陵新开河南北地方铁路环抱,地势优异",而于交通网络建设有极大便利。到1930年辽宁总站建成时,其规模已超越"满铁"奉天站主站房,且作为完全自主的铁路枢纽,其突破了"满铁"对辽宁地区铁路的垄断。② 当时若十年分期计划甚至"伟大公园"规划能够顺利推行,或将有效遏制日方在铁路沿线的发展势头,压缩"满铁"附属地扩张空间,进一步扩大奉天当局在自主进行近代化城市建设中的对日竞争优势。

然而一方面,连年征战的巨额军费开支,以及修筑铁路等大规模工程背负的财政压力,使奉省无力在短时间内提供足资计划全面铺开的经费,只得先尽急务入手办理,以致分期过久,进展缓慢且收效并不明显;另一方面,东北易帜后日本关东军已开始策划对"满蒙地区"的占领与统治,复杂多变的局势,使留给奉省实施模范城区建设计划的时间所剩无几。九一八事变后,市政公所宏伟的构想全部化为泡影,陵寝重归"禁地",成为日方诱使溥仪出关的重要手段,以公园带动周边区域发展的城市化建设被迫中断。

二 陵寝重归禁地与溥仪出关

1931年7月,奉天驻屯步兵第二十九联队派兵千余名分驻昭陵、福

---

① 王鹤、吕海平:《近代沈阳城市形态研究》,第122页。

② 张伟、胡玉海编著《沈阳三百年史》,辽宁大学出版社,2004,第339页。

陵，屡经中方交涉未能制止。① 这个来自陵区的异常信号，也成为九一八事变爆发的前兆。关东军占领沈阳后，将民元以后长期饱受日方经济、军事双重侵扰的清室皇陵，重新纳入"禁地"范围并派兵驻守，再不许普通游人参观。其主要目的，或在于展现对尊奉清室帝系的重视，以笼络溥仪。

此前 1928 年 7 月孙殿英部盗窃清东陵事件发生时，溥仪极为震惊，清室遗臣纷纷表示对蒋介石军队的愤慨和对"皇上"的吊慰，甚至从各地寄来重修祖陵费用。而天津张园亦摆上了乾隆和慈禧的灵位及香案祭席，每日三行祭奠，众人拈香行礼、痛哭流涕。② 即便按照 1924 年经摄政内阁公布的《修正清室优待条件》第四款规定，民国政府仍负有永远奉祀清室宗庙陵寝并酌设卫兵妥为保护之责。是以 1928 年 7 月 20 日，醇亲王载沣领衔清室四十六族全体族胞，致电国民革命军第三集团军总司令阎锡山，请派兵保护陵寝并严行缉查案犯。8 月 15 日，阎氏复电表示"至深骇诧，已电请中央选派大员讯办"。③ 最初众人皆以孙殿英第十二军所辖第五师师长、在京私售陵寝珍宝的谭温江为要犯，但十二军军部随从兵张岐厚、张殿元、黄凌川三人并赃物珍珠 36 颗在青岛大港码头被拿获，据张岐厚明确供称"由军长下命令，教工兵营用地雷将西太后及乾隆皇帝二坟炸开"，此后军长的人把守入陵通道，由团、旅、营长们先行进入地宫盗取珍宝。④ 按照张岐厚的说法，盗陵乃是由孙直接指挥，对清室陵寝有预谋、有计划的大规模破坏行动。

得到此消息后，22 日载沣再率阖族致电阎锡山，指称孙殿英同为现行正犯，请与谭一同查拿。因此案涉及国民革命军高级军官，阎锡山复电告知中央已令组织高级军法会审理。⑤ 彼时谭温江由其所属第六军团

---

① 《沈阳日兵出动》，《观海》1931 年第 2 期。

② 爱新觉罗·溥仪：《我的前半生》全本，第 177 页。

③ 《阎锡山复删电》（1928 年 8 月 15 日），《东陵盗案汇编》，上海书店出版社编印《丛书集成续编》第 26 册，2014，第 25 页。

④ 《珍珠三十六颗侦探检查捕获 盗清陵之犯兵在青警厅供词》，《时报》1928 年 8 月 15 日，第 1 张第 4 版。

⑤ 《阎锡山复冬电》（1928 年 9 月 2 日），《东陵盗案汇编》，《丛书集成续编》第 26 册，第 26 页。

军团长徐源泉保释，① 带回军团指挥部看管，9 月 14 日徐据孙殿英呈报盗陵案"真相"上书蒋介石、阎锡山，指谭温江在京出售陵寝各物，皆系与马福田部激战后缴获的战利品：

> 除普通战利品属于军用者，已由各部分别配用外，内有金银器物、珠玉玩具等件，共二十七包，多似曾经入土之物，阅之不胜惊诧。当以事关重要，亟须慎重办理，将各物品分别称准重量，编为十号，拍成照片，以便确认无讹。②

此番说辞首先为孙殿英洗刷嫌疑，而原本性质恶劣的盗售陵寝珍宝也变成谭温江违反军事纪律私卖战利品。该案拖延至次年 6 月最终审判时，谭仅被军法会确定为从犯，而将另一名始终未能缉拿归案的军人杨振国定为主犯，③ 至于孙殿英则全然与案无涉。该案所以不了了之，或因北伐初成，国民革命军两年来睥睨纵横，气势正盛，纵使所属官兵牵涉盗案，亦不愿多事株连，彻底究办。④ 但蒋介石对盗陵案的搪塞了事，却更激发了溥仪复辟和复仇的决心。在给罗振玉的"手谕"中，溥仪激愤地表示，"若不立志恢复，解民倒悬，不惟为祖宗之不肖子孙，更何以对列圣忧勤惕励、勤政爱民之至意？是直为天下之罪人也！"⑤

有学者指出，在经历了"北京政变"、国民革命军北伐，尤其到九一八事变前后，逊清皇室与国民政府之间的"公约数"几乎为零。⑥ 实际上，溥仪在最初离开紫禁城进入北府时，将张作霖视为重要的求援对象。不仅北府管家张文治以张作霖为盟兄，特地拜访以求庇护，宗室载泽亦因与奉系将领杨宇霆、常荫槐颇为熟识，常一起打牌、吃饭，拟转

---

① 《时事日志》（1928 年 8 月 3 日），《东方杂志》第 25 卷第 19 号，1928 年。
② 《徐源泉为谭温江辩白》，《时报》1928 年 9 月 21 日，第 1 张第 3 版。
③ 《陵案要犯可望减刑说》，《时报》1929 年 6 月 18 日，第 1 张第 2、3 版。
④ 胡平生：《民国初期的复辟派》，第 456 页。
⑤ 《戊辰九月初六日溥仪致罗振玉的亲笔手谕》（1928 年 10 月 18 日），《溥仪文存》，第 94 页。
⑥ 详见李在全《九一八事变后国民政府争取溥仪考实》，《社会科学辑刊》2021 年第 2 期。

托二人代为向张寻求帮助。[1] 另据曾代溥仪面见张作霖的英文教师庄士敦回忆，张氏亦有支持"皇上"恢复权力的打算，[2] 溥仪得知后还准备了一份由郑孝胥草拟的"赐张作霖诏"，透露"先往盛京恭谒陵寝；事竣之日，再谋游学海外"的心中所愿。[3] 1925 年溥仪移居天津，为获取奉天产业收入更需依赖张作霖支持，甚至在二人唯一的会面中，还表示早已知道奉天陵庙宫殿"都保护得很好"；[4] 而载沣、载涛等清室宗亲更寄望于张氏谕饬京畿地方保全房舍地亩。[5] 然而"对于清朝最有感情"的张作霖，却在接收奉天陵寝后，为东三省航空处圈占昭陵区域地亩，下令将陵木尽数砍伐；[6] 继而于 1927 年在清室明确表达反对意见时，仍将前朝先祖百年禁地开放为陵寝公园。

自 1926 年起，奉天省署开始以丈放三陵各项地亩价款为清室拨解陵寝经费，当年拨奉大洋 5 万元，1927 年拨 5 万元，1929 年拨 10 万元。到 1930 年，因通货膨胀严重，奉大洋大幅贬值，清室驻奉办事处请拨 20 万元，但仍只得 10 万元，合现洋 2000 元，仅敷半年开支。此后该处请再拨 10 万元充下半年经费，彼时的辽宁省政府答复称"本年经费已拨，未便再加"。在清室看来，该省代收丈放地款在 2000 万—3000 万元，如按成拨发足敷奉祀应用。此前东北政务委员会虽议决拨出奉祀经费名目款项现大洋 50 万元，交由官银号生息，日后每年支息 5 万元，专备陵寝祭祀、修缮应用，但迟未实行。盖以现大洋计，该数不仅较历年并无增加，实系减无可减。[7] 清室驻奉办事处曾致函辽宁省政府，表示"辽省本清室故乡，向重乡谊，自非他省可得而比，素承贵政府优待，仁义遐昭，用敢陈请"，"现因奉票低落，百物倍昂，各陵大祭牛羊果品不能备礼，而永陵围墙坍塌三段，久未修复，长此以往，何堪设想。从前奉省

---

① 爱新觉罗·溥佳：《溥仪出宫的前前后后》，全国政协文史和学习委员会编《回忆溥仪》，第 12—13 页。
② 庄士敦：《紫禁城的黄昏》，第 321 页。
③ 《郑孝胥日记》第 4 册，第 2029 页。
④ 爱新觉罗·溥仪：《我的前半生》全本，第 162 页。
⑤ 载沣等函（附荣源报告函册），1926 年 9 月 4 日，中国第一历史档案馆藏醇亲王府档案，38-00-000-000002-0054。
⑥ 《张雨亭令伐北陵树木》，《大公报》1925 年 5 月 8 日，第 4 版。
⑦ 清室驻奉天办事处函（附津贴表 3 张），1930 年 12 月 14 日，JC010-01-000959-000007。

待遇清室较蒙旗为优，拟请比照蒙旗办法，由三陵及内务府地亩升科项下划拨成数，以为祭祀岁修之费。太祖、太宗为一代开基之主，不至并血食而不保"。[1]

驻奉办事处指出刻下办祭所用物品较清代不过百分之一、十分之一，并非为多请经费而有意夸大。据民国《奉天通志》载，福、昭两陵除常年单次大祭由盛京户部备用玉棠米、糯米、黍米、稷米、稗米五种，黑、白盐各 20 余斤，蕨菜、木耳、蘑菇若干，鸡蛋 1591 枚，鹅蛋 40 枚，鸭蛋 60 枚外，还有太常寺、两翼牧场供应及礼部采买常年岁用乳酥 1826 斤，苹果、梨、柿子各 420 个，干枣、葡萄各 330 斤，龙眼、荔枝各 232 斤，橘饼、柿饼皆 6000—7000 枚，等等，[2] 种类之多、数量之大，超民国时驻奉办事处所用。

表 5-9　1930 年承办三陵大、小祭祀购用祭品一览

祭品名目	大祭一次用量	小祭一次用量	常年总价（元）
牛肉	30 斤		192
羊肉	30 斤	4 斤	307.2
馃供	40 斤		192
家鸡	2 只		32
鲤鱼	4 尾		6.4
玉棠米	2 升		16
干菜	2 斤		32
干果	4 斤	4 斤	281.6
干粉	1 斤		4.8
鸡蛋	20 个		16
鸭蛋	20 个		19.2
牛奶	1 合		8
盐菜	4 两		1.28
青酱	4 两		1.28
元酒	1 斤	1 斤	17.6

①　《清室驻奉办事处为三陵内务府历年收租各情形的公函》（1929 年 6 月），辽宁省档案馆编《一宫三陵档案史料选编》，辽海出版社，2003，第 253 页。
②　民国《奉天通志》第 3 册，第 2235 页。

续表

祭品名目	大祭一次用量	小祭一次用量	常年总价（元）
檀香	4 两	1 两	5.44
白烛	16 只	12 只	112
素帛	1 端		19.3
祝版	1 块		16
高力纸	100 张		10
杏子	10 斤		2
樱桃	10 斤		2
香水梨	10 斤		3
西瓜	12 个		12
香瓜	30 个		6
茶水	0.5 元	0.5 元	44
灯烛	0.5 元		8
柴炭	1 元		16
总计			1383.1
备考	三陵常年大祭十六次，常年小祭七十二次，高力纸至香瓜六项每年一次祭用。祭品各项本系减无可减，比较当年不过百分之一、十分之一耳，谨此声明		

资料来源：清室驻奉天办事处函（附津贴表 3 张），1930 年 12 月 14 日，JC010-01-000959-000007。

此外，每完成一次大祭仪式，需要监礼、承祭、陪祭、司祭、赞礼、读祝、尚香、尚膳、供酒、供茶各 1 员，差役 2 员。由于经费不足，祭差多由驻奉办事处觅请昔日在三陵衙门当差且熟悉礼节的旧员承充，祭用衣帽亦须自备，该处仅提供往返车费，计年支 848 元。

尽管民元以后优待岁费多遭欠发，宗庙陵寝"永远奉祀"与"妥慎保护"的条款亦形同虚设，奉天陵区难以得到较好的修缮和维护，但清室始终坚持继续承办三陵年节祭祀典仪。甚至在 1925 年 4 月甫将产业移交奉天当局尚无回款时，仍向交通银行借款备办福陵忌辰大祭。[①] 其中固然有怀念龙兴故土、使先祖永得奉享的原因，但对退居紫禁城一隅的清室中人而言，在特权地位丧失、民国优待亦无保障的情势下，维持前

---

① 清室驻奉办事处函，1925 年 10 月 21 日，JC010-01-013068-000010。

朝帝王之尊配享陵祭的仪制，或许是唯一延续王朝余威与保持"君主"尊严的方式，是清室自认不同于普通民国公民、因禅让皇统而得享君主礼遇的证明。此种态度在反对陵寝开放为公园、申明"昭陵本先朝陵寝，为沈阳古迹，亦当与历代帝王一律看待"时已得到体现，更成为部分不甘于"国民"身份遗臣的精神支撑。逊清皇室对于奉祀祖陵隐秘幽微的心绪，张学良或无法理解，他一面从奉省处置清室产业得款 100 万元中提拨半数送解天津的溥仪处，[①] 一面希望其把皇帝梦甩掉，甚至到南开去念念书，"做一个中国很有地位的大国民"。[②] 显然，对于终日处在遗老环绕中的溥仪而言，此种想法颇为不切实际。尽管面对日本等外部势力的侵略危机，民国政府以清厘清室私产的方式回收业权，在维护国家主权与领土完整层面具有正当性与正义性，但其既低估了溥仪在前朝遗臣中及东北地区的影响力，未能将旗人社会有效统合于中华民国、中华民族框架，又以颇为轻忽、粗放的工作方式应对逊清皇室，强化了可能产生离心倾向的因素，可谓严重的失误。

实则后金时期火葬依然盛行，丧仪也较为简单纯朴。清太祖努尔哈赤卒后虽入殓埋于城内，但三年后皇太极才改葬父汗于城东石嘴头山并着意修造坟陵，陆续加建寝殿、栽植松木、树立石像。[③] 随着清朝入关渐受中原文教礼制熏染，丧仪祭典也日趋繁复铺张。而民元以后奉省部分长期与清室接洽办理陵务的官员，已注意避免因开发陵区给前朝宗亲带来祖地受辱之感，在昭陵附近新辟水道时，特向三陵衙门说明构筑水利工程不会影响陵区风水；[④] 接收陵地过程中，亦建议省长暂允清室维持福陵、昭陵祭祀大典，"陵庙传统人事，即如士民之有家庙坟墓者，自当归其本户自己主管"；[⑤] 到筹议开放陵寝公园时，为照顾清室感受，定拟由修复损毁殿宇入手，此后提出"遵照原形旧迹"的承修工程总原

---

① 《张学良口述历史》，第 137 页。

② 张之丙、张之宇访谈，《张学良口述历史》编辑委员会整理《张学良口述历史（访谈实录）》第 4 册，当代中国出版社，2014，第 1160 页。

③ 沈阳一宫两陵志编纂委员会编著《沈阳福陵志》，辽宁民族出版社，2006，第 3 页。

④ 奉天省长公署咨，1922 年 4 月 18 日，JC010-01-002227-000098。

⑤ 奉天省长公署签，1925 年 4 月 30 日，JC010-01-011484-000014。

则，细心督率工人，绝不减省工料，完全遵照市政公所指挥按程序进行。① 不过凡此种种更多是出于整肃陵区而非优遇逊帝的考量，且未能在奉系高层形成应对清室一以贯之的策略，再经奉省拖欠办祭经费、陵工进展迟缓的衬托，则更显微不足道。

相较而言，日方对溥仪和清室的了解远超民国各派系。1924 年 11 月 29 日，当溥仪被郑孝胥、陈宝琛、庄士敦三人送至日本驻华使馆时，日使芳泽谦吉虽未及向政府请示，但因自己拥有对外国"政治犯"的"庇护权"，② 便同意收留他们。当 12 月三多为办理清室产业返奉时，日本驻奉总领事主动派员与其接触，方探知溥仪或有移居旅顺的计划，届时仍希望日方予以保护。③ 尽管这种关注的根本目的是为日本谋夺更大的在华利益，但它却被包装为理解与关怀，呈现在经年遭受冷遇、备感压抑和不甘的溥仪面前。原本因民国政府当权者中再没有像段祺瑞、王怀庆这类"老朋友"而恐惧、无望的溥仪，在 1931 年 9 月 30 日与关东军参谋板垣征四郎所派代表上角利一会面后，"浑身的血液都像沸腾了起来"。故此即便张学良也终于意识到争取溥仪的必要性，并通过醇亲王载沣向"皇帝"致歉，还表示不仅东北，包括中央皆将对清室采取优待办法，望"勿赴满洲"时，溥仪"未予理睬"。④ 彼时感受到日方恢复沈阳旧名"盛京"⑤、典守清室陵寝的礼遇，溥仪心中燃起了新的"希望之火"。

而当静园里的遗老们为溥仪是否出关争论不休时，1931 年 10 月 26 日，日军在奉天城⑥北城门外沿途布岗至昭陵前，护卫身着蓝袍青褂的恭亲王溥伟前往谒陵。一行计马车 10 辆、汽车 10 余辆，僧人、道士等数百人在前开路，笙笛齐奏，宛如迎神。除有整猪、整羊的供祭外，日

---

① 沈阳市政公所呈（附修理北陵公园各部分工程预算表、修理北陵公园各部分工程说明书），1929 年 8 月 14 日，JC010-01-003757-000001。

② 《芳泽谦吉在华回忆》，陈天鸥译，《传记文学》第 1 卷第 6 期，1962 年。

③ JACAR（アジア歴史資料センター）Ref. B03050747600（第 242 画像）、清室待遇問題、旧清皇室関係雑件（1.6.1.82）（外務省外交史料館）。

④ 《日本驻天津代总领事田尻致币原外务大臣电》（1931 年 10 月 5 日），《关东军满铁与伪满洲国的建立》，第 443 页。

⑤ 此为关东军代表面见溥仪时的称呼，也是诱使溥仪出关的虚假承诺。

⑥ 1931 年九一八事变日军占领沈阳后，将沈阳市改回前称奉天市，9 月 20 日土肥原贤二被任命为奉天市长。

本军方及议院皆送有花圈。① 溥伟于陵前三拜九叩、号啕大哭，发表体恤民艰的演说，给到场者每人发一个面包，并引导众人三呼"中日亲善万岁"。溥伟在祭告祖宗时，表示其已被公举为"四民维持会"会长：

> 悉叨祖宗之威灵，善邻之正义，盘踞二十年之奸党，忽焉凋零；偷据四省之张贼，倏尔溃窜。当天日复明、光华再现之日，沈阳四乡之士民，公举臣伟请就四民维持会正会长，臣伟感激涕交颐，愧恻不能矣。②

溥伟祈愿爱新觉罗家族的祖先护佑日伪统治下四民"和平福祉"的荒唐闹剧，在舆论界看来或为溥仪筹谋复辟的先兆，实际上却让自与上角会面后一直期盼"佳音"而又感受到"竞争"的溥仪"度日如年"。是以当奉天特务机关长、"市长"土肥原贤二在同溥仪的会面中，请其尽快回到"祖先发祥地"时，为免郑孝胥口中"等日本人把溥伟扶上去"的想象成为现实，溥仪心中已打定主意。

　　尽管此时曾经对其极度忽视的蒋介石，闻知日方与天津静园有频繁联络后，为免事态难行控制，终于派清朝仕学馆出身的国民党监察院委员高友唐前来拜访，并为双方会面提出溥仪离开日租界避免被日人利用、优待条件仍可恢复、清室经费按期拨付、国民政府委员可予满族两席、日后各类会议皆特设满族代表等五项意见，③ 然而这迟来的优待只激起了溥仪心中更强烈的愤怒：

> 国民政府早干什么去了？优待条件废了多少年，孙殿英渎犯了我的祖陵，连管也没有管，现在是怕我出来丢蒋介石他们的人吧，这才想起来优待。④

溥仪完全没有接受蒋介石优待的意愿，溥伟祭祀昭陵虽令人恐慌，但亦

---

① 《皇帝梦之溥伟祭告昭陵·北平专电》，《申报》1931 年 11 月 2 日，第 3 版。
② 《皇帝梦之溥伟祭告昭陵·哈尔滨专电》，《申报》1931 年 11 月 2 日，第 3 版。
③ 陈彬龢：《满洲伪国》，日本研究社，1933，第 273 页。
④ 爱新觉罗·溥仪：《我的前半生》全本，第 222 页。

给了其"美好"而具体的想象。正如恭亲王奕䜣之孙溥儒所言，"未有宗庙不立而能立国者",[1] 回到龙兴故土于盛京旧宫内"登极",亲往祖陵举行风光大祭，这正是溥仪一直以来对于匡正帝统的期待。且对日方而言，因"陪都"在清室众人心中颇具分量，宣称"逊帝"于该地"复位",显然比"新京"长春之于遗老遗少更有号召力。彼时溥仪再也看不到数十年来清室留存官员的监守自盗，看不到日本势力侵夺下普通旗人的困苦生活，终于在 11 月 10 日藏在敞篷跑车的后备厢中"逃"出静园，奔向土肥原描绘的"光明未来"。至 1934 年，尽管曾办理清室奉天事务的三多、商衍瀛、寿耆彭等人皆被召入伪政权任职，但当在长春第三次"登极为帝"的溥仪提出前往盛京拜谒祖陵时，曾以恢复陵寝禁地为饵的关东军早已露出了真面目，表示唯承认"满洲国"皇帝，而非爱新觉罗家族的大清皇帝，既不愿其返乡祭祖，对守护陵寝更不甚在意。溥仪只得每月从"内廷费"中挤出 3000 元接济三陵事务,[2] 而期待中的重现昔日"陪都"陵寝大祭风光，终究无法实现。

　　早在 1931 年冬天，身处汤岗子对翠阁温泉旅馆的溥仪，就幻想着向世人宣布"大清皇帝在沈阳故宫里复位的消息"。对龙兴故土波澜壮阔开国画卷的向往，似乎总能激发起这个年轻人恢复祖宗基业的"志向"。然而清季中东铁路"南满支线"穿越陵区向奉天城西延伸，用象征"文明"的铁路附属地刷新街市，直接冲击了王朝陪都以外郭圆内城方之坛城形制拱卫权力中心盛京皇宫而又四向通达的精心布局。也因此，奉天老城近代转型的缓慢艰难，并非如北京般很大程度上源自厚重传统空间秩序留存带来的保守压抑，以及由此引发的激烈新旧碰撞。在城市西向发展路径被"满铁"截断的危机下，寻求并积极开拓自主发展空间成为奉天当局最切实的需要，无论维持清室陵寝奉祀抑或开放公园，皆成为因应侵略的重要方式。此际作为承继后人主体的清室反而只呈现出被动的模糊形象，无心干预陵署官员以维护为名的侵蚀，希图依恃奉系军阀以保全为名的削夺，甚至甘于接受日本侵华势力以尊崇为名的操控。逊清皇室对个人际遇起伏的惶惑茫然、所谓"帝王尊严"被践踏的愤懑屈

---

[1]　周君适：《伪满宫廷杂忆》，四川人民出版社，1981，第 123 页。

[2]　《"执政"支出细目》，李茂杰、李雪松编译《溥仪与关东军司令官绝密会谈录》第 16 册，线装书局，2015，第 26 页。

辱，在衣不蔽体、贫病交困而又挣扎新生的普通旗族同胞面前，徒显无力苍白。

在民国初年的北京，前朝宫苑、庙坛被开放为公园的现象并不鲜见。但与北京皇家禁地转型为近代城市公共空间进程或热烈或浪漫或诗意的氛围不同，即便游览者以青春样貌与高昂兴致进入奉天陵区，在遍览遗迹怀古凭吊时，总不免被山河破碎的愁绪萦绕，慨叹"惟有专制政府的威严，尽随东流而飘去""花草不知亡国恨，芬芳一路笑迎人""前朝多少兴亡恨，都在丹墀春草长"。① 奉系主政者也逐渐认识到参观陵寝所产生国弱民孱的沉痛感，对于国民精神力尤其是青年自强面貌塑造的积极意义，继而着意引导教育团体增加游园实践活动，鼓舞学生锤炼体魄、强健心智以投身报效国家大业。然而陵寝公园从正式开放到再度被日军封禁不过五年，公共事业发展宏图尚未能铺开，即如刹那焰火闪过夜空又隐没于黑暗之中。九一八事变后，那些去家离乡的流亡学生，只能在记忆中追念春季旅行，"那也是一个暖和的早晨，他们随着校长们到昭陵来"，感怀秋日最大的乐趣便是"在昭陵各处跑着找红叶"，② 守住心中的一点火种，期盼光明到来。

---

① 张淡云：《游昭陵杂感》，《学生文艺丛刊》第 2 卷第 8 集，1925 年；张汝羹：《北陵绝句五首（录二）》，《东北大学周刊》第 6 期，1926 年；张笑波：《昭陵杂咏》，《东北大学周刊》第 78 期，1929 年。
② 予里：《孩子心上的创痛（续）》，《大公报》1934 年 5 月 31 日，第 12 版；《秋天——纪念沦亡三周年了的故乡》，《大公报》1934 年 9 月 20 日，第 12 版。

结　语

　　清代统治者为彰显盛京作为王朝龙兴之地的重要性，在此设立盛京将军和奉天府府尹，并特置盛京内务府及五部管理皇室产业、陵寝祭祀、宗室生活等各项事务，建构起一套颇为完备的陪都体制。盛京内务府、五部所辖庄园山场历年征收差款专供皇室开支，出产谷物、果品、牲畜等亦满足皇室日用及备办祭祀之需，由此于陪都形成了独特的皇室经济形态。为拱卫王朝在东北地区的政治中心，顺治以降历代帝王皆对盛京驻防极为关注，该处驻军规格远超京畿以外其他地方。[①] 康熙、乾隆、嘉庆、道光四帝先后十次东巡盛京，嘉庆时期大规模的宗室移居更使陪都宗室社会再度兴盛。然而陪都体制愈隆则愈彰显皇室特权与普通旗民之间的畛域，是以在清末新政浪潮中，为划一事权，逐步破除旗人与民人的界限，盛京五部、奉天府府尹相继被裁撤，盛京内务府亦归由旗务司统管而不再具有独立皇室机关地位，至此陪都体制已在极大冲击下趋于瓦解，只待皇室经费厘定、清廷完成立宪，便或将与旗务机构一体裁撤废除。但辛亥革命爆发与《清室优待条件》的最终出台，阻断了彻底清除陪都体制残存机构的态势，使清室一定时期内得以继续维持在奉天地区的特殊权益，于行政层面保留皇室事务专办机构盛京内务府，经济层面仍可对奉省境内原属皇室及各王公府的庄园、房屋等产业征收差租各款，文化层面作为陪都精神象征的旧朝宫殿与陵寝亦由清室续行派员管理。由是，在中华民国内部出现了颇为怪异的景象，当革命者终于得偿所愿实现共和后，原本封建王朝为推行宪制已自行限制甚至濒于取消的陪都特权，反而由曾经反抗清室最激烈的新生共和政权重新予以确认，甚至愿为逊帝家族续享权利提供必要的保护。

　　但无论如何，民国肇建毕竟不同于封建王朝更迭，民国政府给予清室优待的根本原因，在于以和平方式实现政权过渡并尽快开展共和制国

---

　　①　丁海斌、时义：《清代陪都盛京研究》，第 166 页。

家建设。故此，清室所保有的奉天权益务须以不影响民国行使主权为底线。如何在不违背《优待条件》、安抚满蒙回藏各族的前提下，进一步限制清室于奉天事务管理上发挥的作用，并逐渐弱化其对东北社会发展的影响，成为民国中央政府与奉天当局必须不断调整政策妥慎应对的问题。而对于退居内廷后岁入锐减的清室来说，如何与民国各方势力周旋，借此寻求奉天权益尽可能长久地维持，以延续往昔奢华尊荣的生活，是其始终关切的核心问题。这一过程中，清室与民国政府、奉天当局往来互动频繁，虽以遵从民国提出的各项事务办理规章程序为主线，但间或仍不免因自认权利侵损过甚而产生摩擦；且由于逊帝近支家族的自顾不暇，普通旗人权益维护往往更得不到重视，以无爵闲散为主体的逊清宗室亦与上层王公亲贵发生分裂。此外，清室奉天特权存续及至瓦解的历程始终笼罩在列强侵略东北的阴影下，"小朝廷"为维持优待而有意寻求列强庇护并借此向民国政府施压，反映在奉天事务的处理上，便是清室通过列强向奉天当局要求早日足额拨发清厘产业经费，王公宗室为尽量减少在产业清丈中的损失而将土地房屋私租盗卖外人，接连引发民国中央与地方政府的对外交涉案，国家领土主权受到侵犯，由此，民国政府已不能再只是简单地给予清室特权，而必须以限制甚至取消清室特权的方式，应对列强对东北的侵略。

一　民国政府处理清室奉天事务的政策演变

光绪三十一年（1905）盛京五部裁撤以后，清室维持奉天特殊权益的历程大致可以分为三个阶段。第一个阶段是 1905 年到 1912 年 11 月赵尔巽辞任奉天都督前，这一时期东北进行了与内地省份同质化的改革，并在推行新政过程中着意削弱旗署特权，进一步破除旗民畛域。彼时盛京内务府虽仍掌有该管大臣印信，实则已被纳入奉省行省管理体系内，作为坐办掌钤记的临时性办事机构存在。若新政未被辛亥革命中断，待皇室经费厘清、旗民生计有着后，随着旗务处的裁撤，盛京内务府或亦将不复存在。但这一趋势因清王朝被推翻而中断，该衙门作为办理清室奉天事务的特别机关续行留存。

辛亥鼎革之际，民国政府所以对清室采取优待之策，盖如孙中山所言，"清室既允放弃政权，赞成民治，销除兵争，厚恤民生，故有《优待条件》之崇报"。① 由于《清室优待条件》中未能明确界定优待岁费使用对象及清室私产范围，民国政府于 1912 年 5 月着手针对未尽之处做出补充规定，尤其注意与清室在财政领域划清界限。一方面明令前朝官地收归国家所有，并迅速展开对东三省各项旗地的调查；另一方面划定皇室经费范围，指明清室附属各机关费用亦从优待岁费项下开支，民国政府财政不再额外负担其行政经费，至 10 月，复将盛京三陵岁修工程划归皇室范围。但作为鼎革之际主政东北的最高领导人，赵尔巽并没有刻意划清与前朝办事机关的界限，既将盛京内务府重行直隶于总督管理；为减轻清室财政负担，亦准以三陵禁荒甸地招租款项备作岁修经费；同时呈请将原由丈放锦州官庄升科地项下拨解清室北京总管内务府的折色差款续行交汇。赵氏虽声言凡此行事皆为符合《优待条件》精神，但某种程度上也帮助清室确认了进入民国后继续管理陵寝禁地并享有奉省拨解差款的权利。

第二阶段始于 1912 年底张锡銮继任奉天都督后。由于民国中央政府多次强调不在优待岁费外另行负担清室机关开支，相对应的，盛京内务府、三陵衙门等机构的性质也得到确认，它们作为清室机关的特殊存在继续运行于民国时期。其各项事务本应由清室总管内务府统一管理，然而因 1914 年 12 月《清皇室善后办法》第四条规定内务部成为民国政府与清室对接的主管部门，此后无论清室处置房屋地产、筹备陵寝祭祀乃至向远在奉天的各办事机构下达指令，皆在内务部监管之下。

这一时期奉省在清室事务的处理上基本贯彻中央方针，张锡銮、段芝贵等主政者与大总统袁世凯关系密切，皆于袁复辟帝制时期受封。故此同中央配合更为"默契"，先由省议会紧跟中央划定清室经费范围，与奉省境内旧有"皇室机关"划清经费界限；后借全国清查官产大势，将"与一般国有土地不同，在使用和占有形式上通过皇室私产面貌出现，以皇帝为主人并且只履行对皇帝义务的内务府官庄"纳入全省官地清丈局丈放范围，② 完成土地所有权转移并为国家增加财政收入。内务部主管清室事务后，奉省更把握住函复部咨的机会，名正言顺地掌握了对奉

---

① 张书才编选《孙中山先生秘书处致溥仪内务府绍英等人函》（1925 年 1 月），《历史档案》1981 年第 3 期。

② 祁美琴：《清代内务府》，第 179 页。

天留存清室机关的话语权。

　　尽管不再如赵尔巽时期予清室处置奉天事务以便利，但为免背上违背《优待条件》恶名，也为逐步控制清室在奉天的经济活动后示以安抚，中央和奉省对于清室的人事管理相对宽松。如三多虽未能统管三陵衙门和盛京内务府，但办事处坐办却由其倚重的下属寿丰彭出任；而唐铭盛以总办身份赴奉，亦得到内务部许可，在不增加开支的情况下重行添派办事处员司、任命会办等官员职务也未被奉省阻止。当然，此种因严格控制经济活动而让渡的人事权力极其有限，三多所以有统摄盛京三陵及内务府事务的地位，唐铭盛能够顺利出任总办，与他们并非纯系清室官员而同时在民国政府中任职有较大关系，且主要体现的是民国政府对其个人身份的看重，和任职机构的权限扩大、地位提升毫不相干。与此同时，中央政府在处置清室奉天事务的过程中，亦有意对奉天当局的权力加以限制。如1916年2月内务、财政两部核议段芝贵送呈《增订清查各王公府带地投充地亩章程》时，明确要求定拟王府售租价则须在巡按使核准后"咨部备案"。表面上是为巡按使明定权限，实则更重要的是确立中央政府在清室奉天事务上的掌控地位，凡未经中央允准各件，奉省皆没有自行处置权。

　　然而是年张作霖主政奉省后，受东北地区对中央政府离心力逐渐增大的影响，内务部在清室奉天事务上不再拥有绝对话语权，由此进入第三阶段。虽然张勋复辟并未影响民国续行优待清室，曾长期为清室所倚重的徐世昌出任总统更使紫禁城"门庭若市"起来，但"徐已无力凭其北洋元老资格驾驭各方"。[①] 奉系军阀的崛起，让清室意识到想要保障在奉权益，必须加强与张作霖的联系。随着张氏野心的膨胀，第一次直奉战争爆发，奉省军费开支剧增。省财政厅厅长王永江持续推行财政改革，加大内务府与各王公府庄地的丈放力度。但盛京内务府办事处直到"小朝廷"覆亡却基本无变动，维持了唐铭盛改组后的状态。

　　当办事处管理者连番遭到科员及三旗领兵指控时，奉天财政厅派出委员清查账目，发现案卷混乱，多项开支无单据可凭，便提出该处财务应遵照奉省审计章程另定新式簿记，每月收支计算书及全年收支预算均

---

　　①　爱新觉罗·溥仪：《我的前半生》全本，第87页。

行报送省署查核，凡临时经费"非待请准不准开销"。① 唐铭盛直言办事处为"清室特别机关"，性质特殊，向来不由省财政厅放款，常年收支用途亦早呈明省署，且用款余数皆须解京，难以比照其他按月尽收尽解各部之款造报预算决算，② 终得省署指令不必照计算程序办理。唐氏原有私行提拨办事处岁修工程款借垫清室总管内务府等情，奉省既允准办事处不需定期造送收支计算书，也就意味着默许了其随时支用经费支援清室的行为。其中可能有优待清室的考虑，但更主要的原因在于奉天当局深知清室庄园田产清丈收归省办后，办事处所余各项收入不过勉强维持开支，无论作为本处办公用款抑或随时拨解北京"小朝廷"，皆于奉省利益无碍。即便三多以内务府大臣之名再度进行改组，对这个规模不大、权限更小，且以清室自有产业自筹经费的办事机构，奉省也已没有特别关注的必要，任其自生自灭便罢。

1924 年以后，清室奉天各项产业为省长公署全面接收，内务府大臣领衔的皇产事宜处及管理陵寝事务的副都统衙门皆行裁停，维持在奉特权的经济基础以及为民国政府所认可的清室机关地位彻底丧失。清室虽仍设有驻奉办事处，但其性质仅仅是一个便利天津溥仪"行在"与奉省联络的临时性事务机构，无论为清室转解庄地价款、办理陵寝祭祀，均须遵照奉省指示，而几乎没有自主行事的空间。清室在奉天的田房产业、宫殿、陵寝，也被纳入奉天当局推行近代化建设的规划体系中。

二　清室利用多方势力维持在奉权益

民国建立后，中央政府一方面履行以外国君主之礼优待溥仪、保护其原有私产的条款，由此令清室奉天机关内务府办事处可以续行留存，并代征山园房屋等产业租项；另一方面通过增订《清室优待条件》补充条款，逐步限制清室在奉天的特殊权益，弱化逊清"小朝廷"对奉天清室机关及产业的影响。然则于清室而言，原本已不敷用且又常年无法按时足额拨发的优待岁费，并不能够维持紫禁城内廷的正常运转；与此同时，作为曾经王朝"陪都"的奉天，所遗留的清室产业数量颇为巨大，

---

① 奉天财政厅呈，1919 年 4 月 5 日，JC010-01-013055-000039。
② 内务府办事处呈，1919 年 5 月 3 日，JC010-01-013055-000054。

故尤为清室所看重,是"小朝廷"自认可以随时提取款项的"金库"。尽管彼时清室的势力较前大为削弱,已很难完全自主处理奉天各项事务,但为了尽可能长久延续在奉特权,仍多番筹谋疏通民国与清朝新旧联结中的各方关系,以期维护既得利益。其中既有对曾为清廷旧臣的军阀与新贵寄予的希望,亦有通过中央施压地方、通过外国施压国内等策略的运用。然而由于清室实力过于衰弱,其奉天残留特权往往成为中华民国内外各方用以达成自身目的的工具。

清室办理奉天事务的权限虽然受到限制,但其得以续享"私产"带来的收益,同样离不开民国政府的支持。虽然先后牵涉洪宪帝制与丁巳复辟而未受到惩处,但清室在奉天事务的办理方面也更为谨慎,基本遵照民国政府规章定制,除改换内务府办事处总办及王公宗室耽延报请清丈等问题的分歧外,双方总体保持了共谋利益的合作态势。民国成立初期,清室主要凭借与其渊源深厚的北洋集团对地方的影响力,达到维护在奉利益的目的。赵尔巽辞去奉天都督一职后,继任者张锡銮对于维护清室权益远不及赵氏上心,在同中央保持步调一致、于经济层面与清室划分界限而于政治层面限制其办理奉天事务自主空间的同时,出于维护地方稳定、为奉省谋取更多利益的考虑,有时不免做出侵损清室利益的决策。不过此际清室尤为注重利用袁世凯的总统地位,凡遇有难行解决各件,皆不与奉天当局过多纠缠,而是直接陈情总统,通过其发布政令,向地方施加压力。内务部接到奉省送呈与清室有关函件时,也皆先行与清室总管内务府咨商,听取其意见后再向总统呈报。1913年初,尽管奉天临时省议会已通过奎公府壮丁于景瀛等请议取消王庄人丁差银一案,但宗人府经由内务府转递王公认为该案有违《优待条件》的意见后,袁世凯即于当年发布认真保护清室私产、严行晓谕照纳丁差的大总统令;内务部为确保各王府顺利征收差租,还要求奉天民政长于奉省境内再行布告《清室优待条件》内容。1914年张锡銮提出丈放锦州官庄新升科地纳银是为国家正赋,不应再以此款拨解清室贡差折色银时,袁世凯为示优待之意,仍批令"照章拨解"。

这一时期袁氏还签发了"不准没收旗人公私财产""保护皇室宗庙陵寝"等大总统令,并提出将《清室优待条件》加入约法,一再重申清室对民国肇建的"禅让之功",其根本目的在于彰显自身权力来源的正统性。日后更以永保优待效力为筹码，换取清室对其复辟帝制的拥护。而政治特权地位丧失的清室，凭借袁氏在北洋集团中的影响力，以及他们自己与北洋系中诸要员的良好互动关系，尚能够保全奉天的产业利益。

袁世凯去世后，北洋集团失去了共同的领袖，内部四分五裂，其主要成员演化为大小不等的军阀。[①] 尽管彼时张作霖主政奉省，清室为维护奉天权益着意加强与奉系军阀的联系，但因身处政权频繁更迭的乱局中，常有自危之感，唯恐民国对清室地位的保全无法长久，故而始终保持着与各派系军阀的互动，以期寻求多方力量的支持，达到永享优待的目的。继袁世凯之后掌握北京政府实权并出任国务总理的段祺瑞，虽然曾于辛亥鼎革之际联名众将领力主清帝退位，并因袁氏复辟帝制而与其划清界限，但对于优待清室却始终持赞成态度。1915 年奉省开始推行王庄丈放政策后，段氏曾代宗人府宗令载涛致函张作霖，请为醇亲王等府破例缓丈。1917 年 7 月张勋通电全国复辟宣统帝制后，段祺瑞于 7 月 3 日任讨逆军总司令，为师出有名，在马厂起兵的檄文中虽大斥张勋为清室"罪人"、民国"公敌"，却详述紫禁城内众大臣流血力争、太妃痛哭求情、幼帝遭遇逼迫等情形，将清室塑造为在复辟中深受胁迫的可怜形象；更以张勋假托清室名义作乱，"帝"未预闻而"臣"明大义，在讨逆伊始即为清室撇清与复辟的关系，为日后清算清室"罪行"声潮中《优待条件》及宣统"帝号"的最终保留奠定了重要基础。迨至逆乱平定，段氏按下宣统帝原本欲再次发布的"退位诏书"，以大总统令代行公布内务府声明的方式，将复辟定性为张勋"叛国矫挟"；面对社会各界提出修改甚至废止《优待条件》的要求，经过与清室关系密切之徐世昌的多番进言，段氏先以改订《优待条件》须待临时参议院议决以维护程序正义为由，顶住各方压力拖延时间，继而当其逐渐稳定北京局势后，或见舆论焦点已经转移，则再未提及修改《优待条件》一说，清室最终不需接受任何"惩罚性"条款，即平稳度过此劫。

此外，1914 年徐世昌出任国务卿后，即命自己在清末东三省总督任上的老部下、时任政事堂司务所所长的吴笈孙，代表贝勒毓朗接洽丈放

---

① 张华腾：《辛亥革命前后的北洋集团》，《新政、革命与清末民初社会研究》，河南人民出版社，2010，第 188 页。

奉省庄地事宜。段祺瑞"再造共和"之际，徐氏为保全清室、维持优待亦多方奔走。待闻知徐氏当选总统后，清室中醇亲王、总管内务府大臣世续等人皆先后劝其就任，以期优待岁费足额拨放，助力"小朝廷"摆脱经济困境。但徐世昌上台后既无力重建强势中央政府，而张作霖统领之奉系势力不断扩张，奉天日渐脱离中央的控制。也正是从这一时期起，清室更为重视与奉系军阀的联络，着意拉拢示好，以此确保从奉省获取源源汇解到京的丈放庄地价款；同时盛京内务府办事处及三陵衙门在日常运行过程中，亦享有一定的自主空间。

1916年张作霖督理奉天军务后，同奉省的前两任主政者张锡銮、段芝贵相较而言，与清室的互动关系更为密切，当年即训令官地清丈局勒限严催承领朗贝勒庄地各户早日缴价；自1919年起，每年又与醇亲王载沣多番函件往复，为总管内务府及该王府拨解丈放庄地价款。1919年3月15日，清室准备"永享利贞"匾额一方，作为张作霖生辰的贺礼，[1]之后数年间或遇年节或逢生辰，双方"赏赐-进呈"往来不断。甚至当1921年初张氏接到冯德麟呈文奉溥仪"朱批"改组三陵衙门的咨文时，亦不在意冯氏仍以"皇帝钦命"为尊，还将该"朱批"内容作为同意改组缘由写入向全省各机关发布的通令里。由此或可见缺少政治、经济实力支撑的清室，即便强自维持"皇帝"名号，在奉天当局眼中也并不构成任何威胁。

"北京政变"爆发后，张作霖出于入关称霸的政治意图，以及打击彼时通过收编直系残部势力不断扩大的冯玉祥的政治目的，仍有意向清室示好并展现出一种不忘前朝之恩的形象，也因此经与溥仪函商后，提出将继续向其汇寄奉天产业价款。到1926年6月与溥仪在天津会面时，这位"对于清朝最有感情"的上将军，"毫不迟疑"地向"皇上"磕头问好，还表示"皇上要是乐意，可以到奉天去，住在宫殿里，有我在，没有问题"。[2]原本清室所以同意奉省的庄地丈放政策，是希望通过出让浮多土地利益的方式，换取当局早日拨发地价，并对剩余各类产业征租及陵寝的奉祀修缮提供保护与支持。但直至张作霖去世，内务府庄地价

---

① 《绍英日记》下册，第433页。

② 爱新觉罗·溥仪：《我的前半生》全本，第161—162页。

款仍有积欠，未得收齐；即便三陵土地业已全行丈竣，奉省却只愿逐年拨发小额地价充作奉祀经费；且在收取丈放各王公府产业二成报效后，对剩余八成府价的催收亦不尽心，以致拖延数年。

而张学良出任奉天市政总办后，为与日本"满铁"附属地开展城市建设竞赛、拓展老城区范围，并未事先征求清室意见，便通过了奉天市市长将昭陵禁地开辟为陵寝公园的方案。当清室明确表示反对后，仍未交还园区管理权。尽管据张学良回忆，彼时奉省处置清室产业曾得款100万元，当局留下50万元，另一半则送解天津溥仪处，[①] 但清室在终于获得一直所期望的巨额资金的同时，其各项不动产产权亦尽数转归省有，自此彻底丧失了维持奉天特权的经济基础，曾经地位尊崇而皇产丰饶的王朝陪都，之于清室也仅剩下奉祀先祖的意义。

与此同时，以日本为代表的列强亦成为清室为延续在奉权益而寻求支持的对象。为策动第二次"满蒙独立运动"，肃亲王善耆致函日本首相寺内正毅，表达追随日方"不朽功业"之愿，首相私人秘书西原龟三即指出，善耆正是因袁世凯下令清查全国官产、推行回收王公庄地政策，为永保其在"满蒙地区"的特殊利益，而希望依靠日本政府的力量发动复辟。而与日方往来密切的袁世凯、段祺瑞、张作霖等实权人物，总体而言对维持优待清室抱支持态度，段、张在丁巳复辟及"北京政变"等危及清室地位的关键时刻，皆公开声援，其中或不无日本方面的影响。由于民国政府经年累积拖欠应放清室优待岁费数额甚巨而又无款拨付，清室用款支绌更甚。1924年初，国务总理孙宝琦向日本驻奉总领事船津辰一郎转去赵尔巽、张锡銮等人代清室请张作霖给予赞助的函件，希望船津能够与张氏疏通，以每月10万元之数向清室拨解奉天产业价款。张作霖与船津会面后指出该项清室经费已饬令财政厅常行筹解，并答允尽快催拨10万元。虽然对于日后定期拨款一事没有立时应承，但表示将"竭力设法筹措"。[②] 此后在官地清丈局并未续行收有丈放内务府庄地价款前，张氏复令该局先期垫汇小洋3万元。[③]

---

① 《张学良口述历史》，第137页。
② JACAR（アジア歴史資料センター）Ref. B03050747100（第45画像）、張総司令清室補助二関スル件、旧清皇室関係雑件（1.6.1.82）（外務省外交史料館）。
③ 奉天省长公署函，1924年9月29日，奉天省长公署文件，JC010-01-013118。

同年"北京政变"爆发溥仪出宫后,日方对其动向密切关注。11月29日,当溥仪被郑孝胥、陈宝琛、庄士敦三人送至日本驻华公使馆时,日使芳泽谦吉虽未及向政府请示,但因自己拥有对外国"政治犯"的"庇护权",[①]便同意收留。当三多于12月返奉时,日本驻奉领事派员与其接触,探知逊帝令三多清厘在奉产业获取经费,甚至有移居旅顺的计划,若果成行,届时仍希望日方予以保护。[②]尽管张作霖对溥仪进入日使馆颇为震怒,但1925年3月仍致函向其商请接管清室奉天事务,并全面勘查清产事宜,奉天当局向清室天津"行在"拨解产业存余款项,一直持续至张学良主政东北时期。

三　清室奉天残留特权走向终结的原因

其一为逊清社会内部的分化。在清室办理奉天事务的过程中,首先考虑的始终是以帝室为主体的"小朝廷"及逊帝近亲宗支家族的利益。当1915年奉省推行庄地丈放政策后,尽管内务府正额、浮多庄地皆须一律清查丈放,但皇室可以获得全部的正额地价,仅浮多地价收归国有。对于无力自行办丈且用款支绌的清室而言,无疑是短时间内增加大宗收入的有效方式。不过由于各王公府庄地的来源除按爵位分取与受赏外,多为强逼民人投充或依恃特权私垦、兼并民田,故国体变更之际屡遭壮丁佃户以庄地非属王府私产为由抗纳差租,奉省议会更是通过了注销丁差一案。尽管清帝退位之际隆裕太后已下懿旨表明王公享有之地亩房屋"均着加恩作为私产",但为调和府佃矛盾,奉省正式开办王庄清丈后,不仅将浮多收归国有,正额地价亦只向王府拨解八成,以致王公大多拖延交丈而欲私行联系买主,期以更高价格出售庄地。由此可见在处理奉天留存庄地产业的问题上,逊帝内廷与王公宗室的利益并不完全一致。盛京内务府粮庄坐落甚广,既难行征租而又不便售卖;王公庄地多由各府派员经办,相对而言较易与丁佃协调出售或另觅愿出高价买主。作为奉省为盛京内务府粮庄速办清丈早拨地价的交换条件,清室自有义务与当局配合敦促王公宗室尽快请丈,宗人府除为溥仪生父醇亲王等少数王

---

① 《芳泽谦吉在华回忆》,《传记文学》第1卷第6期,1962年。

② JACAR(アジア歴史資料センター)Ref. B03050747600(第242画像)、清室待遇問題、旧清皇室関係雑件(1.6.1.82)(外務省外交史料館)。

公疏通奉省求得缓丈外，其余各府若不依规办理，则自行报丈期限一过，地产将尽数收归奉省所有。以逊帝为首的核心"皇室家族"与一般王公宗室间由此产生分化，进而因宗室的拖延、抗拒交丈，引发与奉省清丈局的摩擦。

而在宗室群体内部，清代旧有等级秩序仍未打破，凡关系奉天产业处置问题，往往由在京上层王公亲贵议定办法后传达各宗支遵照执行，京奉两地低级爵位及下层闲散的利益几乎不为宗人府所关注。当奉省咨查逊清宗室擅自售卖庄地案时，宗人府直接将事端推诸闲散宗室，为上层王公撇清干系。甚至同一支裔的爵位承袭者与其余兄弟子侄之间，亦为获取庄地丈放利益而纷争不断，反致谋夺奉天地产的日本势力有了可乘之机。与此同时，即便皆为上层王公亲贵，因存在近支与远支的分别，他们同样难以共维在奉权益。康熙以降圈地停止，近支王公庄地主要来源为上赏而非投充，民国初年为免受到奉省壮丁抗纳差项风潮的波及，有损地租银收入，以醇亲王为代表的近支宗室着意申明所领庄地皆由大内分拨，以示与分藩年代久远而多有投充庄园各远支宗室的区别。清室总管内务府及上层王公尚能凭借与民国政要的关系尽早收取产业清丈款项，但无爵无职、家资微薄的下层闲散，从产业清查到放领、收价各环节皆被奉天当局长期忽视，奉省回收王产业权并获得二成报效后，通常不再尽心催收剩余八成府价，清丈王产开办数年，积压未结各案数不胜数。当领价遥遥无期，逊清宗室最终如普通旗人一般或经营小买卖，或从事手工业，走上自谋生计的坎坷之途。而这一清室最广大群体的普遍境遇，才更能反映出民国政府与奉天当局对待清遗族的真实态度。

历经国体变更、特权不再的阵痛，逊清社会原本应该破除陈腐等级体制的桎梏，然而上至紫禁城内廷，下至普通旗人家庭，并未因强烈的情感共鸣而更为团结，为转变生活方式迎接新生而共同努力。逊帝家族及上层王公抱守《清室优待条件》限定下的残余权势不放，动用多方关系竭力维持特权，却鲜少为旗兵生计考虑。当仍然作为清室机关续行为"小朝廷"管理奉天产业的内务府办事处，向北京总管内务府反映奉省所派坐办营私舞弊的问题时，或许因时值袁世凯筹谋复辟帝制，清室以支持称帝换取袁氏保障优待的承诺，故而在内务府办事处官员任用上，一改以往多遵从内务部及奉天当局意见的做法，甚至在内务部咨文到达奉省前，便以整顿积弊、维护员书利益为名改派级别更高的总办。清室此举或有对奉省限制原盛京内务府权限的不满，但这几乎可视作其唯一一次与当局的正面"对抗"，根本原因仍在于借机换用与"小朝廷"关系更为密切的官员，以确保奉天留存的内务府办事处能够随时为清室拨解经费。是以该处员司不会等到期望中来自内廷的格外关照，只有总管内务府一封封要求办事处以办公经费先行垫解北京用款的公函，这进一步侵蚀了奉天旗员的利益。一直持续为"小朝廷"工作的办事处因此与清室间产生了离心力，甚至不惜再度引入奉天当局力量，只为惩治不法总办，最终不得已通过成立联和会的方式展开"自救"行动。逊清社会内部的不同利益诉求，使各群体间很难以统一的声音向民国政府与奉天当局提出切实有效的维权主张，因而也就更易于民国区别对待，分化处理，最终清室在奉天享有的特殊权益被彻底瓦解。

其二为军阀缓解财政困境的现实需要。在军阀与清室新旧联结的关系网络中，双方虽可以说是互为利用，但因失势的"小朝廷"手中握有的筹码太少，在大多数时间里只能充当军阀达成自身目的的工具。"小朝廷"在奉天的机关所以能够留存，清室与王公尚可收取产业价款，最初自然有新生共和力量以优待换取政权平稳过渡的考虑，但民国政府在《清室优待条件》出台后制定的一系列限制清室特权的补充政策，才是其从维护新政权利益角度出发更为实际的考虑。民国政府既从清王朝手中获得了组建共和制国家的权力，也无可避免地接收了清廷统治崩溃下的诸多遗留问题。

中央政府与奉天当局不断通过制定政策限制清室对自身事务的自主权，以此减轻财政负担、扩大区域利益，背后体现的则是民初动荡政局中国家财力的空虚。与此相对的是清室财政压力进一步增大，最终陷入盗卖古物、大举向银行借贷的恶性循环中。不过政治影响力骤减的"小朝廷"常年笼罩在用款支绌的阴影下，为维持运转疲于奔走，也在很大程度上削弱了其"复辟"的能力和信心。是以无论袁世凯去世抑或张勋复辟失败，清室中人考虑更多的是如何继续享有优待；甚至当溥仪被驱离紫禁城后，也多番筹谋撤销"暴力压迫、万国腾笑之修正条件"，[①] 以期恢复优待。

张作霖主政奉省后，与清室之间看似往来互动关系密切，然而这并不是决定奉天当局处理清室事务态度的关键性因素。在清厘清室产业方面，奉张政府秉持了张锡銮、段芝贵等前任主政者一以贯之的准则，即积极推行清丈以充裕地方财政。正是在张作霖治奉时期，清室及各王公府大量庄地、房屋等不动产的产权，快速实现了由私有向国有、省有的转移，"小朝廷"丧失了维持特权地位的重要经济基础。早在推行王庄丈放政策初期，清丈局即规定无论王公为易于丈放收价如何降低地价，交予奉省的二成报效皆有定额，并不会随之减少；奉省催收庄地价款时亦先行扣拨报效款项，如有余数方准王公请领。1916 年张作霖任盛武将军之际，因奉省已负千万元巨额外债，每年亏空亦在数百万元。为此同年王永江任官地清丈局兼屯垦局局长后，即密切关注农业发展状况，革除丈务积弊，以更大力度推行土地丈放政策，由此进一步增加了奉省控制的土地数量，并使之成为永久稳定的税源。[②] 1922 年第一次直奉战争失败后，张作霖宣布东三省独立并自任保安总司令，奉省土地不再纳国课，无论各王府二成报效，内务府、王庄浮多地价及丈出地亩升科尽数归省所有，更成为扩充军费开支的重要经济支撑。是以尽管 1923 年奉省军费支出已达 2040 万元之数，此外尚有行政费支出 480 万元，但当年岁入总计 3240 万元，仍能创造财政盈余 720 万元。[③]

按照王永江的计划，奉省本应抓住财政向好的机会，"举实业、教育、吏治、交通、屯垦诸大端，逐渐发展，兼经营东蒙，以为利用正德厚生根本之图"。[④] 然而张作霖却因财政充裕而扩张野心大增，挑起第二次直奉战争，巨额的军费支出终致奉省经济难行支撑，陷入奉票毛荒、金融紊乱的深渊。而 1925 年 3 月张作霖所以主动致函移居天津的溥仪，提出全面清厘清室在奉产业，并在次年三陵地产丈竣后要求领户一月内

---

① 《溥仪内务府致国务院函底》（1924 年 12 月 3 日），张书才编选《溥仪出宫后图谋恢复优待条件史料》，《历史档案》2000 年第 1 期。

② 王凤杰：《王永江与奉天省早期现代化研究》，第 71、73 页。

③ 《东三省去岁财政之状况》，《大公报》1924 年 4 月 23 日，第 2 版。

④ 王永江：《十五年（1926 年）正月十八日致张作霖》，《王永江纪念文集》，第 153—154 页。

缴齐款项，对逾限者严行按月添成加价，其根本目的并非早日向"行在"解款以济逊帝家族生活，而是希望通过丈放清室奉境内各处地亩、房屋产业快速获取大笔价款，为军事行动提供支持。

而官地清丈局主张降低王庄定价，自然是希望鼓励庄佃承领以便早日将土地收归省有，但张作霖支持这一政策，却不仅仅是为了获得稳定的赋税来源。王庄丈放虽始终强调土地先尽原佃承领，但即便一再降价，佃户筹集资金承领原种地亩已较为困难，大部分没有余力备价购买浮多土地。而一些盗典、隐占王庄多年的势力庞大的庄头，通过与早已私行接洽王公买地买租的商人勾结串通，贿赂官府包揽大量庄田，① 转化为新型地主并迅速崛起成为奉省重要的政治力量。以张作霖为首的奉系军阀亦趁势以低廉价格大肆领垦浮多地亩，或坐收田租，或出卖田地，或另营他业，② 短时间内积聚了巨额财富，这或许也是张氏允准王庄降低定价的重要原因。如此一来，王公在庄地丈放中永失业权；佃户与新型地主的人身依附关系虽然在一定程度上被削弱，向雇佣关系转化，但土地所有权问题还是没有得到解决。③ 在把清室奉天产业的清厘权紧紧抓在手中后，张作霖自然不会介意为逊帝及个别上层王公提供便利，何况对方提出的并不是非分要求，只是希望将本应获取的庄地价款尽早拨解。而清室维持奉天权益的根基，实则已在迭次的清丈行动中被摧毁。

其三为应对边疆危机与构建近代民族国家的必由之路。在清室维护奉天利益的进程中，列强亦施加了较大影响。在列强中，沙皇俄国是最早对陪都尊崇体制之载体盛京皇陵和宫殿造成冲击的国家。甲午战争中国战败后，俄国为让清政府"报偿"干涉还辽之"功"，迫使其签下《御敌互相援助条约》，由此攫取了修筑中东路的权利。此后沙俄罔顾盛京将军屡次申明远离皇陵的要求，择定于福、昭陵之间区域修筑中东路支线，强行突破清室龙脉风水禁地。1900 年俄军借口镇压义和团运动入侵东北后，强行占据盛京宫殿区域长达两年半之久，掠夺藏品逾万件，大量皇室密档亦在此际丢失。1905 年俄方在日俄战争兵败之际，与日本议定《朴茨茅斯条约》转让路权，日方由此获得在奉天地区构建"满

---

① 丁海斌、时义：《清代陪都盛京研究》，第 302 页。
② 《沈阳通史·近代卷》，第 296 页。
③ 王凤杰：《王永江与奉天省早期现代化研究》，第 79 页。

铁"附属地的机会，此成为其进一步侵犯中方主权并不断扩大在华利益的侵略基地。

辛亥鼎革之际，英美等国为确保自身在东北的利益不受革命形势影响，为东三省总督赵尔巽提供了经济支持。但民国成立后，为免引发影响对华外交的敏感问题，各国在清室问题上通常有意避免与其产生过多直接联系，而大多主张将清室问题看作中国"内政"，不予过分干涉，尽量减少与民国政府不必要的摩擦。

日本方面则与西方列强的态度不同，其一方面在可能危及清室地位的事件处置中，予其一定的庇护。1917 年 7 月张勋复辟，段祺瑞起兵讨逆，英国代理公使即于两军停战、各国驻华公使团介入调停期间，向日本公使林权助提出在解除张勋武装的前提下，保障其生命财产安全，并请日使代为与段祺瑞交涉。也正是在此议基础上，段祺瑞向张勋提出了取消帝号但继续予以清室优待的条件。及至 1924 年溥仪被逐出宫，英使麻克类经庄士敦建议，为保证溥仪人身自由及生命财产安全，与驻华使团首席公使欧登科、日本公使芳泽谦吉达成一致意见，同往摄政内阁外交总长王正廷处交涉，得到王氏确保溥仪安全的承诺。另一方面，日本对清室奉天权益的侵夺持续时间最长、波及范围最广，产生的结果亦最为恶劣。1907 年"南满洲铁道株式会社"成立后，即设置了调查部作为情报搜集的专办机构，次年改称调查课。调查课最初的主要任务是对满蒙进行经济和民事诸方面调查，从经济情况、民间司法和习惯等情况入手，逐步发展到产业、商业和交通等各部门。① 与盛京内务府-办事处屡称庄地册档于庚子兵祸中损毁，直至 1924 年三多清厘清室奉天产业时多处官山、矿地、草豆地等皆无前案可稽的窘境相比，"满铁"调查课通过搜集《谕折汇存》《钦定大清会典事例》《盛京通志》《皇朝经世文编》《内阁官报》《政府公报》等资料以及实地考察，整理编纂了关于内务府皇庄，盛京户、礼、工部官庄，三陵官地的《满洲旧惯调查报告书》。随着日商不断涌入奉天地区，由私租盗卖清室在奉产业而产生的讼案迭出不穷。

对于奉天广大乡村地区的王庄产业，凡有人持地契欲行抵押贷款，

---

① 　王贵忠：《关于满铁调查部》，《历史教学》1984 年第 7 期。

日洋行皆不论其是否直接业主抑或是否确实受业主委托，亦不验其所持契据真伪及有无还款能力，皆予以放款。一旦抵押到期，洋行甚至不去费力追缴欠款，而是径自到地立桩行圈。奉天全省官地清丈局为免国土主权受损，往往只能向承领地段的佃户勒限催缴地价，以该款还抵日商。为保证侨民确实取得庄头、壮丁领名庄地及已丈出由佃户承领各地业权，日本驻京公使更违反外交程序直接致函民国政府内务部，要求调查函复各项清室地产政策。日本对清室奉天产业的图谋，已经由部分洋行违反奉省土地清丈、租售政策的非法商业行为，上升到国家层面不加掩饰的经济侵略。清室王公对奉天庄地的无力监管，不仅使其自身利益难保，更致广大底层佃户困苦益甚，而于国土主权实有极大妨害。是以民国成立后的官产清查与奉省推行的清室产业清丈政策，在完成清室私产业权向国有转移的同时，从根本上杜绝了日商肆行侵占奉省国土的可能。对于奉天城区的各类用地，日本方面既依托满铁不断扩张附属地，进行全方位的近代化建设，并加大租用商埠地等投资力度；同时在以盛京旧宫为中心的老城区，继续利用日商明租暗买的方式，获取奉天核心商贸街市的经营权，不过此种情况的出现反而促使清丈局进一步完善了房屋丈放政策，不仅不许由买户承领，且最终实际承领者的国籍严明限制为中国籍。

　　清朝末年，作为龙兴故土的东北地区改行与内地同质化的行省制度，并于诸多改革举措中走在全国前列，体现出清廷以构建均质国家权力的方式再建国家认同的意图。[①] 尽管辛亥年革命党人起事初期以"排满"为口号，但到组建南京临时政府时，民族统一与融合的观念已渐为时人所接受。1912 年 8 月孙中山在与《大陆报》记者谈话时，明确将满蒙地区视作中华民国由清朝继承之完整主权的领土。[②] 然而孙氏本人也察觉到通过提倡"五族共和"来达到保全国土目的的矛盾之处，"五族"之间的"共和"能够成立，前提在于五个民族能够达成共识。[③] 正是由于

---

① 高月：《清末东北新政研究》，第 316 页。
② 《与上海〈大陆报〉记者的谈话》（1912 年 8 月 28 日），《孙中山全集》第 8 卷，人民出版社，2015，第 219 页。
③ 王柯：《从"天下"国家到民族国家：历史中国的认知与实践》，上海人民出版社，2020，第 272 页。

深知对待清室的态度、立场、方式，对于解决边疆问题具有示范作用，①为消解多民族在共和国家建设进程中的离心倾向，孙中山民元北上之际与清室展开了友好交往；袁世凯在采取稳定边疆民族地区政策时，亦有意识地使用超越五族而蕴含统一思想的"中华民族"观念。②

清室于奉天地区续行享有的一切权益，根本上而言是民国政府向满洲蒙古地区昭示"民族优待"，并将其统合于由中华民族构成的近代民族国家范畴内的安抚之策。民国既要保证清室享有的特殊优待能够在一定时期内平稳延续，使清室于国民身份下安享权益的形象进一步深入满洲蒙古地区；与此同时，在共和体制下仍受命于北京清室总管内务府，并可自行制定房屋、土地等产业管理政策的盛京内务府被留存下来，又难免侵损民国政府行使国家统治权的独立性与完整性。是以中央和地方政府需要根据清室办理奉天事务情况的变化，随时调整相应政策，将清室的自主空间严格限制在不影响国家主权的范畴内。也因此，民国政府指定内务部作为清室接洽奉天事务的专管机构，而不认可清室作为权力主体自行向盛京内务府发布指令。而当民国政府给予清室的特殊利益被以日本为代表的外部势力加以利用，策动复辟起事，侵夺东北领土，几欲达到分裂国家的目的时，同样出于维护国家与民族统一的考虑，奉天当局通过大力推行清丈清室与宗室旗人产业的方式，完成国家对前朝皇室私产产权的回收，瓦解清室维持特权地位的经济基础，使其逐渐转变为享有民国法律规定之公权与私权的普通公民。

当清室产业的清厘权被奉天当局掌控而可免除被日人侵夺的后顾之忧后，为遏制"满铁"附属地势力在奉天的发展，奉天省署启动了与清室意愿相悖的开发陵寝公园、扩大新城区面积的城市建设计划。随着奉系自主铁路建设成效的显现，以及北陵公园发展规划不断推进，中日双方的城市建设竞争日趋激烈。彼时清室因尚赖奉省拨解价款而无力反对奉天清陵的开放，但到1928年东陵被盗事件发生后，溥仪这个被驱离紫禁城四年，因政治、经济优待地位皆行失去而渐被民国政要忽视的前朝

①　李在全：《民元孙中山北京之行与逊清皇室的应对——以绍彝、绍英未刊函札为中心的考察》，《清华大学学报》（哲学社会科学版）2020年第1期。

②　参见黄兴涛《重塑中华：近代中国"中华民族"观念研究》，北京师范大学出版社，2017，第113页。

皇帝，决意和国民政府斗争到底。①

从逊清集团无论经费几多支绌，仍坚持依循旧制按时备办大小祭典的行为来看，祖陵或许是清室自认上承帝系正统而非流于普通国民最为重要的精神支撑。得知陵寝盗毁严重、祖宗尸骨曝露的"惨状"，清室最大的愿望便是严惩祸党。然而不仅下令炸陵的孙殿英丝毫未受影响，连盗卖珍宝的谭温江亦得从宽审办，对于陵寝的后续保护与修缮事宜，国民政府亦无派人接洽妥商之意。尽管不能因此轻率断言蒋介石对东陵事件的态度导致了溥仪出关，但至少为其所忽视的溥仪因陵寝被盗而产生的复仇心理，被日人留心观察并加以诱导和利用。而蒋氏也大大低估了溥仪在遗老遗少中间以及满蒙地区的影响力，是以没有在东北易帜的同时为将清朝龙兴之地有效统合于中华民国、中华民族框架内，预先采取积极措施，消除可能产生的离心倾向。原本仅需严惩盗陵祸首并示以相应慰恤即可平息的国家内部事务，终于演变成纵使蒋介石愿予溥仪经费、居所以及满族人士政治地位上的优待，亦无可挽回的"满"日勾结分裂国家的祸乱。张学良则是更多寄望于溥仪能够凭借个人力量摆脱遗老群体，实现从皇帝到公民、国民的转变，② 对于清室提出增加奉天陵寝奉祀经费的要求，虽曾计划一次性将丈放清室奉天剩余产业价款拨解而杜绝纠葛，但并未留心关注过具体落实情况。

而东北易帜后的日本关东军，正是精准把握了溥仪这种于军阀混战中担惊受怕，同时长久得不到民国当局重视而备感压抑和不甘的心理，为其量身编织了一张可以重返祖地扬眉吐气的绵密巨网，终致溥仪走向了国家和民族的对立面。尽管彼时清昭陵陵寝公园开放未及五年便遭日军再度"封禁"，但曾经的皇权象征，已经逐渐转化为承载着山河破败沉痛感的中华文明意象，见证着国民于暗夜中坚守信念、浴血向前。

① 爱新觉罗·溥仪：《我的前半生》全本，第178页。
② 《张学良口述历史（访谈实录）》第4册，第1160页。

征引文献

一 未刊档案

中国第一历史档案馆藏内阁、军机处、宫中档、内务府、宗人府、醇亲
　　王府等全宗

中国第二历史档案馆藏北京政府内务部全宗

辽宁省档案馆藏盛京内务府、奉天行省公署、奉天巡按使公署、奉天省
　　长公署、奉天财政厅、奉天教育厅档案

北京市档案馆藏北平市警察局全宗

日本亚洲历史资料中心（アジア歴史資料センター）外务省外交史料馆
　　战前期外务省记录、防卫省防卫研究所陆军省大日记

二 官书、史料汇编

步平、郭蕴深、张宗海、黄定天编著《东北国际约章汇释（1689—
　　1919）》，黑龙江人民出版社，1987。

《参与国际联合会调查委员会中国代表处说帖》，商务印书馆，1932。

《大清五朝会典》，线装书局，2006。

故宫博物院明清档案部编《清末筹备立宪档案史料》，中华书局，1979。

国家图书馆古籍馆编《国家图书馆藏近代统计资料丛刊》，北京燕山出
　　版社，2007。

吉林省档案馆编《溥仪宫廷活动录（1932—1945）》，档案出版社，1987。

李茂杰、李雪松编译《溥仪与关东军司令官绝密会谈录》，线装书局，
　　2015。

李启成校注《资政院议场会议速记录——晚清预备国会论辩实录》，上
　　海三联书店，2011。

李少军编译《武昌起义前后在华日本人见闻集》，武汉大学出版社，2011。

刘萍、李学通主编《辛亥革命资料选编》，社会科学文献出版社，2012。

辽宁省档案馆编《奉系军阀档案史料汇编》，江苏古籍出版社，1990。

辽宁省档案馆编《溥仪私藏伪满秘档》，档案出版社，1990。

辽宁省档案馆编《"九·一八"事变档案史料精编》，辽宁人民出版社，1991。

辽宁省档案馆编《辽宁省档案馆珍藏张学良档案》，广西师范大学出版社，1999。

辽宁省档案馆编《满铁密档·满铁与侵华日军》，广西师范大学出版社，1999。

辽宁省档案馆编《日本侵华罪行档案新辑》，广西师范大学出版社，1999。

辽宁省档案馆编《一宫三陵档案史料选编》，辽海出版社，2003。

辽宁省档案馆编《中国近代社会生活档案·东北卷》，广西师范大学出版社，2005。

辽宁省档案馆编《盛京皇庄档案史料选编》，辽海出版社，2006。

《钦定宗人府则例二种》，故宫博物院编《故宫珍本丛刊》，海南出版社，2000。

《清实录》，中华书局，1985。

清室善后委员会编《故宫丛刊之二·甲子清室密谋复辟文证》，清室善后委员会，1925。

全国图书馆文献缩微复制中心编《清内务府档案文献汇编》，全国图书馆文献缩微复制中心，2004。

全国图书馆文献缩微复制中心编《宣统年交旨档》，全国图书馆文献缩微复制中心，2004。

上海商务印书馆编译所编纂《大清新法令》，商务印书馆，2010。

上海书店出版社编印《丛书集成续编》，2014。

沈阳市档案馆编《辛亥革命在沈阳》，沈阳出版社，1991。

沈阳市档案馆编《九一八事变前日本在奉天的侵略活动档案汇编》，沈阳出版社，2018。

宋志勇编译《溥仪离宫后的活动及与日本的关系史料》，《历史档案》1993年第1期。

台北"中研院"近代史研究所编印《中日关系史料·东北问题》，1989。

《天津市历史博物馆馆藏北洋军阀史料》，天津古籍出版社，1996。

王铁崖编《中外旧约章汇编》，生活·读书·新知三联书店，1957。

伪皇宫陈列馆编《伪满宫廷秘录》，吉林文史出版社，1993。

解学诗、苏崇民主编《满铁档案资料汇编》，社会科学文献出版社，2011。

解学诗主编，孙彤、景壮副主编《关东军满铁与伪满洲国的建立》，社会科学文献出版社，2015。

杨丰陌、赵焕林、佟悦主编《盛京皇宫和关外三陵档案》，辽宁民族出版社，2003。

《英国蓝皮书有关辛亥革命资料选译》，胡滨译，中华书局，1984。

虞和平主编《近代史所藏清代名人稿本抄本》第一辑，大象出版社，2011。

《谕折汇存》，撷华书局，1905。

章开沅、罗福惠、严昌洪主编《辛亥革命史资料新编》，湖北人民出版社，2006。

张书才编选《孙中山先生秘书处致溥仪内务府绍英等人函》，《历史档案》1981年第3期。

张书才编选《溥仪出宫后图谋恢复优待条件史料》，《历史档案》2000年第1期。

张研、孙燕京主编《民国史料丛刊》，大象出版社，2009。

赵焕林主编，辽宁省档案馆编《民国奉系军阀档案》，线装书局，2016。

赵焕林主编，辽宁省档案馆编《黑图档·嘉庆朝》，线装书局，2016。

赵焕林、杨丰陌主编《兴京旗人档案史料》，辽宁民族出版社，2001。

赵玉明主编《日本侵华广播史料选编》，中国广播影视出版社，2015。

赵增越编选《嘉庆朝宗室移住盛京档案》（上、下），《历史档案》2019年第2、3期。

中国边疆史地研究中心、辽宁省档案馆合编《东北边疆档案选辑（清代民国）》，广西师范大学出版社，2007。

中国第二历史档案馆编《中华民国史档案资料汇编》，江苏古籍出版社，1991。

中国第二历史档案馆编《北洋政府档案》，中国档案出版社，2010。

中国第一历史档案馆编《光绪朝朱批奏折》，中华书局，1995。

中国第一历史档案馆编《光绪宣统两朝上谕档》，广西师范大学出版社，1996。

中国第一历史档案馆编《嘉庆道光两朝上谕档》，广西师范大学出版
　　社，2000。

中国第一历史档案馆编《清代档案史料丛编》，中华书局，1982。

中国第一历史档案馆、海峡两岸出版交流中心编《清宫辛亥革命档案汇
　　编》，九州出版社，2011。

中国近代经济史资料丛刊编辑委员会主编《中国海关与辛亥革命》，中
　　华书局，1964。

中国科学院民族研究所、辽宁少数民族社会历史调查组编《满族历史档
　　案资料选辑》，内部发行，1963。

中国社会科学院近代史研究所中华民国史研究室主编，邹念之编译《日
　　本外交文书选译——关于辛亥革命》，中国社会科学出版社，1980。

中国史学会主编《中国近代史资料丛刊·辛亥革命》，上海人民出版
　　社，1957。

朱寿朋编《光绪朝东华录》，中华书局，1958。

南満洲鐵道株式會社總務部事務局調查課編『満洲舊慣調查報告書前篇ノ
　　内·皇産』大同印書館、1915。

藤田佳久監修、高木宏志編集『東亜同文會報告』ゆまに書房、2012。

三　方志、表册

康熙《盛京通志》，康熙二十三年刻本。

乾隆《盛京通志》，辽海出版社，1997。

民国《奉天通志》，东北文史丛书编辑委员会，1983。

民国《沈阳县志》，台北：成文出版社，1974。

东三省博物馆编《东三省博物馆古物陈列册》，东三省博物馆，1928。

奉天故宫博物馆编印《奉天故宫博物馆要览》，1932。

刘立强、刘海洋、韩钢主编《盛京典制备考》，科学出版社，2016。

苗文华编《北陵志略》，北陵公园管理处，1929。

沈阳市民委民族志编纂办公室编《沈阳满族志》，辽宁民族出版社，1991。

沈阳一宫两陵志编纂委员会编著《沈阳福陵志》，辽宁民族出版社，2006。

沈阳一宫两陵志编纂委员会编著《沈阳故宫志》，辽宁民族出版社，2006。

沈阳一宫两陵志编纂委员会编著《沈阳昭陵志》，辽宁民族出版社，2006。

佟佳江编《民国职官年表外编》，中华书局，2011。

四 日记、文集、书信、回忆录、年谱

爱新觉罗·恒钤：《晚清皇族困局：恭亲王孙女重说近代史》，中国文史出版社，2019。

爱新觉罗·溥仪：《我的前半生》全本，群众出版社，2007。

爱新觉罗·启运：《清朝皇族后裔的故事：末代怡亲王和他的长子长孙》，新华出版社，2009。

爱新觉罗·善耆：《肃忠亲王遗集》，1928。

爱新觉罗·毓朗：《余痴生诗集》，《清代诗文集汇编》第789册，上海古籍出版社，2010。

爱新觉罗·毓盈：《述德笔记》，民族出版社，2009。

北京市档案馆编《那桐日记（1890—1925）》，新华出版社，2006。

陈夔龙：《梦蕉亭杂记》，中华书局，2007。

《醇亲王载沣日记》，群众出版社，2014。

定宜庄：《老北京人的口述历史》，中国社会科学出版社，2009。

东亚同文会编《对华回忆录》，胡锡年译，商务印书馆，1959。

窦瑞敏整理《郭曾炘日记》，中华书局，2019。

芳泽谦吉：《芳泽谦吉在华回忆》，陈天鸥译，《传记文学》第1卷第6期，1962年。

故宫博物院编《清仁宗御制诗》，海南出版社，2000。

《顾维钧回忆录》，中国社会科学院近代史研究所译，中华书局，1983。

郭招金：《末代皇朝的子孙》，团结出版社，1991。

胡玉海、里蓉主编《奉系军阀大事记》，辽宁民族出版社，2005。

贾英华：《末代皇叔载涛》，人民文学出版社，2012。

金从政：《平淡天真：我的父亲爱新觉罗·载涛》，文物出版社，2020。

金梁：《奉天古迹考》，徐光荣、孙丕任校注，沈阳出版社，2013。

金梁：《瓜圃丛刊叙录》，台北：文海出版社，1968。

金梁：《光宣小记》，台北：台湾学生书局，1973。

金启孮：《金启孮谈北京的满族》，中华书局，2009。

劳祖德整理《郑孝胥日记》，中华书局，1993。

李国雄口述，王庆祥撰写《随侍溥仪纪实》，东方出版社，1999。

李淑贤供稿，王庆祥整理注释《溥仪日记全本》，天津人民出版社，2009。

辽宁省文史研究馆编《辽海鹤鸣》，上海书店出版社，1994。

罗继祖：《蜉寄留痕》，上海古籍出版社，1999。

罗继祖主编，王同策副主编《罗振玉学术论著集》，上海古籍出版社，
　　2010。

骆宝善、刘路生主编《袁世凯全集》，河南大学出版社，2013。

马忠文、张求会整理《郭则沄自订年谱》，凤凰出版社，2018。

《溥杰自传》，叶祖孚执笔，中国文史出版社，2001。

翘生：《复辟纪实》，台北：文海出版社，1984。

裘陈江整理《胡嗣瑗日记》，凤凰出版社，2017。

裘陈江整理《耆龄日记》，凤凰出版社，2020。

全国政协文史和学习委员会编《溥杰回忆录》，中国文史出版社，2012。

全国政协文史和学习委员会编《回忆溥仪》，中国文史出版社，2017。

全国政协文史资料委员会编《民国高端群像》，中国文史出版社，2005。

森岛守人：《阴谋·暗杀·军刀——一个外交官的回忆》，赵连泰译，黑
　　龙江人民出版社，1980。

申权编《金公年谱》，北京图书馆编《北京图书馆藏珍本年谱丛刊》第
　　198 册，北京图书馆出版社，2002。

沈广杰编著《金梁年谱新编》，现代出版社，2012。

宋皓琨整理《翟文选日记》，凤凰出版社，2020。

《孙中山全集》，人民出版社，2015。

唐德刚撰写《张学良口述历史》，中国档案出版社，2007。

王风丽整理《吴庆坻亲友手札》，凤凰出版社，2020。

王庆祥编著《溥仪年谱》，群众出版社，2017。

王庆祥整理注释《溥仪文存》，群众出版社，2017。

温肃：《温文节公集·檗庵文集》，香港：学海书楼，2001。

吴思鸥等点校《徐世昌日记》，北京出版社，2018。

信修明遗著《老太监的回忆》，方彪等点校，北京燕山出版社，1992。

徐世昌：《东三省政略》，台北：文海出版社，1965。

徐世昌：《退耕堂政书》，台北：文海出版社，1973。

许恪儒整理《许宝蘅日记》，中华书局，2010。

豫敬、果勒敏著，李芳整理《豫敬日记 洗俗斋诗草》，凤凰出版社，2020。

毓君固：《末代皇帝的二十年：爱新觉罗·毓嶦回忆录》，中国社会科学出版社，2000。

袁金铠：《佣庐日记语存》，李德龙、俞冰主编《历代日记丛钞》第 137 册，学苑出版社，2006。

《张朝墉日记》，王建朗、马忠文主编《近代史研究所藏稿钞本日记丛刊》，国家图书馆出版社，2020。

张剑整理《绍英日记》，中华书局，2018。

张之丙、张之宇访谈，《张学良口述历史》编辑委员会整理《张学良口述历史（访谈实录）》，当代中国出版社，2014。

张勋：《松寿老人自叙》，北京图书馆编《北京图书馆藏珍本年谱丛刊》第 183 册，北京图书馆出版社，1999。

张友坤、钱进、李学群编著《张学良年谱》修订版，社会科学文献出版社，2009。

政协大连市金州区文史资料委员会、大连市文物管理委员会编《王永江纪念文集》，大连出版社，1993。

中国第二历史档案馆编《冯玉祥日记》，江苏古籍出版社，1992。

中国科学院历史研究所第三所主编《锡良遗稿·奏稿》，中华书局，1959。

中国科学院近代史研究所近代史资料编辑组编《近代史资料》总 35 号，中华书局，1965。

中国人民政治协商会议北京市委员会文史资料研究委员会编《文史资料选编》第 22 辑，北京出版社，1984。

中国人民政治协商会议吉林省委员会文史资料研究委员会编《吉林文史资料选辑》第 4 辑，吉林人民出版社，1983。

中国人民政治协商会议全国委员会文史资料委员会编《晚清宫廷生活见闻》，中国文史出版社，2000。

中国人民政治协商会议全国委员会文史资料委员会《文史资料选辑》编辑部编《文史资料选辑》第 20 辑，中国文史出版社，1990。

中国人民政治协商会议沈阳市皇姑区委员会文史资料委员会编《皇姑文

史资料》第 5 辑，1992。

中国人民政治协商会议天津市委员会文史资料研究委员会编《天津文史
　　资料选辑》第 4 辑，天津人民出版社，1979。

中国人民政治协商会议天津市委员会文史资料研究委员会编《天津文史
　　资料选辑》第 44 辑，天津人民出版社，1988。

中国社会科学院近代史研究所近代史资料编辑组编《近代史资料》总 48
　　号，中国社会科学出版社，1982。

中国社会科学院近代史研究所近代史资料编辑室编《近代史资料》总 67
　　号，中国社会科学出版社，1987。

中国社会科学院"近代史资料"编辑部主编《民国人物碑传集》，四川
　　人民出版社，1997。

周秋光编《熊希龄集》，湖南人民出版社，2008。

周君适：《伪满宫廷杂忆》，四川人民出版社，1981。

庄士敦：《紫禁城的黄昏》，陈时伟等译，马小军校，山东画报出版社，
　　2007。

宗谱编纂处编《爱新觉罗宗谱》，学苑出版社，1998。

五　报刊

《北洋官报》《财政月刊》《晨报》《大公报》《大同报》《东北大学周刊》
　　《东方杂志》《法政杂志》《奉天公报》《奉天省城总商会月刊》《观
　　海》《民立报》《内务公报》《旗族》《清华周刊》《申报》《沈海铁
　　路月刊》《沈阳高等师范学校周刊》《沈阳市政统计汇刊》《生活日
　　报》《盛京时报》《时报》《税务月刊》《顺天时报》《宪法会议公
　　报》《新闻报》《学生文艺丛刊》《益世报》《政府公报》《政府公报
　　分类汇编》《政治官报》

六　专著和论文集

北京联合大学三山五园研究院、北京市海淀区文化发展促进中心编《旧
　　园与故人——民国时期三山五园地区掌故》，中国建材工业出版
　　社，2019。

常书红：《辛亥革命前后的满族研究——以满汉关系为中心》，社会科学

文献出版社，2011。

车维汉、朱虹、王秀华：《奉系对外关系》，辽海出版社，2000。

陈彬龢：《满洲伪国》，日本研究社，1933。

陈志新、赵希兰、邵桂花、钱晓岚编著《北洋时期东北四省区军政首脑》，政协沈阳市委员会文史资料委员会，1994。

程维荣：《近代东北铁路附属地》，上海社会科学院出版社，2008。

戴迎华：《清末民初旗民生存状态研究》，人民出版社，2010。

邓庆：《清末民国沈阳故宫史事钩沉》，现代出版社，2012。

刁书仁：《东北旗地研究》，吉林文史出版社，1993。

丁海斌、时义：《清代陪都盛京研究》，中国社会科学出版社，2007。

定宜庄：《清代八旗驻防研究》，辽宁民族出版社，2003。

定宜庄、郭松义、李中清、康文林：《辽东移民中的旗人社会——历史文献、人口统计与田野调查》，上海社会科学院出版社，2004。

董守义：《沈阳城市发展史·近代卷》，沈阳出版社，2018。

高嘉谦：《遗民、疆界与现代性：汉诗的南方离散与抒情（1895—1945）》，台北：联经出版社，2016。

高月：《清末东北新政研究》，黑龙江教育出版社，2012。

胡平生：《民国初期的复辟派》，台北：台湾学生书局，1985。

黄兴涛、朱浒主编《清帝逊位与民国肇建》，社会科学文献出版社，2016。

黄兴涛：《重塑中华：近代中国"中华民族"观念研究》，北京师范大学出版社，2017。

季剑青：《重写旧京：民国北京书写中的历史与记忆》，生活·读书·新知三联书店，2017。

荆绍福编著《沈阳北大营》，沈阳出版社，2020。

柯娇燕：《孤军：满人一家三代与清帝国的终结》，陈兆肆译，董建中校，人民出版社，2016。

赖惠敏：《天潢贵胄：清皇族的阶层结构与经济生活》，台北："中研院"近代史研究所，1997。

李凤民：《沈阳皇寺》，东北大学出版社，2014。

李凤民：《沈阳昭陵史话》，东北大学出版社，2014。

李皓：《赵尔巽与清末奉天政局（1905—1907）》，中华书局，2019。

李立夫、路红主编《末代皇帝溥仪在天津》，天津人民出版社，2010。

李娜：《满铁对中国东北的文化侵略》，社会科学文献出版社，2015。

李鹏年等编著《清代中央国家机关概述》，黑龙江人民出版社，1988。

连振斌：《锡良与清末新政》，华夏出版社，2022。

林立：《沧海遗音：民国时期清遗民词研究》，香港中文大学出版社，2009。

林峥：《公园北京：文化生产与文学想象（1860——1937）》，北京大学出版社，2022。

林志宏：《民国乃敌国也：政治文化转型下的清遗民》，中华书局，2013。

刘小萌：《清代北京旗人社会》，中国社会科学出版社，2008。

刘小萌：《爱新觉罗家族史》，中国社会科学出版社，2015。

刘振超编著《盛京胜景》，沈阳出版社，2017。

路康乐：《满与汉：清末民初的族群关系与政治权力（1861—1928）》，王琴、刘润堂译，李恭忠审校，中国人民大学出版社，2010。

潘崇：《进退失据：旗人总督锡良与清末新政》，中国社会科学出版社，2022。

潘静如：《末代士人的身份角色与命运：清遗民文学研究》，社会科学文献出版社，2024。

彭定安主编，胡玉海、董守义、李丽分卷主编《沈阳文化史·近代卷》，沈阳出版社，2014。

祁美琴：《清代内务府》，中国人民大学出版社，1998。

秦国经：《清代文书档案制度》，中国档案出版社，2010。

秦国经：《逊清皇室秘闻》，故宫出版社，2014。

秦翰才：《满宫残照记》，岳麓书社，1986。

桑兵：《旭日残阳：清帝退位与接收清朝》，广西师范大学出版社，2018。

单士元编著《小朝廷时代的溥仪》，紫禁城出版社，1989。

沈洁：《1912年：颠沛的共和》，东方出版中心，2015。

沈洁：《民国的"失传"——清末民初中国革命再阐释》，上海社会科学院出版社，2019。

沈阳故宫博物院编《盛京皇宫》，紫禁城出版社，1987。

史明正：《走向近代化的北京城——城市建设与社会变革》，王业龙、周卫红译，杨立文校，北京大学出版社，1995。

孙鸿金：《近代沈阳城市发展研究（1898—1945）》，吉林大学出版社，2015。

汤志钧：《乘桴新获：从戊戌到辛亥》，北京师范大学出版社，2018。

佟德元：《转型、博弈与政治空间诉求：1928—1933年奉系地方政权研究》，中国社会科学出版社，2015。

王凤杰：《王永江与奉天省早期现代化研究》，吉林大学出版社，2010。

王鹤、吕海平：《近代沈阳城市形态研究》，中国建筑工业出版社，2015。

王柯：《从"天下"国家到民族国家：历史中国的认知与实践》，上海人民出版社，2020。

王立群：《北洋政府时期京直地区八旗土地研究》，人民出版社，2021。

王佩环编著《清帝东巡》，沈阳出版社，2004。

王谦：《帝都，国都，故都：近代北京的空间变迁与文化表征（1898—1937）》，中国社会科学出版社，2022。

王炜、闫虹编著《老北京公园开放记》，学苑出版社，2008。

王文锋：《末代皇帝溥仪与国宝》，群众出版社，2015。

王锺翰：《清史新考》，辽宁大学出版社，1990。

温淑萍、王艳春编著《盛京遗珍》，沈阳出版社，2017。

乌廷玉等：《清代满洲土地制度研究》，吉林文史出版社，1992。

武斌主编《清沈阳故宫研究》，辽宁大学出版社，2007。

薛龙：《张作霖和王永江：北洋军阀时代的奉天政府》，徐有威、杨军等译，中央编译出版社，2012。

杨猛：《最后的家天下：少壮亲贵与宣统政局》，华夏出版社，2023。

杨学琛、周远廉：《清代八旗王公贵族兴衰史》，辽宁人民出版社，1986。

易丙兰：《奉系与东北铁路》，社会科学文献出版社，2018。

张德泽编著《清代国家机关考略》，中国人民大学出版社，1981。

张华腾：《新政、革命与清末民初社会研究》，河南人民出版社，2010。

张健、李竞翔：《近代沈阳城市公共园林》，中国建材工业出版社，2017。

张涛、张志强、张龙海主编，张志强分卷主编《沈阳通史·近代卷》，沈阳出版社，2014。

张伟、胡玉海编著《沈阳三百年史》，辽宁大学出版社，2004。

赵令志：《清前期八旗土地制度研究》，民族出版社，2001。

郑天挺：《清史探微》第 2 版，北京大学出版社，2011。

中国教育报刊社组编，东北大学撰稿《东北大学》，重庆大学出版社，2008。

周福振、庞博：《"铁帽子王"善耆与时代变局》，华夏出版社，2021。

周明之：《近代中国的文化危机：清遗老的精神世界》，山东大学出版社，2009。

周增光：《宗室王公与清末新政》，华夏出版社，2017。

朱惠方、董一忱：《东北垦殖史》，从文社，1947。

周藤吉之『清代満洲土地政策の研究——特に旗地政策を中心として』河出書房、1944。

Dan Shao, *Remote Homeland, Recovered Borderland：Manchus, Manchoukuo, and Manchuria，1907-1985*, Honululu, University of Hawai'i Press, 2011.

Mark C. Elliott, *The Manchu Way：The Eight Banners and Ethnic Identity in Late Imperial China*, Stanford, Stanford University, 2001.

Yoshiki Enatsu, *Banner Legacy：The Rise of the Fengtian Local Elite at the End of the Qing*, Ann Arbor, Michigan, Center for Chinese Studies, The University of Michigan, 2004.

七　论文

阿部由美子：《中华民国北京政府时期清室、宗室、八旗与民国政府的关系——以〈清室优待条件〉为中心》，中国社会科学院近代史研究所政治史研究室编《清代满汉关系研究》，社会科学文献出版社，2011。

陈春晓：《从皇家禁地到公共空间——由故宫博物院的建立看民国政府政权威信的树立》，《郑州大学学报》（哲学社会科学版）2010 年第 2 期。

陈肖寒：《民国初年逊清岁费问题初探（1912—1916）》，《西南农业大学学报》（社会科学版）2009 年第 4 期。

程方毅：《新见庄士敦档案整理与研究》，《历史档案》2023 年第 3 期。

戴海斌：《中央公园与民初北京社会》，《北京社会科学》2005 年第 2 期。

高换婷：《嘉庆朝宗室人口迁移述评》，《历史档案》2003 年第 3 期。

高焕婷：《溥仪"小朝廷"时期颐和园的对外开放》，《北京档案》2004
    年第 1 期。

郭卫东：《日本帝国主义与宗社党》，《历史教学》1984 年第 7 期。

何莉、姜陆军：《沙俄对八王寺的破坏》，《兰台世界》2003 年第 6 期。

季剑青：《"私产"抑或"国宝"：民国初年清室古物的处置与保存》，
    《近代史研究》2013 年第 6 期。

贾盼：《"外人回心向之"？——庄士敦与溥仪"出洋之议"》，《清史研
    究》2024 年第 1 期。

江夏由树：《近代中国东北土地利权关系中的中日官民关系——以旧奉天
    皇产为中心》，张永江、牧仁译，《东北史地》2011 年第 3 期。

李凤民：《嘉庆皇帝设宗室营》，《紫禁城》1988 年第 4 期。

李坤睿：《王孙归不归？——溥仪出宫与北洋朝野局势的变化》，《南京
    大学学报》（哲学·人文科学·社会科学）2012 年第 5 期。

李在全：《民元孙中山北京之行与逊清皇室的应对——以绍彝、绍英未刊
    函札为中心的考察》，《清华大学学报》（哲学社会科学版）2020 年
    第 1 期。

李在全：《九一八事变后国民政府争取溥仪考实》，《社会科学辑刊》
    2021 年第 2 期。

李在全：《1924—1925 年孙中山北上京津与逊清皇室的反应》，《史林》
    2022 年第 1 期。

林辉锋：《从〈韬养斋日记〉看徐世昌与逊清皇室》，《中山大学学报》
    （社会科学版）2015 年第 1 期。

林峥：《从禁苑到公园——民初北京公共空间的开辟》，《文化研究》总
    第 15 辑，社会科学文献出版社，2013。

刘灿：《嘉道时期宗室移居盛京考述》，《历史档案》2020 年第 3 期。

刘灿：《共和制下的皇室机关——民国时期清室盛京内务府存续考论》，
    《清史研究》2022 年第 6 期。

刘灿：《王产国有：民国时期奉天王庄清丈与逊清宗室社会生活变迁》，
    《史林》2024 年第 5 期。

刘建华：《"九·一八"事变前溥仪和日本的关系》，《日本学论坛》2005
    年第 2 期。

刘仲华:《民国时期圆明园的沉浮及其价值重构》,《安徽史学》2022 年第 3 期。

孟繁勇:《清代盛京将军与陪都机构权力关系的演变》,《社会科学辑刊》2009 年第 3 期。

彭雨新:《清王朝偏宠满旗的一贯政策及其消极后果》,《清史论丛》1992 年号。

强光美:《制度缺失与家国利益——晚清内务府腐败问题探析》,《北京社会科学》2016 年第 6 期。

桑兵:《民元孙中山北上与逊清皇室的交往——兼论清皇族的归属选择》,《史学月刊》2017 年第 1 期。

苏全有、高彬:《张宗昌与溥仪的信函往还》,《兰台世界》2011 年第 1 期。

孙昉、刘平:《产权视角下的溥仪小朝廷文物流失问题》,《民国研究》2015 年第 2 期。

孙燕京、周增光:《辛壬之际旗籍权贵集团的政治心态》,《历史研究》2012 年第 5 期。

滕德永:《逊清皇室筹解经费的努力》,《溥仪研究》2016 年第 1 期。

腾德永:《论逊帝溥仪的公众形象》,《明清论丛》2018 年第 1 期。

滕德永:《逊清皇室与〈优待条件〉的入宪》,《北京社会科学》2018 年第 4 期。

佟佳江:《清代八旗制度消亡时间新议》,《民族研究》1994 年第 5 期。

佟悦:《金梁与初期的沈阳故宫博物馆》,《中国博物馆》1989 年第 4 期。

王革生:《清代东北"王庄"》,《满族研究》1989 年第 1 期。

王贵忠:《关于满铁调查部》,《历史教学》1984 年第 7 期。

王琴:《公共空间与社会差异:民国北京公园研究》,《北京档案史料》2005 年第 2 期。

王晴飞:《溥仪出宫与北京知识界:以胡适为中心的考察》,《社会科学》2015 年第 4 期。

王庆祥:《关于逊清史的几个问题》,《溥仪研究》2012 年第 3 期。

王铁军:《"满洲问题协议会":满铁、关东军在东北的权力关系构筑》,《社会科学战线》2019 年第 8 期。

王雅文、陈崇桥:《榊原农场事件始末》,《日本研究》1994 年第 3 期。

王宇:《"齐满人之心志,逐共和之权益"——民国前期满族同进会及其权利诉求》,《中国边疆民族研究》第 6 辑,中央民族大学出版社,2013。

魏福祥:《论奉票毛荒及其衰落》,《社会科学战线》1986 年第 3 期。

许龙生:《"协调外交"下的被动干涉:北京政变后溥仪的动向与日本对华外交》,《民国研究》2020 年第 2 期。

杨天宏:《"清室优待条件"的法律性质与违约责任——基于北京政变后摄政内阁逼宫改约的分析》,《近代史研究》2015 年第 1 期。

杨余练:《论清代东北经济发展的特点》,《清史论丛》1992 年号。

叶秀云:《逊清皇室抵押、拍卖宫中财宝述略》,《故宫博物院院刊》1983 年第 1 期。

佚名:《宫廷改革》,《溥仪研究》2013 年第 1 期。

喻大华:《〈清室优待条件〉新论——兼探溥仪潜往东北的一个原因》,《近代史研究》1994 年第 1 期。

喻大华:《论民国政府处理逊清皇室的失误》,《史学月刊》2000 年第 3 期。

于淑娟:《清昭陵被辟为公园始末》,《中国档案报》2010 年 11 月 11 日,第 2 版。

张士尊:《清代盛京移民与二元行政管理体制的变迁》,《东北师大学报》(哲学社会科学版)2004 年第 4 期。

赵鑫宇:《清朝兴衰与盛京昭陵的文化风貌变迁》,《满族研究》2022 年第 1 期。

赵雅丽:《逊清小朝廷时期官规习俗的变迁与动因之考察》,《北京历史文化研究》2007 年第 1 辑。

赵雅丽:《略谈清室优待条件的法理和信义精神》,《溥仪研究》2013 年第 1 期。

赵中孚:《移民与东三省北部的农业开发(1920—30)》,台北《"中央研究院"近代史研究所集刊》第 3 期(下),1972 年。

赵中孚:《近代东三省移民问题之研究》,台北《"中央研究院"近代史研究所集刊》第 4 期(下),1974 年。

周增光：《丁巳复辟中的逊清皇室与清遗民——兼论民初复辟行为的生存空间》，《史林》2022 年第 3 期。

朱文哲：《清室与民国：清民之际满族贵族的政治认同》，《西北民族大学学报》（哲学社会科学版）2015 年第 5 期。

布依：《清朝盛京三陵陵寝祭祀研究》，黑龙江大学硕士学位论文，2023。

蔡雪：《沈阳故宫博物院早期历史研究》，吉林大学硕士学位论文，2022。

程卢晋：《近代沈阳城市公园研究》，辽宁大学硕士学位论文，2014。

戴克良：《清前期盛京八旗王公贵族研究》，东北师范大学硕士学位论文，2004。

胡琦：《近代北京公园与市民生活关系研究》，首都师范大学硕士学位论文，2009。

刘宇梁：《"满铁附属地"日本驻军问题研究》，哈尔滨师范大学硕士学位论文，2019。

刘圆圆：《近代沈阳公园与城市发展研究（1906—1931）》，东北师范大学硕士学位论文，2019。

乔志军：《清末民初奉天地区文物保护与管理研究》，辽宁大学硕士学位论文，2020。

石桂芳：《民国北京政府时期北京公园与市民生活研究》，吉林大学博士学位论文，2016。

田宝翠：《清末奉天旗民生计问题研究》，辽宁大学硕士学位论文，2013。

奚方圆：《民初北京皇家禁苑的公园转型——从规划建设和管理维护两方面考察（1912—1928）》，东北师范大学硕士学位论文，2016。

张程：《颐和园的开放与参观者的身份变迁（1902—1937）》，北京大学硕士学位论文，2012。

张慧颖：《沈阳县公署档案所见九一八事变前日本在奉天侵略活动》，辽宁大学硕士学位论文，2022。

张坤：《清遗民词人群体研究》，吉林大学博士学位论文，2022。

张睿：《金梁与奉天旗务改革研究》，辽宁大学硕士学位论文，2015。

赵伟：《榊原农场事件研究》，辽宁大学硕士学位论文，2013。

附录 大事记

光绪三十三年（1907）

4—5月①，上谕盛京将军改为东三省总督。奉天行省公署下设旗务司，统筹全省旗制变通事宜，兼管三陵衙门、盛京内务府及盛京旧居宗室觉罗与宗室营等一应皇室在奉事务。

光绪三十四年（1908）

8月，《宪法大纲》将皇室经费常额制定确认为君上之权，所需款项"自国库提支，议院不得置议"，"陵、庙祭祀，陵工，吉地，玉牒馆，上用，颐和园，宗室王公俸禄，宗人府，内务府"等项皆属皇室经费范围。

10月，盛京内务府内设立一办事处，由奉天旗务司派出科员英锐任坐办，开始清丈所辖粮庄。

宣统元年（1909）

4月，日本派遣隶属"关东都督府"的独立守备队，驻守"满铁"奉天附属地。

8月，奉天旗务司降级，"仿照吉省设立旗务处"。

宣统二年（1910）

8月，东三省总督锡良晓谕清丈奉天省八旗官兵随缺伍田等官地，以此方式保护旗产。

宣统三年（1911）

1月，东三省总督锡良全面清查盛京内务府、三陵及宗室觉罗各处

---

① 为与下文统一，光绪三十三年至宣统三年大事记的时间，均以阳历表示。

经费款目，造具清册 2 本咨送北京总管内务府。

4—5 月，赵尔巽掌东三省总督事，奏请划一三省行政。

1912 年

2 月，清帝颁布退位诏书，接受《清室优待条件》。奉天旗务处裁撤归并盛京内务府办事处，由东三省总督赵尔巽直管。肃亲王善耆经日人川岛浪速筹划出京抵达大连，准备策动复辟起事。

3 月，袁世凯发布临时大总统令，改东三省总督为东三省都督，赵尔巽留任。

4 月，赵尔巽化名"赵辉堂"与奉省官员成立溥丰模范农场，取得清昭陵余地承租权，每年以农场红利一成五作为清室地租。

5 月，民国政府财政部要求所有关于前清皇室各衙署经费事宜，划归清室北京总管内务府管理。

6 月，袁世凯发布临时大总统令，保护清室宗庙陵寝，清朝前设守陵官兵暂不予变动，职权照旧。

7 月，东三省都督赵尔巽批示福、昭两陵禁地余荒既属清室产业，可每年招佃并以所获利润充作岁修经费，同时为陵寝守护官兵酌拨津贴。

10 月，民国政府内务部规定盛京三陵岁修工程等项事宜系属清室范围，由清室北京总管内务府承办。盛京内务府办事处拟清丈庄地章程二十条，总原则为勘验盛京粮庄后，庄头领取正额官田执照，照旧征差，不收租价；丁佃领取浮多官田租照，依据地质等则拟定租额。同时，制定《清丈山场果园章程》。清室王公集会拟定《各王公府拟议变通两相兼顾办法》，提出取消庄头名目，由各王公府选派公正人员前往庄地地段，直接向丁佃征收租项。

11 月，张锡銮任奉天都督。

12 月，《清查庄地试办简章》正式出台。

1913 年

4 月，三陵承办并守护事务、署盛京兼金州副都统三多计划改组三陵办事衙门，将盛京内务府并入，遭该府全体官兵反对。

4 月、5 月间，奉天省议会议决奉天旧设之内务府及三陵守护衙门等清室机关，所需办公经费、员司津贴应与清室北京总管内务府筹商，由清室经费项下统一开支，不列入省财政计划之内。

12月，袁世凯指令取消奉天临时省议会通过的奎公府壮丁于景瀛等呈请将各王公府壮丁人地差银一律注销案。

1914 年

2月，三陵协领、清查皇产委员长寿耆彭等开始对三陵户股官庄进行清丈。

3月，奉天都督兼署民政长张锡銮呈准总统袁世凯，以丈放八旗官兵随缺伍田收取地价六成归奉省行政收入，四成归官兵充裕生计。

4月，《清室优待条件》被列入《中华民国约法》附则第六十五款。

7月，因经费支绌难行支撑，英锐呈请裁撤盛京宫殿内警卫，由奉天省城警察厅派巡警接办成守事。

11月，奉天巡按使张元奇计划从皇庄与星尼丁地浮多地亩，以及盘山、安东两地苇塘入手，开办土地丈放。

12月，《清皇室善后办法》七条确定内务部为民国政府办理清室私产保护事宜的主管机关后，奉天当局对于清室产业的处理建议得到内务部重视。

1915 年

1月，奉天全省官地清丈局成立。

2月，英锐开差，三陵衙门档房协领寿耆彭接任盛京内务府办事处坐办。奉天全省官地清丈局计划由奉恩镇国公毓岐及裕亲王两府入手试办王庄勘丈，拟定《王公庄地查丈办法》，规定无论各府是否愿意丈放，均须呈请清丈局划分庄地正浮，正额归府，可放由地佃承领并收取八成地价，另外二成作为对奉省报效；浮多归国，由奉省统一查核丈放。

3月，奉天全省官地清丈局制定《丈放内务府庄地章程》，规定所有内务府办事处前次清丈所发租照一律撤销，无论正额、浮多地亩全行重丈。清室北京总管内务府致函奉省，希望清丈局随时汇寄丈放庄地价款。

5月，寿耆彭改组盛京内务府为文牍、会计、守卫三科，仅保留办事处建置。

7月，清室北京总管内务府委派曾任盛京内务府正黄旗佐领的唐铭盛，赴奉核查盛京内务府官员王常盛等禀控寿丰彭贪渎舞弊一案。

9月，清室委任唐铭盛为盛京内务府总办，整顿清室在奉事务，寿丰彭私借滥支经费被查实。

10月，奉天全省官地清丈局制定《增订清查各王公府带地投充地亩章程》，明确投充之地产权归属庄佃，规定地亩清丈后，不仅原额由庄佃免价承领，浮多亦先尽各该地户报领。

11月，清室北京总管内务府致函镇安上将军兼署奉天巡按使段芝贵，催汇丈放内务府庄地价款。

12月，袁世凯宣布"称帝"，次年改元"洪宪"。

1916 年

2月，唐铭盛以寿丰彭改组后的三科建置为基础，从原盛京内务府被裁各员中拣选能者，重新附入三科办事。

3月，唐铭盛为盛京内务府办事处常年各项应征租款指定对应用途，以重公款而保全清室利益。袁世凯取消"洪宪"帝制。

4月，张作霖任盛武将军，署督理奉天军务兼奉天巡按使。

6月，袁世凯病逝，黎元洪继任总统，段祺瑞任国务总理。

7月，张作霖任奉天督军兼省长。

9月，唐铭盛遭到盛京内务府办事处科员王增信等人控告，指其久不在奉，委任契友郑桂丰、心腹朴蓬瀛总揽处内全局，致二人恃权肆行，毫无顾忌。

11月，唐铭盛奉清室北京总管内务府大臣世续"面谕"，以盛京内务府办事处岁修工程款，"借拨"京师护军警察队发放饷糈之用。

1917 年

2月，清室北京总管内务府收到奉天全省官地清丈局汇寄地价，向省长张作霖致电表示感谢。

5月，盛京内务府办事处科员关恒裕等再控唐铭盛徇私舞弊、侵吞公款、独断专行。

7月，张勋进入紫禁城内廷，策动清室复辟。事败，清室自行撤销复辟期间全部"谕旨",段祺瑞同意维持优待条件。

9月,盛京内务府办事处成立团体维持会。

1918 年

9月,原盛京内务府三旗领兵代表刘常喜呈控盛京内务府办事处帮办等官员中饱盈余款项、影射兵缺伍田地租、滥任亲族虚糜公款、黑收应归国有课赋、越权丈放山场官地等弊情十款。张作霖任东三省巡阅使。

10月,徐世昌就任中华民国总统。

1919 年

12月,醇亲王载沣致函奉天省长张作霖催汇丈放内务府庄地价款,此后地价均由清丈局先行拨寄醇亲王府,再经王府交入清室内廷。

1921 年

1月,三陵衙门于盛京副都统兼署金州副都统衙门内改组为总务处、典礼处、庶务处、会计处,原设各总管、关防、官庄衙门及户、礼、工各股档房,兴京官牛场等机关与各员司、旗兵等一律裁撤。

4月,清室宗人府宗令载涛在京召集40余府王公举行谈话会,奉天全省官地清丈局坐办王镜寰到会解说王公庄地丈放变通办法,收取部分王府交到庄地清册。会议内容印刷成单,分传各旗族宗支遵照办理。

12月,《奉天全省官地清丈局改订丈放王公庄地章程》正式出台。

1922 年

4月,第一次直奉战争爆发。

5月,第一次直奉战争以奉系兵败告终,东三省实行联省自治。

6月,张作霖自任东三省保安总司令。

12月,"逊帝"溥仪大婚礼成,册立婉容为"皇后",封文绣为"淑妃"。

1923 年

4月,张学良筹划在清福陵附近增设军事营区东大营。

5月，张学良令奉军在清昭陵旷地一带开展野外演习。

11月，东北大学为解决城内校舍用地紧张问题，陆续收买清昭陵周边民产房地，计划建设北陵校区。

1924 年

4月，溥仪赏给三多"内务府大臣"衔，命其办理盛京内务府产业事宜。奉天全省官地清丈局拟定《丈放各王公府坐落奉天省城地基办法》，着手清厘王公房基产业。

5月，盛京内务府办事处改为内务府皇产事宜处，保留会计、守卫两科建置；取消文牍科，以总文案一职统筹全处公文事务；新增调查、总务两科。

6月，皇产事宜处制定《新订官房增租办法》，清查奉天城随街商铺及住户房屋，比照市面民房行情略为上调租价。

7月，皇产事宜处拟分三路清查山园林场，略增租额；计划将奉天城部分房基地出售。

9月，第二次直奉战争爆发。

11月，溥仪被冯玉祥国民军驱离紫禁城，摄政内阁公布《修正清室优待条件》。溥仪离开醇亲王北府，进入日本公使馆。

12月，三多由京返奉，继续为清室清点奉天产业。

1925 年

2月，溥仪移居天津张园。

3月，内务府皇产事宜处正式裁撤，奉天省长公署接收清室宫殿、财产、卷档等件。三多以事宜处顾问的身份续行留奉办事，兼管具有临时联络机构性质的清室驻奉办事处。盛京副都统兼署金州副都统、兴京副都统衙门裁撤，三陵事务改归清室驻奉办事处办理。

6月，溥仪与张作霖在天津会面，向其表示早已知道奉天陵庙宫殿"都保护得很好"。张氏宣称"皇帝"可以到奉天去，住在宫殿里。

8月，奉天城外三陵所属计 60 余万亩"清室祭田"勘查完毕，正式开始丈放。张作霖令将旧藏盛京宫殿文溯阁的四库全书运回奉天。

11月，郭松龄通电反奉。

1926 年

9 月，因三多以病请辞，清室驻津办事处派曾署奉天政务厅长的魁升接管驻奉办事处事务，负责催解丈放陵地价款，以备三陵历年奉祀开支所用。

10 月，仇玉珽开始于奉天清室宫殿内筹办东三省博物馆。奉天市政公所规划将清昭陵旁沙河子、御花园两村合并，创设模范村。

12 月，张作霖在天津就任安国军总司令。

1927 年

3 月，奉天市长李德新请将昭陵前官地划归市政公所管辖，以利统一规划改造为北陵公园。

5 月，清室驻奉办事处致函奉天省长公署，申明陵寝禁地为清室私产，请取消开放公园，以符合对清室之优待。

6 月，张作霖在北京组建安国军政府，就任陆海军大元帅。奉天省长公署表明创设公园意在"保护陵寝"，并指令市政公所禁在陵内及神道两侧设置茶社、摊位；陵内破败有年的蛇神庙、钟楼等处，亦由沈阳县筹款修竣。

10 月，奉天市长李德新拟具《北陵公园十年分期计划说明书》，提出以东北地区特有之风物景致，辅以近代化的便捷公共设施，将清昭陵地区打造成集文化教育、休闲娱乐于一体的综合性公共园林。

1928 年

6 月，张作霖乘火车离京返奉，在皇姑屯附近被日本关东军炸伤后身亡。

7 月，孙殿英部盗窃清东陵，引起逊清皇室强烈愤慨。醇亲王载沣领衔族胞致电国民革命军第三集团军总司令阎锡山，请派兵保护陵寝并严行缉查案犯。张学良任东三省保安总司令兼奉天省保安司令。

12 月，张学良通电全国，宣告东三省易帜，其任东北边防军司令长官、东北政务委员会主任委员。

1929 年

1 月，奉天全省官地清丈局为清室天津"行在"汇寄丈放内务府庄地积存尾款。

4 月，沈海铁路公司开始发售奉天至东陵车站间往返游览票，以期带动清福陵区域发展。

5 月，作为旅游专线的北宁铁路北陵支线正式通车。第十四届华北运动会在东北大学北陵校区开幕。

6 月，清福陵地区设立东陵公园。日本警察率榊原农场雇用之朝鲜人掘毁北陵支线铁轨数段，辽宁省交涉署照会日本驻奉总领事林久治郎提出严正抗议。

7 月，国民政府外交部长王正廷致函日本驻华公使芳泽谦吉，就日人擅拆北陵路轨问题提出抗议。

1930 年

3 月，中国自主建设的铁路枢纽北宁铁路辽宁总站落成。

11 月，沈阳市政公所计划进一步扩大北陵公园范围，通过筹建北陵"伟大公园"打造东北模范市区。

1931 年

7 月，日军奉天驻屯步兵第二十九联队派兵千余名分驻清昭陵、福陵，屡经中方交涉未能制止。

9 月，驻奉日军进攻北大营，九一八事变爆发。溥仪与关东军参谋板垣征四郎所派代表上角利一会面，商讨前往东北"恢复祖业"事宜。

10 月，恭亲王溥伟在日军护卫下前往清昭陵祭祖。

11 月，溥仪在土肥原贤二的策划下"逃"出静园，前往东北实施"复国大业"，期待在盛京宫殿"复位"。

1932 年

3 月，伪满洲国在长春建立，溥仪就任"执政"，每月从"内廷费"中拨出 3000 元维持奉天陵寝奉祀事务。

9 月，溥仪出席"日满议定书"签字仪式，日本以保护为名驻军伪满洲国。

11 月，关东军拒绝溥仪赴奉天祭祖，溥仪命留驻奉天的奉恩将军遵从祖制办理承祭事务，并予以"赏赐"。

12 月，溥仪任命陈曾寿为"内廷局局长"，管理陵庙祭祀、私产清厘等事。

1934 年

3 月，伪满洲国实行帝制，溥仪在长春第三次"登基"，年号"康德"。"御用挂"吉冈安直阻止溥仪拜祭祖陵，告诫其为"满洲国""皇帝"，并非"清朝皇帝"。溥仪遣人赴奉代谒，自己在长春私设香案供祭。

10 月，溥仪终得"巡幸"奉天，先至清福陵祭祖，但未能大展祭仪，只匆匆进香叩拜；后赴清昭陵拜谒，停留不及一小时。

后　记

　　本书在我的博士学位论文基础上进行了修改和补充。我过往的学习经历侧重八旗制度史、晚清政治史，即便本书的研究对象"逊清特权"在辛亥鼎革以后的奉天地区残存延续了近二十年，但于我而言，更多的仍是从清王朝统治崩溃的视角，在故事尾声中捕捉片鳞半爪，尝试勾勒"小朝廷"内部运转机制及与民国各政治派系、列强在华势力互动的一些线条，远没有达到业师郭卫东教授对题中应有之义"深入挖掘清室存续与时代巨变交织影响的脉络"的要求。遗憾之处，或留待积累数年后再行审视修正。谨以本书告别学生时代，亦向一路护持我成长的师友亲朋进行阶段性成果汇报。我也期盼来日相关领域研究的深化，使围绕清室展开的历史叙事逐渐摆脱窥私、戏说的纷扰，描绘出更为层次丰富、色彩鲜明的图景。

　　2010年10月11日上午8时，我在中央民族大学文华楼东区1106教室上了进入历史学专业后的第一节课——崔丽娜老师的"世界古代史（上）"。晨光透过教室后方的窗户投射到老师的PPT上，也照亮了我往后十年的求学之路。而向着时光更远处追溯，与历史相亲似乎有迹可循。小时候作为电视剧资深爱好者，我每晚必在电视机前守候《康熙微服私访记》中行侠仗义的黄三爷、宜妃、小桃红、三德子和法印。这边故事还没看完，那边又陷入了对《还珠格格》中民女"小燕子"与五阿哥永琪倾世传奇的痴迷，甚至还为《孝庄秘史》中大玉儿与多尔衮的错过抹了不止一次泪。或许是受这些清宫剧的影响，当中学时代"穿越文"兴起时，我最喜欢读的依然是主人公回到清朝的小说。在号称"清穿三座大山"之一的李歆《独步天下》中，我看到了一幅建州女真十三副遗甲起兵波澜壮阔的开国画卷，布喜娅玛拉、褚英、代善……那一个个颇有些陌生的名字并没有让我觉得繁杂难辨，反而激发了我了解清朝"龙兴故梦"的兴趣。彼时我唯一挚爱的音乐人周杰伦，已经与词人方文山联手谱写出《东风破》《发如雪》《千里之外》等一首首"中国风"歌曲，《兰亭序》中"手书无愧，无惧人间是非"的唱词，启迪了我对历史书写的懵懂向往，更令我钦佩史家秉笔直书的精神。

　　学校组织春游时，我最喜欢的是探寻各处古迹。站在紫禁城东西六宫甬道的红墙下，仿佛可以感受到墙体另一侧有只数百年以前的手，轻轻抚过岁月的沧桑。因姥爷家在沈阳，假期中我也得以数次流连北陵公园、沈阳故宫、新宾赫图阿拉城。及至高中时代，我竟真去了一所坐落于清代王府——什刹海柳荫街涛贝勒府——的学校十三中。胡同里偶尔经过几辆人力观光车，兼职导游的驾车师傅讲起"玩儿家"涛七叔与皇室的逸闻秘辛，总是舌灿莲花。课间在校园中游逛，我常常想贝勒爷会在府中的哪处院子票戏，格格们又在哪间屋子闲坐吃茶。尽管杰伦在《烟花易冷》里唱出"那史册温柔不肯，下笔都太狠"，但当若干年后看到军谘府档案里载涛的名字时，我仍不免暗喜于自己曾离王府掌故中的人和事那样近。

　　当然，最终能够走上史学专业学习的道路，离不开老师们的谆谆教诲。初中历史课堂上，薛纪国老师总穿一身板正的灰色中山装，戴一副厚厚的黑框眼镜。不过这个看似有点"迂"的书生，布置的作业却是让学生采访父祖长辈的经历，记述一段"家史"。从那时起，我对于如何贴近历史的真实有了模糊认识。高中历史老师王艳蓉多年来一直予我眷顾，既欣慰于学生继续在史学道路上前进，更将讲课的艺术倾囊相授。进入中央民族大学历史文化学院后，班导师曹流老师秉承业师刘浦江先生所授史料研读的方法训练学生，亦让我留下一段结合辽代制度与风俗写作小说的奇妙经历；当我即将毕业离校时，彭勇老师赠予我"勤读书、勤思考"的"法宝"；在我最初进入硕士阶段备感压力而又困惑迷茫时，本科学年论文、毕业论文导师赵令志老师以王锺翰先生"做学问、莫图名"的精神，激励我更加坚定自己的选择。

　　2013年9月28日清晨，我沿着中关村大街由民大前往北京大学参加推免面试，第一次见到后来成为我研究生阶段导师的郭卫东老师。郭老师的接纳与包容，让我有机会开启燕园六年的生活。我几次担任老师开设课程的助教，尽管认为十分必要为与父亲同辈的老师多分担日常事务，但因老师总不愿麻烦学生、担心占用学生的时间，而很少会被分配繁杂的工作。老师以躬身言行教会我，平等待人从尊重他人的时间开始；懂得尊重他人，才能真正认识自己。2016年，因所需晚清军事相关机构的档案全宗还未实现数字化开放，无法达到老师对于博士学位论文选题"找到一块相对完整的新材料"的基本要求，我必须搁置原本的写作计划，另择题目。此时，我偶然看到辽宁省档案馆藏清代盛京总管内务府衙门公文副本《黑图档》出版，得知在已刊档册外，馆内其他全宗仍有大量稿本原件，且时间下限突破《黑图档》的咸丰朝，由此便冒出将北京与盛京联系起来、透过"陪都体制"演变考察清季皇室制度的念头。待前往辽宁省档案馆探查一番后，我才注意到民国成立后盛京内务府等清室机关继续运转，且与北京总管内务府、清室驻津办事处及奉省政府机关往来联络形成大量公文，这打破了我对"小朝廷"享有利权、行使权力局限于紫禁城内廷的认识。尤其在溥仪档案尚未开放的情况下，辽宁省档案馆藏的这批未刊档案无疑是推进"逊清史"研究难得的一手材料。在老师的理解和支持下，我带着少时对王朝起兴热血澎湃的想象扎进档案里，体味了另一番天潢宗支隐入尘世的零落寂寥。得见两重山水，不可谓不是一件幸事。

师兄师姐曾戏言"羡慕"我能够成为关门弟子。尽管一直想让老师放心、安心，但2020年初由于疫情肆虐难以前往档案馆补充资料，我一度沮丧到认为自己无法按时完成博士学位论文；又因让老师劳心、忧心，我更是感到愧疚。如果没有老师不间断地指导、帮助、鼓励我走出低谷，我就不可能如期毕业进入人生的新阶段。犹记得某次考试前太过紧张，老师传授八字"秘籍"——内在自信、处世谦逊，不仅助我顺利"过关"，更成为来日行事的准则。恩师给予我一座人生的宝藏，学生叩首拜谢仍无以报万一。

硕士入学第一学期，我选修了"中国近代思想文化史"，课程前半段由潘光哲老师讲授，每周需阅读大量材料、提交小论文进行课堂讨论，这使身处博士师兄师姐中的我惴惴不安。但老师在手批的作业中，从未苛责我的浅薄，反而勉励我对那些看似不着边际的兴趣点继续深入探索，由此在我心中种下一颗以学术研究为志业的种子。进入毕业年级后，当我为求职而冒昧叨扰藏运祜老师写推荐信时，收到的是老师用印有系名系徽的暗纹卡纸打印制作的别致函件。老师还提供了与我博士学位论文研究领域相关的前沿论著,叮嘱我及时补充完善文稿。我还要感谢参加论文开题、预答辩、答辩并给予悉心指导的欧阳哲生、尚小明、韩策、李国荣、任大援、黄兴涛、左玉河诸老师;历史学系贾彦敏、卫茗、李金东老师;辽宁省档案馆原利用处高源、陈晶老师及安保部王成女士。

燕园生活中,我时时感受到师门大家庭与同窗好友带来的温暖。最初有意申请硕博连读时,韩基奭师兄给予我极大支持,不厌其烦地解答有关研究计划书写作的问题。当第一次参加学术会议不知该如何准备发言时,忙碌备课的师兄特地打来电话指导我报告论文的要领,却不想我再没有机会把正式出版的小书亲手奉予师兄。唯愿那些落于纸面的文字,能够略为告慰故人。张建斌师兄与我同年拜入师门,从不吝啬对于同门的帮助。师兄准备毕业答辩之时,我正为调整论文结构苦恼,幸得师兄对我还不成熟的研究思路提出建议,并协助查阅相关档案资料;疫情期间,又几番通话督促我坚持完成论文写作。刘芳、邵琳琳、李雷波、刘晨诸位师姐师兄亦在日常学习生活中给予我很多指导和关怀。曾担任我博士综合考试和选题报告会秘书的陈祥军师弟、因信任而愿与我分享心事的覃许永师妹,相信善良可爱的你们,前路定有阳光与清风为伴。而虽非同门,但分别担任我预答辩、答辩秘书的陈佳奇、赵静涵师妹,同样为我提供了极大帮助,在此一并表示感谢。

初入燕园时,我便与同姓同籍的勺园3421室室友刘彤意气相投,长于日语的她一直耐心辅导我阅读日文材料;疫情期间又通过线上视频软件陪我一遍遍进行求职面试演练。中国近现代史方向的龙芊良总是欣喜于我的点滴进步,时刻为我留意可能的就业机会,支持我遵循自己内心的声音。原婧、蔡佳宏、杜世茹与有六年"同居"缘分的室友陈弘音,亦是我在燕园美好的相遇,是她们让我感受到女性独特的灵魂香气与彼此间天然流动着的弥足珍贵的善意,这些不断给予我温和而坚定的力量。此外,从论文定题到最终完稿的几年里,本科时期的师兄邓默晗数次细致批改英文摘要;同窗净友张纬杰,师弟李好、安劭凡以及在会议中结识的学友李欣,或帮助我搜集文献资料,或对写作框架与内容提出修改建议。师姐梁馨蕾从求学到进入社会皆"先行一步",每每传授我宝贵的经验,绵绵心意令我不胜感激。而数年相伴不弃的挚友——发小儿林楠，"十二班"董柠伽、张静溪、蒋子云，坐在我身后的郝铁军，暑期游学同组的李九九，民大S308"登峰造极"宿舍的张珊珊、孟星雨，"三只"组合的主心骨师姐李旻昱，始终是我一往无前的勇气来源。

感谢中国社会科学院近代史研究所于2020年10月正式接纳我成为其中一员。这本书部分章节的内容，曾报告于研究所第22、23届青年学术论坛，得到多位师友细致深入的点评。尤其感谢马忠文研究员鼓励并帮助我推动书稿的修改和出版。承蒙《历史档案》《清史研究》《史林》等期刊为阶段性成果的发表提供机会，从整体性的问题意识，到微末处的表格数据核算，我皆受教于编辑老师们的指点。书稿经社会科学文献出版社推荐，获批国家社科基金后期资助项目，这离不开历史学分社总编辑宋荣欣老师的提携和近代史所科研处的支持。与此同时，也感谢项目鉴定专家提出富有启发性的意见。书稿修改期间，刘萍研究员、杜丽红教授殷殷关切，卢树鑫、张建、张德明、王慧颖诸位师友时时鞭策，使我获得了力量，冲破自馁、惰怠的阻碍。若非如此，小书恐难以完成。每遇思路阻滞，幸得二三咖啡同好午间闲饮，使我得以从纷繁文稿中抽离片刻，谈天说地；几位同年知交相约探访蛋烘糕、鲜椒牛蛙、面包烤羊腿等各类美食，一路总是充满笑声，颇为畅怀。种种温暖，囿于篇幅，难以尽述，谨此向长期给予我关心和帮助的师长、同人表达诚挚的感谢。书稿的责任编辑陈肖寒师兄以极为专业、严谨、负责的态度纠正谬误、润色文字，为本书的出版保驾护航，在此特别致以敬意。

匆匆数年，亲人始终是我最坚强的后盾，让我可以毫无后顾之忧地徜徉于史学浩瀚海洋。两个舅舅多番为我联系辽宁省档案馆、图书馆，但凡遇到文史相关工作人员总要留下联系方式，只为尽可能多地帮我搜集写作材料。从前寒暑假赴沈集中抄录档案时住在二姨家，每日依档案馆开馆时间按时"上学"。"放学"回家就能吃到二姨变着花样做的可口饭菜、姐姐各地巡诊带回来的特色小吃，再喝一杯二姨夫自制的葡萄佳酿，瞬间卸下一天的疲惫，满血复活。

忽而忆及27岁生日那天，当我准备切蛋糕时，爸爸把刚吹灭的数字"2""7"两根蜡烛拔下来，随手放在空盘里摆出了调换顺序的

"7""2"。我突然就觉得如果真是 72 岁也挺好啊，爸爸妈妈还能健康地坐在我身边，我们曾经一起走过的路那样长。后来又是一个夏夜，我在沙丘深处寻找拍摄星空的最佳位置，回身抬头看向站在坡顶的妈妈，妈妈正仰望着繁星。微风浮动，浩渺苍穹化作罗衾，将我们轻柔地包裹。

　　谨以此书献给我的母亲父亲。

2025 年 3 月
于北京朝阳三二斋